■2025年度中学受験用

東海大学付属 相模高等学校中等部

4年間(＋3年間HP掲載)スーパー過去問

●収録内容一覧

入試問題と解説・解答の収録内容

2024年度　A	算数・社会・理科・国語	実物解答用紙DL
2024年度　B	算数・社会・理科・国語	実物解答用紙DL
2023年度　A	算数・社会・理科・国語	実物解答用紙DL
2023年度　B	算数・社会・理科・国語	実物解答用紙DL
2022年度　A	算数・社会・理科・国語	実物解答用紙DL
2022年度　B	算数・社会・理科・国語	実物解答用紙DL
2021年度　A	算数・社会・理科・国語	

2020～2018年度(HP掲載)

問題・解答用紙・解説解答DL

「カコ過去問」
(ユーザー名) koe
(パスワード) w8ga5a1o

◇著作権の都合により国語と一部の問題を削除しております。
◇一部解答のみ(解説なし)となります。
◇9月下旬までに全校アップロード予定です。
◇掲載期限以降は予告なく削除される場合があります。

～本書ご利用上の注意～　以下の点について，あらかじめご了承ください。

★別冊解答用紙は巻末にございます。実物解答用紙は，弊社サイトの各校商品情報ページより，一部または全部をダウンロードできます。
★編集の都合上，学校実施のすべての試験を掲載していない場合がございます。
★当問題集のバックナンバーは，弊社には在庫がございません(ネット書店などに一部在庫あり)。

合格を勝ち取るための
『スーパー過去問』の使い方

本書に掲載されている過去問をご覧になって，「難しそう」と感じたかもしれません。でも，多くの受験生が同じように感じているはずです。なぜなら，中学入試で出題される問題は，小学校で習う内容よりも高度なものが多く，たくさんの知識や解き方のコツを身につけることも必要だからです。ですから，初めて本書に取り組むさいには，点数を気にしすぎないようにしましょう。本番でしっかり点数を取れることが大事なのです。

過去問で重要なのは「まちがえること」です。自分の弱点を知るために，過去問に取り組むのです。当然，まちがえた問題をそのままにしておいては意味がありません。

本書には，長年にわたって中学入試にたずさわっているスタッフによるていねいな解説がついています。まちがえた問題はしっかりと解説を読み，できるようになるまで何度も解き直しをしてください。理解できていないと感じた分野については，参考書や資料集などを活用し，改めて整理しておきましょう。

このページも参考にしてみましょう！

◆どの年度から解こうかな　「入試問題と解説・解答の収録内容一覧」

本書のはじめには収録内容が掲載されていますので，収録年度や収録されている入試回などを確認できます。

※著作権上の都合によって掲載できない問題が収録されている場合は，最新年度の問題の前に，ピンク色の紙を差しこんでご案内しています。

◆学校の情報を知ろう!!「学校紹介ページ」

このページのあとに，各学校の基本情報などを掲載しています。問題を解くのに疲れたら息ぬきに読んで，志望校合格への気持ちを新たにし，再び過去問に挑戦してみるのもよいでしょう。なお，最新の情報につきましては，学校のホームページなどでご確認ください。

◆入試に向けてどんな対策をしよう？「出題傾向＆対策」

「学校紹介ページ」に続いて，「出題傾向＆対策」ページがあります。過去にどのような分野の問題が出題され，どのように対策すればよいかをアドバイスしていますので，参考にしてください。

◇別冊「入試問題解答用紙編」

本書の巻末には，ぬき取って使える別冊の解答用紙が収録してあります。解答用紙が非公表の場合などを除き，（注）が記載されたページの指定倍率にしたがって拡大コピーをとれば，実際の入試問題とほぼ同じ解答欄の大きさで，何度でも過去問に取り組むことができます。このように，入試本番に近い条件で練習できるのも，本書の強みです。また，データが公表されている学校は別冊の１ページ目に過去の「入試結果表」を掲載しています。合格に必要な得点の目安として活用してください。

本書がみなさんの志望校合格の助けとなることを，心より願っています。

株式会社　声の教育社　編集部

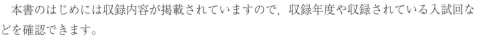

東海大学付属相模高等学校中等部

所在地	〒252-0395 神奈川県相模原市南区相南3-33-1
電　話	042-742-1251
ホームページ	https://www.sagami.tokai.ed.jp/
交通案内	小田急小田原線「小田急相模原駅」より徒歩8分 小田急江ノ島線・東急田園都市線「中央林間駅」より自転車通学可(約10分)

くわしい情報はホームページへ

トピックス

★2022年度の入学生より，制服が全面的にリニューアルされました。
★面接は，受験生のみ・5人1組のグループ面接で約15分(参考：昨年度)。

創立年 昭和55年　男女共学　高校募集あり

応募状況

年度	募集数		応募数	受験数	合格数	倍率
2024	A 90名	男	134名	119名	100名	1.2倍
		女	62名	57名	47名	1.2倍
	B 20名	男	140名	36名	17名	2.1倍
		女	60名	17名	15名	1.1倍
	C 10名	男	136名	25名	10名	2.5倍
		女	55名	6名	3名	2.0倍
2023	A 90名	男	140名	120名	95名	1.3倍
		女	64名	56名	46名	1.2倍
	B 20名	男	161名	63名	18名	3.5倍
		女	63名	27名	11名	2.5倍
	C 10名	男	152名	38名	11名	3.5倍
		女	60名	9名	0名	—

入試情報（参考：昨年度）

A試験　2月1日
試験科目：2科目(国算)または4科目(国算理社)
合格発表：2月2日～2月3日(HP)
B試験　2月3日
試験科目：〔国算〕または〔国理社〕または〔算理社〕
合格発表：2月3日～2月4日(HP)
C試験　2月4日
試験科目：2科目(国算)
合格発表：2月5日(HP)
※各試験とも，面接があります。

学校説明会等日程（※予定）

オープンキャンパス【要予約・上履持参】
9月14日　9：20～11：30
・申込期間：8月31日　10：00～（定員になりしだい締切といたしますので，あらかじめご了承ください)。

学校説明会【要予約・上履持参】
10月12日／11月17日／12月14日
・各日とも10：00～11：30
・9：30から吹奏楽部の演奏があります。

入試問題解説会【要予約・上履持参】
10月26日　9：30～11：30

体育祭【予約不要】
10月11日　9：00～15：00
・入試相談コーナーあり。

東海大相模建学祭(文化祭)【予約不要・上履持参】
10月5日　9：00～15：00
10月6日　9：00～15：00
・入試相談コーナーあり。

2024年春の主な大学合格実績

付属高校の卒業生は，毎年約80％が東海大学に進学しています。東海大学・短期大学への進学は，高校3年間の学習成績，学園統一の学力試験，部活動，生徒会活動など，総合的な評価をもとに学校長が推薦します。

〔東海大学関係以外の大学合格実績〕
早稲田大，青山学院大，中央大，法政大，学習院大，國學院大，獨協大，日本大，東洋大，駒澤大，専修大

編集部注—本書の内容は2024年7月現在のものであり，変更されている場合があります。正確な情報は，学校のホームページ等で必ずご確認ください。

算数　出題傾向＆対策

◆基本データ（2024年度Ａ）

試験時間／満点	50分／100点
問　題　構　成	・大問数…４題 　計算１題（８問）／応用小問１題（８問）／応用問題２題 ・小問数…20問
解　答　形　式	解答のみを記入する形式となっている。必要な単位などはあらかじめ印刷されている。
実際の問題用紙	Ａ４サイズ，小冊子形式
実際の解答用紙	Ｂ４サイズ

◆出題傾向と内容

▶過去３年の出題率トップ３
１位：四則計算・逆算25％　２位：角度・面積・長さ９％　３位：表とグラフ６％
▶今年の出題率トップ３
１位：四則計算・逆算26％　２位：角度・面積・長さ８％　３位：数列など５％

１題めと２題めに計算問題，応用小問が集められ，３題めと４題めに応用問題があるという構成です。まず，計算問題には，四則計算のほか，計算のくふう，約束記号，数の規則性などを利用した問題も見られます。次に，応用小問では，場合の数，割合と比，角度，面積などが取り上げられています。

応用問題は，例年，グラフを利用した問題，特に，速さ（旅人算）が出題されることが多いようです。４題めの応用問題は，推理算や図形，条件を整理する問題などが出されているので注意が必要です。

◆対策～合格点を取るには？～

まず，整数はもちろん，小数や分数の四則計算が速く正確にできるようになることが必須条件です。また，面積，角度，水の深さと体積などの図形問題が毎年出題されていますので，図形の性質や求積の公式を，必ずおさえておきましょう。さらに，本校でよく出題される速さ（旅人算），仕事算，推理算，約数と倍数，グラフを利用した問題などは，重点的に学習しておくとよいでしょう。全体を通して基本的な問題が多いので，日々の学習のさいに，まずは，基本問題をひとつずつ，ていねいにこなしていくことを心がけましょう。

分野 ＼ 年度		2024		2023		2022	
		A	B	A	B	A	B
計算	四則計算・逆算	●	●	●	●	●	●
	計算のくふう	○	○			○	○
	単位の計算		○			○	○
和と差	和差算・分配算			○			
	消去算	○			○	○	
	つるかめ算	○					○
	平均とのべ		○	○			
	過不足算・差集め算						
	集まり			○	○		
	年齢算	○			○		
割合と比	割合と比			○	◎		
	正比例と反比例						
	還元算・相当算						
	比の性質						
	倍数算						
	売買損益						
	濃度	○		○			○
	仕事算	○	○			○	
	ニュートン算						
速さ	速さ	○		○			
	旅人算		○	○			○
	通過算					○	
	流水算						
	時計算						
	速さと比						
図形	角度・面積・長さ	○	◎	◎	◎	◎	○
	辺の比と面積の比・相似						
	体積・表面積	○			○	○	
	水の深さと体積				○		○
	展開図					◎	
	構成・分割			○			○
	図形・点の移動	○	○			○	
表とグラフ		○	○	○	◎	○	○
数の性質	約数と倍数	○		○	○	○	
	N進数						
	約束記号・文字式		○	○	○	○	○
	整数・小数・分数の性質				○		
規則性	植木算						
	周期算		○			○	
	数列	○	○		○	○	
	方陣算						
	図形と規則		○				
場合の数					○	○	○
調べ・推理・条件の整理		○	○			○	●
その他							

※　○印はその分野の問題が１題，◎印は２題，●印は３題以上出題されたことをしめします。

社会 出題傾向＆対策

◆基本データ（2024年度Ａ）

試験時間／満点	理科と合わせて50分／50点
問題構成	・大問数…３題 ・小問数…32問
解答形式	記号を選択する問題と適語の記入が中心だが，短文記述の問題もある。
実際の問題用紙	Ａ４サイズ，小冊子形式
実際の解答用紙	Ｂ４サイズ

◆出題傾向と内容

●地理…文章や表，地図，写真などを見て答える形式で，地形や気候などの国土のようすや都道府県の特ちょう，農林水産業や工業などを中心に取り上げられています。これまでに，伝統的工芸品，都道府県の形，地図記号，世界遺産，時差，世界地理についての問題が出題されたこともあります。

●歴史…文章や表，写真を見て，関連する歴史上の人物やことがらについて答える総合問題が出題されています。分野ははば広く，政治史や文化史，外交史を中心に，基礎的な知識を問うものが見られます。また，取り上げられる時代も，古代から現代にまでわたると考えてよいでしょう。

●政治…憲法，三権（国会・内閣・裁判所）のしくみ，選挙からの出題が多く見られます。また，平和主義にかかわる憲法の問題や，地方自治，国連機関についての問題が出されたこともあり，時事問題も取り上げられることがあるので，対策をおこたらないようにしましょう。

分野＼年度			2024 A	2024 B	2023 A	2023 B	2022 A	2022 B
日本の地理		地図の見方				○		
		国土・自然・気候	○	○	○	○	○	○
		資源						
		農林水産業	○	○	○	○	○	○
		工業		○	○			○
		交通・通信・貿易						
		人口・生活・文化	○	○	○	○		
		各地方の特色						
		地理総合	★	★	★	★	★	★
世界の地理								
日本の歴史	時代	原始～古代	○	○	○	○	○	○
		中世～近世	○	○	○	○	○	○
		近代～現代	○	○	○	○	○	○
	テーマ	政治・法律史						
		産業・経済史						
		文化・宗教史						
		外交・戦争史						
		歴史総合	★	★	★	★	★	★
世界の歴史								
政治		憲法	○	○	★			○
		国会・内閣・裁判所	○	○	★	★	★	○
		地方自治						
		経済						○
		生活と福祉		○				
		国際関係・国際政治		○				
		政治総合	★	★				
環境問題				○				
時事問題			○					★
世界遺産			○				○	
複数分野総合								★

※　原始～古代…平安時代以前，中世～近世…鎌倉時代～江戸時代，近代～現代…明治時代以降

※　★印は大問の中心となる分野をしめします。

◆対策～合格点を取るには？～

本校・社会の対策としては，どの分野でも，基礎を固めることを第一に心がけてください。

地理分野では，国土と自然，農業などのようにテーマをしぼった勉強が効果的です。そのさいには，白地図や簡単な地図に特ちょうを簡潔に書きこみ，知識を地図と結びつけておきましょう。また，小学校で取り上げられることが少ない世界地理については，日本とかかわりの深い国を中心に，自分で地図帳や参考書を使ってまとめておきましょう。

歴史分野では，まず，時代ごとの政治の流れと文化について，まとめておきましょう。教科書の年表を使い，歴史的なことがらについて，内容や特ちょうを説明できるようにするのもよい勉強方法です。また，教科書に出てくる写真や図などの資料は，必ず時代とその特ちょうを覚えておきましょう。

政治分野では，日本国憲法の基本的な内容，特に政治のしくみが憲法でどのように定められているかを中心に勉強してください。国会，内閣，裁判所の役割，国民の政治参加などの基本的なしくみを理解することが大切です。なお，時事問題をからめたものも見られますので，テレビ番組や新聞などで最近のニュースを確認し，それにかかわる単元もふくめてノートにまとめておきましょう。

理科　出題傾向＆対策

◆基本データ（2024年度Ａ）

試験時間／満点	社会と合わせて50分／50点
問　題　構　成	・大問数…４題 ・小問数…19問
解　答　形　式	記号選択のほかに，計算や用語の記入，記述問題なども見られる。
実際の問題用紙	Ａ４サイズ，小冊子形式
実際の解答用紙	Ｂ４サイズ

◆出題傾向と内容

全分野からかたよりなく出題されています。試験時間と問題量のバランスはちょうどよく，時間内にすべて解き終えることができ，見直すことも十分可能でしょう。短文記述の問題が数問あり，作図も出題されることがあるので，注意が必要です。また，時事的な内容も取り上げられています。

●**生命**…植物のつくりと成長，野菜の育て方，イネについて，水中の小さな生物，ヒトのからだのつくりとはたらき，血液循環などが出題されています。

●**物質**…塩酸と金属の反応，ものの溶け方，二酸化炭素，水溶液の性質などが取り上げられています。

●**エネルギー**…ふりこの運動，力のつり合い，電気回路，電磁石，密度，ものの温まり方などから出題されています。

●**地球**…天気の変化，地層，流水のはたらきなどが取り上げられています。環境問題をテーマにしたものも見られます。

分野 ＼ 年度		2024 A	2024 B	2023 A	2023 B	2022 A	2022 B
生命	植物	★	○		★	★	★
	動物						
	人体			★			
	生物と環境						
	季節と生物						
	生命総合						
物質	物質のすがた						
	気体の性質	○		★		★	
	水溶液の性質		○				★
	ものの溶け方		○				
	金属の性質		○				
	ものの燃え方	○					
	物質総合						
エネルギー	てこ・滑車・輪軸					★	
	ばねののび方						
	ふりこ・物体の運動	★			★		
	浮力と密度・圧力						★
	光の進み方						
	ものの温まり方				★		
	音の伝わり方						
	電気回路			★			
	磁石・電磁石		○				
	エネルギー総合						
地球	地球・月・太陽系						★
	星と星座	★					
	風・雲と天候					★	
	気温・地温・湿度						
	流水のはたらき・地層と岩石		★	★			
	火山・地震						
	地球総合						
実験器具							
観察							
環境問題		★			★		
時事問題							
複数分野総合			★				

※　★印は大問の中心となる分野をしめします。

◆対策〜合格点を取るには？〜

内容は基礎的なものがほとんどです。したがって，基礎的な知識をはやいうちに身につけ，問題集で演習をくり返しながら実力アップをめざしましょう。また，記述問題が毎回数問出されているので，設問に合った記述のしかたも身につけておくとよいでしょう。

「生命」は基本知識の多い分野ですが，一つひとつ確実に身につけてください。生物どうしのかかわり，植物や動物，ヒトのからだのつくりなどを中心に，ノートにまとめて知識を深めましょう。

「物質」では，気体や水溶液の性質，ものの溶け方などに重点をおいて学習してください。そのさい，実験器具の使い方についてもチェックすることを心がけましょう。

「エネルギー」では，ふりこの運動，てこのはたらき，ばねののび方，ものの温まり方，電磁石などについて学習しておいてください。また，光と音の進み方，浮力と密度，電気回路，方位磁針のふれ方，磁力の強さなどは，実験がらみで出題されやすい分野なので，学習計画から外すことのないようにしておきましょう。

「地球」では，天気の変化，星座の動き，流水のはたらき・地層などが重要なポイントです。

国語 出題傾向＆対策

◆基本データ（2024年度Ａ）

試験時間／満点	50分／100点
問題構成	・大問数…４題 　文章読解題２題／知識問題１題／放送問題１題 ・小問数…27問
解答形式	記号選択と適語・適文の書きぬきが大半をしめるが，自由記述の問題も数問出題されている。
実際の問題用紙	Ａ４サイズ，小冊子形式
実際の解答用紙	Ａ３サイズ

◆出題傾向と内容

▶近年の出典情報（著者名）
説明文：前田裕二　宮川清美　山極寿一
小　説：赤羽じゅんこ　松本聡美　森川成美

●説明文…指示語，接続語，適語や適文の補充，内容一致など，典型的な読解問題で構成されています。

●文学的文章…場面ごとのながれを読み取りながら，登場人物や筆者の心情を問うものが多く出題されています。

●知識問題…漢字の読み，書き取りは５問ほど出題されています。また，熟字訓の読み方のほか，ものを数えることばや節句，原稿用紙に書き写す問題など他校ではあまり見られない知識を問われることもあります。

◆対策～合格点を取るには？～

読解力を養うには，いろいろなジャンルの本を読むことが第一です。しかし，ただ本を読むだけでは入試問題で高得点をあげることはできません。一冊の本を単に読み進めるのとちがって，入試では内容や心情の読み取りなどが細部にわたって質問されるうえ，似たような選択肢がいくつも用意されているからです。したがって，本を読む際には，①指示語のさす内容，②段落・場面の構成，③人物の性格と心情などに注意しながら読み進めてください。自分の言葉でまとめる訓練も必要です。

漢字は，基本語中心の問題集などを利用して，毎日少しずつ練習しましょう。また，身近な日本の文化や習慣などについて，一度整理しておくとよいでしょう。

分野 ＼ 年度			2024		2023		2022	
			A	B	A	B	A	B
読解	文章の種類	説明文・論説文	★	★	★	★	★	★
		小説・物語・伝記	★	★	★	★	★	★
		随筆・紀行・日記						
		会話・戯曲						
		詩						
		短歌・俳句						
	内容の分類	主題・要旨		○		○	○	
		内容理解	○	○	○	○	○	○
		文脈・段落構成						
		指示語・接続語	○	○	○		○	○
		その他	○	○	○	○	○	○
知識	漢字	漢字の読み	○	○	○	○	○	
		漢字の書き取り	○	○	○	○	○	○
		部首・画数・筆順						
	語句	語句の意味			○			
		かなづかい						
		熟語	○		○	○	○	
		慣用句・ことわざ		○			○	○
	文法	文の組み立て						
		品詞・用法						
		敬語						
	形式・技法			○				
	文学作品の知識							
	その他		○	○	○	○		○
	知識総合		★	★	★	★		★
表現	作文							
	短文記述		○	○	○	○	○	
	その他							★
放送問題			★		★		★	

※　★印は大問の中心となる分野をしめします。

2024年度　東海大学付属相模高等学校中等部

【算　数】〈A試験〉（50分）〈満点：100点〉

〈注意〉1．分数は約分して答えなさい。
　　　　2．図は必ずしも正確ではありません。

1　次の各問いに答えなさい。

(1)　$2024 \div 11\ \ (38+12\times 3)$ を計算しなさい。

(2)　$(3.76-0.2\times 4.8)\div 0.28$ を計算しなさい。

(3)　$\dfrac{29}{162}+\dfrac{63}{54}-2\dfrac{13}{27}\times\dfrac{1}{3}$ を計算しなさい。

(4)　$8\dfrac{1}{5}\times 0.25\div\left\{0.35+\left(3\dfrac{2}{5}-1.7\right)\right\}$ を計算しなさい。

(5)　$99\times 99-55\times 55-66\times 66$ を計算しなさい。

(6)　次の□にあてはまる数を求めなさい。

　$99\div\{12+(2\times\square-14)\}=4$ あまり 3

(7)　数が次のように規則的に並んでいます。このとき，11 番目の数を求めなさい。

　45，46，48，51，55，60，…

(8)　$\{A\}$ は整数 A の約数の和を表します。たとえば，4 の約数は 1，2，4 なので，

　$\{4\}=1+2+4=7$ です。このとき，次の計算をしなさい。

　$\{\{18\}+3\}$

2 次の各問いに答えなさい。

(1) 分速 45m の速さで 2.1km を歩くと何分何秒かかりますか。

(2) 1 枚のコインを投げて，ゲームを行います。表が出たら 5 点加えて，裏が出たら 3 点減らします。200 点からゲームを始めて，50 回投げたところ 146 点になりました。表は何回出ましたか。

(3) A さんだけですると 35 日間，B さんだけですると 63 日間，C さんだけですると 45 日間で終わる仕事があります。この仕事を 3 人ですると何日間で終わりますか。

(4) 今から 14 年前，B さんの年れいの 2 倍が A さんの年れいでした。今から 8 年後，2 人の年れいの合計が 80 才になります。現在の A さんは何才ですか。

(5) 食塩 49 g がとけている濃《のう》度 7％の食塩水があります。この食塩水に水を加えて濃度を 5％にします。水を何 g 加えればよいですか。

(6) A さんはお金をいくらか持っています。りんご 1 個とみかん 2 個を買うと 160 円余り，りんご 1 個とみかん 4 個を買うと 40 円余り，りんご 2 個とみかん 3 個を買うと 110 円足りません。A さんはお金をいくら持っていますか。

(7) 下の図は，2 種類の三角定規を重ねたものです。角アの大きさは何度ですか。

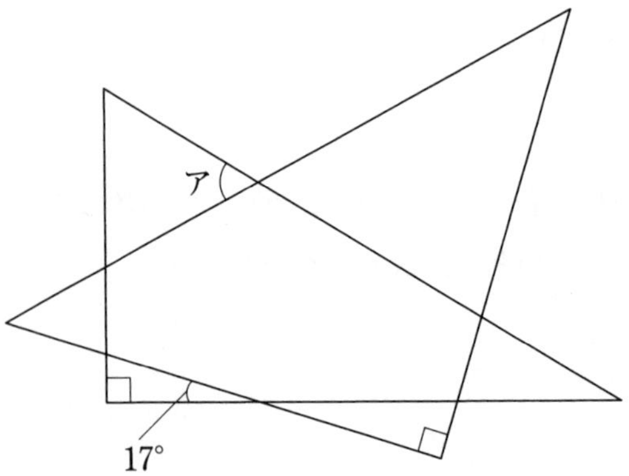

(8) 下の図において，色でぬられた図形を，直線ABを軸《じく》として一回転させます。このときにできる立体図形の体積を求めなさい。ただし，円周率は3.14とします。

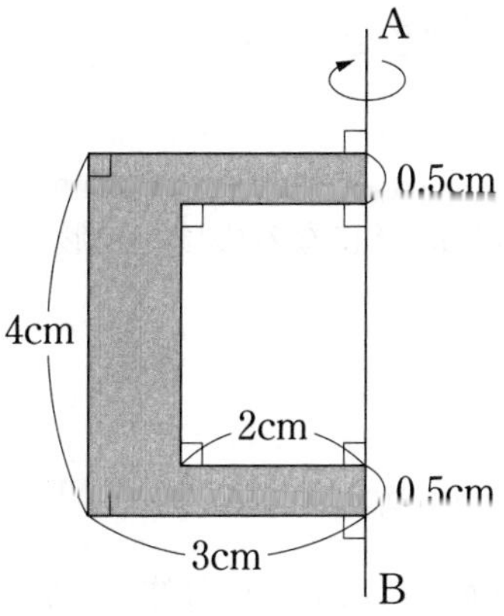

3 図1のように，図形Aと図形Bがあります。直線上を図形Aが矢印の方向に毎秒1cmで動きます。図2は2つの図形が重なった状態のものです。図3は図形Aが動き始めてからの時間と2つの図形が重なった部分の面積との関係を5秒まで表したものです。このとき，次のページの各問いに答えなさい。

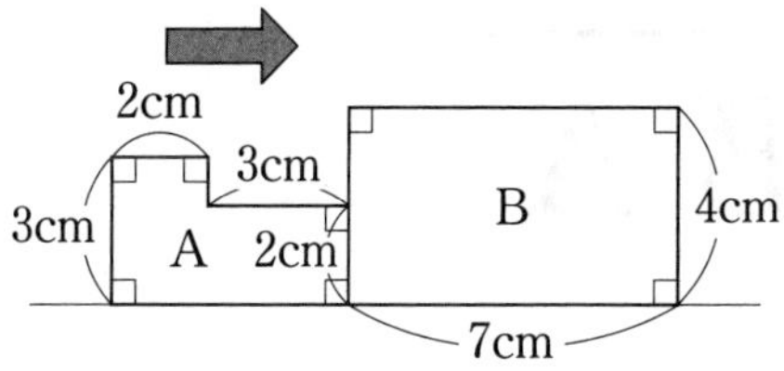

図1

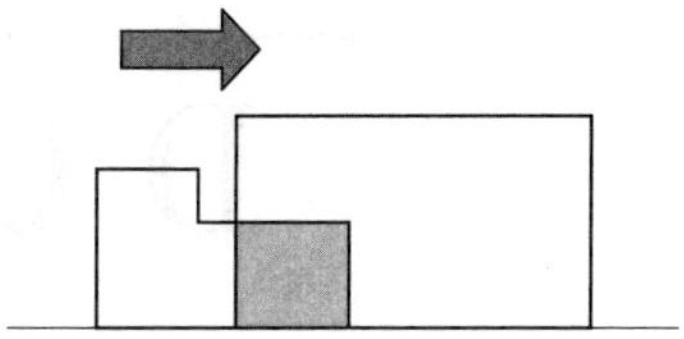

図2

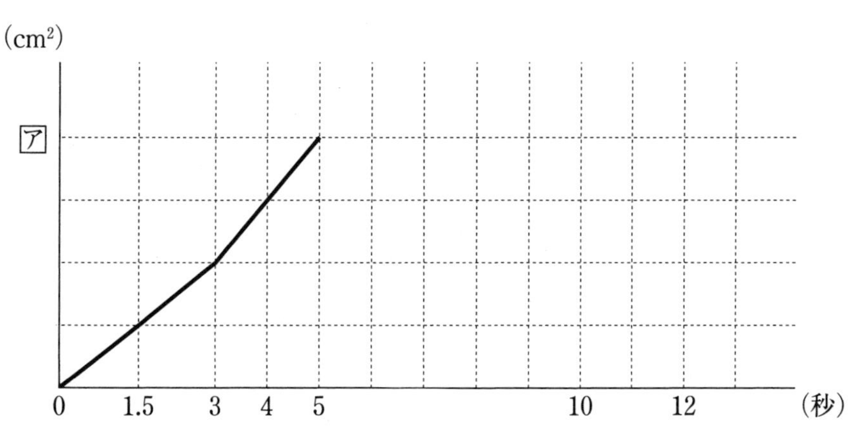

図3

(1) [ア] にあてはまる数はいくつですか。

(2) 5秒から12秒までのグラフを完成させなさい。

(3) 重なった部分の面積が2回目に9cm^{2}になるのは，図形Aが動き始めてから何秒後ですか。

4 A，B，C，Dに1から9の数をあてはめて次の計算を完成させなさい。
ただし，同じ文字には同じ数が入ります。

$$
\begin{array}{rcccc}
 & A & B & C & D \\
\times & & & & 4 \\
\hline
 & D & C & B & A
\end{array}
$$

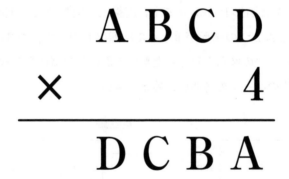

【社会・理科】〈Ａ試験〉（社会と理科で50分）〈満点：各50点〉

社　　会

1 小学６年生のいずみ君は、夏休みに家族で訪れた温泉にとても感動し、自由研究で『全国の温泉地』についてまとめることにしました。各問いに答えなさい。

（　①　）温泉　　場所：神奈川県

大小17の温泉地が集まる日本有数の温泉街である。新宿から電車で約１時間半で着くので、日帰り温泉の施設《しせつ》も多い。観光名所の大涌谷からは富士山を一望できるほか、名物の黒たまごを食べることができる。

草津温泉　　　場所：（　あ　）県

温泉街の中央にある湯畑からは、大量の湯けむりとイオウのにおいがただよっている。山間部に位置するため、夏でも涼《すず》しく避暑地《ひしょち》としての利用はもちろん、隣《となり》に位置する(A)嬬恋村では高原野菜の栽培《さいばい》がさかんである。県名産のこんにゃくを扱《あつか》ったテーマパークも近い。

熱海温泉　　　場所：（　い　）県

伊豆半島にある日本有数の温泉街である。西部の富士山から目の前に広がる相模湾に向かって(B)扇のように広がる地形に市街地が形成されている。(C)新鮮《しんせん》な魚介類《ぎょかい》や山の幸が人気で、日本一の生産量をほこるお茶と一緒《いっしょ》に食事を楽しむことができる。

別府温泉　　　場所：（　う　）県

(D)地中からお湯がわきだしている場所（源泉）の数が日本で一番多いことで有名な温泉街である。この温泉街は、瀬戸内海から続く別府湾に面しているため、年間を通して温暖な気候である。日本一の生産量をほこるかぼすが有名で、たくさんの土産物に利用されている。

鬼怒川温泉　　場所：（　え　）県

(E)県の真ん中を突っ切るように流れる鬼怒川上流域の温泉街である。鬼怒川流域は山地が多いため、年間を通して冷涼《れいりょう》な気候である。ライン下りなどのアクティビティのほか、日光東照宮なども近い人気のスポットだ。県名産のとちおとめを使ったかき氷が人気である。

下呂温泉　　　　場所：(　お　)県

県南部に広がる濃尾平野へと流れる飛騨川流域にわくこの温泉は、「美人の湯」と呼ばれるほど美容・健康効果が高い。近くには下呂温泉合掌村と呼ばれる、県北部の世界文化遺産と似た集落がある。長良川のうかいによってとれた鮎《あゆ》の塩焼き(F)が有名である。

問１　(　①　)に適する語句を漢字２字で答えなさい。

問２　下線部(A)について、栽培がさかんな野菜の名前を答えなさい。

問３　下線部(B)の名前を答えなさい。

問４　下線部(C)について、この温泉がある県には銚子港、釧路港に次ぐ、日本３位の水揚《あ》げ量をほこる漁港がある。その漁港を次の中から１つ選び、記号で答えなさい。

ア　石巻港　　イ　気仙沼港　　ウ　稚内港　　エ　焼津港

問５　下線部(D)の理由は、付近の火山活動だと考えられます。下の問いに答えなさい。

(1)　(　う　)県が位置する地方にある火山を次の中から１つ選び、記号で答えなさい。

ア　阿蘇山　　イ　十勝岳　　ウ　岩木山　　エ　浅間山

(2)　火山活動が生活に悪影響《えいきょう》をおよぼすことがあります。どんな影響が起きるのか、具体的に述べなさい。

問６　下線部(E)は日本最大の流域面積をほこる河川の支流です。この河川の名前を答えなさい。

問７　下線部(F)の名前を答えなさい。

問8　(　い　)県の地図を次の中から1つ選び、記号で答えなさい。ただし、地図の縮尺は異なるものとします。

ア

イ

ウ

エ

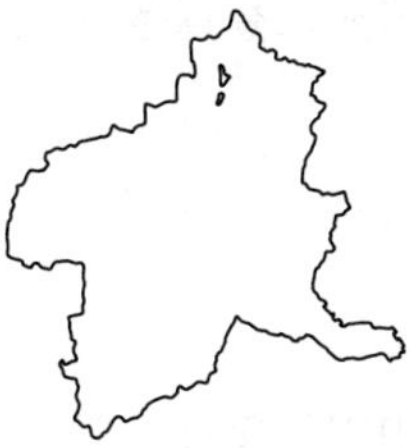

オ

問9　(　あ　)～(　お　)県のうち、もっとも西に位置する県を記号で答えなさい。

2 次の〈あ〉～〈お〉の資料は日本の歴史についてまとめたものです。各問いに答えなさい。

〈あ〉

大和地方の豪族たちがまとまって、4世紀ごろに大和朝廷が成立しました。中国や朝鮮半島との交流もさかんでした。このころに造営された「百舌鳥《もず》・古市古墳群」(A)は世界最大級の古墳として、2019年に世界文化遺産に登録されました。

〈い〉

ノルマントン号事件をきっかけに、不平等条約を改めようという動きが高まりました。日露戦争を終わらせる条約を締結《ていけつ》させた(B)（　①　）は、1911年に外務大臣として不平等条約の改正に成功し、関税自主権を回復させました。

〈う〉

8世紀の初めには、中国にならって都が整備(C)されました。また、国を治めるための法律（律令）が完成しました。人々は、税を納める(D)とともに、役所や寺を建て、九州を守る兵士である（　②　）の役を務めました。仏教の力で社会の不安をしずめようとした時代でもありました。

〈え〉

江戸時代になると、百姓(E)はさまざまな農具を改良し、農作業の効率化につとめました。また、肥料(F)を用いて農産物の生産性を高めていきました。少しでもくらしを豊かにするため、荒《あ》れた土地の開発もしました。米以外の綿・なたね・（　③　）などを作り、収入を増やす百姓も増えました。

〈お〉

平氏を滅《ほろ》ぼした源頼朝は、武士のかしらとして朝廷から将軍(G)に任じられ、鎌倉(H)に政府を開きました。武士による政府を幕府といい、約140年間を鎌倉時代といいます。将軍は、先祖代々の領地を認め、戦いで手がらをたてた御家人には新しく領地を与えたりしました(I)。

問1　〈あ〉の時代の特色として誤っているものを次の中から1つ選び、記号で答えなさい。

ア　はにわづくり　　**イ**　漢字の伝来

ウ　稲作の開始　　**エ**　大王の存在

問2　下線部（A）の写真を次の中から1つ選び、記号で答えなさい。

ア

イ

ウ

エ

問3　（　①　）に適する人物を次の中から1人選び、記号で答えなさい。

ア　伊藤博文　　**イ**　小村寿太郎　　**ウ**　大隈重信　　**エ**　西郷隆盛

問4　下線部（B）の名前を答えなさい。

問5　下線部（C）の跡《あと》から出土したものを次の中から1つ選び、記号で答えなさい。

ア　「ワカタケル」と刻印《こくいん》された刀剣　　**イ**　伊万里焼・薩摩焼などの陶磁器《とうじき》

ウ　掛《か》け軸《じく》に描《か》かれた水墨画《すいぼくが》　　**エ**　特産品を運んだ荷札である木簡

問6　下線部（D）のうち、稲の収穫《しゅうかく》高の約3％を収める税の名前を答えなさい。

問7　（　②　）に適する語句を答えなさい。

問8　下線部（E）や町人など、庶民《しょみん》の子どもたちの通う施設が全国各地に広がり、日本は世界でも読み書きのできる人口の割合が高くなりました。この施設の名前を答えなさい。

問9　下線部（F）について、砂浜が60km 続く千葉県九十九里浜では江戸時代には「千両万両　引き上げる」とうたわれるほど、漁がさかんでした。その一部は肥料としても重宝され、「ほしか」と呼ばれました。その魚を次の中から1つ選び、記号で答えなさい。

ア　まぐろ　　　イ　いわし　　　ウ　かつお　　　エ　さけ

問10　（　③　）には、江戸時代に地図中★で生産がさかんとなった特産物が入ります。適する語句を次の中から1つ選び、記号で答えなさい。

ア　茶　　　イ　べにばな　　　ウ　さつまいも　　　エ　たばこ

問11　下線部（G）の正式名称を答えなさい。

問12　下線部（H）について、なぜ「鎌倉」に幕府を開いたのか、鎌倉の地形にふれて説明しなさい。

問13　下線部（I）を2字で答えなさい。

3　次の資料は2023年６月の新聞記事です。各問いに答えなさい。

〈通常国会が閉会　政府提出の法案97％が成立〉

１月に召集された通常国会が21日に会期末を迎えました。衆参両院(A)の本会議で手続きなどが行われ、150日間の会期を終えて閉会しました。

この国会では、防衛(B)費増額に必要な財源を確保するための法律や、原子力発電所の運転期間を延長できる法律など、政府が提出した60の法案のうち58が成立しました。また、深刻な少子化対策(C)の強化、物価上昇《じょうしょう》への対応などをめぐって与野党間で多くの議論が行われました。日本国憲法(D)に関する議論では、大規模災害などの対応を憲法に定める緊急《きんきゅう》事態条項についての議論が集中的に行われ、憲法改正に向けて具体的な条文づくりを求める声もあがりました。終盤《しゅうばん》には、行政の効率化を図るために全国民に付けられた番号(E)に関するトラブルが続いたため、野党側は追及《ついきゅう》を強めました。

閉会間際には、立憲民主党から内閣［　　］決議案が提出されたのに合わせて、岸田総理大臣(F)が衆議院を解散するのではないかという臆測《おくそく》が広がりました。総理大臣は解散しないと表明しましたが、2023年10月で衆議院議員の任期(G)が半分となるため、与野党は今後の解散も想定しながら、選挙(H)の準備を進めるとしています。

問１　下線部（A）について、衆議院と参議院の説明として誤っているものを次の中から１つ選び、記号で答えなさい。

ア　それぞれの議決が異なった場合は衆議院の優越《ゆうえつ》が認められている。

イ　議員数は衆議院の方が多い。

ウ　議員に立候補できる年齢《ねんれい》は衆議院の方が低い。

エ　任期途中《とちゅう》の解散は衆参両院にある。

問２　下線部（B）について、日本の平和と安全を守るために設置されている部隊の名前を答えなさい。

問３　下線部（C）の解決に向けて、国はどのような政策を行えばよいと考えますか。自分の意見を書きなさい。

問４　下線部（D）の三大原則として誤っているものを次の中から１つ選び、記号で答えなさい。

ア　国民主権　　　　イ　基本的人権の尊重
ウ　納税の義務　　　エ　平和主義

問５　下線部（E）の名前を答えなさい。

問６　［　　　］に適する語句を漢字３字で答えなさい。

問７　下線部（F）の説明として誤っているものを次の中から１つ選び、記号で答えなさい。

ア　国会議員の中から選ばれる。　　　　イ　国務大臣を任命する権限を持つ。
ウ　弾劾裁判所を開くことができる。　　エ　女性の総理大臣は１人もいない。

問８　下線部（G）の年数を答えなさい。

問９　下線部（H）の説明として適するものを次の中から１つ選び、記号で答えなさい。

ア　納税している外国人には選挙権がある。
イ　選挙権年齢は18歳である。
ウ　インターネットでの投票が可能である。
エ　けが人などは代理選挙を依頼《いらい》できない。

問10　この国会が開かれていた期間に起こったできごととして誤っているものを次の中から１つ選び、記号で答えなさい。

ア　福島原子力発電所の処理水が放出された。
イ　新型コロナウィルスの位置づけが５類感染症《かんせんしょう》に移行された。
ウ　４年に１度の統一地方選挙が実施《じっし》された。
エ　広島でG7サミットが開催《かいさい》された。

理　　科

4　太朗君と花子さんは公園に行って遊ぶことにしました。公園には、ブランコやすべり台、シーソーなどがありました。また、広場ではたこあげをしている人たちもいました。次の各問いに答えなさい。

問１　太朗君と花子さんは図のようにくさりの長さが同じブランコで遊ぶことにしました。２人の体重とブランコのくさりの長さは同じで、太朗君はＡから、花子さんはＢからスタートしました。太朗君と花子さんのゆれ方のちがいは何ですか。次の中から１つ選び、記号で答えなさい。

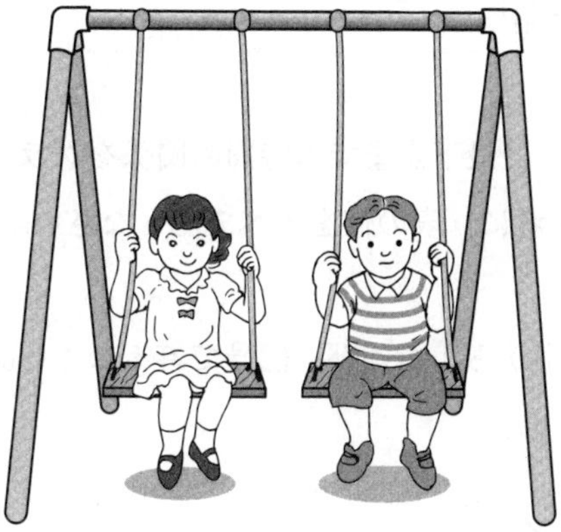

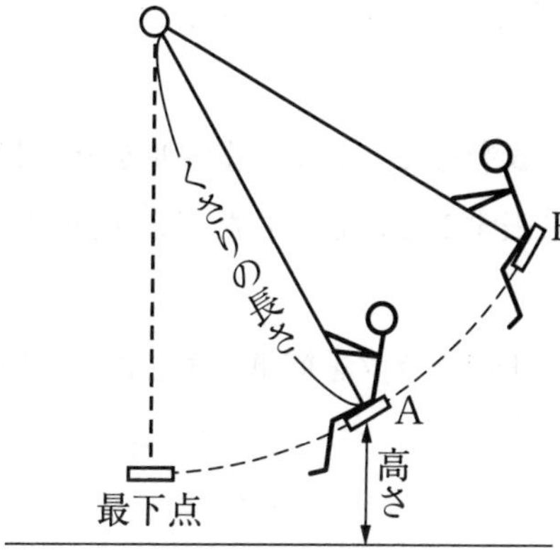

ア　花子さんの方が一往復する時間が短い。
イ　太朗君の方が一往復する時間が短い。
ウ　花子さんの方が最下点の速さが速い。
エ　太朗君の方が最下点の速さが速い。

問２　太朗君と花子さんはいっしょにたこあげをすることにしました。たこを飛ばすにはどのような条件が良いですか。次の中から適していないものを１つ選び、記号で答えなさい。

ア　上空にあげる際に風を当てないといけないので、場所は人が自由に動き回れる広い屋外が良い。
イ　風向きは変化しない方が良い。
ウ　たこに結ぶ糸はじょうぶでのびにくいものが良い。
エ　たこは軽い方が良いので、面積はなるべく小さい方が良い。

問３　翌日、太朗君は同じ公園で清君と300cmの高さのすべり台でボールを転がして実験することにしました。重さ500gのかたいボールをすべり台の上から転がしてみたところ、ボールを転がし始める高さによって最下点でのボールが飛び出す勢いに変化が生じることに気づきました。その結果を次の表にしました。

図

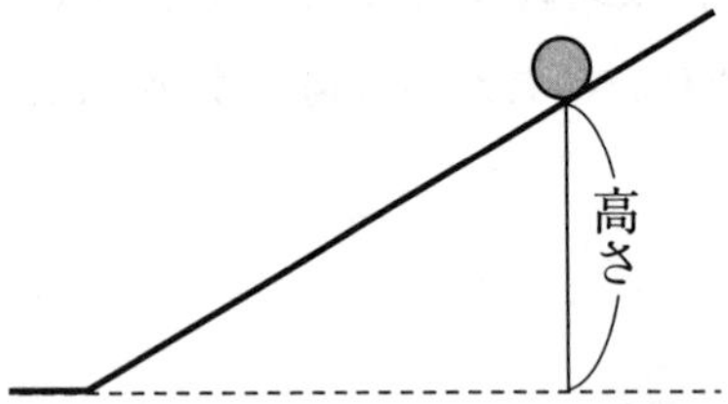

表

転がし始める高さ[cm]	最下点までの時間[秒]
0	0.00
50	0.58
100	0.82
150	1.01
200	1.16
250	1.30
300	1.42

(1)　表をもとにして、ボールを転がし始める高さと最下点までの時間の関係をグラフに表すことにしました。0cmのときの●を参考に、表の値をすべて記しなさい。

(2)　(1)のグラフを簡単に表したものを次の図の中から１つ選び、記号で答えなさい。

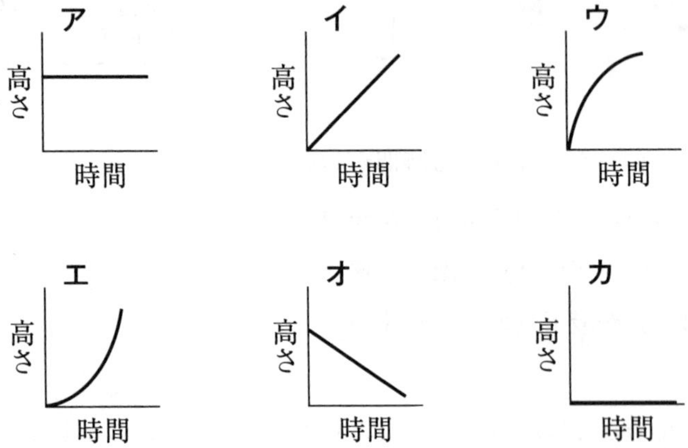

(3)　大きさと表面の材質が同じで重さが１kgのボールを300cmの高さから転がしました。その結果として当てはまるものを次の中から選び、記号で答えなさい。

ア　500gのボールのときの半分の時間で最下点に達した。

イ　500gのボールのときの$\frac{1}{4}$の時間で最下点に達した。

ウ　500gのボールのときと同じぐらいの時間で最下点に達した。

エ　500gのボールのときより２倍の時間で最下点に達した。

問４　太朗君と清君が図のようにシーソーに乗ったところ、体重 60kg の太朗君が持ち上がりました。シーソーの支点から太朗君は 50cm、体重 50kgの清君までは 100cm でした。そこに次朗君がやってきました。ここに次朗君を乗せてつり合うためには、次朗君を支点から太朗君側に何 cm のところに乗せれば良いですか。ただし、次朗君の体重は 20kgとします。

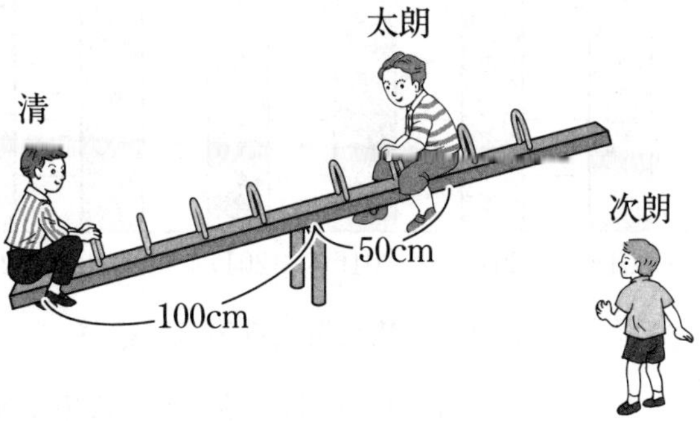

5　二酸化炭素と地球温暖化について、次の各問いに答えなさい。

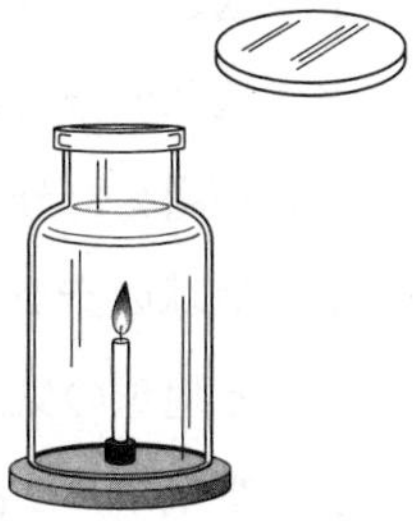

問１　右の図のように、ろうそくを燃やし、気体が生じることを確認しました。この実験では、ふたをしないと燃え続けますが、ふたをすると火が消えます。

(1)　ふたをすると火が消えるのはなぜですか。簡単に説明しなさい。

(2)　ろうそくが燃えて生じた気体が二酸化炭素であることを確かめるために使う液体の名前を答えなさい。また、その液体は二酸化炭素があるとどのように変化しますか。

問2　次のグラフは、太朗君が住む神奈川県内の二酸化炭素の排出量《はいしゅつりょう》の推移を示したものです。

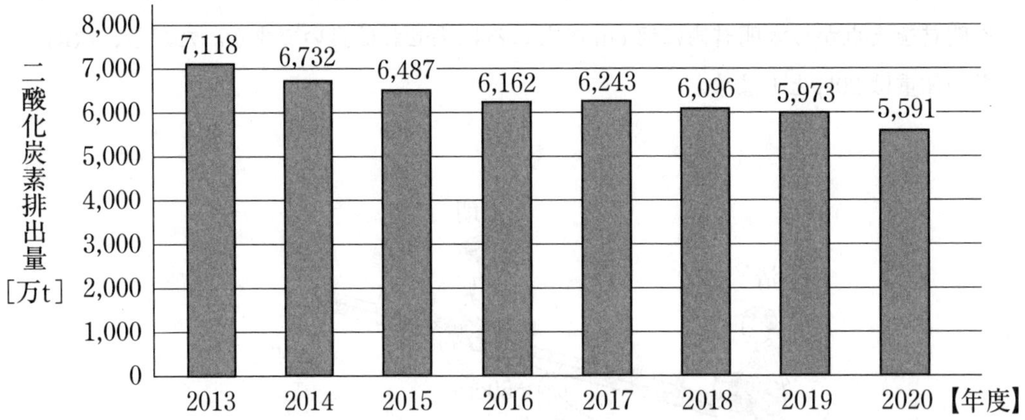

県内の二酸化炭素排出量の推移

(2020年度県内の温室効果ガス排出量速報値推計結果概要《がいよう》)

(1)　二酸化炭素排出量のデータを取っている理由として最も適するものを次の中から１つ選び、記号で答えなさい。

ア　地球の空気には動物が生きるために必要な酸素がふくまれているが、二酸化炭素が増えた分、動物に必要な空気中の酸素が不足してしまうから。

イ　地球の空気にはおよそ20％の二酸化炭素がふくまれており、それ以上増加すると地球の気温が上がってしまうから。

ウ　空気中の二酸化炭素が温室のように地球を快適な温度にしてくれているが、さらに増え続けると地球の温度がもっと上がっていってしまうから。

エ　空気中の二酸化炭素が温室のように地球を快適な温度にしてくれているが、人の活動で排出する二酸化炭素の量が減ってしまうと、地球の気温も急に上がってしまうから。

(2)　グラフから、2013年の二酸化炭素排出量を100％とすると2020年の値は何％になりますか。小数第１位を四捨五入して、整数で答えなさい。

問3　日本では、これまでにない大雨や厳しい暑さの日が増えています。こうした異常気象は、地球温暖化によるものと考えられています。世界で起こっている現象のうち、まちがっているものを次の中からすべて選び、記号で答えなさい。

ア　海面が上昇して島や標高の低い海辺の地域がしずんでいる。

イ　干ばつが起きて、農作物がとれなくなる。

ウ　北極の氷がとても増えている。

エ　二酸化炭素の増加で空気中の酸素が不足して、呼吸できない生物が増えている。

問4　地球温暖化を進めないために、あなたができる取り組みを１つ答えなさい。

6　ホウセンカを使って２つの実験を行いました。次の各問いに答えなさい。

【実験１】

①　染色液で赤色にした水を用意する。

②　根のついたままのホウセンカを染色液の入った三角フラスコに入れ、綿をつめてふたをする。

③　数時間後、根・くき・葉をそれぞれカッターナイフで切って、切り口の様子を観察する。

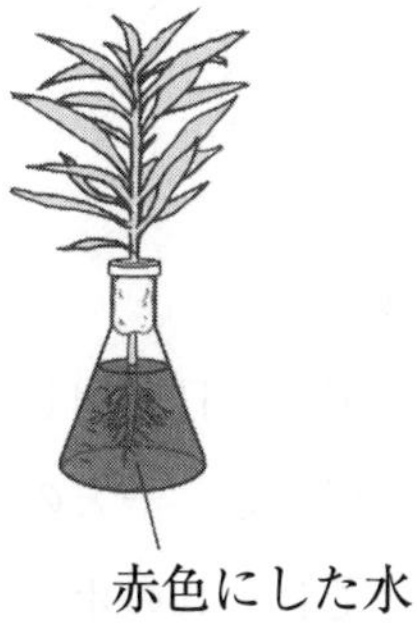

問1　染色液を使って実験するのはなぜですか。簡単に説明しなさい。

問2　実験１②で綿をつめた理由として適するものを次の中から１つ選び、記号で答えなさい。

ア　外からゴミが入るのを防ぐため。

イ　ホウセンカが動かないように固定するため。

ウ　水が蒸発するのを防ぐため。

エ　根がくさるのを防ぐため。

問3　実験1③の結果、ある部分を縦に切ると右の図のように見えました。同じ部分を横に切ったときの見え方を次の中から1つ選び、記号で答えなさい。また、切った部分は根、くき、葉のうちどれですか。

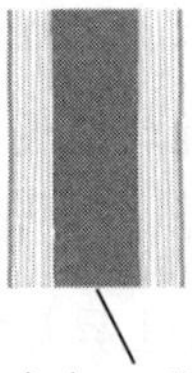

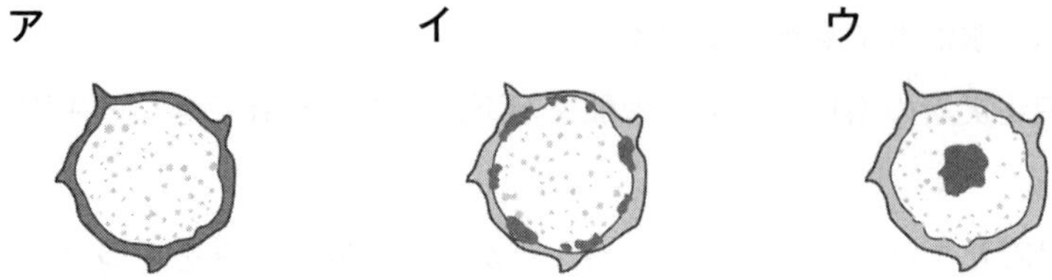

問4　ホウセンカの代わりにジャガイモの苗《なえ》を使って、同様の実験を行いました。その結果として、適するものを次の中から1つ選び、記号で答えなさい。

ア　根だけ色がついた。　　**イ**　くきだけ色がついた。

ウ　根とくきに色がついた。　　**エ**　ホウセンカの結果と同じになった。

【実験2】

①　晴れた日に同じ大きさのホウセンカを2本用意し、一方の葉を全部取る。

②　それぞれのホウセンカにポリエチレンのふくろをかぶせ、ひもで口をしばる。

③　約15分後、ふくろの中の様子を観察する。

問5　実験2の結果として、適するものを次の中から1つ選び、記号で答えなさい。また、その理由を簡単に説明しなさい。

ア　葉のあるふくろだけくもった

イ　葉のないふくろだけくもった

ウ　どちらのふくろもくもった

エ　どちらのふくろもくもらなかった

7 星や月の見え方について、次の各問いに答えなさい。

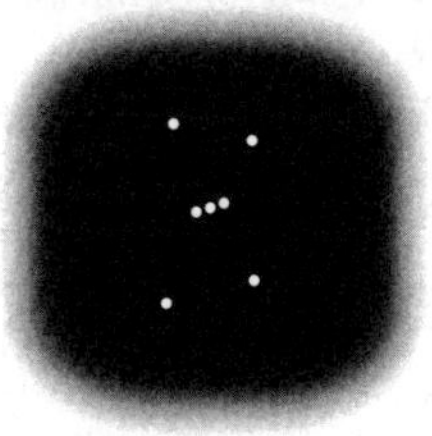

問１　右の図は、ある星座を表しています。何という星座か答えなさい。

問２　デネブ、アルタイル、ベガの３つの星を結んだ三角形を何といいますか。

問３　夜空を観察すると、時間がたつにつれて星が動いて見えますが、北の空には、ほとんど動かない星があります。この星を何といいますか。

問４　朝、南西の空に見える月は、この２時間後どちらに見えますか。図の中から１つ選び、記号で答えなさい。

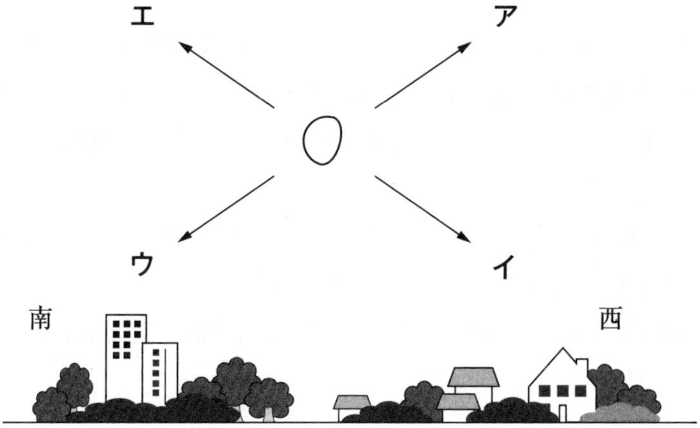

問５　月が満ち欠けする理由について、次の文の（　　）に適する言葉を答えなさい。

月が満ち欠けする理由は、月が（　①　）の周りをまわる天体であることと、（　②　）の光を反射していることによる。

問６　満月が観察できました。その理由として、適するものを次の中からすべて選び、記号で答えなさい。

ア　地球から見て、月が太陽と同じ方向になるから。

イ　地球から見て、月が太陽と180°反対側にあるから。

ウ　地球からは月の夜の部分しか見えないから。

エ　地球からは月の昼の部分しか見えないから。

〈リスニング問題放送原稿〉

一のリスニング問題を始めます。表紙を開いてください。
これから問題文を一度だけ読みます。内容は「聞き取りメモ」らんや余白を利用し、書き取ってください。問いも放送で出題します。問いは全部で六つあります。よく聞き、各問いに答えなさい。

アナ：　放送席、放送席、今日のヒーローインタビューは長谷川選手、原選手、遠藤選手の３人です。　３人とも素晴らしい活躍ぶりでした。

３人：　ありがとうございます。

アナ：　では、まず長谷川選手からインタビューしたいと思います。今日はどんな気持ちでマウンドに立ちましたか。

長選手：　昨日負けて連勝がストップしてしまったので、今日まず１勝して連勝をつくろうという気持ちで立ちました。

アナ：　そうなんですね～。そのピッチングですが、３回の裏にランナーが２、３塁というピンチをむかえましたが、どんなことを考えて投げようと思いましたか。

長選手：　そうですね～。バッターとの勝負というより自分との勝負だと思って、強気でいこうと思って投げました。

アナ：　「自分との勝負」とおっしゃいましたが、あのピンチをしのいだということは…？

長選手：　はい、今日は自分に勝つことができました。

アナ：　長谷川選手、素晴らしいピッチングでした。続いて、原選手です。素晴らしいホームランでした。

原選手：　ありがとうございます。

アナ：　通算50本。今どんなお気持ちですか。

原選手：　打てて良かったです。

アナ：　あの場面、４回表、どんな気持ちでバッターボックスに向かいましたか。

原選手：　ピッチャーの長谷川が３回裏に苦しんでいたけれどしのいでくれたので、少しでも力になりたいと思って向かいました。

長選手：　ありがとうございます。

アナ：　素晴らしいチームワークですね。それでは今後の抱負をお聞かせください。

原選手：　これからもファンのみなさんに喜んでもらえるようなプレーができるよう頑張りますので、応援よろしくお願いします。

アナ：　これからも大きな一打を期待しています。
さて、最後は本日２人目のホームランを打った遠藤選手です。最上段へのホームランでしたが、打った時の感触はどうでしたか。

遠藤選手：打った瞬間、「あっこれ入るな〜。」って思いました。なんていうか、ど真ん中にドスンとくるような感触です。自分のことよりもチームの目標である「勝ち方にこだわる」を達成したいと思っているんです。

アナ：　ドスンとくるような感じですか〜。素晴らしいですね。特大のホームランでしたね。

遠藤選手：いや〜、まさか最上段に行くとは思いませんでした。自分でも初めてでした。嬉しかったです。

アナ：　ファンのみなさんに一言お願いします。

遠藤選手：これからもみなさんに応援してもらえるように、チーム一丸となって勝ち方にこだわっていきたいと思います。これからも応援よろしくお願いします。

アナ：　長谷川選手、原選手、遠藤選手ありがとうございました。以上、ヒーローインタビューでした。

問一　昨日の試合の結果を答えなさい。

問二　長谷川選手が 3 回裏のピンチの時、誰との勝負と思って投げましたか。答えなさい。

問三　原選手は通算何本のホームランを打ちましたか。答えなさい。

問四　原選手の今後の抱負は何か。答えなさい。

問五　チームの目標を答えなさい。

問六　あなたはスポーツによって何が学べると思いますか。あなたの考えを答えなさい。

以上でリスニング問題を終了します。引き続き二以降の問いに取り掛かってください。

問二　次の[1]～[4]に入るのに適切な言葉を次の中から一つずつ選び、記号で答えなさい。

ア　もちろん　　イ　よって
ウ　むしろ　　エ　しかし

問三　――線②「人間にしかできないこと」とありますが、筆者が思っている、人間にしかできないこととは何ですか。その内容として適切なものを次の中から一つ選び、記号で答えなさい。

ア　物事を忘れないように記録すること。
イ　書いてあるものをそのまま写すこと。
ウ　新しいアイデアを自分で生み出すこと。
エ　事実をそのまま記録しておくこと。

問四　――線③「これ」の指している部分を文中から六十字でぬき出し、はじめとおわりの五字を答えなさい。

問五　――線④「僕たちが最も磨くべきスキル」を具体的に表している部分を文中から二十五字でぬき出して答えなさい。

問六　――線⑤「僕から生まれ出るほぼすべてのアイデア」はどのように生まれていますか。簡単に答えなさい。

問七　――線⑥「たくさんの『いいこと』」として適切なものをすべて選び、記号で答えなさい。

ア　ＡＩと同様の仕事ができる。
イ　字が速く書けるようになる。
ウ　情報をキャッチできるようになる。
エ　相手がより深く話をしてくれる。
オ　仕事に対するやる気が出る。

問八　――線⑦「宝」とはここでは何を指していますか。文中の言葉を使って答えなさい。

問九　――線⑧「紙のメモ」によって相手にどのような想いを伝えようとしているのですか。文中から二十三字でぬき出して答えなさい。

がら、ひたすら台本やノートにメモしていきます。番組に来てくださったあるゲストの方が、ノートにメモしながら話をしている僕を見て「嬉しい、すごく気持ちがいい！」と言ってくれたこともありました。そして「こんなこと、今まであまり話したことないんだけど……」と、真剣に、深い話をし始めてくれたのです。

　おそらく、実際に話を聞く真剣さの度合いが全く同じだったとしても、メモをとるかとらないかで、相手の受ける印象が異なる、ということなのでしょう。感情には返報性、すなわち「跳ね返り」がありますから、メモをとることによってこちらから特別な敬意を示せば、相手も自分に対して、特別な敬意を抱いてくれるようになる。「あなたの話から、一つでも多くのことを吸収したい」という姿勢が可※13視化されて、より実りのある会話になっていきます。

（前田裕二『メモの魔力』幻冬舎）

※1　ファクト…事実。
※2　タスク…課せられた仕事。
※3　無機質…生命感のない、乾いて冷たい感じのもの。
※4　付加価値…他とはちがう独自の価値観。
※5　オペレーション…機械のそう作。
※6　得も言われぬ…何とも言い表せない。
※7　煽動…人の気持ちをあおり立て、行動をすすめそそのかすこと。
※8　真髄…その道の極意。
※9　モチベーション・セッティング…人が何か行動をする際の原動力となるもの。
※10　齟齬…くいちがい。
※11　バリ5…携帯電話などの画面に表示される電波マークが最大になっていること。
※12　パーソナリティー…ラジオのトーク番組の司会者。
※13　可視化…目に見えないものを見える状態にすること。

問一　――線①「記録のためのメモ」をほかの言葉で表している部分を文中から十四字でぬき出して答えなさい。

とです。そして、仕事に人生を、命をかけている僕にとっては、もはやそれは、生きることでもあるのです。

メモをとると、⑥たくさんの「いいこと」が起きます。これは実際に体感してみないとわからないことなので、本当に、一度騙《だま》されたと思ってメモ帳を手にとってみてください。具体的な方法論については、これから次章以降でじっくり説明していくとして、その前にまず、メモをとると皆さんに何が起きるのかを説明します。何をするにも最初の※9モチベーション・セッティングが最重要です。大前提となるメモの効用は前述の通り（＝知的生産性が上がる）ですが、それに加えて、メモにはより直接的・具体的なパワーがあります。

僕らは、頭で思っている以上に、怖いくらいに情報を「素通り」しています。会議や会食、講演などの場面で、果たして、どれだけの情報をキャッチできているのでしょうか。

例えば、5分の間に、自分が今知って理解すべき大切な情報を相手が三つ話したとします。[4]、実際はそのうちの一つしかキャッチできておらず、あとの二つは頭の中を全く通《とお》っていない。あるいは通ったとしても、そのまま通り過ぎてしまっていて、両者の会話の前提にはならない。その結果、情報の送り手である話者との認識の齟齬《そご》※10やすれ違いが起きて、その溝はどんどん深まってしまう。これは、ビジネスの場に限らず、日常にもよくあることだと思います。「今の聞いてた？」と言われた経験、また逆に、「もう一度詳しく説明してもらえますか？」と人にお願いした経験、これらは、誰《だれ》しもあると思います。

しかし、きちんとメモをとる習慣を身につけると、自分にとって有用な情報をキャッチするための「アンテナの本数」が増えます。常にアンテナがバリ5※11の状態を維持《いじ》しておくと、いつ何時でも、知的生産において前提となる重要な情報を漏《も》らさずにキャッチすることができる。メモをとる癖《くせ》がない人は、実は、毎日⑦「宝」をみすみす落とし続けてしまっているようなものだと僕は思っています。日常のふとした瞬間にこそ、宝が眠っているのですから、それに気づけて拾い上げられる強力なアンテナを持つべきです。

⑧紙のメモは、コミュニケーションツールとしても極めて優秀です。

熱意を伝えたいのなら、紙がベストです。相手に伝えたい「想い」の部分が、ストレートに心に届くからです。

普段、ＴＯＫＹＯ　ＦＭ『ＳＨＯＷＲＯＯＭ主義』というラジオ番組で※12パーソナリティーをしていますが、そこでは、インプットしたことや、それを受けて考えたこと（でもまだ口には出さないこと）などを、自分自身しゃべりなファクトのまま伝えるときに、メモは当然大いに役に立ちます。例えば、子供がお母さんに買い物を頼まれたとき、卵と、牛乳と、納豆と、食パンと……と口頭で言われてもそのすべてを頭では覚えていられないので、紙や、今だったらスマホに、忘れないようにメモしますよね。これは単純な、「記録のためのメモ」です。しかし、この作業は、極論すると、人間がこなすべきタスク[※1]ではなく、ロボットにでもできます。

[1]、無機質[※3]な情報をただ記録するだけですから、コンピュータが最も得意とする領域でしょう。しかし、僕らは人間です。②「人間にしかできないこと」に集中するために、メモを活用していってほしいのです。単純に起きたことや見聞きしたことだけを書き写すのではなく、新しいアイデアや付加価値[※4]を自ら生み出すことを強く意識して、メモを書き始めてみてください。世界が、全く変わって見えると思います。

学生時代、ある授業に大きな疑問を感じていました。日本史の授業でした。その授業では、先生がご自身でまとめてきたノートを黒板にただ書き写し、そして、生徒はそれを機械的にただひたすら自分のノートに書き写すだけ、というスタイルがとられていました。

[2]、情報をまとめてわかりやすく伝えることに、価値がないわけではありません。しかし、正直③「これは、人間のやるべきことではない」と、生意気にも思ってしまっていたのも事実です。

人間にしかできないこととは、独自の発想やセンス、視点で、アイデアを創出することです。決して、情報をそのまま書き写すなどといった、機械的なオペレーション[※5]作業ではありません。そんなことはこれからもう、なるべくなら、機械に任せていきましょう。この本と出会ってくださった読者の皆さんは、どうか、「知的生産」のためにメモを使ってほしい。これこそ、「AIに仕事が奪《うば》われる」という言説[※6]が得も言われぬ世の不安を煽動《せんどう》[※7]する今、④僕たちが最も磨《みが》くべきスキルです。より希少性が高く、大きな付加価値を生み出せることに、僕ら人間の大切な時間を割いていくべきです。

ビジネスに限らず、⑤僕から生まれ出るほぼすべてのアイデアは、ふだん無意識に通り過ぎてしまいそうなことに目を向けて、逃げずにそれらを「言語化」することで生まれています。その知的生産の過程を、「メモ」と呼んでいるのです。そして、この、人間にしかできない知的生産活動こそが、仕事の真髄《しんずい》[※8]であると思います。

[3]、この本で述べるような、知的生産を目的にした本質的な方法で「メモをとる」こと自体が、仕事をするこ

問九　――線⑥「宣言するみたい」という表現は、彩乃ちゃんのどのような気持ちを表していますか。その内容として最も適切なものを次の中から一つ選び、記号で答えなさい。

ア　こんなかわいそうな目にあうと知って、子犬を飼うことをあきらめる気持ち。

イ　アキが緊張しているので、戦いに早く決着をつけてあげたい、という気持ち。

ウ　自分も今から犬や猫の命について真剣に考えようと決意を新たにした気持ち。

エ　どんな方法でもいいからビブリオバトルで勝たせてあげたい、という気持ち。

問十　アキはどうしてビブリオバトルに出場しようと考えたのですか。「犬や猫の命」という言葉を使って答えなさい。

四　次の文章を読み、あとの問いに答えなさい。

メモには、２種類あります。

一つは、①「記録のためのメモ」です。情報や事実をそのまま切り取って伝えたり、保存しておくためのメモ。「memo」という単語自体、もともとは、ラテン語のmeminiが語源で、「記憶している」という意味です。よく見てみると、memoryにも、rememberにも、memは入っていますね。記憶に関する英単語には、memが入っていることが多いことに気づくかと思います。メモランダム、備忘録、つまり、忘れないためにとっておくものがメモ、これが一般認識だと思います。「メモをとりなさい」と学校や職場で言われたりして、まず人が体験するメモが、こちらだからでしょう。ゆえに、一般的にメモと言われたら、記録のための備忘録を想起する方が多いと思います。しかし、僕が今回この本で強調したいのは、メモの底力は完全に別のところにある、ということ。

それが、二つ目のメモ、すなわち、「知的生産のためのメモ」です。メモは、情報伝達ではなく、知的生産に使ってこそ初めて本領が発揮されるということを、これから説明していきます。

「記録のためのメモ」と言いましたが、実際、ファクト[※1]を

問七　——線④「このこと」とは何を指していますか。その内容として適切でないものを次の中から一つ選び、記号で答えなさい。

ア　犬や猫を売ることができなくなったら、ペットショップは経営できなくなるがどうしたらよいか、ということ。

イ　犬や猫の命をそまつにしないために、ペットショップは今後どのように経営していけばよいのか、ということ。

ウ　今まで犬や猫の命をそまつにすることに加担していたが、これからどうつぐなっていけばよいか、ということ。

エ　この話を聞いて、みんながペットショップのことをきらいになったら困るが、どうしたらよいか、ということ。

問八　——線⑤「ペットショップで買わなくても子犬とくらせる方法、あるんですか」と発言した彩乃ちゃんはどのような気持ちだったと思いますか。その気持ちとして適切でないものを次の中から一つ選び、記号で答えなさい。

ア　きっとアキは自分が子犬を買ってもらえると知って、ねたんでビブリオバトルに出場したのだろう。

イ　子犬のことを本当に理解しているのはアキだと認識し、これからどうしたらよいか教えてもらいたい。

ウ　ペットショップで犬を買うことは、パピーミルのやっていることを認めることになるのではないか。

エ　自分がペットショップで子犬を買ってもらおうと思っていたのは、大間違いだったのかもしれない。

問一 [A] に入るのに適切な言葉を文中から五字でぬき出して答えなさい。

問二 [B] に入るのに適切な言葉を次の中から一つ選び、記号で答えなさい。

ア 職人　イ 利益

ウ 機械　エ 部品

問三 [C]・[D] に入る言葉の組み合わせとして適切なものを次の中から一つ選び、記号で答えなさい。

ア 子犬じゃない ― よく売れる

イ お金がかかる ― よく売れる

ウ 売れなくなる ― お金がかからない

エ お金がかかる ― 病気にならない

問四 ――線①「なぜだろう」と思ったのはどうしてですか。その内容として最も適切なものを次の中から一つ選び、記号で答えなさい。

ア 自分のくちびるの横がふるえてきたのはなぜだろう。

イ 話の最中におばあさんと目が合ったのはなぜだろう。

ウ お母さん犬がケージから出してもらえないのはなぜだろう。

エ たくさんの人がいるのに緊張せずに話せるのはなぜだろう。

問五 ――線②「目に涙がにじんでくる」のはどうしてですか。その理由として最も適切なものを次の中から一つ選び、記号で答えなさい。

ア せっかく一生懸命しゃべっているのに、会場の人たちがざわついて聞いてくれないから。

イ せっかくビブリオバトルに挑戦したのに、声がふるえてしまってうまくしゃべれないから。

ウ 子犬がひどい目にあっている姿を思い浮かべて、改めて子犬がかわいそうだと思ったから。

エ 話しているうちに、彩乃ちゃんだけが子犬を飼えることを思い出して悲しくなったから。

問六 ――線③「えっ、いちばんいいところ?――」と驚いたのはどうしてですか。その理由として最も適切なものを次の中から一つ選び、記号で答えなさい。

ア ビブリオバトルで発表した人が質問をするなんて、本当だったらありえないことだから。

イ ビブリオバトルで勝つことだけを考えて、この本のいいところは考えていなかったから。

ウ 本のいいところがたくさんありすぎて、どれを一番にしたらいいかわからなかったから。

エ 子犬のかわいそうな姿にばかり目がいき、この本のいいところは考えていなかったから。

えてきた。
「大切な〈仲間〉として、ずっとずっといっしょにくらせばいいと思います。そうしたら、お母さん犬も喜ぶと思います」
「ほかに質問ありませんか」
クルミンが会場を見まわした。
ハイ――いちばん後ろのすみっこで手があがった。
（あっ）
声が出そうになった。
彩乃ちゃんだ。彩乃ちゃんが来ている。となりにいるのはユイさんだ。
ピンクの上着を着た彩乃ちゃんが立ちあがっていう。わたしの顔をまっすぐに見ていう。
⑤「ペットショップで買わなくても子犬とくらせる方法、あるんですか」
「はい、あります」
わたしは、彩乃ちゃんの顔を見て答える。
「わたしもこの本を読むまで知らなかったのだけど、動物愛護センターというところがあって、そこでは、事情のある犬や猫《ねこ》を預かっているそうです。譲渡《じょうと》会《かい》というのがあって、犬や猫《ねこ》とくらしたい人は、そこでゆずってもらうことができます。ほかの方法も、この本にくわしく書いてあります」
わたしは『子犬工場』を高くあげた。
「読みます。わたし、その本すぐに読みます」
彩乃ちゃんは、⑥宣言《せんげん》するみたいにいった。そして、わたしの顔を見て、にこっと笑った。
質問タイムが終わった。
「藤谷さん、ありがとう」
クルミンの言葉でわたしは席に着いた。

（赤羽じゅんこ　松本聡美　おおぎやなぎちか　森川成美『なみきビブリオバトル・ストーリー　本と4人の深呼吸』さ・え・ら書房）

※1　パピーミル…営利を目的としてペット用の犬や猫を、費用をおさえて大量に繁殖《はんしょく》させる悪質なブリーダー（ペットの繁殖を目的とする人）のこと。

※2　アキが小学校三年生の時に読んだ本『きいてほしいの、あたしのこと』に登場する主人公（オパール）と飼い犬（ウィン・ディキシー）のこと。オパールはウィン・ディキシーを飼い犬ではなく仲間として大切に暮らしていた。

ーんとしている。わたしはくちびるをかんだ。

（わたし……伝えること……できなかった……）

「ハイ！」

男の子の元気な声がした。見ると、一番目に発表した子が手をあげている。図書館の人がマイクを持って、その子のところへ行った。男の子はマイクを受け取ると、わたしに向かっていった。

「その本のいちばんいいところは、どこですか」

③（えっ、いちばんいいところ？――）

頭の中が真っ白になった。いちばんいいところって……。

〈ペットのアリス〉のショーケースをのぞいているわたしの姿《すがた》が、目にうかぶ。

わたしの口から、言葉が出てきた。

「子犬の命って、おもちゃじゃない、と気づけたところです」

ハイ――小さい声がして、後ろで、あのおばあさんが手をあげた。

「その本は、ふつうの本屋さんで買えるのでしょうか」

わたしは、すぐに答えた。

「買えます。お店になかったら、取りよせてもらえます」

「ハイ、ハイハイ」

一年生ぐらいの男の子が手をあげた。

「いくらですか」

わたしは本の裏《うら》を見て答えた。

「千四百円に税金がつきます」

会場に笑い声があがった。

ハイ――静かな声がして、女の人が立ちあがった。ママより少し年上って感じの人。

「ペットショップは、どうしたらいいのかしら」

④このことは、わたしも本を読みながらずっと考えていた。だから本に書いてあったことが強く心に残っている。わたしは、女の人の顔を見ていう。

「ペットショップは、生きた犬や猫《ねこ》を売らないで、犬や猫《ねこ》のグッズを売ったり、しつけ教室をしたり、シャンプーをしたりしてお店を経営するのです。アメリカのいくつかの都市では、犬や猫《ねこ》を売ることを禁止しているそうです。それから、犬を飼《か》いたい人と犬をゆずりたい人との間に入って、つなげる役目、というのもあります」

「ハイ」

わたしと同じ五年生ぐらいの女の子だ。

「ペットショップで、もう買っちゃった人はどうするんですか」

「大切な……」

※2ウィン・ディキシーとオパールが、ならんで歩く姿《すがた》が見

そういったとき、おばあさんと目があった。おばあさんがハンカチで目をおさえている。①なぜだろう。わたしのくちびるの横が、ぷるぷるとふるえてきた。

「こういうひどい人ばかりじゃなくて、犬を大切に思い、犬の健康を考えながら、赤ちゃんを産ませるブリーダーもいます」

大きく息を吸《す》いこむ。

「でも、ペットショップの中には、さっきいったようなひどい人たちから、子犬を買っているところがあるのです」

前の壁《かべ》をにらんで話す。

「まるで命がないものみたいに、工場でおもちゃをつくるみたいに、子犬を……つくって……いる人からです……」

ふるえる声でここまでいって、わたしはうつむいてしまった。②目に涙《なみだ》がにじんでくる。

会場がざわざわするのがわかった。

どうしよう。わたし、どうしよう。

がんばれ、わたし。次になにを話すかわかっているんでしょ。パピーミルって、名前の説明でしょ。

でも声を出すと、涙《なみだ》が出そう。顔があげられない。

時間がどんどんすぎていく。

クルミンがやってきて、本の付せんを指さしてくれた。付せんのところを見せなさいっていう意味だ。

わたしは、赤い付せんのところを開いた。おなかに力を入れていう。

「見てください。この犬は、目が見えないし、耳も聞こえません。生まれつきじゃありません。子どもを産みつづけたため、こんな姿《すがた》になったのです」

会場から、まあ、と小さな声があがった。

チン――と音がした。あと一分だ。

わたしは、ぐいっと顔をあげた。

「今日、わたしは、皆《みな》さんに、こんな本があること、人間が、こんなひどいことをしていることを、伝えにきました。けれど……」

だいじょうぶ、声はふるえていない。わたしは、みんなを見わたしていう。

「じょうずにこの本のことが話せませんでした。なにが書いてある本か、わたしがなにがいいたいのか、わからないと思います。でも、この本を読んでください。お願いします。心が楽しくなる本ではありません。でも、読んでください。犬や猫《ねこ》の命について、考えて……」

チン、と合図が鳴って、時間になった。

パチパチパチと拍手《はくしゅ》がおこった。

「では、質問タイムです」

クルミンがいったのに、だれも手をあげない。会場がした人もいる。

「みなさんは、ペットショップに行ったことがありますか」

　何人もがうなずいている。

「わたしは、しょっちゅう行きます。かわいい子犬とくらしたいなと思っているからです」

　みんなが真剣《しんけん》な目でわたしのことを見ている。

　ドアがそろっとあいて、だれかが入ってきたのが、目のはしに見えた。

「ペットショップで売られている子犬、どんなふうなお母さんから生まれてきたか、考えたことがありますか」

　わたしは、本をまだ出さない。

「とっても大事にされていると、わたしは思っていました。でも、見てください。これが、お母さん犬が入れられているケージです」

　わたしは本をあげて、付せんのはってあるページを開いた。右から左へ、本を動かしていく。

「見えないよう」というように、体を乗りだしている男の子がいる。わたしは、とっさにいう。

「遠くて、よく見えないと思います。なので、この本を買って見てください」

　笑い声がおこった。少しだけ、ほっとした。

「今日、わたしが紹介《しょうかい》するのは『子犬工場』です」

　表紙をみんなのほうに向けていう。よかった。ちゃんと聞いてくれている。わたしは胸《むね》をはって、声を出す。

「この本には、工場でおもちゃをつくるように、どんどん子犬がつくられる話が書いてあります」

〈A〉というところに、力を入れていった。

　会場のすみに、小柄《こがら》なおばあさんがいるのが、目にとまった。おばあさんは、首をつきだすようにしてわたしのことを見ている。

「その工場の B にあたるのがお母さん犬です。お母さん犬は、さっきの小さくてきたないケージに入れられて、次つぎに子犬を産みます。一歩も外に出してもらえません。エサは、粗末《そまつ》なものをほんの少しです。病気になってもお医者さんに連れていってもらえません。 C からです。子犬だけを産みつづけます。そしてやっと産んだ子どもにお乳《ちち》をやっているときに、ひょいと子どもを連れ去られるのです」

　おばあさんが、口をぎゅっとむすんでいる。

「子犬は、小さいほうがかわいくて、 D から、エサはほんのちょっぴり。まだお母さんのそばにいたい赤ちゃん犬が、ひとりぼっちでペットショップのショーケースの中に入れられるのです。どんなにさびしいでしょう」

二　漢字について、次の各問いに答えなさい。

問一　次の①〜④の——線部のカタカナを漢字に直しなさい。また、漢字は読みをひらがなで答えなさい。

① 委員長の意見にサンセイします。

② 歴史的なカイキョになった。

③ 物事のソントクを考える。

④ 古き都としての名残が感じられた。

問二　次の文から、誤っている漢字を一字探し、正しく直して答えなさい。

代表委員長の無茶な意見に閉行する。

三　次の文章を読み、あとの問いに答えなさい。

友だちの彩乃《あやの》ちゃんが「ペットショップで子犬を買ってもらえることになった」と言っているのを聞いて、自分も子犬が欲しいと思っていたアキはうらやましいと思っていた。ある日アキは本屋さんで『子犬工場』というタイトルの本を見つけ読んでみることにした。てっきり子犬が活やくする楽しいお話と思っていたアキは、本を読み進めるにつれてがく然とする。『子犬工場』は、利益のためだけに子犬を大量生産するパピーミル※1業者について書かれた本だったからだ。アキは、この本でビブリオバトル（観客に、本について紹介して戦うゲーム）に参加することを決意する。そして、いよいよビブリオバトル当日をむかえる…。

「では、二番目の方、どうぞ」

わたしは、『子犬工場』を持って前に出た。ぐるりと前を見まわす。ホールいっぱいに人が入っている。

「戸井小学校、五年、藤谷アキです」

わたしは、ぺこんとおじぎした。会場で頭をさげてくれ

2024年度

東海大学付属相模高等学校中等部

【国　語】〈A試験〉（五〇分）〈満点：一〇〇点〉

〈注意〉1．問題文にある「字数」には、句読点や記号を含《ふく》みます。
2．作問の都合上、文章の一部や図表などを変更している場合があります。

一　これから流れる放送を聞き、問いに答えなさい。問題文と問いは一度しか流れません。聞いた内容はメモを取り、解答は解答らんに記入してください。

聞き取りメモ

※問いは全部で六つあります。

※〈リスニング問題放送原稿〉を国語の問題のおわりに掲載しています。

2024年度
東海大学付属相模高等学校中等部 ▶解説と解答

算 数 ＜Ａ試験＞（50分）＜満点：100点＞

解 答

1 (1) 110 (2) 10 (3) $\frac{14}{27}$ (4) 1 (5) 2420 (6) 13 (7) 100 (8) 96
2 (1) 46分40秒 (2) 12回 (3) 15日間 (4) 38才 (5) 280g (6) 490円 (7) 58度 (8) 75.36cm^3 **3** (1) 12 (2) 解説の図②を参照のこと。 (3) 8.5秒後
4 $A=2$, $B=1$, $C=7$, $D=8$

解 説

1 **四則計算，計算のくふう，逆算，数列，約数**

(1) $2024\div11-(38+12\times3)=184-(38+36)=184-74=110$

(2) $(3.76-0.2\times4.8)\div0.28=(3.76-0.96)\div0.28=2.8\div0.28=10$

(3) $\frac{29}{162}+\frac{63}{54}-2\frac{13}{27}\times\frac{1}{3}=\frac{29}{162}+\frac{189}{162}-\frac{67}{27}\times\frac{1}{3}=\frac{218}{162}-\frac{67}{81}=\frac{109}{81}-\frac{67}{81}=\frac{42}{81}=\frac{14}{27}$

(4) $8\frac{1}{5}\times0.25\div\left\{0.35+\left(3\frac{2}{5}-1.7\right)\right\}=\frac{41}{5}\times\frac{1}{4}\div\{0.35+(3.4-1.7)\}=\frac{41}{5}\times\frac{1}{4}\div(0.35+1.7)=\frac{41}{5}\times\frac{1}{4}\div2.05=\frac{41}{5}\times\frac{1}{4}\div2\frac{1}{20}=\frac{41}{5}\times\frac{1}{4}\div\frac{41}{20}=\frac{41}{5}\times\frac{1}{4}\times\frac{20}{41}=1$

(5) $99\times99-55\times55-66\times66=9\times11\times9\times11-5\times11\times5\times11-6\times11\times6\times11=81\times11\times11-25\times11\times11-36\times11\times11=(81-25-36)\times11\times11=20\times11\times11=20\times121=2420$

(6) $99\div\{12+(2\times\square-14)\}=4$ 余り3より，余りの3を99から引くと，$96\div\{12+(2\times\square-14)\}=4$ となる。$12+(2\times\square-14)=96\div4=24$，$2\times\square-14=24-12=12$，$2\times\square=12+14=26$ よって，$\square=26\div2=13$

(7) 次の数との差は，$46-45=1$，$48-46=2$，$51-48=3$，…となり，1ずつ増えているとわかる。つまり，11番目の数までは，$1+2+\cdots+(11-1)=1+2+\cdots+10=(1+10)\times10\div2=55$ だけ数が増えることになるから，11番目の数は，$45+55=100$ となる。

(8) 18の約数は，1，2，3，6，9，18なので，$\{18\}=1+2+3+6+9+18=39$ である。よって，$\{\{18\}+3\}=\{39+3\}=\{42\}$ となる。ここで，42の約数は，1，2，3，6，7，14，21，42なので，$\{42\}=1+2+3+6+7+14+21+42=96$ とわかる。

2 **速さ，つるかめ算，仕事算，年れい算，濃度《のうど》，消去算，角度，体積**

(1) 2.1km＝2100mより，かかる時間は，$2100\div45=\frac{140}{3}=46\frac{2}{3}$（分）となる。$\frac{2}{3}$分＝$\frac{40}{60}$分＝40秒だから，これは46分40秒である。

(2) 50回投げて全て裏が出た時の点数は，$200-3\times50=50$（点）になり，実際はそれより，$146-50=96$（点）高い。ここで，裏を表にかえると，減らされる3点がなくなり5点が加えられるので，1回あたり，$3+5=8$（点）ずつ合計点が高くなる。よって，$96\div8=12$（回）だけ表が出れば，得点は146点になる。

⑶　仕事全体の量を35，63，45の最小公倍数より，315とすると，１日あたりにできる仕事の量は，Ａさんが，315÷35＝９，Ｂさんが，315÷63＝５，Ｃさんが，315÷45＝７となる。よって，３人ですると，１日に，９＋５＋７＝21の仕事ができるから，315÷21＝15(日間)で終わる。

⑷　今から14年前のＢさんの年れいを①才とすると，そのときのＡさんの年れいは，①×２＝②(才)となる。今から８年後は14年前の，14＋８＝22(年後)だから，今から８年後の２人の年れいの合計は，②＋22＋①＋22＝③＋44(才)となる。これが80才だから，①にあたる年れいは，(80－44)÷３＝12(才)となり，現在のＡさんの年れいは，②＋14＝12×２＋14＝38(才)となる。

⑸　水を加える前の食塩水の重さは，49÷0.07＝700(g)で，水を加えた後は，49÷0.05＝980(g)になっている。よって，加えた水の重さは，980－700＝280(g)となる。

⑹　りんご１個とみかん２個で160円余り，りんご１個とみかん４個で40円余ることから，みかんが，４－２＝２(個)増えると，160－40＝120(円)だけ余る金額が減っている。つまり，みかん２個で120円だから，みかん１個の値段は，120÷２＝60(円)となる。よって，りんご１個だけを買うとき，お金は，160＋60×２＝280(円)余る。また，りんご２個とみかん３個では110円足りないので，りんご２個だけを買うとき，お金は，60×３－110＝70(円)余る。したがって，りんご，２－１＝１(個)の値段は，280－70＝210(円)だから，Ａさんの持っているお金は，210×１＋60×２＋160＝490(円)となる。

⑺　三角定規を重ねているから，右の図の角ABCの大きさは60度，角CDEの大きさは45度となる。また，図の○をつけた角度はどちらも，90－17＝73(度)になる。ここで，三角形ABCと三角形CDEで，60＋ア＝45＋73＝118(度)となるから，ア＝118－60＝58(度)となる。

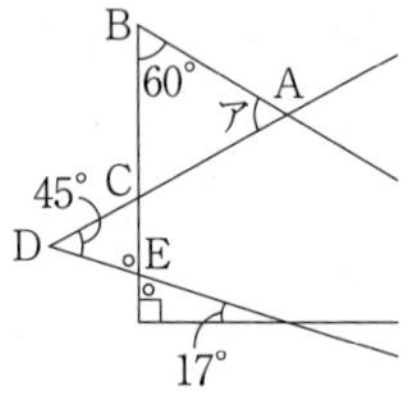

⑻　底面の円の半径が３cm，高さが４cmの大きい円柱から，底面の円の半径が２cm，高さが，４－0.5×２＝３(cm)の小さい円柱を除いた立体の体積を求める。大きい円柱の体積は，３×３×3.14×４＝36×3.14(cm^3)となり，小さい円柱の体積は，２×２×3.14×３＝12×3.14(cm^3)となる。よって，求める体積は，36×3.14－12×3.14＝(36－12)×3.14＝24×3.14＝75.36(cm^3)とわかる。

３　グラフ―図形の移動

⑴　(３＋２)÷１＝５(秒後)に図形Ａ全体が図形Ｂと重なるから，問題文中のグラフのアにあてはまる数は図形Ａ全体の面積になる。図形Ａを右の図①のように右側と左側の２つの長方形に分けると，全体の面積は，３×２＋２×３＝12(cm^2)とわかる。

図①

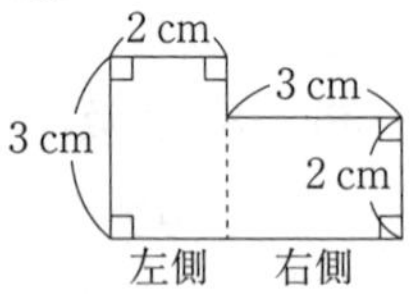

⑵　図形Ｂの横の長さが７cmなので，図形Ａが図形Ｂの中に完全に入った５秒後のときから，７－５＝２(秒間)は，重なった部分の面積は12cm^2のままである。その後の３秒間で，図形Ａの右側が出るので，７＋３＝10(秒後)の重なった部分の面積は，３×２＝６(cm^2)になる。さらに，その後の２秒間で，図形Ａは図形Ｂから完全に出るので，10＋２＝12(秒後)に重なりは０cm^2となる。以上をまとめるとグラフは上の図②のようになる。

図②

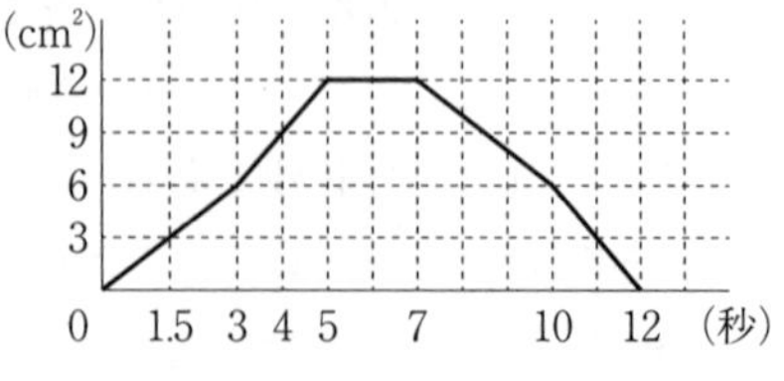

(3)　図②のグラフより，重なった部分の面積が２回目に$9\,\mathrm{cm}^2$になるのは，７秒後と10秒後のちょうど真ん中だとわかるから，$(7+10)\div 2=8.5$(秒後)となる。

4　条件の整理

$(ABCD\times 4)$の答えが４けたの数になっているから，Aは１か２となるが，$(D\times 4)$の一の位の数は必ず偶数《ぐうすう》になるから，Aは２とわかる。すると，Dは，$4\times 2=8$か，くり上がりを考えて９のいずれかだが，$(D\times 4)$の一の位がAの２だから，$8\times 4=32$より，Dは８とわかる。このとき，千の位の計算が，$4\times 2=8$なので，百の位の，$(4\times B)$ではくり上がりがないことがわかる。よって，Bは１か２だが，Aが２だから，Bは１とわかる。したがって，$11-3=8$より，$(4\times C)$の一の位は８になるので，$4\times 7=28$より，Cは７となる。すると，$2178\times 4=8712$となり，正しい計算になる。以上より，$A=2$，$B=1$，$C=7$，$D=8$となる。

社　会　＜A試験＞（理科と合わせて50分）＜満点：50点＞

解　答

1　**問１**　箱根　**問２**　キャベツ　**問３**　扇状地　**問４**　エ　**問５**　(1)　ア　(2)　(例)　火山灰による健康被害。(火山灰による交通への影響。)　**問６**　利根川　**問７**　白川郷　**問８**　イ　**問９**　う　**2**　**問１**　ウ　**問２**　エ　**問３**　イ　**問４**　ポーツマス条約　**問５**　エ　**問６**　租　**問７**　防人　**問８**　寺子屋　**問９**　イ　**問10**　ア　**問11**　征夷大将軍　**問12**　(例)　三方が山に囲まれ，一方が海に面しているため，防御に適している。　**問13**　御恩　**3**　**問１**　エ　**問２**　自衛隊　**問３**　(例)　児童手当の増額。(育児休暇の拡大。)　**問４**　ウ　**問５**　マイナンバー　**問６**　不信任　**問７**　ウ　**問８**　４　**問９**　イ　**問10**　ア

解　説

1　全国の温泉地をテーマにした地理についての問題

問１　神奈川県にある日本有数の温泉街で，大涌谷《おおわくだに》や黒たまごで知られるのは，箱根温泉である。箱根温泉は東京からの交通の便がよく，多くの観光客でにぎわっている。

問２　草津温泉のある「あ」の県は，群馬県である。群馬県の嬬恋《つまごい》村では，夏でも涼《すず》しい気候を生かした抑制栽培《よくせいさいばい》(高冷地農業)がさかんに行われており，キャベツは群馬県，愛知県，千葉県の順に生産が多い(2022年)。

問３　川が山から平地に出るさいに，土砂が積もってできた扇《おうぎ》形の地形を扇状《せんじょう》地という。扇状地の中央部は水はけがよいため，果樹栽培に利用されることが多い。

問４　熱海《あたみ》温泉のある「い」の県は，静岡県である。静岡県内にある日本有数の水揚《あ》げ量をほこる漁港は焼津《やいづ》港で，特にマグロの水揚げ量が多いことで知られる(エ…○)。なお，石巻港と気仙沼《けせんぬま》港は宮城県(ア，イ…×)，稚内《わっかない》港は北海道にある漁港である(ウ…×)。

問５　(1)　別府温泉のある「う」の県は，九州地方に位置する大分県である。同じ九州地方にある火山は，熊本県にある阿蘇《あそ》山である(ア…○)。なお，十勝岳《とかちだけ》は北海道(イ…×)，岩木山は青森県(ウ…×)，浅間山は群馬県と長野県(エ…×)にある火山である。　(2)　火山活動の悪影響《えいきょう》とし

て，火山灰が人々の健康を害することや，火山灰によって視界が悪くなったり道路に積もったりすることで交通に支障が出ること，火山灰が降りかかって農作物が育たなくなったり出荷が難しくなったりすることなどが挙げられる。

問６　鬼怒川《きぬがわ》温泉のある「え」の県は，栃木県である。栃木県内を流れる鬼怒川を支流とする，日本で最も流域面積が大きい川は，利根《とね》川である。なお，利根川に合流する支流として，鬼怒川のほかに渡良瀬《わたらせ》川などが，利根川から分かれる分流として，東京湾へ流れる江戸川などがある。

問７　下呂《げろ》温泉のある「お」の県は，岐阜県である。岐阜県北部には，白川郷《しらかわごう》と呼ばれる合掌造《がっしょうづく》り集落があり，富山県の五箇山《ごかやま》の合掌造り集落とともに1995年にユネスコ(国連教育科学文化機関)の世界文化遺産に登録されている。下呂温泉合掌村にある集落は，白川郷と五箇山から移築された合掌造りの家屋からなる観光施設《しせつ》である。

問８　「い」の県は静岡県で，県東部では太平洋に突き出した伊豆半島が駿河《するが》湾を形成し，県西部には浜名湖が位置する(イ…〇)。なお，アは岐阜県，ウは大分県，エは栃木県，オは群馬県の地図である。

問９　「あ」～「お」の県を西から東に並べ替えると，う→お→い→あ→えとなる。よって，最も西に位置する県は「う」の大分県である。

2　古墳時代から明治時代までについての歴史の問題

問１　〈あ〉は古墳時代である。日本に稲作の技術が伝来し，開始されたのは縄文時代末期から弥生時代初期のことである(ウ…×)。

問２　「百舌鳥《もず》・古市《ふるいち》古墳群」は，大阪府にある約50基の古墳からなる古墳群で，2019年にユネスコの世界文化遺産に登録された。古墳群のうち，堺《さかい》市にある大仙(大山《だいせん》)古墳は，日本最大の前方後円墳として知られる(エ…〇)。なお，アは石舞台《いしぶたい》古墳(奈良県)，イは吉野ヶ里遺跡(佐賀県)，ウは三内丸山遺跡(青森県)の写真である。

問３　1911年，アメリカと交渉《こうしょう》して関税自主権の回復に成功した外務大臣は小村寿太郎である(イ…〇)。なお，修好通商条約の不平等な点のうち，領事裁判権(治外法権)については，これより前の1894年に陸奥宗光がイギリスと交渉して撤廃《てっぱい》に成功している。

問４　1904年に始まった日露戦争は，1905年にアメリカの仲立ちによって講和条約を結んで終結した。この条約をポーツマス条約といい，日本は北緯50度以南の樺太(サハリン)と南満州鉄道などを獲得《かくとく》し，韓国における日本の優越《ゆうえつ》権が認められた。

問５　８世紀初めの710年，唐(中国)の都長安にならって平城京がつくられた。平城京の跡《あと》地からは，各地から運ばれた特産品につけられた荷札である木簡が多く出土している(エ…〇)。なお，「ワカタケル」と刻印された刀剣《とうけん》は古墳時代(ア…×)，伊万里《いまり》焼・薩摩《さつま》焼などの陶磁器《とうじき》は安土桃山時代以降(イ…×)，水墨画《すいぼくが》は室町時代以降のものである(ウ…×)。

問６　律令制度で民衆に課された税のうち，口分田から収穫《しゅうかく》された稲の約３％を地方の国府に納めるものを，租という。なお，税はほかに，労役《ろうえき》の代わりに布を納める庸，地方の特産物を納める調などがあった。これらの税のうち，租は男女に課せられたが，庸と調は男性のみに課せられた。

問７　律令制度の兵役として，九州北部を守る防人《さきもり》や，都を警備する衛士《えじ》があった。庸・調と同様に兵役も男性のみに課せられ，男性は女性に比べて負担が重かったため，戸籍上で性別を偽《いつわ》ることも多かった。

問８　江戸時代，農民や町人などの子どもたちが通い，読み・書き・そろばんなどを学んだ施設を寺子屋という。寺子屋の影響で，当時の日本は世界でも識字率が特に高かったといわれる。

問９　千葉県の九十九里浜では，江戸時代にはいわしが多くとれ，食用にされたほかに「ほしか(干鰯)」と呼ばれる肥料として重宝された。

問10　地図中の★は，西から現在の鹿児島県，京都府，静岡県を示している。これらの地域で江戸時代に生産がさかんになった特産物は茶である(ア…○)。

問11　1185年の壇ノ浦の戦いで平氏を滅《ほろ》ぼした源頼朝は，1192年に朝廷から征夷大将軍に任命され，鎌倉に幕府を置いて武家政権を樹立した。

問12　源頼朝が鎌倉に幕府を置いた理由を地形から見ると，鎌倉が三方を山に囲まれ，一方が海に面しているために敵からの攻撃《こうげき》を防ぐのに適していたことが挙げられる。

問13　鎌倉幕府の将軍は，幕府に従う御家人に対して，先祖代々の領地を保護したり，新しく領地を与《あた》えたりした。これを御恩《ごおん》という。また，これに対して御家人が将軍や幕府に対して忠誠を誓《ちか》い，命がけで戦うことを奉公《ほうこう》という。このような土地を仲立ちとした御恩と奉公の関係を封建《ほうけん》制度という。

3　**2023年６月の新聞記事を使った政治についての問題**

問１　衆議院と参議院のうち，解散の制度があるのは衆議院だけで，参議院にはない(エ…×)。

問２　日本の平和と安全を守るために設置された組織は自衛隊である。1950年に設置された警察予備隊が1952年に保安隊となり，1954年に現在の自衛隊となった。

問３　現在の日本で問題となっている少子化問題の対策として，子育て世帯を経済的に支援するために子どものいる家庭に支給される児童手当を増額する，仕事と育児を両立しやすくするために育児休《きゅう》暇《か》を拡大する，子どもを預かる保育所の数を増やすなどが挙げられる。

問４　納税の義務は，日本国憲法の三大原則ではなく国民の義務の１つである(ウ…×)。なお，国民の義務には，ほかに勤労の義務と子どもに普通教育を受けさせる義務がある。

問５　行政の効率化や国民の利便性の向上をはかるため，2015年から全国民に12けたの番号が割りふられた。この番号をマイナンバーという。

問６　両院のうち衆議院は，内閣に対して不信任決議を行うことができる。衆議院で内閣不信任案が可決された場合，内閣は10日以内に総辞職するか衆議院を解散しなければならない。

問７　裁判官としてふさわしくない行いをした裁判官をやめさせるかどうかを判断する弾劾《だんがい》裁判所は，国会によって開かれる(ウ…×)。なお，内閣総理大臣は国会議員の中から国会が指名し，国務大臣を任命する権限を持つ(ア，イ…○)。また，2024年２月現在で，女性の総理大臣はいない(エ…○)。

問８　両院のうち，衆議院の任期は４年で，任期途中で解散されることもある。また，参議院の任期は６年，３年ごとに半数を改選する。

問９　選挙で投票することができるのは，満18歳以上の国民である(イ…○)。なお，日本国籍を持たない外国人は，納税をしていても選挙権がない(ア…×)。また，インターネットを使用した投票は認められていない(ウ…×)。けがや病気，障がいなどにより投票用紙に候補者氏名などを自分で記入できない場合，代理投票を行うことができる(エ…×)。

問10　新聞記事より，この国会が2023年の１月に召集され，６月21日に閉会されたことがわかる。

福島原子力発電所の処理水の放出が開始されたのは2023年８月24日の出来事である（ア…×）。なお，４年に１度の統一地方選挙は４月９日と23日（ウ…○），新型コロナウイルスが５類感染症《かんせんしょう》に移行されたのは５月８日（イ…○），広島でＧ７サミットが開催《かいさい》されたのは５月19～21日の出来事である（エ…○）。

理　科　＜Ａ試験＞（社会と合わせて50分）＜満点：50点＞

解　答

4 **問１**　ウ　**問２**　エ　**問３**　⑴　右の図　⑵　エ　⑶　ウ　**問４**　100cm

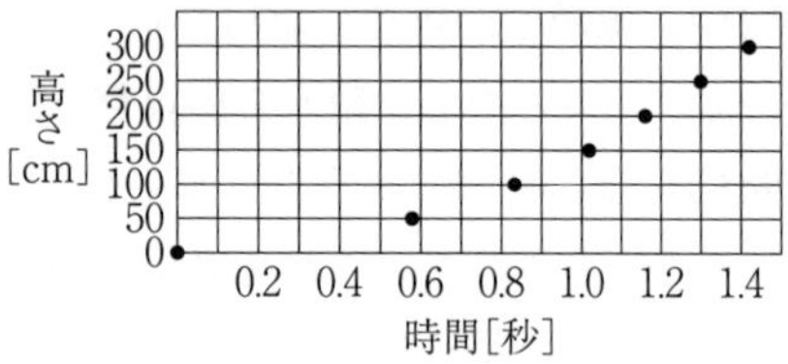

5 **問１**　⑴　（例）　酸素が少なくなるから。　⑵　**名前**…石灰水　**変化**…（例）　白くにごる。　**問２**　⑴　ウ　⑵　79％　**問３**　ウ，エ　**問４**　（例）　自家用車よりもバスや電車を使うようにする。

6 **問１**　（例）　水の通り道を見やすくするため。　**問２**　ウ　**問３**　**記号**…ウ　**部分**…根　**問４**　エ　**問５**　**記号**…ア　**理由**…（例）　葉から水蒸気がさかんに放出されるから。

7 **問１**　オリオン座　**問２**　夏の大三角　**問３**　北極星　**問４**　イ　**問５**　①　地球　②　太陽　**問６**　イ，エ

解　説

4 物の運動，力のつり合いについての問題

問１　ブランコをふりこの運動におきかえて考えると，太朗君と花子さんのブランコのくさりの長さが同じことから，ふりこの長さが等しいと考えることができるので，一往復する時間は同じになる。一方，Ａより高いＢからスタートした花子さんの方が，太朗さんより最下点での速さが速くなる。

問２　たこは，風がよく通る広い屋外であげる。また，風を受けてあがるので，風向きが変化しない方が，あがったときに安定する。たこの糸が切れたりのびたりすると，たこをコントロールできなくなるので，じょうぶなのびにくい糸を使う。よって，ア～ウは正しい。エについて，たこは重さが軽く，また風を受ける面の面積が大きいほど，弱い風であげることができるから，適していない。

問３　⑴　横軸《じく》が最下点までの時間，たて軸が転がし始める高さになっているので，それぞれの値を●で表すと，解答の図のようになる。　⑵　⑴のグラフ上の●を，ゆるやかな曲線でつなぐと，エのようなグラフになる。　⑶　同じ高さから重さのちがう物体を落としたとき，大きさや形が同じで空気から受ける抵抗《ていこう》力が等しければ，同時に地面にとどく。同じように，すべり台を転がるボールも，大きさと表面の材質などが同じならば，重さがちがっていても，300cmの高さから最下点までにかかる時間は等しい。

問４　図のシーソーは右が持ち上がっているので，次朗君は太朗君側に乗ればよい。シーソーのつり合いを，てこにおきかえると，てこのつり合いは，（加わる力の大きさ）×（支点からの距離《きょり》）で求められるモーメントで考えることができ，左回りと右回りのモーメントの合計が等しいときにつり

合う。よって，次朗君が乗る位置を支点から□cmとすると，つり合いの式は，50×100＝60×50＋20×□となり，□＝100(cm)と求められる。

5 二酸化炭素と地球温暖化についての問題

問1 (1) ろうそくが燃焼するとき，酸素が使われ，二酸化炭素と水が発生する。問題文中の図のようにふたをして燃焼させると，容器内の酸素が少なくなり，ろうそくは燃え続けることができなくなる。　(2) 二酸化炭素には石灰水を白くにごらせる性質がある。ここでは，燃えたあとのびんの中に石灰水を入れ，ふたをして軽くふると石灰水が白くにごることから，ろうそくが燃えて二酸化炭素が生じたことがわかる。

問2 (1) 二酸化炭素は空気中に約0.04％ふくまれていて，太陽から受ける熱を通し，宇宙へにげる熱を吸収して再び地表へもどす性質がある。二酸化炭素が増えると，宇宙へにげる熱が少なくなって，地球の温度が上がると考えられる。　(2) グラフから，2013年の二酸化炭素排《はい》出量は7118万ｔ，2020年は5591万ｔなので，5591万÷7118万×100＝78.5…より，79％と求められる。

問3 地球温暖化によって南極大陸の氷や氷河がとけて海水が増えたり，海水温が上がりぼう張したりして，海面が上昇《しょう》してしずんで失われる低い土地が増えているので，アは正しく，ウはまちがい。また，異常気象で雨が降らなくなった地域では干ばつによって農作物が取れなくなるので，イも正しい。さらに，空気中の酸素濃度《のうど》は約21％で二酸化炭素よりはるかに多いので，二酸化炭素の増加によって生物が呼吸できなくなることはないから，エもまちがっている。

問4 地球温暖化の原因となっている二酸化炭素は，おもに人間が生活に必要なエネルギーを得るために，多くの化石燃料(石油，石炭，天然ガスなど)を燃やしたことで増加したとされている。したがって，化石燃料の使用を減らすために，節電したり，公共交通機関を積極的に利用したりするとよい。また，ものをつくったり運んだりするときに使用するエネルギーを減らすために，リサイクルやリユースによってゴミを減らす，節水する，マイバッグを活用するなどの方法も考えられる。

6 植物の水の通り道についての問題

問1 染色液で赤色にした水を使うと，水の通った部分が赤く染まるので，水の通り道が見やすくなる。

問2 三角フラスコの口に綿をつめると，水蒸気が口から出にくくなるため，三角フラスコ内の水の蒸発がおそくなる。

問3 根から吸収された水は，道管を通って植物の体全体に運ばれる。ホウセンカの根の道管は，根の中心を通っているので，ウのように根の中心部分が赤く染まる。なお，くきの道管は，横に切ると輪をつくるようにならび，葉では，葉脈の葉の表側を通っている。

問4 ジャガイモは，ホウセンカと同じ双《そう》子葉類なので，根，くき，葉の切り口の様子はともに，同じような結果になると考えられる。

問5 植物は，根で吸収した水分を，おもに葉から水蒸気として空気中に放出する。このはたらきを蒸散という。晴れた日は蒸散がさかんに行われるので，葉のあるふくろでは，約15分のあいだに葉から出てきた水蒸気が冷やされて，水てきとなり，ふくろの内側がくもる。

7 星や月の見え方についての問題

問1 図の星座はオリオン座である。オリオン座は代表的な冬の星座の1つで，2つの1等星(ベテルギウス，リゲル)と5つの2等星をもち，リボンのような形で見つけやすい。

問2　夏の代表的な星である，はくちょう座のデネブ，わし座のアルタイル，こと座のベガの3つの1等星を結んでできる三角形を夏の大三角という。

問3　北の空の星は，北極星を中心に反時計回りにまわっているように見える。北極星はこぐま座の2等星で，地軸の延長上に位置するため，ほとんど動かない。

問4　月は，東から出て，南の空高くのぼり，西にしずむ。よって，南西の空に見える月は，2時間後には西の地平線に近づく。

問5　星座をつくる星は自ら光を出してかがやいて見えるが，月は太陽の光があたっている部分が明るく見えている。また，月は地球のまわりを公転していて，太陽，地球，月の位置関係が変化するので，地球から見える月は満ち欠けをする。

問6　太陽，地球，月がこの順に一直線上に並び，地球から見て，月が太陽と180度反対側にあるとき，満月が観察できる。このとき光っているのが月の昼にあたるところで，月全体が丸く見える。

国　語　＜A試験＞（50分）＜満点：100点＞

解　答

一 **問1**　負けた　**問2**　自分　**問3**　50本　**問4**　(例)　ファンのみなさんに喜んでもらえるようなプレーができるよう頑張る。　**問5**　勝ち方にこだわる　**問6**　(例)　私は，スポーツによって，対戦相手に敬意を払うことを学べるようになると思います。試合を通じて，相手と真剣勝負をすると，お互いの力を認め合えると思うからです。　二 **問1**　①～③　下記を参照のこと。　④　なごり　**問2**　口　三 **問1**　つくられる　**問2**　ウ　**問3**　イ　**問4**　ア　**問5**　ウ　**問6**　エ　**問7**　ウ　**問8**　ア　**問9**　ウ　**問10**　(例)　犬や猫の命を粗末に扱っている人がいることを知ってもらい，それらの命をこれから大切にするためには，どうしたらよいかを考えてほしい，と伝えるため。　四 **問1**　忘れないためにとっておくもの　**問2**　1　ウ　2　ア　3　イ　4　エ　**問3**　ウ　**問4**　先生がご自～き写すだけ　**問5**　独自の発想やセンス，視点で，アイデアを創出すること　**問6**　(例)　ふだん無意識に通り過ぎてしまいそうなことに目を向け，それらを言語化することで生まれる。　**問7**　ウ，エ　**問8**　(例)　アイデアを創出するための情報。　**問9**　あなたの話から，一つでも多くのことを吸収したい

●漢字の書き取り

二 **問1**　①　賛成　②　快挙　③　損得

解　説

一　リスニング問題

問1　長谷川《はせがわ》選手は，「昨日負けて連勝がストップしてしまった」と言っているので，昨日の試合で，長谷川選手たちのチームは負けたことがわかる。

問2　長谷川選手は，3回裏のピンチのとき，「バッターとの勝負というより自分との勝負だと思って，強気でいこうと思って」投げたのである。

問3　原選手は，「通算50本。今どんなお気持ちですか」ときかれている。

問４　今後の抱負《ほうふ》について，原選手は，「これからもファンのみなさんに喜んでもらえるようなプレーができるよう頑張《がんば》ります」と答えている。

問５　チームの目標については，遠藤《えんどう》選手がインタビューの中で，「勝ち方にこだわる」ことだと言っている。

問６　スポーツによって何が学べると思うか，自分の考えが問われている。努力することの大切さ，全力をつくすことの大切さ，ルールを守ることの大切さ，試合の準備をしてくれる人々への感謝など，自分なりに感じていることを書く。

二　漢字の書き取りと読み

問１　①　他人の意見や提案に同意すること。　②　心が晴れ晴れとするような，すばらしい行い。　③　損することと得すること。　④　物事が過ぎ去った後に，まだそのようすや気配が残っていること。

問２　「閉口」は，手に負えなくて，言葉につまること。

三　出典：松本聴美《まつもとさとみ》「とどけ，わたしの声」（赤羽《あかはね》じゅんこ・松本聴美・おおぎやなぎちか・森川成《もりかわしげ》美《み》『なみきビブリオバトル・ストーリー　本と４人の深呼吸』所収）。ビブリオバトルに参加したアキが，『子犬工場』という本を紹介《しょうかい》し，ペットショップの問題点を指摘《してき》したときのようすがえがかれている。

問１　『子犬工場』という本には，「工場でおもちゃをつくるように，どんどん子犬がつくられる話」が書いてあった。前書きや，前後の部分から，アキは，命をもった子犬が，おもちゃのように大量に「つくられる」ことに問題意識を持っていることがわかるので，「つくられる」というところを強調したと考えられる。

問２　「その工場」では，「工場でおもちゃをつくるように，どんどん子犬がつくられる」ので，子犬を産む「お母さん犬」は，子犬をつくる「機械」に当たる。

問３　Ｃ　お母さん犬が「小さくてきたないケージ」に入れられ，「エサは，粗末《そまつ》なものをほんの少し」で，「病気になってもお医者さんに連れていってもらえ」ないのは，「お金がかかる」からだといえる。　Ｄ　「子犬は，小さいほうがかわいくて」，ペットショップなどで「よく売れる」ので，「エサはほんのちょっぴり」しか与《あた》えられない。

問４　アキは，目があった「おばあさんがハンカチで目をおさえている」のを見た後，自分の「くちびるの横が，ぷるぷるとふるえてきた」ので，「なぜだろう」と思ったのである。

問５　「まるで命がないものみたいに，工場でおもちゃをつくるみたいに」つくられる子犬たちのかわいそうなようすが思い浮《う》かんでしまい，アキは「目に涙《なみだ》がにじんで」きてしまったのである。

問６　「頭の中が真っ白に」なるとは，緊張《きんちょう》したりあせったりして何も考えられなくなるようすを表す。アキは，おもちゃのようにつくられる子犬の運命にショックを受けて，この本を選んだが，この本のどこが「いいところ」なのかは考えていなかったのである。

問７　「このこと」とは，犬や猫《ねこ》を店で売らないとしたら，「ペットショップは，どうしたらいいのか」ということである。それはまた，この話を聞いて，人々が，ペットショップに反感を持つようになったら，ペットショップはどうすればいいのかということでもある。よって，ア，イ，エは正しい。すべてのペットショップが「犬や猫の命をそまつにすることに加担していた」わけではないし，「これからどうつぐなっていけばよいか」は，アキが考えるべきことではないので，ウが適切でない。

問８　彩乃《あやの》ちゃんは，アキの話を聞き『子犬工場』を「すぐに読みます」と言って，アキを見て「にこっと笑っ」ているので，アキが自分をねたんでペットショップの悪口を言ったとは思っていないといえる。よって，アが合わない。彩乃ちゃんは，ペットショップで子犬を買ってもらうつもりだったが，アキの話を聞いて，それでは「パピーミルのやっていることを認めることになる」かもしれないので，間違《まちが》ったことなのではないかと感じた。そこで，子犬の幸せについて真剣《しんけん》に考えているアキに，自分はどうすればいいのかを教えてもらおうと思ったのである。

問９　彩乃ちゃんは，アキが犬や猫の命を大切に思い，どうするべきかを真剣に考えているのを見て，自分も，アキと同じように考え，行動しようと思ったのである。「宣言するみたい」という表現は，彩乃ちゃんの，アキの発言に対する心からの共感を表している。

問10　アキは，金もうけのために犬や猫を売り買いし，その命を少しも重んじない人々がいることを本で知って，衝撃《しょうげき》を受けた。そして，ペットショップの背後には，そういう人々がいることを知ってもらい，犬や猫の命を大切にするためには，これからどうすればよいかを考えてほしいと思って，ビブリオバトルに出場したのである。

四　**出典：前田裕二《まえだゆうじ》『メモの魔力《まりょく》』**。メモには，「記録のためのメモ」と「知的生産のためのメモ」の二種類があることを説明し，後者の大切さを紹介している。

問１　「記録のためのメモ」とは，「備忘録」，「忘れないためにとっておくもの」で，「記録のための備忘録」のことである。

問２　**1**　前では，「記録のためのメモ」をとることはロボットでもできると述べ，後では，「無機質な情報をただ記録するだけ」だから「コンピュータが最も得意とする領域」だと述べている。よって，二つのことを並べて，前のことがらより後のことがらを選ぶ気持ちを表す「むしろ」が合う。　**2**　前では，ただ「書き写すだけ」のノートへの疑問を述べ，後では，「情報をまとめてわかりやすく伝えることに，価値がないわけでは」ないと述べている。よって，“いうまでもなく”という意味の「もちろん」があてはまる。　**3**　前では，「知的生産の過程」を「メモ」と呼び，この「知的生産活動こそが，仕事の真髄《しんずい》である」と述べている。後では，「知的生産を目的にした本質的な方法で『メモをとる』こと自体が，仕事をすること」だと述べている。よって，前のことがらを理由・原因として，後にその結論を述べるときに用いる「よって」が適する。　**4**　前では，「大切な情報を相手が三つ話した」とするとあり，後では，「実際はそのうちの一つしかキャッチできて」いないとある。よって，前のことがらを受けて，それに反する内容を述べるときに用いる「しかし」が入る。

問３　前後に注目すると，「無機質な情報をただ記録するだけ」の仕事は，「コンピュータが最も得意とする」ものであり，「単純に起きたことや見聞きしたことだけを書き写す」のではなく，「新しいアイデアや付加価値を自ら生み出すことを強く意識して」と述べているので，ウが合う。また，三段落後でも「人間にしかできないこととは，独自の発想やセンス，視点で，アイデアを創出すること」だと述べられている。

問４　「これ」とは，前の段落で述べられていた，「僕《ぼく》」が学生時代に，日本史の授業で経験した，「先生がご自身でまとめてきたノートを黒板にただ書き写し，そして，生徒はそれを機械的にただひたすら自分のノートに書き写すだけ」ということである。

問５　ぼう線④をふくむ段落では，「機械的なオペレーション作業」は機械に任せ，人間は「人間にしかできないこと」，つまり，「独自の発想やセンス，視点で，アイデアを創出すること」のスキルを磨《みが》くべきだと述べられている。

問６　「僕から生まれ出るほぼすべてのアイデア」は，直後に，「ふだん無意識に通り過ぎてしまいそうなことに目を向けて，逃げずにそれらを『言語化』することで生まれて」いると述べられている。

問７　メモをとることで起きる「たくさんの『いいこと』については，三段落後で，「自分にとって有用な情報をキャッチするための『アンテナの本数』が増え」て，いつでも「知的生産において前提となる重要な情報を漏《も》らさずにキャッチすることができる」と述べられている。また，メモをとりながら話を聞くことで，相手がより「深い話」をしてくれたエピソードをあげ，メモをとることで「こちらから特別な敬意を示せば，相手も自分に対して，特別な敬意を抱《いだ》いてくれるように」なり，「より実りのある会話」になると述べられている。

問８　「宝」とは，「自分にとって有用な情報」，「知的生産において前提となる重要な情報」である。つまり，「アイデアを創出する」ために役に立つ情報のことである。

問９　直後の段落に，紙によって，「相手に伝えたい『想い』の部分が，ストレートに心に届く」と説明されている。さらに，相手に対する「特別な敬意」を示すことができるとあり，最後の一文で，「『あなたの話から，一つでも多くのことを吸収したい』という姿勢が可視化されて，より実りのある会話」になると述べられている。

2024年度 東海大学付属相模高等学校中等部

【算　数】〈B試験〉（50分）〈満点：100点〉

〈注意〉1．分数は約分して答えなさい。
　　　　2．図は必ずしも正確ではありません。

1 次の各問いに答えなさい。

(1) $57-(32\div4)\times7+9$ を計算しなさい。

(2) $\{(1.8\div2)\times(60\div1.2)-5\}\div8$ を計算しなさい。

(3) $\left\{\left(\frac{3}{11}+\frac{5}{22}\right)+\frac{4}{3}\right\}\times\frac{12}{121}$ を計算しなさい。

(4) $\left(1\frac{1}{4}+0.25\right)\times\frac{1}{3}+\left(3\frac{1}{2}+2.5\right)\div6$ を計算しなさい。

(5) $1.1\times21.3+11\times1.32-0.11\times5$ を計算しなさい。

(6) 次の□にあてはまる数を求めなさい。

$4\times13-\square\div3=25$

(7) 数が次のように規則的に並んでいます。このとき，2024は何番目ですか。

8，15，22，29，36，43，50，…

(8) 3◆4は $3\times2+4$ を，5◇3は $5\times2-3$ を表します。このとき，次の計算をしなさい。

（4◆8）◇（7◇5）

2 次の各問いに答えなさい。

⑴ 縮尺 3000 分の 1 の地図上で 40cm の長さは実際の距《きょ》離《り》だと何 km ですか。

⑵ ある仕事をするのに東海くんは 36 分で終わらせることができます。同じ仕事を相模くんは，36 分で全体の 60％までしか終わらせることができません。この仕事を 2 人ですると何分何秒で終わらせることができますか。

⑶ 1 周 2024m ある湖の周りを，A さんは右回りに分速 123m，B さんは左回りに分速 130m で同じ場所から同時に走り始めました。A さんと B さんが 3 回目に出会うのは何分後ですか。

⑷ A 組，B 組，C 組の人数はそれぞれ 20 人，20 人，35 人です。100 点満点のテストを行った結果，各クラスの平均点はそれぞれ 82 点，76 点，79 点でした。このとき，3 つのクラスの平均点は何点ですか。

⑸ 右の図のようなリングを，下の図のようにたるみがないように 12 個つなげました。全体の長さは何 cm ですか。

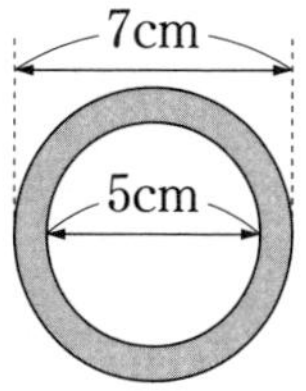

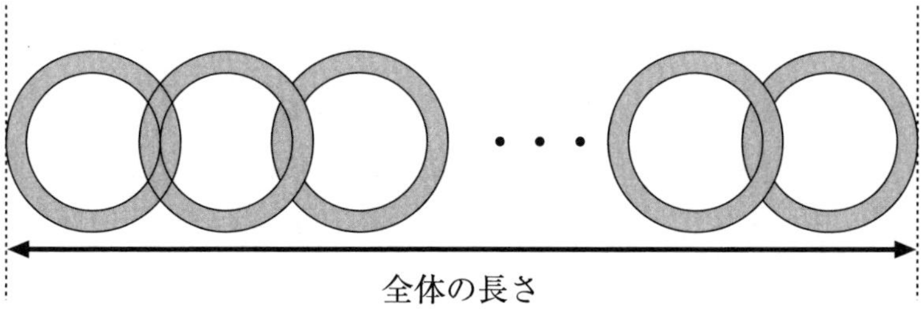

(6) 下の図において，角㋐と角㋑の大きさの比，角㋒と角㋓の大きさの比はそれぞれ2：1です。このとき角㋔の大きさは何度ですか。

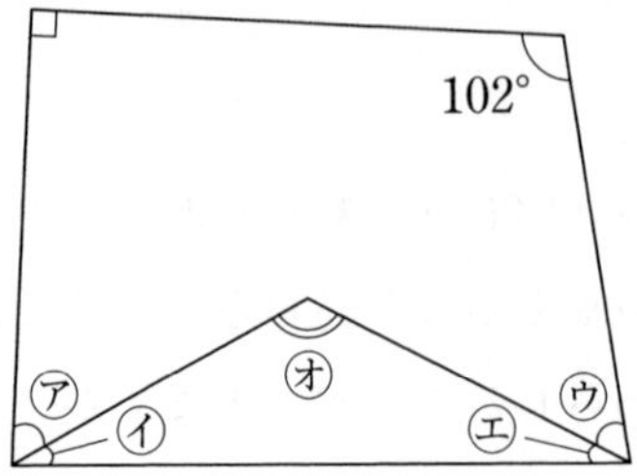

(7) 下の図において，色のついた部分の面積を求めなさい。ただし，4つの円の半径は2cmで，円周率は3.14とします。

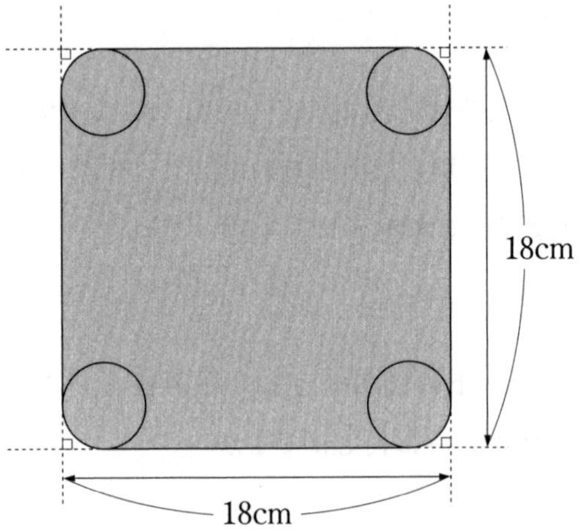

3 1辺が1cmの正方形9個を図1のように並べました。点Qは点Aを出発点として，毎秒1cmで正方形の辺上をとなりの点に移動します。図2は時間と三角形ALQの面積の関係を表したものです。このとき，次の各問いに答えなさい。

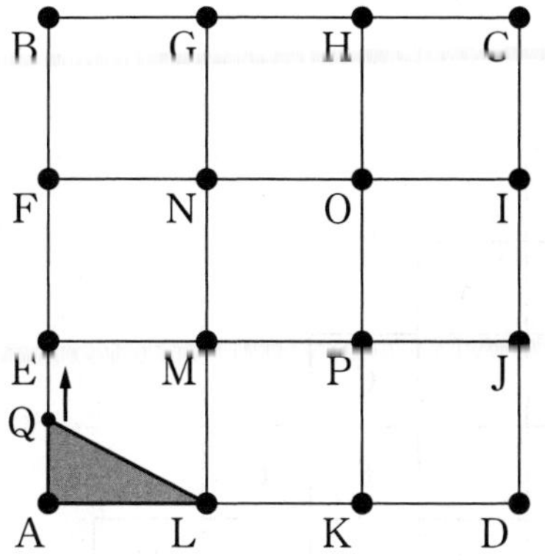

図1

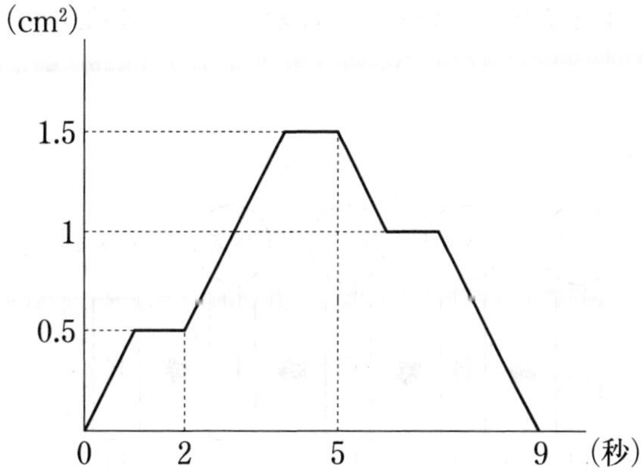

図2

⑴　2秒後の点Qはどの点にありますか。A～Pから選びなさい。

⑵　5秒後の点Qはどの点にありますか。考えられる点をA～Pからすべて選びなさい。

⑶　9秒後の点Qはどの点にありますか。考えられる点をA～Pからすべて選びなさい。

4 次の各問いに答えなさい。

(1) 5つのバス停A，B，C，D，Eが図1のような順番で並んでいます。図2はそれぞれのバス停までの道のりを表しています。たとえば，AからEまでの道のりは15kmです。このとき，BからDまでの道のりは何kmですか。

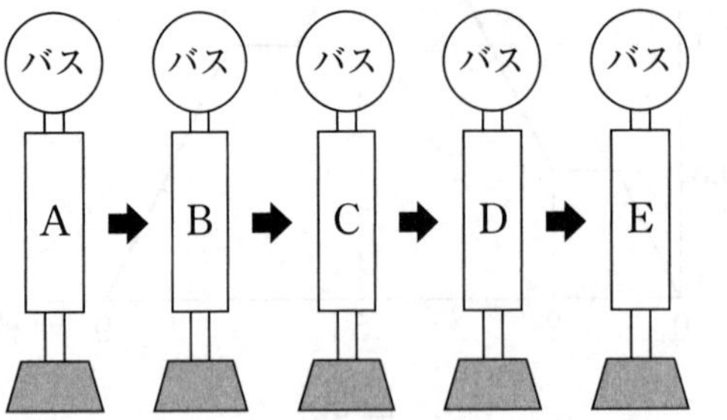

図1

A				
	B			
6		C		
		6	D	
15	13			E

図2

(2) 100段ある階段を「3歩上がったら1歩下がる」というルールで上るとき，一番上の段まで行くのに全部で何歩か答えなさい。

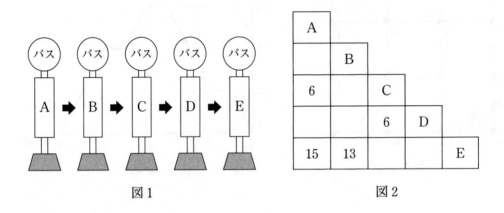

【社会・理科】〈Ｂ試験〉（社会と理科で50分）〈満点：各50点〉

社　　会

1　タカシさんのクラスでは、テーマごとにグループ学習をおこないました。各問いに答えなさい。

	まとめの内容
1班	日本は北海道や本州、四国、九州の４つの大きな島と、沖縄や択捉島をはじめとする多くの島々(A)が南北に弓のように連なっている。国土面積は約38万 km^2 と小さいが、領海と（　あ　）を合わせた海の広さは、日本の国土面積の12倍近くに当たり、約447万 km^2 となる。
2班	日本列島は南北に長いことから、地域によって気候の特色が大きく異なる。（　い　）の影響《えいきょう》で、日本海側(B)は11月～２月の降水量が多くなり、太平洋側は６月～９月の降水量が多くなる。中央高地や瀬戸内は周囲を山地や山脈に囲まれているため、他の地域と比べると年間の降水量は少ない。
3班	日本では全国各地で、その土地の気候や地理的特徴《とくちょう》に合う食料生産がおこなわれており、農業・水産業・畜産業(C)とすべての分野において、上質な作物をていねいに生産している。しかし、近年では食料自給率の低下(D)が指摘《してき》されている。
4班	日本の工業の中心は関東地方から九州地方北部に広がる「太平洋ベルト」と呼ばれる地域である。その中でもっとも工業出荷額が多い工業地帯は中京工業地帯(E)である。1980年代後半からは製造業の生産拠点《きょてん》の海外移転が進み、国内産業の縮小が目立つ「産業の（　う　）化」という状況が続いている。
5班	日本は国土の約４分の３を山地が占《し》めており、日本列島の中心には背骨のように山脈(F)が連なっている。また日本には、たくさんの河川(G)や湖もあり、人間のくらしに欠かせない水の活用を機能的におこなっている。

問1　下線部（A）の中で、日本の東西南北の端《はし》にある島々の組み合わせとして適するものを次の中から1つ選び、記号で答えなさい。

ア　東—南鳥島　　西—与那国島　　南—沖ノ鳥島　　北—択捉島
イ　東—沖ノ鳥島　　西—与那国島　　南—南鳥島　　北—択捉島
ウ　東—南鳥島　　西—沖ノ鳥島　　南—択捉島　　北—与那国島
エ　東—与那国島　　西—沖ノ鳥島　　南—南鳥島　　北—択捉島

問2　（　あ　）とは海岸線から200海里に渡って、沿岸国に天然資源開発などの権利が認められる水域です。適する語句を答えなさい。

問3　（　い　）とは季節によってふく向きが反対になるアジア独特の風です。適する語句を答えなさい。

問4　下線部（B）の都市である上越市の雨温図を次の中から1つ選び、記号で答えなさい。

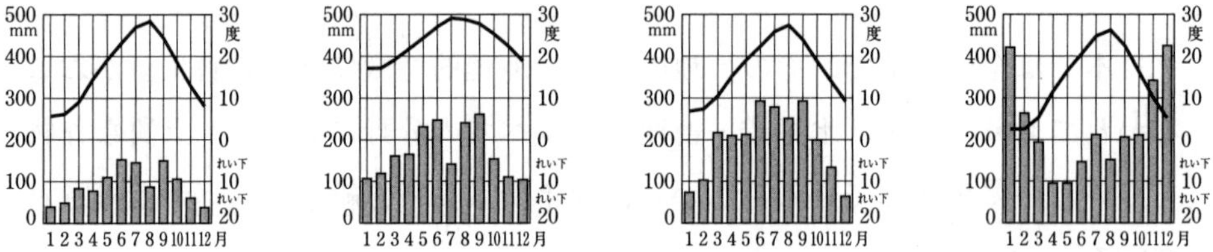

ア　　**イ**　　**ウ**　　**エ**

（理科年表　2017年より作成）

問5　次の**ア**～**エ**のうち、下線部（C）の産出額がもっとも多い県を1つ選び、記号で答えなさい。

ア　和歌山県　　**イ**　鹿児島県　　**ウ**　長野県　　**エ**　秋田県

問6　下線部（D）の原因として考えられることを簡単に答えなさい。

問７　下のグラフは太平洋ベルトにある工業地帯・地域の出荷額割合を示したものです。下線部（E）のものを次の中から１つ選び、記号で答えなさい。

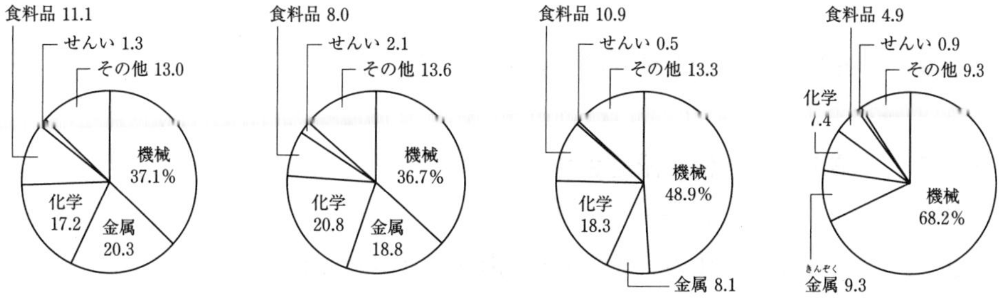

ア　　　　イ　　　　ウ　　　　エ

（経済センサス活動調査より作成）

問８　（　う　）に適する語句を答えなさい。

問９　下線部（F）について、日本アルプスにふくまれない山脈を次の中から１つ選び、記号で答えなさい。

ア　赤石山脈　　　イ　木曽山脈　　　ウ　飛驒山脈　　　エ　奥羽山脈

問10　下線部（G）について、下の図を参考にして日本の川の特徴を解答らんに合うように答えなさい。

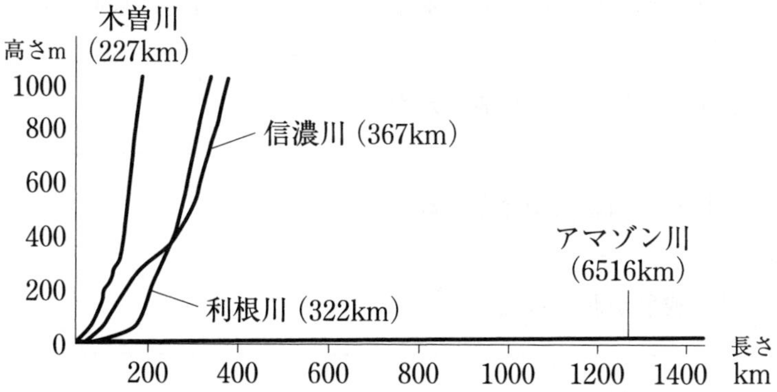

図　日本と世界の主な川の長さとかたむき

2 次の年表を見て、各問いに答えなさい。

年	できごと
239	邪馬台国(A)が30あまりのクニを従えていた。
607	第1回遣隋使(B)が派《は》遣《けん》された。
752	東大寺の大仏(C)の完成を祝う開眼式が行われた。
1016	藤原道長(D)が摂政となり政治の実権をにぎった。
1167	保元・平治の乱に勝った(①)が武家ではじめて太政大臣になった。
1221	鎌倉幕府と後鳥羽上皇ら朝廷との間で戦い(E)がおこった。
1489	足利義政が東山に別荘を建てた(F)。
1582	本能寺の変で、織田信長(G)が明智光秀に討たれた。
1603	徳川家康は江戸幕府を開き、全国の大名を支配(H)した。
1853	アメリカ合衆国の使者である(②)が浦賀に来航した。
1868	五箇条の御誓文(I)が発表された。
1889	大日本帝国憲法(J)が発布された。
1904	日露戦争(K)がおこった。
1941	太平洋戦争(L)がおこった。

問１　下線部（A）に関する文として適するものを次の中から１つ選び、記号で答えなさい。

ア　この国の遺跡《いせき》には、大きな物見やぐらを持つ三内丸山遺跡がある。

イ　この国の遺跡からは、土偶や縄目の文様がついた土器が出土した。

ウ　この国では、大王の座をめぐって壬申の乱がおこった。

エ　この国は中国（魏）に使いを送り、皇帝から倭王の称号《しょうごう》をもらった。

問２　下線部（B）の目的として適するものを次の中から１つ選び、記号で答えなさい。

ア　聖徳太子は、隋の進んだ政治のしくみや文化を取り入れたかった。

イ　中大兄皇子は、白村江の戦いに勝つため、隋を味方にしたかった。

ウ　ワカタケル大王は、製鉄や前方後円墳を造るための土木技術が欲しかった。

エ　小野妹子は、天皇をしのぐ力を持った蘇我氏に対抗したかった。

問３　下線部（C）の建立を進めた天皇の名前を答えなさい。

問４　下線部（D）の時代の文化に関する文として適するものを次の中から１つ選び、記号で答えなさい。

ア　日本風の文化である、天平文化が花開いた。

イ　貴族たちは寝殿造とよばれる屋敷《やしき》でくらした。

ウ　天守閣を持つ城が造られるようになった。

エ　清少納言は『源氏物語』を書いた。

問５　（　①　）に適する人物を答えなさい。

問６　下線部（E）の戦いの名前を答えなさい。

問７　下線部（F）の建物を次の中から１つ選び、記号で答えなさい。

ア　慈照寺銀閣　　　**イ**　清水寺　　　**ウ**　東大寺　　　**エ**　法隆寺

問８　下線部（G）は、安土城下では自由に商売ができるように、市場の税をなくすなどこれまでのしくみを大きく改めました。この政策の名前を答えなさい。

問９　下線部（H）について、幕府は外様大名を江戸から見てどのような位置に配置したか説明しなさい。

問10　（　②　）に適する人物を答えなさい。

問11　下線部（I）の後に、進められた政策として誤っているものを次の中から１つ選び、記号で答えなさい。

ア　徴兵令　　**イ**　殖産興業　　**ウ**　地租改正　　**エ**　大政奉還

問12　下線部（J）に関する文として適するものを次の中から１つ選び、記号で答えなさい。

ア　初代内閣総理大臣の大久保利通が草案を作成した。

イ　国を治める主権を持つ者は天皇とされた。

ウ　軍隊の指揮や、条約を結ぶことは内閣の権限とされた。

エ　国会は参議院議員のみ選挙があった。

問13　下線部（K）に関する文として適するものを次の中から１つ選び、記号で答えなさい。

ア　日本は黄海海戦でロシアを破った。

イ　日本はロシアに勝利し、多額の賠償《ばいしょう》金を得た。

ウ　日本の勝利は欧米列強に日本の力を認めさせることになった。

エ　日本の勝利により、列強による中国の植民地支配は終わった。

問14　下線部（L）に関する文として適するものを次の中から１つ選び、記号で答えなさい。

ア　日本は国際連盟を脱退《だったい》し、満州事変をおこした。

イ　日本はハワイの真珠湾にあるアメリカの海軍基地を攻撃《こうげき》した。

ウ　治安維持法により、中学生や女学生も軍需《ぐんじゅ》工場で働いた。

エ　日米は安全保障条約を結び、この戦争は終わった。

3 次の文章を読み、各問いに答えなさい。

私たちの国や地方公共団体では、国民や市民がより良く生活するためにはどうしたらいいかと、常に考えながら政策が進められています。(A)そして、私たち一人ひとりには、健康で幸せな生活を送る権利が認められています。その権利を定めているのが、日本国憲法(B)です。日本国憲法は、国民主権・基本的人権(C)の尊重・（　①　）という三つの原則で成り立っています。国や都道府県、市区町村などの地方公共団体の政治は日本国憲法にもとづいておこなわれています。日本国憲法は1946年11月3日に公布され、翌年の5月3日より施行《しこう》されました。

問1　下線部（A）について、「年齢《ねんれい》・性別・国籍《こくせき》など関係なく、すべての人が安心・安全にくらせるためにつくられた製品や生活環境」をあらわす語句を次の中から1つ選び、記号で答えなさい。

ア　バリアフリー　　**イ**　ユニバーサルデザイン
ウ　ソーシャルネットワーキングサービス　　**エ**　ボランティア

問2　下線部（B）では、天皇は日本国の象徴《しょうちょう》と位置づけられています。天皇が内閣の助言と承認をもとにおこなっている行為《こうい》を次の中から1つ選び、記号で答えなさい。

ア　国会を召集する　　**イ**　外国と条約を結ぶ
ウ　祝日を制定する　　**エ**　閣議を開く

問3　下線部（C）に適するものを次の中から2つ選び、記号で答えなさい。

ア　税金を納める　　**イ**　裁判を受ける
ウ　子どもに教育を受けさせる　　**エ**　団結する

問4　（　①　）に適する語句を答えなさい。

国の政治は、国会・内閣・裁判所の３つの機関が仕事を分担しています。

国会は、国の政策や進む方向を決める機関であり、衆議院(D)と参議院に分かれています。国会では法律の制定、外国と結んだ条約の承認などを話し合って決めています。話し合いは慎重《しんちょう》におこなわれ、（　②　）で決められます。

内閣は、国会で決められた法律や予算にもとづいて政治をおこないます。内閣の最高責任者は内閣総理大臣であり、首相とも呼ばれます。内閣総理大臣は国会で（　③　）され、専門的な仕事を担当する国務大臣を（　④　）します。そして、国務大臣と会議を開き、政治の進め方を話し合っています。

裁判所(E)は、憲法や法律にもとづいて犯罪の解決を進めています。また、内閣がおこなう政治が憲法に違反《いはん》していないか、国会が制定した法律が憲法に違反していないか判断をおこなっています。

問５　下線部（D）について、議員定数・任期・解散の組み合わせとして適するものを次の中から１つ選び、記号で答えなさい。

ア　議員定数：248人　　任期：６年　　解散：なし

イ　議員定数：465人　　任期：３年　　解散：なし

ウ　議員定数：248人　　任期：４年　　解散：あり

エ　議員定数：465人　　任期：４年　　解散：あり

問６　（　②　）に適する語句を次の中から１つ選び、記号で答えなさい。

ア　多数決　　**イ**　選挙　　**ウ**　立候補　　**エ**　くじ

問７　（　③　）・（　④　）にあてはまる語句の組み合わせとして適するものを次の中から１つ選び、記号で答えなさい。

ア　③：指名　④：任命　　**イ**　③：任命　④：指名

ウ　③：任命　④：推薦《すいせん》　　**エ**　③：推薦　④：指名

問８　下線部（E）について、裁判は最大で３回まで受けることができます。この制度を何というか答えなさい。

現在、世界は多くの地球環境《かんきょう》問題をかかえています。そのため国際連合(F)を中心に、持続可能な社会を実現するために様々な取り組みがおこなわれてきました。特に地球温暖化が心配されており、1997年に日本の京都で開かれた国際会議(G)では、地球温暖化についての対策案が話し合われました。2015年にもパリで会議が開かれ、2020年以降、今後も各国で協力していくことが様々な会議で確認されています。

地球の環境問題には多くの人々が協力し、そして取り組んでいくことが重要であると考えられています。(　⑤　)が貴重な自然や遺跡などを世界遺産に登録して保護しているのも、同じ考えからきているものです。

問９　下線部(F)の本部前には下の資料のようなモニュメントが置かれています。これは何をうったえているものか。資料を参考にして自分の意見を答えなさい。

問10　下線部(G)で決められた内容を次の中から１つ選び、記号で答えなさい。

ア　温室効果ガスの排出《はいしゅつ》削減《さくげん》目標を数値化した。

イ　青年海外協力隊が発足した。

ウ　持続可能な開発目標(SDGs)を設定した。

エ　国連気候変動枠組条約を締結《ていけつ》した。

問11　(　⑤　)に適する語句を次の中から１つ選び、記号で答えなさい。

ア　サミット　　**イ**　ユニセフ　　**ウ**　ユネスコ　　**エ**　アジェンダ

理　　科

太朗君は夏休みに家族で川にバーベキューに行くことになりました。

4　神奈川県相模原市に住んでいる太朗君は、３月から家族で市民農園の１区画を借りました。そこで、バーベキューに使う野菜を計画的に育てることにしました。育てる野菜は、ジャガイモ、サツマイモ、トウモロコシ、ミニトマトの４種類です。次の各問いに答えなさい。

計画表：開始時期から収かくの予定

	3月	4月	5月	6月	7月	8月	9月	10月
A	[開始]······[収かく]							
B：ミニトマト		[開始]···········[収かく]						
C			[開始]···························[収かく]					
D			[開始]·······[収かく]					

問１　計画表を参考にして、表のA、C、Dにあてはまる野菜を答えなさい。

問２　表の野菜A、Dについて説明しているものを、次の中からそれぞれ選び、記号で答えなさい。

ア　植物が芽を出したとき、子葉が一枚の植物を単子葉類といいます。この野菜は単子葉類です。

イ　種イモを植えてから地下のくきが太って、イモになる野菜です。

ウ　今回は苗《なえ》を植えます。その苗から出た根が太って、イモになる野菜です。

エ　大玉・中玉・ミニに分類され、2020年の生産量は熊本県がもっとも高いです。

太朗君は同じ市民農園を使っている人たちといっしょに太朗君の家でお昼ごはんを食べることにしました。

問３　市民農園で収かくした野菜で天ぷらを作ることにしました。天ぷらをあげるとき水が油に落ちてパチンと音がしました。このときの様子として適するものを、次の中から１つ選び、記号で答えなさい。

ア　油と水が反応して新しい物質が作られた。

イ　油に水が混ざってとけきった。

ウ　水が急激に蒸発して気体になった。

エ　油の温度が上がって勢いが増した。

問４　次に、そうめんをゆでることにしました。短い時間で水をふっとうさせるためにはどうしたら良いですか。次の中から１つ選び、記号で答えなさい。

ア　食塩を加える。　　　**イ**　砂糖を加える。

ウ　水の量を減らす。　　**エ**　水の量を増やす。

問５　そうめんをゆでるときに食塩を加えるとコシが出ると聞いたことを思い出しました。２つの容器に食塩と砂糖が入っていますが、見た目ではわかりません。次の道具を使って、食塩を見つける方法とその結果を答えなさい。ただし、使う道具の数は１つでも複数でも良いものとします。

道具

フライパン	・	リトマス紙	・	電池	・	導線
計量カップ	・	コンロ	・	磁石	・	はかり

問６　冷たいそうめんのつけ汁《じる》を作るために４倍濃縮《のうしゅく》のめんつゆ（元の400％になっているもの）20gに氷と水を加えて適当な濃《こ》さにすることにしました。氷10gを入れたあとに水で調整するように教えてもらいました。氷がすべてとけたときに100％の濃さにするには、水を何g加えれば良いですか。

問７　レモン汁を入れると酸味が増しておいしく食べられるとアドバイスをもらいましたが、家にはありませんでした。そこで、冷蔵庫の中から酸性の食品を探すためにリトマス紙を用いて調べることにしました。何色のリトマス紙が何色に変化すれば酸性だとわかりますか。

問８　太朗君は、服にそうめんのつけ汁がついてしまっていることに気がつきました。使った材料から酸性のものだと思ったので、アルカリ性の水溶液《すいようえき》を作って落とすことにしました。何を水にとかせば良いですか。次の中から１つ選び、記号で答えなさい。

ア　砂糖　　**イ**　塩　　**ウ**　かたくり粉　　**エ**　重そう

5　バーベキューの当日のようすについて、次の各問いに答えなさい。

問１　太朗君は、バーベキューで使う野菜を洗うために、「上流（山の中)」と「平地へ流れ出るあたり」と「下流（平地)」の三か所の川のようすを調べました。「下流（平地)」の川のようすを説明しているものはどれですか。次の中からすべて選び、記号で答えなさい。

ア　川はばがせまく、川の流れが速い。

イ　川はばがとても広く、川の流れがおそい。

ウ　川はばがせまく、川の流れがおそい。

エ　川はばがとても広く、川の流れが速い。

オ　土地のかたむきが大きく、大きな岩が多い。

カ　土地のかたむきが小さく、丸くて小さい石が多い。

問２　川の流れがおだやかな所は図の**ア**・**イ**のどちらですか。記号で答えなさい。

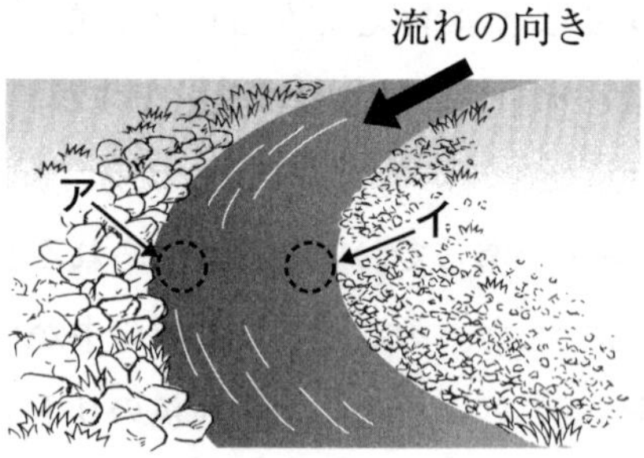

問３　太朗君が育てた野菜と、同じ市民農園を使っている人たちからもらった野菜を水で洗っていると、水にうくものとそうでないものがあることに気がつきました。

水にうく　・・・ピーマン、キュウリ、キャベツ、カボチャ

水にしずむ・・・ジャガイモ、サツマイモ、ニンジン

水にしずむ野菜に共通する特ちょうを答えなさい。

問４　太朗君が育てたミニトマトは、問３の考え方からは例外になっています。その理由の１つとして、糖度の高さが考えられます。そこで、赤くなったミニトマトを使って、次のような実験を行いました。

【実験】

①　1000mLの水の入ったバケツを用意し、ミニトマトを入れる。

②　計量カップでバケツの水をすくい、15gの食塩をとかしてもどす。

③　次に、食塩30gをとかした200mLの食塩水を入れる。

④　さらに、食塩15gをとかした200mLの食塩水を入れる。

(1)　実験③のとき、変化がみられました。どのような変化ですか。次の中から１つ選び、記号で答えなさい。

ア　いくつかのミニトマトが黄色になった。

イ　いくつかのミニトマトが白色になった。

ウ　ういていたミニトマトのうち、いくつかがしずんだ。

エ　しずんでいたミニトマトのうち、いくつかがういた。

(2)　ミニトマトには、実験③のときに変化がでたＡと、実験④のときに変化がでたＢがありました。糖度の高いトマトはＡ、Ｂのどちらですか。記号で答えなさい。

問５　太朗君は、バーベキューが始まるまでの間、川の流れと地形について調べました。次の(1)、(2)の地形は「しん食」、「運ぱん」、「たい積」のうち、主にどのはたらきによってできたものですか。それぞれ答えなさい。

(1)Ｖ字谷

(2)扇状地《せんじょうち》

問６　さらに調べると、川の流れによってできた地層がしま模様にみえることが分かりました。その理由を次の中から１つ選び、記号で答えなさい。

ア　粒《つぶ》の大きい「砂」、「れき」、「どろ」の順に層になって積み重なるから。

イ　粒の大きい「どろ」、「砂」、「れき」の順に層になって積み重なるから。

ウ　粒の大きい「れき」、「砂」、「どろ」の順に層になって積み重なるから。

エ　すべての粒が混ざって積み重なるが、雨や風のえいきょうで色が変わるから。

問７　太朗君は、自由研究で作成した空きカン拾い機をもってきました。これはコイルに電流が流れている間だけ、磁石の性質をもつようになることを利用してつくられています。電流が流れているときの電磁石のＮ極はＸ、Ｙのどちらになりますか。記号で答えなさい。

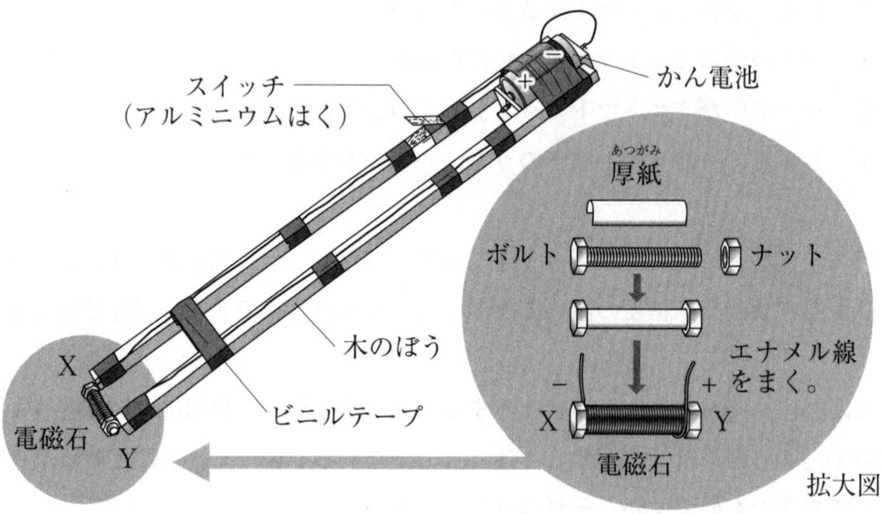

問８　空きカン拾い機に引きつけられたのはどちらのカンですか。記号で答えなさい。また、引きつけられた理由を答えなさい。

ア　　　　**イ**

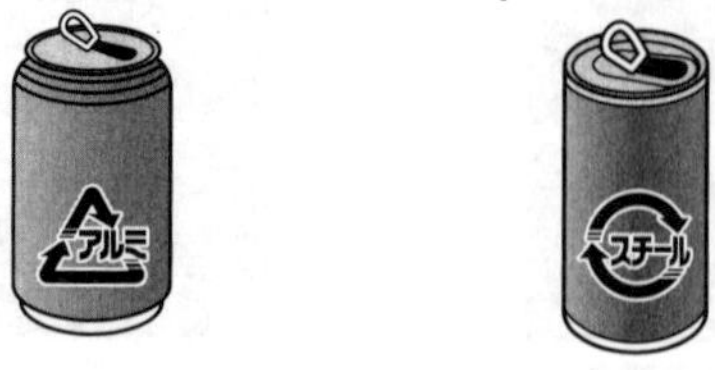

問9　空きカンをより強く引きつけるために、電磁石の部分にどのような工夫をしたら良いですか。説明しなさい。

問10　カンには問8の図のようなマークが書いてありました。このマークの矢印にはどのような意味がありますか。説明しなさい。

問11　身のまわりには、電磁石を利用したものがたくさんあります。次の中から電磁石を利用していないものを1つ選び、記号で答えなさい。

ア　スピーカー　　　**イ**　掃除機《そうじき》

ウ　LED電球　　　**エ**　リニアモーターカー

問12　太朗君は、図のような場所で家族とバーベキューをしていました。しばらくすると雨が降ってきたので、父親に「ここは危ないから移動しよう。」と言われました。どのような危険があるか説明しなさい。また、この後どのような所へ移動すれば良いか答えなさい。

問三　――線③「そういう考え」で読書をしていると、どのようになると筆者は考えていますか。適切なものを次の中から一つ選び、記号で答えなさい。

ア　人生が限りあるものということを理解できる。
イ　新たな考え方や感じ方に気づくことができる。
ウ　せっかく読んだその本の印象が消え去ってしまう。
エ　人それぞれの行動半径の違いを知ることができる。

問四　――線④「車中」とはここでは何の例えとして用いられていますか。簡単に答えなさい。

問五　――線⑤「読書自体はどうしても孤独な活動になってしまいます」とありますが、それはどうしてですか。その理由を文中から四十一字で探し、解答らんに合うようにはじめとおわりの五字を答えなさい。

問六　A　に入る言葉として適切なものを次の中から一つ選び、記号で答えなさい。

ア　中毒　　イ　利便
ウ　安全　　エ　危険

問七　B　に入る言葉を漢字一字で答えなさい。

問八　――線⑥「心に浮かんだこと」とありますが、この本文を読んだ上であなた自身が感じたことを答えなさい。

問九　筆者の述べていることと合っているものにはA、そうでないものにはBで答えなさい。

ア　人生ははかないものであり、そうであるからこそ人との出会いを大切にしなければならない。
イ　本を読むことで想像力などが育まれ、人間的成長につながるとともに人生が豊かになっていく。
ウ　読む速度が速ければ限られた時間で充実した読書ができ、理解力が高まる場合が多い。
エ　こま切れ読書は内容がうまくつながらないので可能な限り本はまとめて読んだほうがいい。

人を待つ間、ちょっとした休憩《きゅうけい》時間、そのときそのときを使ったこま切れ読書も、ちゃんとした読書です。こま切れ読書がうまくつながらないという心配のためにも、それから、記録を残したほうがよいということのためにも、つぎの程度のメモをするとよいでしょう。

読みながら感じた疑問でもいい、発見したことでもいい、書かれていることがらでもいい、何でも、⑥心に浮かんだことをメモするのです。

このようなメモをしおり代りに使うと便利です。わら半紙なら八分の一の大きさ程度です。

書店によっては、しおりをサービスするところもあるようです。そういうしおりをこのメモに使うとよいでしょう。

(宮川清美『新版・中学国語の科学的勉強法』評論社)

問一　——線①「読むことは、人の頭脳を拝借する、人の頭を自分の首にすげかえるという行為」とはどのようなことですか。適切なものを次の中から一つ選び、記号で答えなさい。

ア　読書によって、他人の考えや経験を自分がしたものだと思い込んでしまうこと。

イ　読書によって、そこに書かれた他人の経験を自分が体験したかのように感じること。

ウ　読書によって、その本の内容に自分自身の考えが支配されてしまう可能性があること。

エ　読書によって、その本の内容に集中することで自分の不安や心配を一時的に忘れることができること。

問二　——線②「朝の霧のように」に使われている表現技法として適切なものを次の中から一つ選び、記号で答えなさい。

ア　直ゆ法

イ　隠ゆ法

ウ　反復法

エ　ぎ人法

です。

　ですから、自分流儀《りゅうぎ》に読書を楽しみ、少しでもたくさんの本を読むようにしましょう。読書という一つの経験がまたつぎの読書のささえとなり、イメージを色濃いもの、広がりのあるものにするからです。

　別項で紹介した社説の中にあったように、テレビは、ただ一つのイメージを与え、視聴者《しちょうしゃ》にそれが押しつけられるということをあげて、テレビによる読書の［A］性を訴《うった》えていました。また、「どくとるマンボウシリーズ」の小説家北杜夫《きたもりお》氏も、テレビの画面の中の広がりのなさについて、興《きょう》ざめであると言っておられました。

　一つのイメージにとらわれることなく、自分の経験と読書とイメージと思考で読みひろげていきましょう。

　読書家の中には、知らず知らず速読の術を心得ていて、一冊《いっさつ》の本を読むにも非常にはやい人がいます。

　ところで、速く読むと理解が不正確になるというように考えがちですが、非常にむずかしいものは別として、普通の読み物ならば、読みの速い人のほうが理解もよいという結果が得られています。読後に理解テストを行なってみたところが、読みの速い人のほうが得点が高かったのです。

　ですから、読む速度がはやければ、限りある時間の中でかえって豊かで充実《じゅうじつ》した読書ができることになります。そこで、つぎのような、速読をさまたげるような悪いくせがついてはいないか、点検してみましょう。

1　一字一字拾《ひろ》って読むことをしてはいないか。文字を読みはじめたころは一字一字読むことをするが、こうしていると、時間がかかってしまううえに、文章としてまとまった意味がとらえられないことが多い。

2　同様に一語一語読むということをしてはいないか。

3　［B］読をしてはいないか。読みには、［B］読と黙読《もくどく》とがあるが、速く読むのに［B］読をしてはいないか。声は出なくても、くちびるを動かす読みをしてはいないか。口の中をもぐもぐさせて読んではいないか。もし、ガムなどをかみながらではよく読めないのなら、これにあたる。

4　文字を指や鉛筆《えんぴつ》で指さしたり、おさえたりしながら読んではいないか。

5　頭を動かしたり、首を曲げたりして読んではいないか。

　本をいかによむか。まず、本を手にしなければなりません。手にした本は、机の上に積んでおくだけでもよろしい、このつんどくも一読《どく》の一つに数えましょう。そして、いつかは、外出するとき、その一冊を携《たずさ》えましょう。

をのこすにすぎないということになりそうです。

私は、今ここで人生のはかないことを述べようとしているのではありません。限りあるからこそ、もっと人生を大切にしたい、生きることの悲しみやよろこびをこめて、もっと人生の炎を燃えあがらせるべきだと考えるのです。そのためには、どうしたらよいでしょうか。

私たちは、人生の終着駅に向かって走りつづけている列車に乗っているとします。その際、走れよ走れと願い続けてだけはいないでしょう。隣席《りんせき》の人と会話を楽しみ、隣人の情けをうれしく思い、自分も人に尽くし、そしてまた、窓外に展開する季節の美も楽しむでしょう。人生の旅もそうすることに愛と思いやり、想像と創造のよろこびがあります。

読書は、たとえば④車中のそれらにあたります。読書によって、私たちは様々な人生を知ります。自分に経験はなくても人々の悩《なや》みや葛藤《かっとう》を自分のことのように受け取ります。親身に人間を理解することができます。このことが私たちにより人間味豊かな心情、より豊かな想像力を育ててくれます。つまり、人間的成長をめざすことができます。より人間になるためです。人間としての生の炎を燃えあがらせるための一つのエネルギーが読書でえられるのです。

⑤読書自体はどうしても孤独《こどく》な活動になってしまいます。ですから、読み方も楽しみ方も人によってずい分ちがいます。

本を読むときは、普通《ふつう》、だれの力も借りずに、自分の力だけで読んでいくものです。その点、教科書の文章を先生や友だちもいっしょに知恵《ちえ》を出し合いながら読んでいくのとはちがいます。

読みかたも、読み進む速さもちがいます。早く先に進みたいじりじりした気持ちをおさえて、みんなに調子をあわせたりする必要はありません。あれよあれよというまに先へ進んでしまい、十分な想像ができないということもありません。自分に合った、納得のいくテンポで読み進んでいくことができます。

読みながら想像してえるイメージ、つまり、映像や情景も読み手によってそれぞれ異なります。富士登山の場面を読む場合でも、実際に自分の足で富士登山をした人と、五合目まで車でいってそれで帰った人と、遠くからしか見たことのない人と、山登りが好きな人と、きらいな人と、山《さん》岳《がく》に関する本を多く読んでいる人と読んでいない人とでは、イメージや感動は質までもちがったものであろうと言えます。これまでのその人の生活環境《かんきょう》や経験の量と質や、読書量や思考の独自性によって違ってくるのがあたりまえなの

問七 [A]・[B] に入る言葉の組み合わせとして最も適切なものを次の中から一つ選び、記号で答えなさい。

ア おもしろい ― やさしい
イ さみしい ― うれしい
ウ 楽しい ― くやしい
エ 悲しい ― 苦しい

問八 [C] に入る慣用句として適切なものを次の中から一つ選び、記号で答えなさい。

ア 図に乗る　イ 木で鼻をくくる
ウ 揚《あ》げ足を取る　エ 腫《は》れものにさわる

問九 ――線⑦「今日の模試は受けないって。塾にはもう行かないって」と伊吹が決めたのはどうしてだと思いますか。あなた自身の考えを答えなさい。

四 次の文章を読み、あとの問いに答えなさい。

読書行為はSF的であるということを述べた人がいます。①読むことは、人の頭脳を拝借《はいしゃく》する、人の頭を自分の首にすげかえるという行為というのです。そういう要素があることを考えると、読み手自身が考えることの大切さを考えないわけにはいきません。また、考えない読書であると、せっかく読んでも、あとで、読書の印象は、②朝の霧《きり》のように、あとかたもなく消え去ってしまいはしないでしょうか。

「よい先生というのは自分のもっているものを与《あた》えるだけでなく、学生のもっているものを引き出し、育てる人だ。」（小林秀雄《こばやしひでお》）ということばがあります。よい読書もみなさんのもっているものを引き出してくれるものです。読者も③そういう考えで、自分という主体をしっかりもって、考える姿勢《しせい》をくずしてはなりません。本が、今まで自分自身気づかずにいた世界に気づかさせてくれるのです。気づかずにいた感じ方に目ざめさせてくれるのです。

人間の行動半径というものは、人によってさまざまなちがいがあります。少年少女の時代ですらさまざま。おとなになればなおさらたいへんなちがいがあります。

しかし、それにしても、人間の生涯《しょうがい》における行動半径や魂《たましい》の遍歴《へんれき》は限りあるものです。死に向かう細々とした足跡《あしあと》

ウ　ぼくが暴走族の車に乗っていることを知り、両親がびっくりすること。

エ　後部座席で横になっている多朗が、だんだん元気になっていくこと。

問三　――線③「伊吹、聖慶学園を受けるつもりなんだって」と多朗が幸司に話したのはどうしてですか。その理由として最も適切なものを次の中から一つ選び、記号で答えなさい。

ア　幸司が中学生の時に聖慶学園にいたことを知っていたから。

イ　いつも何でもほかの人たちにぺらぺらしゃべる人だから。

ウ　ようやく元気になって話すことができるようになったから。

エ　ぼくの秘密をどうしても幸司にも教えたかったから。

問四　――線④「ギュッとこぶしを握りしめた」きっかけは何ですか。解答らんに合わせて答えなさい。

問五　――線⑤「ぼくは素直に答えた」のはどうしてですか。その理由として最も適切なものを次の中から一つ選び、記号で答えなさい。

ア　親が受験させたいだけで、自分は受験しないと決めていたから。

イ　幸司に対して怒ってはいけないということを理解していたから。

ウ　素直に答えないと、多朗がクラスの人たちに話すと思ったから。

エ　いつもどんなことに対しても素直に答えることにしていたから。

問六　――線⑥「だったら、無理すんな」という幸司のアドバイスに対して、あなたが伊吹の立場ならどのように答えますか。あなた自身の考えを答えなさい。

幸司ニィに言われて、ぼくは、
「あ、すみません。じゃ次の信号で。そっから近いんで」
と坂の下の交差点を指差した。幸司ニィは車を止めて言った。
「なんかあったら、多朗かおれにいつでも相談しろよ」
相談。そういえばぼくは、今まで誰《だれ》かに自分のことを相談したことは一度もなかった。弱いところを見せちゃダメなんだと思っていた。むしろ、他人の弱いところを見つけて、そこをやっつける。そうしないと一流になれないんだ、と信じてた。そんなぼくに、クラスの誰《だれ》も、相談事を持ちかけてきたことはなかった。今日の多朗以外は。
車が走り出す。後ろの窓から、多朗の腕《うで》が一本伸《の》びているのが見えた。やっぱり起きてたんだ。ぼくも手を振《ふ》った。
また月曜日な。あれだけ話したのに、話したいことがますます増えたよ。おまえの質問の答えも見つけたいんだ。
路地に入った。もう、たいていの家の門灯が消えてしまっている。その暗がりのなかで、ぼくは笑い声をもらした。手で押《お》さえてみたけど、もれてくる。だって、信じられないじゃないか。この道を通ったのが、たった数時間前だなんて。
ここを左に曲がれば、スタート地点の神社に戻《もど》る。もう一度、あの中吉《ちゅうきち》を見たかったが、ぼくは通り過ぎた。先にやることがある。ポケットの中にある、真っ二つに裂《さ》けた大吉《だいきち》のおみくじ。それをきちんとテープで貼《は》り合わせなくちゃ。
そして朝になったら言うんだ。⑦今日の模試は受けないって。塾《じゅく》にはもう行かないって。お父さんの目をちゃんと見て言えるか、自信はないけれど。
その後、ぼくはもう一度、神社に行く。手が届くかぎり高い枝を見つけて、貼り合わせたおみくじをしっかりと結び付けるつもりだ。

（吉野万理子『南西の風やや強く』あすなろ書房）

問一　――線①「いや、そうじゃねーよ」と幸司がすぐに否定したのはどうしてですか。その理由を簡単に説明しなさい。

問二　――線②「そうなったら」とはどうなることですか。次の中から最も適切なものを一つ選び、記号で答えなさい。

ア　ぼくが多朗と夜中に歩き回っていたため、ひどく疲れてしまうこと。
イ　笑った幸司の声が、テレビのお兄さんみたいに朗らかになること。

せたいわけ」
と幸司ニィが聞いてきたとき、⑤ぼくは素直《すなお》に答えた。
「親、です」
⑥「だったら、無理すんな。おれみたいになるぞ」
「え?」
「おれ、中学んとき、聖慶にいたんだ」
「ええっ」
多朗がなぜそんな話をしたのか、初めてわかった。
「あそこ、頭のいいやつにとっては楽しい学校だけど、そうじゃないと大変だぜ。おれ、中二のとき、留年したんだ」
「え……」
「病気になって、三週間学校休んだら、もうついていけなくなっててさ」
「それだけで留年?」
「そう。普通《ふつう》だったらすぐ取り戻《もど》せるけど、あそこは授業の進み方が速すぎるんだ。で、中三のときも成績ボロボロで、『このまま高校には上げられないから、さらにもう一年留年するか、よその学校に行くか決めろ』って言われたんだ」
「それって……ひどい」
「ホントひどいぜー。だったら、中二のとき、留年する前にそう言ってくれたらよかったんだ。それでおれ、聖慶をやめて、でも公立でみんなの一年後輩《こうはい》をやるのも嫌《いや》で、そんで知ってるやつのいない定時制ってとこ入って、今やっと最高学年の四年目。もう二十歳《はたち》っス」
ぼくはどう言っていいのか、わからなかった。
「定時制、すげー［A］よ。って今は言える。でもやっぱ、［B］な。自分で回り道を選んだんならいいけど、聖慶に無理やり回り道させられた、って気持ちはある」
「そうですか……」
「まあ、いいこともあるけどな。まともなライン外れると、親が『［C］』って雰囲気《ふんいき》? 免許を取る金も払《はら》ってくれたし、車も買ってくれたし。でもなー、小学校んときの同級生は、もうちゃんと働いたり、大学行ったり。おれってなんなんだろうなぁ、って思うわけよ」
そっか。無免許じゃなかったんだ。ぼんやりそんなことを思っている間に、稲村《いなむら》ヶ崎の切り通しを通って、車は大きく左へカーブした。さっき歩いた遊歩道があっという間に後ろへ遠ざかっていく。
後部座席が静かだなぁと思って、ちらっと見ると、多朗は顔の上にタオルケットをかぶせていた。眠《ねむ》っているのかな。いや、起きている気がする。
「家どこ?」

て。よほどショックだったんだろうな。六歳《さい》のときのことなのに、いまだに夜中にバイクがたくさん走ってるとうなされることがあるって、こいつのおふくろさんに聞いたことあんだよ。あ、おれらの名誉《めいよ》のために言っとくけど、はねたのは族じゃねーよ。飲酒運転のサラリーマンのカブだよ」

「そうですか……」

ぼくは、自分のお父さんの話をいっぱいしたけど、多朗のお父さんのことは何も聞かなかった。この世にいないんだから、話すことはないだろうと思ってたのだ。でも、そうじゃなかった。

「おまえら、家出してどこまで行きたいの。連れてってやろーか」

「あ、えーと。ここがゴールだったんで」

はははと幸司ニィは笑った。眉毛《まゆげ》をそりこんでいるのに、声は、テレビの歌のお兄さんみたいに朗《ほが》らかだ。

「じゃあ、帰るつもりだった?」

「はい」

「なら、送ってやるよ」

「え? でも、他の人たちは」

「別にいいんだよ。ちょうどおれたちも江の島がゴールで、今夜はこれで解散だったんだ」

シャッターの前に、多朗の吐《は》いたものが残ってる。お店の人、ごめん。そう謝《あやま》って、ぼくは車に向かった。幸司ニィの他に族の人はいなかった。多朗が後部座席で横になってるので、ぼくは助手席に乗せてもらった。

これで、警察につかまったらどうなるんだろ。暴走族の車に、小学生が乗っているという状況《じょうきょう》。お父さんとお母さんはどれだけびっくりするかな。ふたりの怖《こわ》い顔を想《おも》い浮《う》かべたけれど、ぼくはふしぎと胃がぎりっと痛まなかった。それより、②そうなったら面白《おもしろ》いのにな、という気さえしていた。

車が走り出して、江の島大橋を渡《わた》りきって右折したとき、後部座席から多朗がむくっと起き上がった。

「ねえ、幸司ニィ。③伊吹、聖慶《せいけい》学園を受けるつもりなんだって。でも、入ったらきっと勉強についていけないって心配なんだって」

ぼくは④ギュッとこぶしを握《にぎ》りしめた。多朗のやつ、ぺらぺら他の人にもしゃべるとは思わなかった。クラスのやつらにも話すつもりだろうか。ミラー越《ご》しに思いきりにらみつけようとしたけど、暗くて目は合わなかった。

でも、幸司ニィに対して怒《おこ》ってはいけないというのはわかっていた。だから、

「ふーん、聖慶ねぇ。自分が行きたいわけ? 親が入れさ

三　次の文章を読み、あとの問いに答えなさい。

伊吹《いぶき》は、親に言われるがまま、難関中学を目指し、勉強づけの日々を送っていた。自分よりもラッキーな人を一人でも多く減らすため、夜の神社で、結んであるおみくじを引き裂《さ》いていた。一方で、同級生の多朗《たろう》は、結んであるおみくじを毎晩のようにほどいて見ていた。ある夜、神社で出会った二人は、ほどいたおみくじに「吉《きち》」があると書かれていた南西の方角を目指し歩いていた。

「あ、幸司《こうじ》ニィ……」
　多朗が顔を上げた。その顔が、エサを三日くらいもらってないウサギみたいに弱々《よわよわ》しく見えた。ぼくも今、こんな表情をしてるんだろうか。
「幸司の知り合い？　こいつ今、変なことホザいてたんだけど」
「ばーか。小学生のガキにマジギレすんな。あっち行ってっけ」
「なんだ、小学生か。どこの中学かと思った」
　意外とあっさり、ぼくのＴシャツを放して、その人はバイクにまたがった。島の奥《おく》のほうで集会をするのか、それともぐるっと回ってくるだけなのか、他のバイクも車も、みんな行ってしまった。ヴィンヴィン、という音も、遠ざかっていく。
「どうした。家出かよ」
　幸司ニィがしゃがみこんでも、多朗は答えない。彼《かれ》は、ぼくのほうを見た。
「友達？」
　まあ、友達……。昨日まではほとんどしゃべったことなかったけど。
「はい。さっきまで元気で、でも寝《ね》て目が覚めたら、多朗がこんなで。食中毒とか――」
①「いや、そうじゃねーよ」
　多朗を立ち上がらせて、吐《は》いたもので汚《よご》れたＴシャツをぬがせながら、幸司ニィは言う。そして、トランクから出したタオルケットを羽織《はお》らせて、車に乗せた。普通《ふつう》の黒い車に見えるけど、窓にフィルムが貼《は》られていて、多朗が見えなくなった。幸司ニィはぼくも乗せてくれるんだろうか。いや、乗らないほうがいいのか。だって無免許《むめんきょ》運転だったら……。
「多朗は、バイクがダメなんだ」
「え？」
「こいつのオヤジさん、バイクにはねられて死んだんだっ

問一　資源回収場へ捨てるものを資料の中からぬき出して答えなさい。

問二　トイレットペーパーを取りに行く場所を答えなさい。

問三　水曜日のそうじが始まる時間を答えなさい。

問四　Ｃ班の女子がそうじが終わった後にするべきことを答えなさい。

問五　「そうじ用具の数」の掲示の一部分が破れて用具がひとつ見えなくなっています。ここにもともと書いてあったそうじ用具を答えなさい。

問六　来週のそうじ班をアルファベットで答えなさい。

二　漢字について、次の各問いに答えなさい。

問一　次の①～④の――線部のカタカナを漢字に直しなさい。また、漢字は読みをひらがなで答えなさい。

① 将来はケイサツ官になりたいです。

② 鉄でできた物ならジシャクにくっつくはずだ。

③ その事件はサイバンで争うことになった。

④ 花火大会には浴衣を着て行こう。

問二　次の文から、誤っている漢字を一字探し、正しく直して答えなさい。

明日の試合は真面目な態度で望もう。

2024年度

東海大学付属相模高等学校中等部

【国　語】〈B試験〉(五〇分)〈満点：一〇〇点〉

〈注意〉1．問題文にある「字数」には、句読点や記号を含《ふく》みます。
2．作問の都合上、文章の一部や図表などを変更している場合があります。

一　次の資料はあるクラスのそうじについての連絡です。今週からC班がそうじです。資料を読んであとの問いに答えなさい。

6年3組 そうじ当番表

女子そうじ場所：**6年3組教室**（担当：田代先生）

男子そうじ場所：**4階男子トイレ**（担当：杉下先生）、**4階ろう下**（担当：太田先生）

そうじ班

	女子				男子			
A班	相原さん	赤石さん	石川さん	宇多さん	伊藤さん	亀井さん	小松さん	戸部さん
B班	田所さん	土田さん	手島さん	西岡さん	中島さん	中西さん	沼澤さん	根岸さん
C班	野畑さん	浜田さん	福田さん	本田さん	日川さん	福本さん	堀越さん	牧本さん
D班	間中さん	三上さん	山本さん	脇田さん	宮本さん	村上さん	本橋さん	山口さん

• そうじは同じ班で2週間おこなう。
• 月曜日から木曜日まではお昼休み（13：05～）、金曜日は放課後（14：30～）にそうじをおこなう。
• そうじが終わったら担当の先生に報告し、確認してもらおう。
• 15分以内に終わるように、みんなで協力してがんばろう。

そうじの手順

6年3組教室	4階男子トイレ	4階ろう下
教室のゆかそうじ	ゆかそうじ	ゆかそうじ
黒板のふきそうじ	洗面台のふきそうじ	窓のふきそうじ
窓のふきそうじ	全ての便器をブラシでみがく	
ゴミ捨て	トイレットペーパーを足す	
教室のかぎ閉め	ゴミ捨て	

燃えるゴミ：ビニールぶくろに入れて、校舎裏のゴミ捨て場へ捨てる。
燃えないゴミ；黄色のビニールぶくろに入れて、正門横の資源回収場へ捨てる。

• そうじ用具の数
教室：ほうき3本、モップ1本、ちりとり1個
4階男子トイレ：ほうき2本、ちりとり1個、ぞうきん2枚、
4階ろう下：ほうき3本、モップ1本、ちりとり1個

• **その他**
ゴミぶくろは無くなったら、職員室の横にある倉庫へ取りに行くこと。
トイレットペーパーは1階トイレ横の用具庫へ取りに行くこと。

2024年度 東海大学付属相模高等学校中等部 ▶解説と解答

算　数　＜Ｂ試験＞（50分）＜満点：100点＞

解　答

1 (1) 10　(2) 5　(3) $\frac{2}{11}$　(4) $1\frac{1}{2}$　(5) 37.4　(6) 81　(7) 289番目　(8) 23　2 (1) 1.2km　(2) 22分30秒　(3) 24分後　(4) 79点　(5) 62cm　(6) 124度　(7) 320.56cm^2　3 (1) M　(2) B，H　(3) D，L　4 (1) 10km　(2) 198歩

解　説

1 四則計算，計算のくふう，逆算，数列，約束記号

(1) 57－(32÷4)×7＋9＝57－8×7＋9＝57－56＋9＝10

(2) {(1.8÷2)×(60÷1.2)－5}÷8＝(0.9×50－5)÷8＝(45－5)÷8＝40÷8＝5

(3) $\left\{\left(\frac{3}{11}+\frac{5}{22}\right)+\frac{4}{3}\right\}\times\frac{12}{121}=\left\{\left(\frac{6}{22}+\frac{5}{22}\right)+\frac{4}{3}\right\}\times\frac{12}{121}=\left(\frac{11}{22}+\frac{4}{3}\right)\times\frac{12}{121}=\left(\frac{1}{2}+\frac{4}{3}\right)\times\frac{12}{121}=\left(\frac{3}{6}+\frac{8}{6}\right)\times\frac{12}{121}=\frac{11}{6}\times\frac{12}{121}=\frac{2}{11}$

(4) $\left(1\frac{1}{4}+0.25\right)\times\frac{1}{3}+\left(3\frac{1}{2}+2.5\right)\div 6=\left(1\frac{1}{4}+\frac{1}{4}\right)\times\frac{1}{3}+\left(3\frac{1}{2}+2\frac{1}{2}\right)\div 6=1\frac{2}{4}\times\frac{1}{3}+5\frac{2}{2}\div 6=1\frac{1}{2}\times\frac{1}{3}+6\div 6=\frac{3}{2}\times\frac{1}{3}+1=\frac{1}{2}+1=1\frac{1}{2}$

(5) 1.1×21.3＋11×1.32－0.11×5＝11×0.1×21.3＋11×1.32－11×0.01×5＝11×2.13＋11×1.32－11×0.05＝11×(2.13＋1.32－0.05)＝11×3.4＝37.4

(6) 4×13－□÷3＝25より，52－□÷3＝25，□÷3＝52－25＝27　よって，□＝27×3＝81

(7) 7ずつ増える等差数列で，1番目の数の8から2024までは，2024－8＝2016だけ増えている。よって，間の数は，2016÷7＝288(個)だから，2024は，288＋1＝289(番目)の数とわかる。

(8) 4◆8は，4×2＋8＝16で，7◇5は，7×2－5＝9になる。よって，(4◆8)◇(7◇5)＝16◇9となり，これは，16×2－9＝32－9＝23となる。

2 単位の計算，仕事算，旅人算，平均，図形と規則，角度，面積

(1) 実際の距離《きょり》は，40×3000＝120000(cm)になる。また，1m＝100cm，1km＝1000mより，1km＝100000cmだから，120000cmは1.2kmとなる。

(2) 東海くんと相模くんが同じ時間にできる仕事量の比は，100％：60％＝5：3である。そこで，東海くんと相模くんが1分間にする仕事の量をそれぞれ5，3とすると，この仕事の全体量は，5×36＝180と表せるので，2人ですると，180÷(5＋3)＝$22\frac{1}{2}$＝$22\frac{30}{60}$(分)かかる。よって，これは22分30秒となる。

(3) 3回目に出会うのは2人合わせて，2024×3＝6072(m)進んだときである。2人は1分間で合わせて，123＋130＝253(m)進むから，これは，6072÷253＝24(分後)となる。

(4) 3つのクラスの平均点は，全員の合計点を人数で割ればよいから，(82×20＋76×20＋79×35)

÷(20＋20＋35)＝5925÷75＝79(点)となる。

(5)　下の図１のように，リングの内側だけに注目すると，５cmがつぎつぎとつながっていることがわかる。よって，内側だけの合計は，５×12＝60(cm)になる。また，両端《りょうはし》の長さは２つ合わせて，(７－５)÷２×２＝２(cm)なので，全体の長さは，60＋２＝62(cm)となる。

(6)　下の図２で，㋐，㋑の角の大きさをそれぞれ②，①とし，㋒，㋓の角の大きさをそれぞれ[2]，[1]とすると，㋐，㋑，㋒，㋓の角の和(③＋[3])が，360－(102＋90)＝168(度)になる。ここで，太線の三角形に注目すると，㋔の角は三角形の内角の和から，①＋[1]の角の大きさを引いたものになっている。①＋[1]は，③＋[3]の$\frac{1}{3}$だから，①＋[1]＝168×$\frac{1}{3}$＝56(度)となる。よって，㋔の角の大きさは，180－56＝124(度)になる。

(7)　下の図３で，おうぎ形の弧《こ》と点線で囲まれた★の部分の面積は，２×２－２×２×3.14÷４＝４－3.14＝0.86(cm²)になる。問題文中の図の色のついた部分は，18×18＝324(cm²)の正方形全体から，★を４つ分取り除いたものだから，面積は，324－0.86×４＝320.56(cm²)となる。

図１

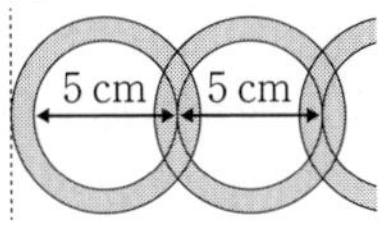

図２

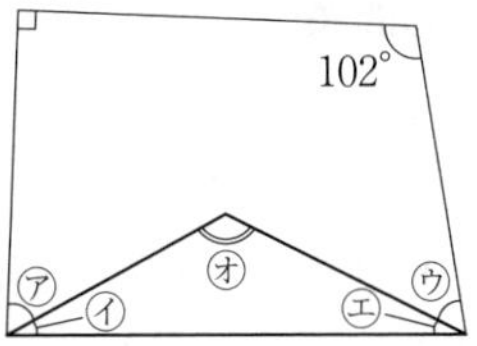

図３

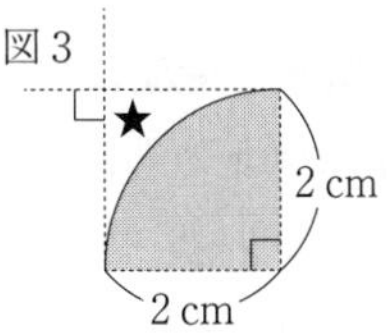

3　グラフ―図形上の点の移動

(1)　出発してから１秒後，三角形ALQの面積が増加しているから，点Qは上に移動してEにある。１秒後から２秒後の間で，三角形ALQの面積は一定だから，点Qは真横に移動しているとわかり，２秒後に点QがあるのはMになる。

(2)　(1)の後，三角形ALQの面積は２秒後から４秒後まで続けて増加しているから，点Qは辺２本分上に移動している。つまり，点QはMから，M→N→Gと移動しているとわかる。４秒後から５秒後の間で，三角形ALQの面積は一定だから，点Qは真横に移動しているとわかり，５秒後に点Qがあるのは，Gの両どなりのBかHになる。

(3)　５秒後から９秒後までの三角形ALQの面積の変化を１秒ずつ調べると，減少，一定，減少，減少となっている。つまり，点Qの移動は「下，真横，下，下」となっている。(2)で５秒後にBにあるとき，点Qはその後，B→F→N→M→Lと動く。一方，５秒後にHにあるとき，点Qはその後，H→O→N→M→Lか，H→O→I→J→Dと動く。よって，９秒後に点Qがあるのは，DかLになる。

4　条件の整理，周期算

(1)　問題文中の図２を整理すると右の図のようになる。AB間は，AE間からBE間を引いて，15－13＝２(km)である。よって，BC間はAC間からAB間を引いて，６－２＝４(km)だから，BD間は，BC間とCD間を合わせて，４＋６＝10(km)となる。

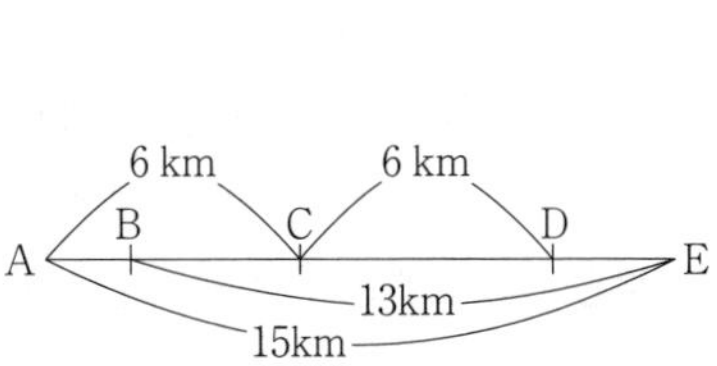

(2)　「３歩上がったら１歩下がる」という動きを１セットとする。１セットは４歩で２段ずつ上がることになるから，一番上の段に行くのは，100÷２＝50(セット目)とわかる。ここで，50セット目は３歩上がる途中《とちゅう》の２歩目で100段まで行くから，歩数は全部で，４×49＋２＝198(歩)となる。

社　会　＜Ｂ試験＞（理科と合わせて50分）＜満点：50点＞

解　答

1　**問１**　ア　**問２**　排他的経済水域　**問３**　季節風　**問４**　エ　**問５**　イ　**問６**　（例）　高齢化による農業人口の減少。（食の多様化。）　**問７**　エ　**問８**　空洞　**問９**　エ　**問10**　（例）　短くて，流れが急である。　2　**問１**　エ　**問２**　ア　**問３**　聖武天皇　**問４**　イ　**問５**　平清盛　**問６**　承久の乱　**問７**　ア　**問８**　楽市・楽座　**問９**　（例）　江戸から離れた場所に配置した。　**問10**　ペリー　**問11**　エ　**問12**　イ　**問13**　ウ　**問14**　イ　3　**問１**　イ　**問２**　ア　**問３**　イ，エ　**問４**　平和主義　**問５**　エ　**問６**　ア　**問７**　ア　**問８**　三審制　**問９**　（例）　武器を放棄し，世界平和の実現を目指すこと。　**問10**　ア　**問11**　ウ

解　説

1　日本の国土や気候，産業についての問題

問１　日本の東西南北の端《はし》にある島々は，東が南鳥島(東京都)，西が与那国《よなぐに》島(沖縄県)，南が沖ノ鳥島(東京都)，北が択捉《えとろふ》島(北海道)である(ア…○)。

問２　海岸線から200海里(約370km)以内の，領海の外側の水域を排他的経済水域といい，沿岸国に水産物や鉱物資源などを利用・開発する権利が認められている。

問３　季節によって吹《ふ》く向きが異なる風を季節風(モンスーン)という。日本には，夏には太平洋側から南東の季節風が，冬には日本海側から北西の季節風が吹き，雨や雪を降らせる。

問４　新潟県の上越《じょうえつ》市は，冬の北西の季節風の影響《えいきょう》で，夏より冬の降水量が多い日本海側の気候に属している(エ…○)。なお，アは瀬戸内の気候，イは南西諸島の気候，ウは太平洋側の気候の特《とく》徴《ちょう》を示す雨温図である。

問５　畜産《ちくさん》業の産出額は，北海道，鹿児島県，宮崎県，岩手県，茨城県の順に多い(2022年)。よって，選択肢《し》の中で最も産出額が多いのは鹿児島県となる(イ…○)。なお，和歌山県と長野県は果実，秋田県は米の産出額の方が畜産よりも多い。

問６　食料自給率とは，国内で消費される食料のうち，国内で生産されている食料の割合をいう。日本の食料自給率は，カロリーベースで約38％(2022年)と低いが，これには日本の農業人口が高齢《こうれい》化により減少したことや，日本人の食生活が多様化して国内であまり生産されていないものを多く食べるようになったことなどが原因として挙げられる。

問７　中京工業地帯は，愛知県の豊田市を中心に自動車生産がさかんである。そのため，出荷額割合全体に占《し》める機械工業の割合が約70％と，ほかの工業地帯・地域と比べて特に高くなっている(エ…○)。なお，アは阪神工業地帯，イは瀬戸内工業地域，ウは京浜工業地帯のグラフである。

問８　製造業の生産拠点《きょてん》を海外に移転する動きが進んだ結果，国内産業が縮小する状況を産業の空洞化という。日本では，1980年代後半以降，自動車産業などでこの問題が深刻化した。

問９　奥羽《おうう》山脈は，東北地方の中央部を南北に走る山脈であるので，日本アルプスにはふくまれない(エ…×)。なお，赤石山脈は南アルプス，木曽《きそ》山脈は中央アルプス，飛騨《ひだ》山脈は北アルプスと呼ばれ，赤石山脈と飛騨山脈には標高3000mを超《こ》える山がある。

問10　図を見ると，日本の川は外国のアマゾン川と比べて，長さが短い。また，そのわりに水源と河口の標高の差が大きいため，流れが急となっている。

2　各時代の歴史的なことがらについての問題

問１　「魏志倭人《ぎしわじん》伝」には，弥生時代の３世紀前半に邪馬台国が魏(中国)に使いを送り，皇帝から「親魏倭王」の称号《しょうごう》をもらったことが記されている(エ…○)。なお，三内丸山遺跡《いせき》は青森県にある縄文時代の遺跡で(ア…×)，土偶や縄目の文様がついた縄文土器も縄文時代のものである(イ…×)。また，壬申の乱は飛鳥時代の672年に起きた大友皇子と大海人《おおあまの》皇子(のちの天武天皇)の争いである(ウ…×)。

問２　飛鳥時代の607年，聖徳太子は小野妹子を遣隋《けんずい》使として隋(中国)に派遣した。その目的には，隋の進んだ政治の仕組みや文化を取り入れることなどがあった(ア…○)。なお，中大兄《なかのおおえの》皇子は663年の白村江《はくすきのえ》の戦いで唐(中国)と新羅《しらぎ》の連合軍に敗れた(イ…×)。古墳時代の５世紀にワカタケル大王が使いを送ったのは中国の南朝の宋である。また，前方後円墳は中国の影響を受けない日本独自の墓の形式とされる(ウ…×)。蘇我《そが》氏が天皇をしのぐ力を持ったのは聖徳太子の死後であり，遣隋使が派遣されたころは，蘇我氏は聖徳太子と協力して政治を行っていた(エ…×)。

問３　仏教の力で国の乱れをしずめるために，743年に東大寺に大仏を建立《こんりゅう》する詔《みことのり》を出したのは，聖武天皇である。その後，752年に大仏が完成し，開眼《かいげん》式が行われた。

問４　藤原道長や子の頼通によって摂関政治が全盛期をむかえたころ，貴族は寝殿《しんでん》造と呼ばれる屋《や》敷《しき》で暮らした(イ…○)。なお，このころの日本風の文化を国風文化という。天平文化は奈良時代に栄えた唐や仏教の影響を受けた国際的な文化である(ア…×)。天守閣を持つ壮大《そうだい》な城がつくられるようになったのは，16世紀後半の安土桃山時代以降である(ウ…×)。清少納言が書いたのは随筆《ずいひつ》の『枕草子』で，長編小説の『源氏物語』は紫式部によって書かれた(エ…×)。

問５　1156年の保元の乱，1159年の平治の乱に勝利し，その後1167年に武家として初めて太政《だいじょう》大臣になった人物は平清盛である。なお，清盛は大輪田泊《おおわだのとまり》を整備し，日宋貿易を行った。

問６　鎌倉時代前半の1221年，鎌倉幕府と後鳥羽上皇ら朝廷との間で起こった戦いを承久の乱という。この戦いに勝った鎌倉幕府は，京都に六波羅探題《ろくはらたんだい》を設置し，敗れた後鳥羽上皇は隠岐《おき》へ流された。

問７　室町幕府第８代将軍を務めた足利義政が，京都の東山に建てたのは慈照《じしょう》寺銀閣である。銀閣には，現在の和室のもととなった書院造が取り入れられている(ア…○)。なお，イの清水寺は奈良時代末から平安時代初めころに建立された寺院，ウの東大寺は奈良時代に聖武天皇が建立した寺院，エの法隆寺は飛鳥時代に聖徳太子が建立した寺院である。

問８　安土桃山時代の1577年，織田信長は安土城下で自由に商売ができるように座の特権をなくし，市場の税を免除《めんじょ》した。この政策を楽市・楽座という。

問９　徳川家康は，大名を親藩・譜代大名・外様大名に分け，1600年の関ヶ原の戦い以降に従った外様大名を，江戸から離れた場所に配置して警戒《けいかい》した。

問10　江戸時代末の1853年，浦賀(神奈川県の三浦半島)に来航したのは，ペリーである。ペリーは黒船４隻《せき》を従えて来航して日本の開国をせまり，翌54年には日米和親条約を結んだ。

問11　江戸幕府第15代将軍の徳川慶喜《よしのぶ》が1867年に大政奉還を行って政権を朝廷に返した後，1868年に新政府は五箇条の御誓文を発表した(エ…×)。なお，アの徴兵《ちょうへい》令とウの地租改正は1873年の出来事，イの殖産《しょくさん》興業とは産業をさかんにして国を富ませようとする新政府の政策である。

問12　1889年２月11日に発布された大日本帝国憲法では，天皇は国の元首とされ，国を治める主権を持っていた(イ…○)。なお，憲法草案を作成した初代内閣総理大臣は伊藤博文である(ア…×)。大日本帝国憲法においては，軍隊の指揮や条約の締結《ていけつ》の権限も天皇が持ち，内閣は天皇の政治を助ける機関とされた(ウ…×)。当時の帝国議会は衆議院と貴族院の二院制で，このうち衆議院議員のみ選挙があった(エ…×)。

問13　1904年から始まり，日本の勝利に終わった日露戦争では，欧米の列強に日本の力を認めさせることになった一方，日本に対する警戒も強まった(ウ…○)。なお，日本がロシアのバルチック艦隊《かんたい》を破った海戦は日本海海戦であり，黄海海戦は日清戦争で行われた戦いである(ア…×)。1905年に結ばれたポーツマス条約では日本は賠償《ばいしょう》金を得ることができず，条約に不満を持つ民衆の暴動である日比谷焼き打ち事件などが起こった(イ…×)。日本の勝利後も，列強による中国の侵略《しんりゃく》は続いた(エ…×)。

問14　1941年12月８日，日本軍はハワイの真珠《しんじゅ》湾にあるアメリカ軍基地を奇襲攻撃《きしゅうこうげき》した。同日にイギリスが支配するマレー半島に上陸しており，これにより太平洋戦争が始まった(イ…○)。なお，満州事変は1931年に起こり，その後1933年に日本は国際連盟からの脱退を通告した(ア…×)。1938年に制定された国家総動員法にもとづいて，太平洋戦争後半になると中学生や女学生も軍需《ぐんじゅ》工場で働いた(ウ…×)。日本は1945年８月14日にポツダム宣言を受け入れ，戦争は終結した。日米安全保障条約は，1951年に結ばれた条約である(エ…×)。

3 **日本の政治や基本的人権，国際平和や環境《かんきょう》についての問題**

問１　年齢や国籍，性別，障がいのあるなしにかかわらず，誰でも安心・安全に暮らせるためにつくられた製品や生活環境をユニバーサルデザインという(イ…○)。なお，バリアフリーは，高齢者や障がいのある人などが生活していく上で障壁《しょうへき》となることを取り除くこと(ア…×)，ソーシャルネットワーキングサービス(SNS)は，インターネット上で交流ができる仕組みのこと(ウ…×)，ボランティアは，対価を求めずに自発的に行う社会奉仕のための行動のことである(エ…×)。

問２　日本の象徴である天皇は，内閣の助言と承認にもとづき，国会の召集や衆議院の解散などの国事行為を行う(ア…○)。なお，外国と条約を結んだり閣議を開いたりするのは内閣の仕事である(イ，エ…×)。祝日の制定は，国会が法律を定めることで行う(ウ…×)。

問３　日本国憲法に定められた基本的人権には，裁判を受ける権利や，労働者が労働組合をつくる団結権などがある(イ，エ…○)。なお，税金を納めることと子どもに教育を受けさせることは，権利ではなく義務である(ア，ウ…×)。

問４　日本国憲法の三大原則は，国民主権・基本的人権の尊重のほか，平和主義がある。なお，平和主義は日本国憲法の前文と第９条に明記されている。

問５　衆議院の議員定数は465人，任期は４年であり，任期の途中で解散されることもある(エ…○)。なお，参議院は議員定数が248人，任期は６年で，解散はない(2024年２月現在)。

問６　国会の議決は多数決で行われる(ア…○)。なお，通常は総議員の３分の１以上が出席することで話し合いが始まり，議決には過半数の賛成が必要である。

問７　内閣総理大臣は，国会が国会議員の中から指名して天皇が任命する。内閣総理大臣は専門的な仕事を担当する国務大臣を任命して内閣を組織する(ア…○)。なお，国務大臣の過半数は国会議員でなければならない。

問８　裁判は，１つの事件について最大で３回まで受けることができる。この制度を三審制という。三審制は，裁判を慎重《しんちょう》に行うことで国民の人権を守るための制度である。第一審の判決に不服があり第二審に訴《うった》えることを控訴《こうそ》，第二審の判決に不服があり第三審に訴えることを上告という。

問９　このモニュメントは，「発射不能の銃《じゅう》」と呼ばれるものである。銃は戦争や暴力の象徴であり，銃の先端を結んで使えなくすることで，武器をなくして世界平和の実現を目指すことを訴えている。

問10　1997年，第３回気候変動枠組《わくぐみ》条約締約国会議(COP３)が京都で開かれ，先進国の温室効果ガスの排出削減《はいしゅつさくげん》目標を数値化した京都議定書が採択《さいたく》された(ア…○)。なお，青年海外協力隊が発足したのは1965年(イ…×)，持続可能な開発目標(SDGs)が設定されたのは2015年(ウ…×)，国連気候変動枠組条約が採択されたのは1992年のことである(エ…×)。

問11　後世に残すべき貴重な自然や遺跡，建造物などを世界遺産といい，国連の専門機関であるユネスコ(国連教育科学文化機関)が登録と保護を行っている(ウ…○)。なお，アのサミットは主要国首脳会議，イのユニセフ(国連児童基金)は世界中の子どもたちを援助する国連の機関である。エのアジェンダとは，「実行に移されるべき計画」という意味の言葉である。

理　科　＜Ｂ試験＞（社会と合わせて50分）＜満点：50点＞

解　答

4 **問１**　**A**　ジャガイモ　**C**　サツマイモ　**D**　トウモロコシ　**問２**　**A**　イ　**D**　ア　**問３**　ウ　**問４**　ウ　**問５**　(例)　**方法**…フライパンで加熱し，こげるかどうかを調べる。　**結果**…砂糖はこげて，塩はこげない。　**問６**　50g　**問７**　青色→赤色　**問８**　エ　5 **問１**　イ，カ　**問２**　イ　**問３**　(例)　地中で育つという特ちょうがある。　**問４**　(1)　エ　(2)　Ｂ　**問５**　(1)　しん食　(2)　たい積　**問６**　ウ　**問７**　Ｙ　**問８**　**記号**…イ　**理由**…(例)　鉄でできているから。　**問９**　(例)　コイルの巻き数を増やす。　**問10**　(例)　リサイクルすることができる。　**問11**　ウ　**問12**　**説明**…(例)　川の水の量が増えて，流されてしまう。　**移動する場所**…(例)　川からはなれたところ。

解　説

4 野菜の育ち方，物質の区別，水溶液《すいようえき》の性質についての問題

問１，問２　ジャガイモは，３月ごろに種イモを植えると，６月ごろに収かくできる。ジャガイモは，地下のくきに養分をたくわえたイモを食用にする。トマトはナス科の植物で，大きさのちがういろいろな種類のものが育てられている。サツマイモは，イモから発芽したつるを苗《なえ》として植えつけると，つるの先から根やくきが出て成長する。夏から秋にかけて根に養分がたくわえられて大きくなるので，これを収かくする。トウモロコシはイネやムギと同じ単子葉類で，３～５月ごろに種をまくと，３か月くらいで収かくできる。

問３　天ぷらをあげるときの油の温度は160～180℃で，液体の水の温度よりもはるかに高い。これに少量の水を落とすと，すぐに100℃になって蒸発して気体になる。

問４　同じように加熱するとき，水の量が少ないほど，はやくふっとうする。なお，食塩や砂糖などの物質をとかした水はふつう，ふっとうする温度が高くなるので，物質をとかしていない水よりもふっとうするまでに時間がかかる。

問５　食塩と砂糖はどちらも白い固体で，見た目で区別するのがむずかしい。たとえば，砂糖には加熱すると黒くこげる性質があることに着目すると，フライパンで加熱する方法が考えられる。このとき，食塩は変化しないから，砂糖と区別ができる。また，水にとかした液について，電気が通る方が食塩，電気が通らない方が砂糖というちがいもある(ただし電流が流れたことをたしかめる道具が必要)。ほかに，砂糖は食塩より水にとけやすいので，同じ重さの水にとかすことができる重さを比べることで，判別することもできる。

問６　４倍濃縮《のうしゅく》(400％)のめんつゆ20ｇをうすめるとき，全体の重さが４倍になるように水を加える。氷10ｇはとけると10ｇの水になるので，さらに加える水の重さは，$20\times4-20-10=50$(ｇ)である。

問７　赤色リトマス紙はアルカリ性の液体をつけると青色に変化するが，中性と酸性の液体に対しては赤色のまま変化しない。また，青色リトマス紙は，中性とアルカリ性の液体に対しては色が変化しないが，酸性の液体では赤色に変化する。したがって，青色リトマス紙を使って探すとよい。

問８　砂糖と塩の水溶液は中性を示し，かたくり粉は水にとけない。重そう(炭酸水素ナトリウム)を水にとかすと，アルカリ性になるので，エが選べる。

５　物のうきしずみ，電磁石，流れる水のはたらきについての問題

問１　川の上流は水量が少なく土地のかたむきが大きいため，川はばがせまく流れが速い。一方，川の下流は水量が多くて土地のかたむきが小さいので，川はばは広く流れがおそい。また，下流には，流れる水のはたらきによって丸くけずられた小さい石が多く見られる。

問２　川の曲がっている部分では，曲がりの内側の方が外側よりも流れがおそい。そのため，運ばれてきた土砂が積み重なって川原ができやすい。

問３　ピーマン，キュウリ，カボチャの実や，キャベツの葉は，地上で成長する。これに対し，ジャガイモは地中のくき，サツマイモやニンジンは根といった地中にあるつくりに養分をたくわえている。

問４　**(1)**　ミニトマトは地上にみのる野菜ではあるが，糖分がとけている水溶液は水よりも重いので，糖度の高いミニトマトの実は水にしずむ。そこで，実験②～④のように，ミニトマトを入れた水に食塩をとかしていき，同じ体積あたりの重さがミニトマトより重くなると，しずんでいたミニトマトがうくようになると考えられる。　**(2)**　実験②の食塩水1000mLには食塩15ｇがとけている。実験③の食塩水全体の体積は，$1000+200=1200$(mL)で，とけている食塩は，$15+30=45$(ｇ)だから，1000mLあたりは，$45\times\frac{1000}{1200}=37.5$(ｇ)となる。さらに，実験④では，$1200+200=1400$(mL)の食塩水に，$45+15=60$(ｇ)の食塩がとけているので，1000mLにとけているのは，$60\times\frac{1000}{1400}=42.8\cdots$(ｇ)である。よって，実験③でできた食塩水より，実験④の食塩水の方が重いので，実験③でういたＡよりも実験④でういたＢの方が同じ体積あたりの重さが重いことがわかる。したがって，ＢはＡより糖度が高いといえる。

問５　**(1)**　Ｖ字谷は，川はばがせまく流れが速い，川の上流で見られる地形で，しん食作用によって，川底がけずられて深い谷となっている。　**(2)**　川が運んできた土砂がたい積作用によって扇《おうぎ》状に積み重なってできる扇《せん》状地は，川が山地から平地に出て急に流れがおそくなる場所にできやすい。

問6　れき，砂，どろは粒《つぶ》の大きさで分類され，直径が2mm以上のものをれき，0.06mm～2mmのものを砂，0.06mm以下のものをどろという。川の流れによって運ばれたれき，砂，どろがたい積するとき，まず粒が最も大きいれきがしずみ，つぎに砂，最後にどろがしずむから，この順に下から層になってしま模様に見える。

問7　電磁石では，右手の親指以外の指をコイルを流れる電流の向きにあわせて電磁石をにぎったとき，親指を横にのばした方がN極にあたる。したがって，空きカン拾い機の電磁石のYがN極，XがS極になる。

問8　電磁石が引きつけることができるのは，鉄やニッケル，コバルトといった一部の金属だけである。したがって，この空きカン拾い機は，「スチール」と書かれた鉄でできた空きカンは引きつけるが，「アルミ」と書かれたアルミニウムでできた空きカンは引きつけない。

問9　電磁石の部分についての工夫とあるので，磁石の力を強くするには，コイルの巻き数を増やす，ボルト(鉄心)の太さを太くする，といった方法が考えられる。

問10　リサイクルできるものには，分別しやすいようにマークが書いてある。矢印で表されるリサイクルマークには，アルミニウムやスチール(鉄)のほかに，PET製品，プラスチック製容器包装，紙製品容器包装などがある。

問11　スピーカーのしん動する部分，掃除《そうじ》機に使われているモーター，リニアモーターカーをうかせて前に進めるしくみには，それぞれ電磁石が使われている。一方，LED電球には，電気のエネルギーを光のエネルギーにかえるしくみが用いられていて，電磁石は利用されていない。

問12　雨が降ると川の水の量が増え，陸地だった場所に水が流れるようになる。図のような場所(中州とよばれる)は，増水すると水につかってしまい，川をわたって逃《に》げられなくなったり，水に流されたりする危険があるから，はやめに川からはなれた場所に移動するようにする。

国語　＜Ｂ試験＞（50分）＜満点：100点＞

解答

一　**問1**　燃えないゴミ　**問2**　（1階トイレ横の)用具庫　**問3**　13(時)05(分)　**問4**　(例)　(担当の田代先生に)報告して，確認してもらう。　**問5**　便器ブラシ(ブラシ)　**問6**　C(班)　二　**問1**　①～③　下記を参照のこと。　④　ゆかた　**問2**　臨　三　**問1**　(例)　多朗が吐いた理由(バイクがダメなこと)を知っていたから。　**問2**　ウ　**問3**　ア　**問4**　(例)　(多朗が)幸司に，ぼくが聖慶学園を受験するつもりだと言った(こと。)　**問5**　イ　**問6**　(例)　無理に受験しないことにします。　**問7**　ウ　**問8**　エ　**問9**　(例)　受験するかしないかは，自分の意志で決めるべきだと思ったから。　四　**問1**　イ　**問2**　ア　**問3**　イ　**問4**　(例)　人生　**問5**　これまでの～違ってくる(から。)　**問6**　エ　**問7**　音　**問8**　(例)　これからは，メモや書き込みをしながら読書をしようと思いました。　**問9**　**ア**　B　**イ**　A　**ウ**　A　**エ**　B

●漢字の書き取り

二 問１ ① 警察 ② 磁石 ③ 裁判

解説

一 **資料の読み取り**

問１ 「そうじの手順」で，「燃えないゴミ：黄色のビニールぶくろに入れて，正門横の資源回収場へ捨てる」となっている。

問２ 最後の「その他」のところに，「トイレットペーパーは１階トイレ横の用具庫へ取りに行くこと」と書かれている。

問３ 「月曜日から木曜日まではお昼休み(13：05～)」に「そうじをおこなう」のである。

問４ 男女関係なく，「そうじが終わったら担当の先生に報告し，確認して」もらう必要がある。女子がそうじするのは「６年３組教室」なので，担当は「田代先生」である。

問５ 「男子トイレ」をそうじするときには，「ゆかそうじ」，「洗面台のふきそうじ」，「全ての便器をブラシでみがく」，「トイレットペーパーを足す」，「ゴミ捨て」という作業が必要である。ほうきとちりとりとぞうきんで，「ゆかそうじ」，「洗面台のふきそうじ」，「ゴミ捨て」はできるが，「便器をブラシでみがく」には，便器用のブラシが必要である。

問６ 問題文によると「今週からＣ班がそうじ」であり，資料に「そうじは同じ班で２週間おこなう」とあるので，来週もＣ班がそうじをすることになる。

二 **漢字の書き取りと読み**

問１ ① 「警察」は，社会の安全や秩序《ちつじょ》を守るために，権力を用いることができる行政機関のこと。「警察官」は，警察の仕事をする公務員。 ② 鉄を引きつける性質を持つ物体。 ③ 争いや訴えを解決するために，裁判所が，法に基づいて判断すること。 ④ 湯上がりに室内で着る着物の一種。現代では，外出着にも用いられる。

問２ 「臨む」は，その場に出ること。

三 **出典：吉野万理子《よしのまりこ》『南西の風やや強く』**。同級生の多朗《たろう》とともに，多朗の知り合いの幸司《こうじ》の車に乗せてもらった伊吹《いぶき》(「ぼく」)は，幸司からいろいろな話を聞いて，中学受験をやめる決意を固める。

問１ さっきまで元気だった多朗が，急に吐《は》いてしまったという状況《じょうきょう》なので，「ぼく」は，「食中毒」かもしれないと言ったが，幸司はすぐに否定した。幸司はこの後，「多朗は，バイクがダメ」で，バイクがたくさん走っている音を聞くと，気分が悪くなると聞いたと言っている。幸司は，そうした多朗の事情を知っていたので，「ぼく」の推測を否定したのである。

問２ 幸司の車が警察につかまり，「ぼく」は，自分が暴走族の車に乗っていたことを知って，両親がびっくりするかなと思い浮《う》かべ，面白《おもしろ》いと思ったのである。

問３ 「ぼく」は，「伊吹，聖慶《せいけい》学園を受けるつもりなんだって」という多朗の言葉に腹を立てた。しかし，その後，幸司に中学のときに聖慶学園にいたと言われ，多朗はそれを知っていたので，受験のことを幸司に話したのだと，「ぼく」も納得したのである。

問４ 直後に，「多朗のやつ，ぺらぺら他の人にもしゃべるとは思わなかった」とあるように，多朗が幸司に，「ぼく」が聖慶学園を受験するつもりだと話したことに，「ぼく」は腹を立てて，「ギュッとこぶしを握《にぎ》りしめた」のである。

問５　前に「幸司ニィに対して怒《おこ》ってはいけないというのはわかっていた。だから」と，理由が説明されている。

問６　「自分が行きたい」のではなく，「親が入れさせたい」ための学校だと聞いて，幸司は「無理すんな」と「ぼく」に言い，自分が留年したうえに退学した失敗談を語っている。また，最後の部分で「ぼく」は，「模試《もし》は受けない」し，「塾《じゅく》にはもう行かない」と，父親に言おうと思っていることから，幸司の話を聞いて，聖慶学園を受験するのをやめようと決めたことがわかる。その方向に沿った解答を考えればいいだろう。「家に帰って，親と話し合ってみます」などでもよい。

問７　幸司は，定時制高校に入ったことに対して，「今は」よかったと思えるが，「自分で回り道を選んだ」のではなく「聖慶に無理やり回り道させられた」とも感じていたのだから，Ａが「楽しい」，Ｂは「くやしい」という組み合わせのウがふさわしい。

問８　親が免許《めんきょ》を取らせてくれたり車を買ってくれたりしているので，“機嫌《きげん》が悪くならないように気を使いながら接する”という意味のエ「腫《は》れものにさわる」が適する。なお，ア「図に乗る」は，“ものごとが思いどおりに進んで調子に乗る”という意味。イ「木で鼻をくくる」は，“冷たく，そっけない態度を取る”という意味。ウ「揚《あ》げ足を取る」は，“相手の言いまちがいなどをとらえて非難したり，からかったりする”という意味。

問９　幸司の体験を聞いて，「ぼく」は最終的に，模試を受けるのも塾に行くのもやめようと決意している。「親に言われたからではなく，受験するかどうかは自分の意志で決めようと思ったから」，「親に言われるままに受験するのはおかしいと思うようになったから」などの解答が考えられる。

四　**出典：宮川清美《みやかわきよみ》『新版・中学国語の科学的勉強法』**。筆者は，読書によって，人間的成長を目指すことができることを指摘《してき》し，豊かで充実《じゅうじつ》した読書をするための方法を紹介《しょうかい》している。

問１　次の段落で筆者は，「本が，今まで自分自身気づかずにいた世界に気づかさせてくれる」と述べている。また，五つ後の段落では，読書によって人生経験が豊かになり，「自分に経験はなくても人々の悩《なや》みや葛藤《かっとう》を自分のことのように受け取」ることができると述べている。ぼう線①は，読書をすることによって，読者は，本に書かれている他者の体験や意見を，まるで自分のものであるかのように感じることができるということをいっているのである。

問２　ぼう線②は，「～のように」と直接たとえる表現を使っている。このような表現技法を「直ゆ法」という。

問３　「そういう考え」とは，直前の一文にある，読書が自分の「もっているものを引き出してくれる」ということである。本を読めば，「今まで自分自身気づかずにいた世界」に気づいたり，「気づかずにいた感じ方」に目覚めたりすることができるようになる。

問４　直前の段落で，我々が「人生の終着駅に向かって走りつづけている列車に乗っている」とした場合の話をしているので，その「車中」は，我々が生まれてから死ぬまでの間の期間，つまり，人生を表すたとえである。

問５　次の段落から，読書は「自分の力だけで読んでいくもの」で，「読みかたも，読み進む速さ」もちがい，読みながら想像する「映像や情景」も異なることが説明される。それは，「これまでのその人の生活環境《せいかつかんきょう》や経験の量と質や，読書量や思考の独自性によって違《ちが》ってくる」のである。

問６　「テレビは，ただ一つのイメージを与え，視聴者《しちょうしゃ》にそれが押《お》しつけられる」ので，「テレビによる読書」には，読み手の自由をうばう「危険」性がある。

問7　読みには，声を出して読む「音読」と，声を出さずに読む「黙読《もくどく》」があり，「音読」は，「速読をさまたげる」のである。

問8　この文章を読んであなたが感じたことを書く。よい読書をすることで人間的に成長したいと思った，などの感想はもちろん，自分なりに読書を楽しむことをすすめておいて読み方をあれこれと指図するのはおかしいと思った，などの意見を答えてもかまわない。

問9　**ア**　ぼう線④の二つ前の段落に「私は，今ここで人生のはかないことを述べようとしているのではありません」とある。よって，合わない。　**イ**　ぼう線④の段落に，読書により「人間味豊かな心情，より豊かな想像力」が育てられ，「人間的成長をめざすこと」ができるとある。よって，合う。　**ウ**　速読について述べた部分で，「読む速度がはやければ，限りある時間の中でかえって豊かで充実した読書ができる」とある。よって，合う。　**エ**　ぼう線⑥の前の段落で，「こま切れ読書」について，「ちゃんとした読書」であり，「うまくつながらない」ことが心配なら「メモをとればよい」と述べている。よって，合わない。

2023年度 東海大学付属相模高等学校中等部

【算　数】〈A試験〉(50分)〈満点：100点〉

〈注意〉1．分数は約分して答えなさい。
　　　　2．図は必ずしも正確ではありません。

1　次の各問いに答えなさい。

(1)　$19-9\times2+8$ を計算しなさい。

(2)　$1.25\times0.2+0.625\times2$ を計算しなさい。

(3)　次の計算が正しくなるように，数式に（　）をつけなさい。

$$5+3\times10-2\times4=11$$

(4)　$5\frac{1}{2}+3\div\frac{4}{3}-\frac{7}{4}$ を計算しなさい。

(5)　次の□にあてはまる数を求めなさい。

$$5+4\times\square\div2-10=1$$

(6)　$\left\{\left(5.25+\frac{3}{4}\right)-\left(2\frac{1}{4}-\frac{3}{8}\right)\right\}\div33$ を計算しなさい。

(7)　A◇Bは(A × A) − (B × B)を表します。例えば，3◇2は(3 × 3) − (2 × 2)なので3◇2 = 5です。このとき，次の計算をしなさい。

$$\{11◇(5◇4)\}$$

2 次の各問いに答えなさい。

(1) 1周400mのコースを分速90mの速さで1時間20分走りました。このコースを何周しましたか。

(2) Aさんは算数のテストを4回受けました。それぞれの点数は，62点，70点，82点，55点でした。5回目のテストで何点とれば，5回のテストの平均が70点になりますか。

(3) Tさんは5400円持っていましたが，持っていた金額の $\frac{2}{9}$ を使って電車に乗り，残りの金額の $\frac{3}{7}$ を使って友達と遊びました。このとき，残った金額で300円のおみやげを何個買えますか。

(4) 1から100までの整数のうち，2の倍数であるが，7の倍数ではない数は何個ありますか。

(5) 3つの整数A，B，Cがあります。AとBの和は145，BとCの和は164，AとCの和は173です。このとき，Aはいくつですか。

(6) 濃《のう》度5％の食塩水150gに水をくわえて濃度2％の食塩水をつくりました。くわえた水は何gですか。

(7) 36人のクラスを調査したところ，下の表のようになりました。このとき，右利きの男子生徒は何人いますか。

	右利き	左利き	合計
男子			24人
女子		1人	
合計	31人		36人

(8)　角ア～角オまでの5個の角を合計すると何度ですか。

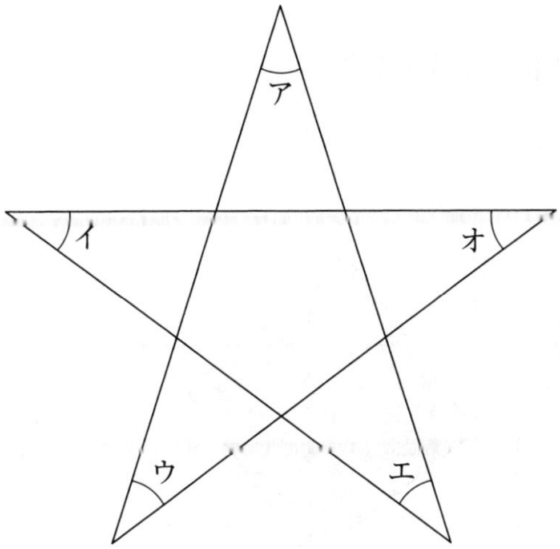

3　Aさんと B さんはマラソンをします。2人は同時にスタートして，Aさんは分速210mでスタートからゴールまで走りました。B さんは始めは A さんよりも速く走っていましたが，X 地点で休みました。少しの間止まっていたので，A さんに追いこされました。その後，B さんは A さんを追いかけ，2人は同時にゴールしました。下の図は時間と A さんと B さんの距《きょ》離《り》の関係を表したものです。このとき，次の各問いに答えなさい。

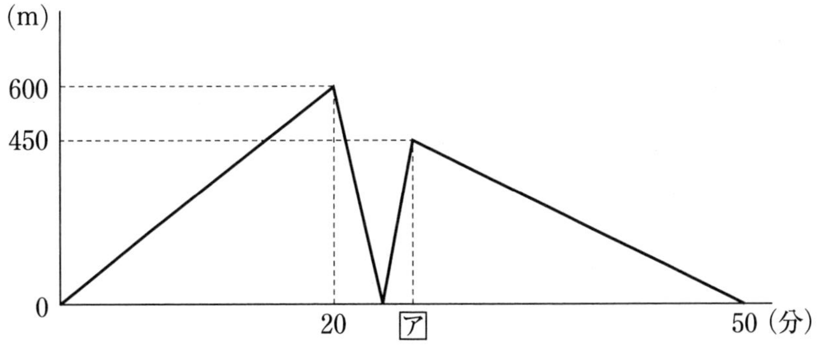

(1)　B さんは X 地点まで分速何 m で走りましたか。

(2)　ア に入る数を求めなさい。

(3)　スタートから37分後の2人の距離は何 m ですか。

4 次の各問いに答えなさい。

(1) 下の色のついた部分の面積を答えなさい。

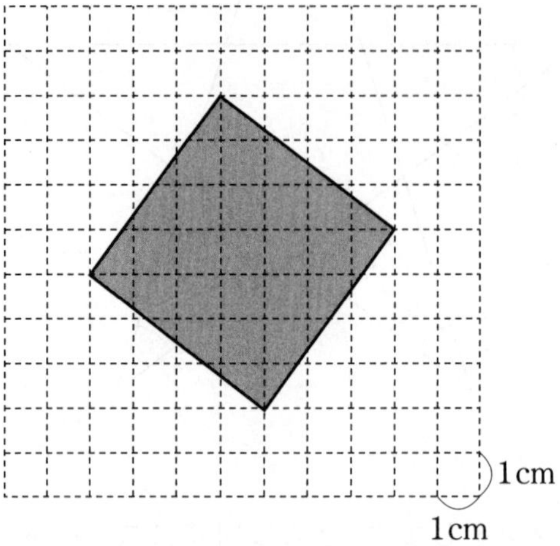

(2) 次の立体は，すべて同じ大きさの立方体をつなげてできた立体です。図1の穴に通すことのできる立体を，次のア～オの中からすべて選び，記号で答えなさい。

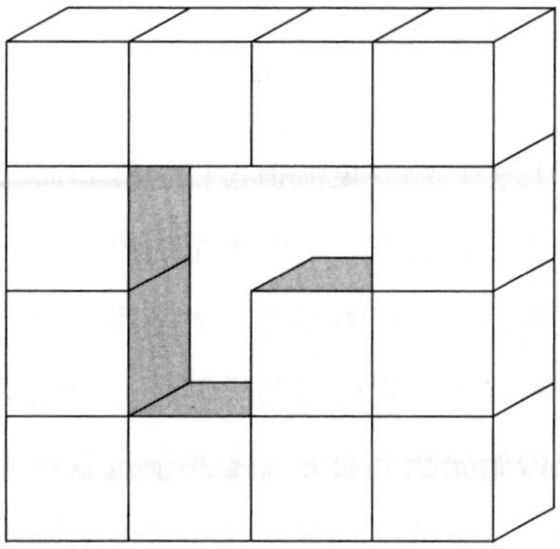

図1

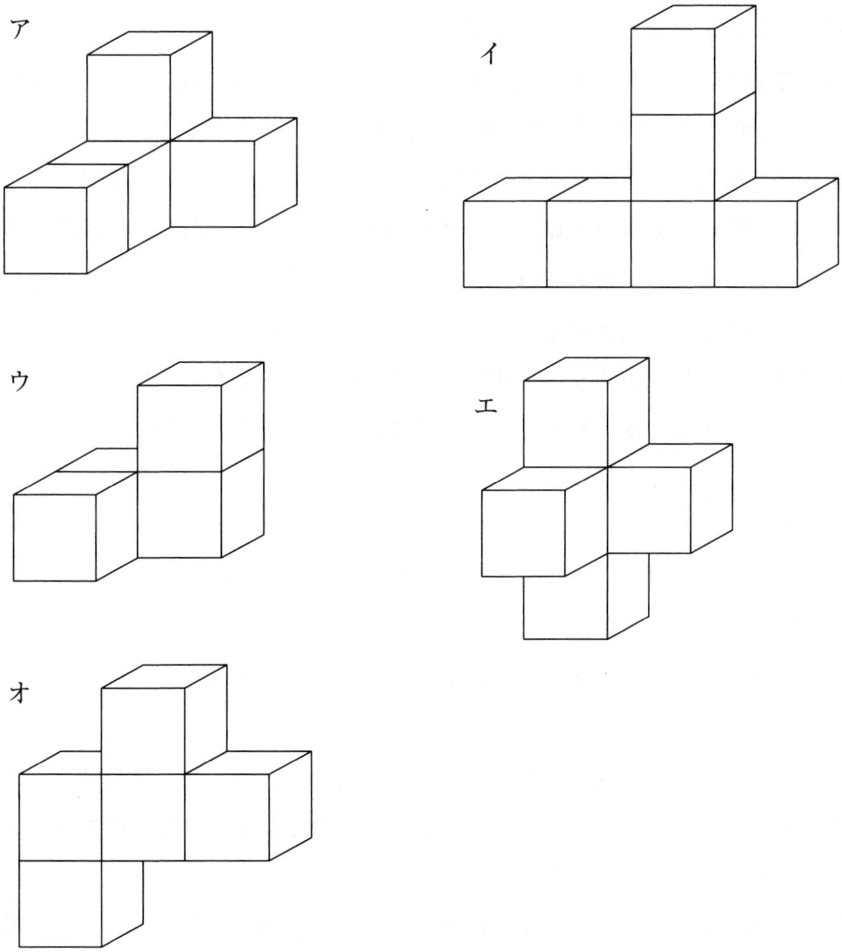

【社会・理科】〈Ａ試験〉（社会と理科で50分）〈満点：各50点〉

社　　会

1　次の文章を読み、各問いに答えなさい。

私は夏休みに東海道を旅行しました。東海道とは、江戸時代に整備された五街道の１つで、東京から京都までを結んでいます。７つの都府県を通っていて、現在でも重要な交通路になっています。街道沿いは人口も多く、大都市が点在しています(A)。

日本橋を出発して、まず初めに着いたのは宿場町だった品川です。現在は再開発が進んでいて、リニア中央新幹線(B)の始発駅となることが予定されています。初日は温泉地として有名な（　①　）まで進むことができました。芦ノ湖畔《はん》には関所が復元してあり、当時の様子を知ることができました。２日目は静岡県を進みました。途中で日本三大急流の一つである（　②　）川を渡りました。江戸時代は橋がかかっていなかったので、渡るのが困難だったそうです。昼食は焼津(C)に立ち寄り、美味しいマグロを食べました。牧之原周辺には名産品である茶畑が多く見られました(D)。

翌日は愛知県から滋賀県まで進みました。もっとも印象に残ったのは、愛知と三重の県境が、「七里の渡し」と呼ばれた唯一の海路だったところです。現在は（　③　）工業地帯の一部のために実際に渡ることはできませんが、当時のことを考えることができました。この日は、滋賀県の県庁所在地(E)に泊まりました。当時は琵琶湖畔にある最後の宿場町だったそうです。最終日はいよいよゴールの京都です。多くの世界遺産(F)を見ることができ、授業で習った歴史を実感することができました。

江戸時代の人々は東海道を２週間ほどかけて移動していたそうです。それに比べると短い期間の旅行でしたが、歴史を実感することができました。機会があれば他の街道も旅したいです。

問１　下線部（A）について、日本でもっとも人口の多い都市を次の**ア**～**エ**から１つ選び、記号で答えなさい。

ア　横浜市　　**イ**　川崎市　　**ウ**　名古屋市　　**エ**　京都市

問２　下線部（B）の完成が遅れている原因の一つに、南アルプスを通るトンネル工事が困難であることがあげられます。南アルプスとして適するものを次の**ア**～**エ**から１つ選び、記号で答えなさい。

ア　鈴鹿山脈　　**イ**　赤石山脈　　**ウ**　越後山脈　　**エ**　奥羽山脈

問3　(　①　)～(　③　)に適する語句をそれぞれ漢字2字で答えなさい。

問4　下線部(C)をはじめとして、日本中の港で水あげ量が減少しています。その理由を考えて説明しなさい。

問5　下線部(D)について、茶の生産がさかんな理由として、誤っているものを次の**ア～エ**から1つ選び、記号で答えなさい。

ア　牧之原は水はけのよい台地が広がっているから。

イ　太平洋沿岸は温暖な気候で、日照時間が長いから。

ウ　静岡県は茶が成長する4～9月に降水量が多いから。

エ　大井川河口に広がる三角州を利用しているから。

問6　下線部(E)の名前を答えなさい。

問7　下線部(F)について、京都にないものを次の**ア～エ**から1つ選び、記号で答えなさい。

ア

イ

ウ

エ

問8　文章を参考にして、下の**ア**～**エ**の県の地図を訪れた順番に並べ替え、解答らんに合うように記号で答えなさい。ただし、地図の縮尺は異なるものとします。

ア

イ

ウ

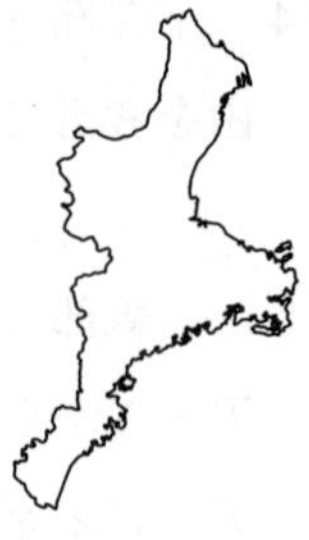

エ

2　次の〈あ〉～〈お〉の資料は日本の歴史についてまとめたものです。各問いに答えなさい。

〈あ〉

北条氏が倒れた後、京都に新しい幕府が誕生しました。3代将軍の（　①　）は権威《けんい》を高め、中国(A)との貿易を通じて大きな利益を得ていました。しかし、徐々《じょじょ》に将軍の権威が弱まると、8代将軍の跡継《あとつ》ぎをめぐる(B)（　②　）が起きました。この戦いをきっかけに戦国時代へとうつっていきました。

〈い〉

尾張の大名だった織田信長は（　③　）で今川義元を破り、全国にその名を広めました。信長は安土城を拠点《きょてん》として、さまざまな政策(C)を打ち出しました。大きな力を持った信長でしたが、京都の本能寺で家来の（　④　）に攻《せ》められ、命を落としました。

〈う〉

戦乱が終わり、幕府による政治が安定すると、農業において新しい道具(D)や肥料の開発が進み、生産性が高まりました。また、米だけではなく、商品作物をつくることによって収入を増やす百姓もいました。商人は幕府や藩の力もかりながら、各地で特産物をつくり、産業を発展させました。

〈え〉

氷河時代が終わり、気候が安定したことにより、食料採取がさかんになりました(E)。人々は食料の保存や煮炊《にた》きのために土器を使うようになり、人々の食生活はそれまでと大きく変わりました。青森県にあるこの時代の遺跡(F)は2021年に世界遺産に登録されました。

〈お〉

政府は1872年に学校の制度を定め、すべての子どもに教育を受けさせようとしました(G)。欧米《おうべい》の制度や生活様式が取り入れられ、鉄道(H)も開通しました。新聞や雑誌の発行もさかんになり、人間の自由や権利を尊重する考えも広がりました。こうした世の中の動きを(　⑤　)と呼びます。

問１　(　①　)に適する人物を答えなさい。

問２　下線部(A)について、当時の国名として適するものを次の**ア**～**エ**から１つ選び、記号で答えなさい。

ア　宋　　**イ**　唐　　**ウ**　明　　**エ**　清

問３　下線部(B)が京都の東山に建てた建築物を答えなさい。

問４　(　②　)に適する争いを答えなさい。

問５　(　③　)に適する語句を次の**ア**～**エ**から１つ選び、記号で答えなさい。

ア　関ヶ原の戦い　　**イ**　長篠の戦い

ウ　姉川の戦い　　**エ**　桶狭間の戦い

問６　下線部(C)として適するものを次の**ア**～**エ**から１つ選び、記号で答えなさい。

ア　仏教の力で国を守ろうとした。

イ　自分の娘を天皇の后とすることで権力を握った。

ウ　商人や職人はだれでも自由に商工業ができるようにした。

エ　大名が勝手に結婚することを禁止した。

問7　（　④　）に適する人物を次の**ア**～**エ**から１人選び、記号で答えなさい。

ア　徳川家康　　**イ**　明智光秀　　**ウ**　豊臣秀吉　　**エ**　浅井長政

問8　下線部（D）の中で、麦や稲を脱穀《だっこく》する道具として適するものを次の**ア**～**エ**から１つ選び、記号で答えなさい。

ア　とうみ　　**イ**　備中ぐわ　　**ウ**　千歯こき　　**エ**　石包丁

問9　下線部（E）について、当時の人々の生活がわかる、ゴミ捨て場として利用された場所の名前を答えなさい。

問10　下線部（F）の名前を解答らんに合うように答えなさい。

問11　下線部（G）について、『学問のすゝめ』を著した人物として適するものを次の**ア**～**エ**から１人選び、記号で答えなさい。

ア　夏目漱石　　**イ**　福沢諭吉　　**ウ**　津田梅子　　**エ**　樋口一葉

問12　下線部（H）の区間として適するものを次の**ア**～**エ**から１つ選び、記号で答えなさい。

ア　新橋～横浜　　**イ**　上野～横浜　　**ウ**　大阪～京都　　**エ**　兵庫～京都

問13　（　⑤　）に適する語句を漢字４字で答えなさい。

問14　〈あ〉～〈お〉の資料を時代順に並べたものとして、適するものを次の**ア**～**エ**から１つ選び、記号で答えなさい。

ア　〈え〉→〈あ〉→〈い〉→〈う〉→〈お〉
イ　〈え〉→〈あ〉→〈う〉→〈い〉→〈お〉
ウ　〈え〉→〈い〉→〈あ〉→〈う〉→〈お〉
エ　〈え〉→〈い〉→〈う〉→〈あ〉→〈お〉

3　次の資料を見て、各問いに答えなさい。

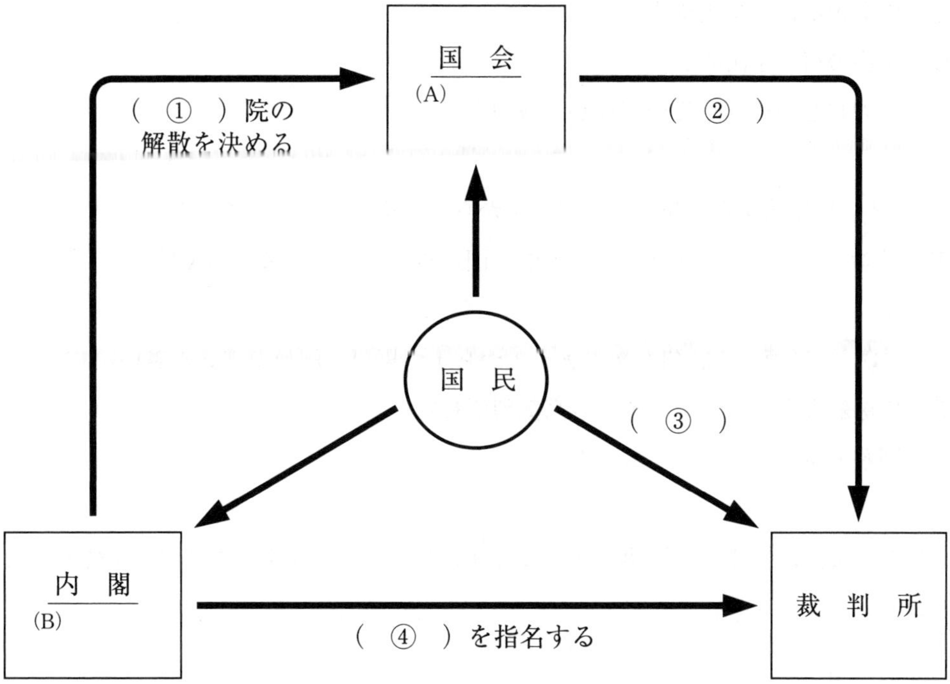

問１　下線部（A）について答えなさい。

⑴　国会に与えられる、法律を制定する権限を答えなさい。

⑵　国会には予算を決める役割があります。現在、支出（歳出）の中でもっとも多くの割合を占めているものを次の**ア**～**エ**から１つ選び、記号で答えなさい。

ア　防衛費　　　**イ**　地方財政費　　　**ウ**　国債費　　　**エ**　社会保障費

問２　下線部（B）に属している厚生労働省の仕事として適するものを次の**ア**～**エ**から１つ選び、記号で答えなさい。

ア　教育や科学・文化・スポーツなどに関する仕事。

イ　外交に関する仕事。

ウ　国民の健康や労働などに関する仕事。

エ　国の行政組織や地方自治・通信などに関する仕事。

問３　（　①　）に適する語句を解答らんに合うように答えなさい。

問４　（　②　）に適するものを次のア～エから１つ選び、記号で答えなさい。

ア　法律が憲法に違反していないかを審査する。

イ　内閣の不信任を決議する。

ウ　国会の召集《しょうしゅう》を決める。

エ　裁判官をやめさせるかどうかの裁判を行う。

問５　（　③　）に適する語句を次のア～エから１つ選び、記号で答えなさい。

ア　世論　　　**イ**　選挙　　　**ウ**　国民審査　　　**エ**　国民投票

問６　（　④　）に適する語句を次のア～エから１つ選び、記号で答えなさい。

ア　内閣総理大臣　　　**イ**　最高裁判所長官

ウ　国務大臣　　　**エ**　天皇

問７　資料のように、３つの機関が互いに抑制《よくせい》し合っている仕組みを漢字４字で答えなさい。

4 次の文章を読み、各問いに答えなさい。

私たちの暮らしには、住みよい社会をつくるために様々な決まりごとがあります。その基本的なことを定めたものが日本国憲法です。日本国憲法には基本的人権の尊重、平和主義、(　①　)の３つの原則があり、戦後に人々が平和を願う中で1946年に公布(A)され、1947年に施行されました。

特に平和主義においては、日本は唯一《ゆいいつ》の被爆《ひばく》国としてその悲惨《ひさん》さを訴《うった》え続け、国際社会に平和の大切さを伝える運動を展開しています。戦争や核《かく》兵器(B)による不幸な体験を繰《く》り返すことのないように、過去の歴史に学び、未来につなげていくことが大切になっていきます。

問１　(　①　)に適する語句を答えなさい。

問２　下線部(A)について、公布された日は現在何という祝日に設定されていますか。
適するものを次の**ア**～**エ**から１つ選び、記号で答えなさい。

ア　憲法記念日　　　　**イ**　文化の日
ウ　勤労感謝の日　　　**エ**　みどりの日

問３　下線部(B)に関する日本の活動として誤っているものを次の**ア**～**エ**から１つ選び、記号で答えなさい。

ア　被爆者による「語り部活動」が行われている。
イ　広島や長崎などでは、地域の公民館などで映画上映やパネル展を開催している。
ウ　原水爆の禁止を訴えるために原水爆禁止世界大会を開催している。
エ　核兵器だけではなく、原子力発電所の建設も禁止されている。

理　　科

5 太朗君は、自分の家の太陽光発電について興味を持ちました。太陽光発電は太陽の光のエネルギーを電気のエネルギーに変える仕組みで電気がつくられています。太朗君は光電池を使ってモーターを回転させる実験をすることにしました。次の各問いに答えなさい。

問1　下の図のように**ア**と**イ**の光電池にモーターをつないで、モーターの回り方のちがいを比べました。モーターが速く回るのは次の**ア**、**イ**のどちらですか。記号で答えなさい。

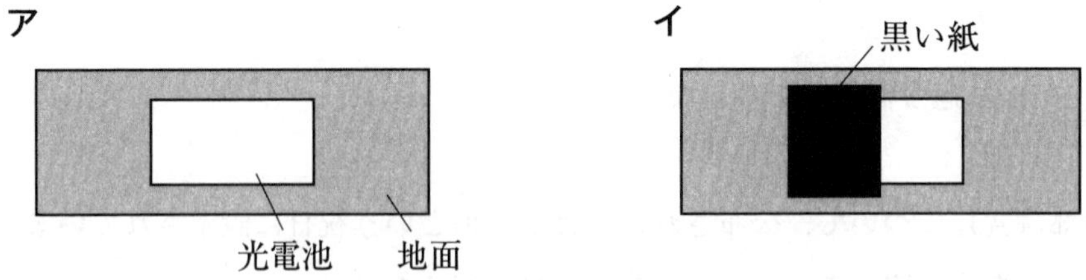

問2　下の図のように光電池の置く角度をいろいろ変え日光に当てました。一番速くモーターが回るのはどのときですか。次の**ア**～**ウ**から選び、記号で答えなさい。

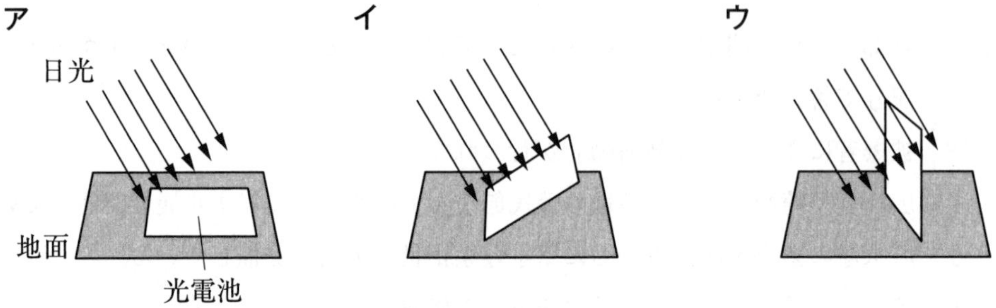

問3　問1と問2の結果より、太朗君の家の太陽光発電を使って1時間でより多く発電するためには、どのようにしたらよいか答えなさい。

問4　火力発電と比べて、光電池での発電の利点としてどのようなことが挙げられますか。1つ答えなさい。

問5　太陽光発電の仕組みとは反対に、電気のエネルギーを光のエネルギーに変える装置の1つに発光ダイオード（LED）があります。近年では、信号機でもLEDを使用していますが、信号機にLEDを使用したことで雪国では困ったことが起きてしまいました。それはどのようなことですか。説明しなさい。

6 試験管に食塩水(A)、うすい塩酸(B)、アンモニア水(C)、炭酸水(D)、石灰水(E)の5種類の水溶液《すいようえき》を用意し、実験を行いました。次の各問いに答えなさい。

問1　赤色リトマス紙の色を青色に変える水溶液をA～Eからすべて選び、記号で答えなさい。

問2　Cを蒸発皿に入れて加熱し、すべて蒸発させると蒸発皿の中はどうなりますか。また、その結果になる理由を答えなさい。

問3　決まった量のBにアルミニウムを加えると気体が発生しました。図1はその結果です。また、十分に反応させた後すべて蒸発させると白い固体が残りました。アルミニウムと白い固体の性質を比べた結果を表1にまとめました。これらについて次の(1)～(4)に答えなさい。

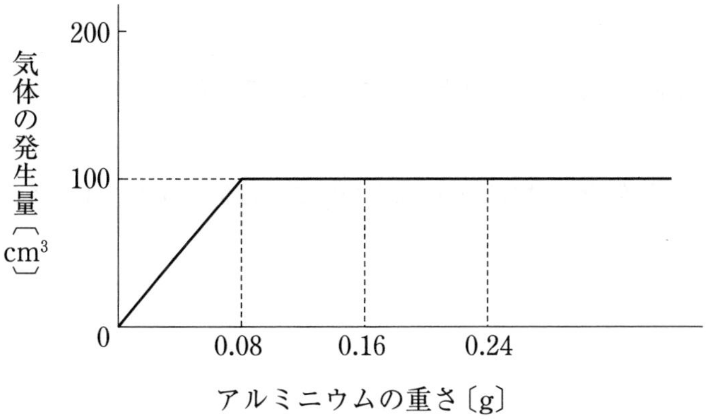

図1

表1

	つや	Bを注いだとき	水を注いだとき
アルミニウム	あり	あわが出た	とけなかった
白い固体	(あ)	(い)	(う)

(1)　図1の実験と同じ量のBにアルミニウムを0.10g加えたとき、発生する気体は最大何cm^3になりますか。

⑵ 図1の実験と同じ量で濃さが2倍の**B**に溶けるアルミニウムの重さは何gですか。

⑶ 表1の（あ）～（う）に当てはまる言葉の組み合わせとして適切なものを次の**ア**～**カ**から1つ選び、記号で答えなさい。

	(あ)	(い)	(う)
ア	あり	あわが出た	とけなかった
イ	あり	あわが出た	とけた
ウ	あり	あわが出なかった	とけた
エ	なし	あわが出なかった	とけた
オ	なし	あわが出なかった	とけなかった
カ	なし	あわが出た	とけた

⑷ 気体をより多く発生させるためにはどうしたらよいですか。

問4　問3の実験をするときに気をつけなければならないことは何ですか。1つ答えなさい。

7　下の図はヒトの血液の流れを表したものです。**ア**～**カ**は血管を、**A**～**D**は心臓のつくりを、矢印は血液の流れを表しています。次の各問いに答えなさい。

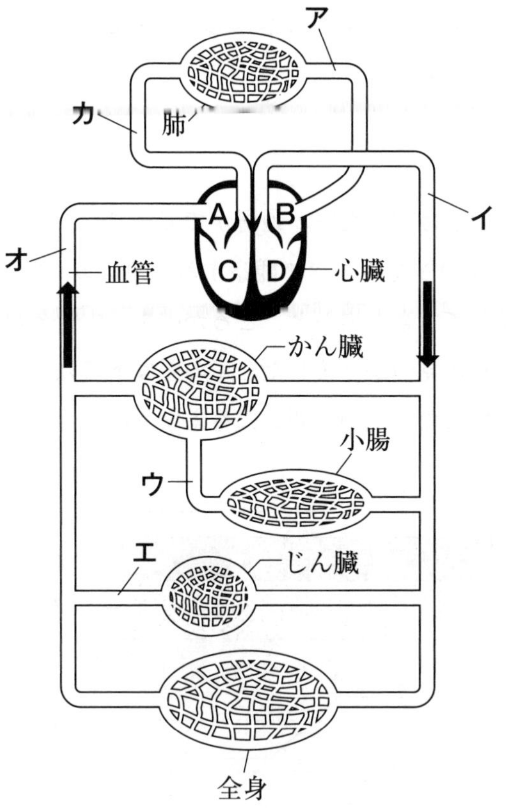

問１　最も酸素を多くふくむ血液が流れている血管を図の**ア**～**カ**から選び、記号で答えなさい。

問２　食後最も多くの栄養分をふくんでいる血液が流れている血管を図の**ア**～**カ**から選び、記号で答えなさい。

問３　全身から心臓にもどってきた血液が通る順番に図の**A**～**D**の記号を並べ変えなさい。

問４　図の**D**周辺の筋肉は図の**A**～**C**周辺の筋肉に比べ太くなっています。この理由を簡単に説明しなさい。

問５　じん臓のはたらきを１つ答えなさい。

問６　心臓が１回のはく動で70mLの血液を送り出すと、１日に何Lの血液を送り出すことになりますか。ただし、大人が安静にしているとき、心臓は１分間に70回はく動しているものとします。

8　住宅地をつくるために山をけずったら、地層がでてきました。下の図は、その地層を簡単に表したものです。②の層をルーペで観察すると角ばった粒状《つぶじょう》の鉱物が見られました。③の層は砂が固まってできた岩石と、どろが固まってできた岩石がくり返しあらわれており、アサリの化石が見つかりました。④の層は下に丸い小石があり、上に行くほど細かい砂でできていました。次の各問いに答えなさい。

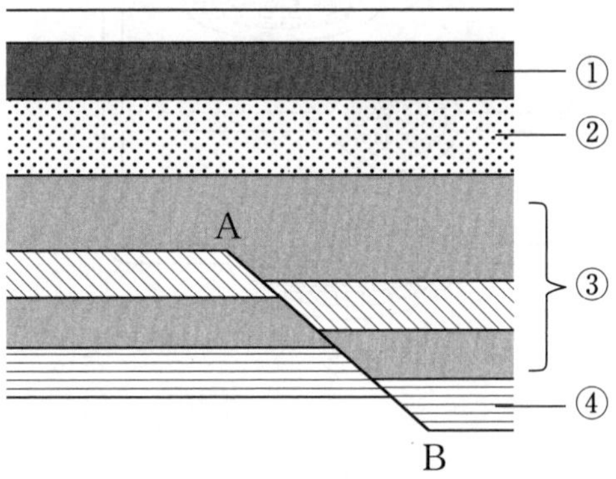

問１　地層について、適するものを次の**ア**～**エ**から選び、記号で答えなさい。

ア　がけの表面だけに見られる。

イ　粒が大きい順に層になっている。

ウ　長い年月をかけてできている。

エ　色がこい順に積み重なっている。

問２　② の層はどのような自然現象によってできたと考えられますか。

問３　③ の層でアサリの化石が見つかったことから、この層はどのような場所でたい積したと考えられますか。

問４　④のような層ができる理由を答えなさい。

問５　図のＡ－Ｂのような、地層のずれを何といいますか。

問６　図のＡ－Ｂはどのような力がはたらいてできたと考えられますか。次の**ア～オ**から選び、記号で答えなさい。

ア

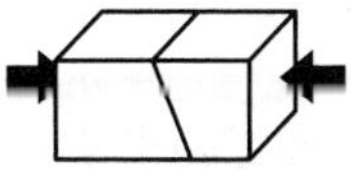

イ

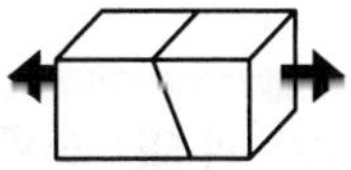

ウ

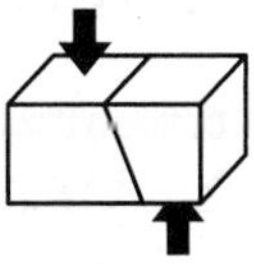

エ

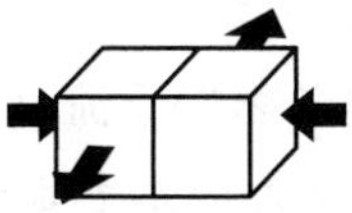

オ

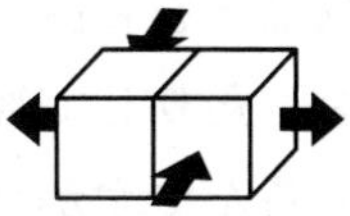

〈リスニング問題放送原稿〉

一のリスニング問題を始めます。表紙を開いてください。
これから問題文を一度だけ読みます。内容は「聞き取りメモ」らんや余白を利用し、書き取ってください。問いも放送で出題します。問いは全部で五つあります。よく聞き、各問いに答えなさい。

デンマークから留学生が来ました。
留：みなさんこんにちは。デンマークから来たニールセンです。
　今日は、日本のお祭りについて教えてください。

A：わかりました。まずお祭りには「神様」が深く関わっています。神様は「八百万の神」といって日本にはたくさんの神様がいるんです。お祭りが行われるごとに、神様が地上に降りて来られて、終わると帰って行きます。
　神様のために、お酒や食べ物などをお供えし、「ありがとうございます」と感謝の気持ちを伝えたり、お願いごとをしたりして神様を送るという流れで行われます。
留：え～っと？神様はたくさんいるんですか？1人じゃないんですか？
B：うん。たくさんいるんだよ。山も川も水もそれ自体がぜ～んぶ神様なんだよ。
留：神様がたくさんいるっていいですね。たくさんいるならお願い事をたくさん叶えてくれそう。
C：おいおい。
D：そんなお祭りにはおみこしがつきものです。おみこしとは、「神様が乗る乗り物」のことです。神様がおみこしに乗り、お祭りの衣装を身にまとった人たちがそれを担いで、町中を歩き回ります。
留：なんで町中を歩き回るのですか？
D：悪いことや汚いものを吸収して清めたり、豊作のお願いを聞き入れたりしてもらうためなんです。
B：私がいた地域では、「子どもみこし」がありました。小学校4年生から担ぐことができました。そして、町中を歩き終わるとお小遣いがもらえたんです。それが嬉しくてね…。今は、そのお祭り自体がなくなってしまい、とても悲しいです。
C：日本の伝統行事がどんどんなくなってしまっているのは、本当に悲しいことですね。今でも続いているお祭りを日本の伝統文化として大事にしていかなくちゃね。
A：そうだね。僕は「お祭り男」と言われているほど、お祭りが大好きなんだ。出店でじゃがバターを買ったり、夜だけどキラキラしている感じがもう最高！！お祭り大好き。
留：みなさん、いろいろ教えてくれてありがとう。

問1　お祭りに深く関わっているものは何ですか。

問2　「おみこし」を担いで町中を歩き回るのはなぜですか。

次の中から一つ選び、記号で答えなさい。

ア　日本の伝統文化がなくならないよう町中にアピールをするため。

イ　みんなで協力し、地域の団結力を深めるため。

ウ　悪いことや汚いものを清め、豊作のお願いを聞いてもらうため。

エ　地域を元気づけ、活性化をはかるため。

問3　子どもみこしは小学校何年生から担ぐことができましたか。

問4　お祭り男といわれている人は、お祭りのどのようなところが好きなのですか。

次の中から一つ選び、記号で答えなさい。

ア　出店や夜だけどキラキラしているところ。

イ　子どもみこしを担ぐとお小遣いがもらえるところ。

ウ　お願い事をたくさん叶えてもらえるところ。

エ　日本の伝統文化であるところ。

問5　日本の伝統文化を守るためにあなた自身ができることは何ですか。

この問いは受験生1人ひとりの考えを聞く問題です。

以上でリスニング問題を終了します。引き続き[二]以降の問いに取り掛かってください。

問六 ――線④「家族や仲間とのきずなを確認し」とありますが、どのような行動によって確認できるのですか。その内容として適切なものを次の中から一つ選び、記号で答えなさい。

ア 食事を通じて組織の上下関係を明らかにすること。
イ 果実や木の実など似たような食べ物を食べること。
ウ 顔をつきあわせてともに食事をし仲直りすること。
エ 争わず食べ物を分けあっていっしょに食べること。

問七 ――線⑤「理に適った」とありますが、「理」が指す内容を文中から六十字以内でぬき出し、はじめの五字を答えなさい。

問八 ――線⑥「共感する力を薄めてしまうこと」になってしまったのはなぜですか。その理由を説明した次の文章の空らんに入る言葉を、文中から指定の字数でぬき出して答えなさい。

（ Ⅰ 二字 ）を手に入れた人間は、（ Ⅱ 九字 ）の幅を広げ、より多くの知り合いを作れるようになった。しかしその結果、（ Ⅲ 六字 ）は希薄になり、相手に共感する力が薄まってしまったから。

問九 C に入る言葉を、次の中から一つ選び、記号で答えなさい。

ア 言葉　イ 物
ウ 体　エ 食事

問十 ――線⑦「生きることの土台がゆらいでしまうのかもしれません」とありますが、生きることの土台がゆらぐとどのようなことが起きると考えられますか。その内容として適切でないものを次の中から一つ選び、記号で答えなさい。

ア ケンカするときに、見境なくあいてを傷つけてしまう。
イ 異性とのコミュニケーションが取れなくなってしまう。
ウ 家族で食事をしなくなり、関係が希薄になってしまう。
エ 世の中に、真面目で頭でっかちな人間が増えてしまう。

母が大きくなればなるほど、個々の関《かか》わりはどうしても希《き》薄《はく》になっていきます。

　また、遠くはなれて電話やメールでつながっている関係では、相手と同じものを見る、同じ音を聞く、同じにおいをかぐ、同じものを食べる、手をつないでたがいに触《ふ》れあう、そんな［C］を通して生まれる深い共感が失われてしまうのは、当然といえば当然のことなのです。

　ゴリラと人間は、ほかの動物よりも「遊び」や「笑い」を進化させてきました。

　同じ年ごろの子どもたちとたっぷり遊ぶ経験を持たない動物園のゴリラが、交尾《こうび》できなくなっている事実を見てもわかるとおり、遊びや笑いを通じた、他者との同調や共感がなくなっていくと、ゴリラも人間も、⑦生きることの土台がゆらいでしまうのかもしれません。

（山極寿一著『15歳の寺子屋　ゴリラは語る』講談社）

問一　――線①「笑い声」とは他者とコミュニケーションする際にどのような役割を果たしていますか。くわしく説明しなさい。

問二　――線②「共感する力」とは具体的にどのような力ですか。文中から三十字以内でぬき出し、解答らんに合わせて答えなさい。

問三　［1］～［3］に入る語の組み合わせとして適切なものを次の中から一つ選び、記号で答えなさい。

ア　1―そして　2―だからこそ　3―つまり
イ　1―ところが　2―だからこそ　3―ただし
ウ　1―つまり　2―そして　3―ただし
エ　1―ところが　2―そして　3―つまり

問四　［A］・［B］に入る四字熟語を次の中から一つずつ選び、記号で答えなさい。

ア　縦横無尽《じん》　イ　臨機応変
ウ　一所懸《けん》命　エ　全力投球

問五　――線③「人間は、どうして、こんなふうに共感したがる生き物なのでしょう?」という疑問に対するあなた自身の考えを答えなさい。

姿を見たことがありませんか？　子どもはなぜ、自分が見たものを母親にもいっしょに見てほしいとおもうのでしょうか。

　小さな子どもに限ったことではありません。大人だって、雨上がりの空にきれいな虹《にじ》がかかっていたり、凍《い》てつくような冬の夜空にぽっかり浮《う》かぶ満月を見つけたりしたら、好きな人といっしょに見たい、その美しさや、それを見ている時間を共有したいと思うはずです。

③人間は、どうして、こんなふうに共感したがる生き物なのでしょう？

　ぼくたちの食事の仕方に、この疑問を解く答えのひとつがあると考えられています。

　食べ物は争いのもとになるので、動物はふつう別々に食事をとります。肉食動物やワシタカ類は、自分だけでは動かせない大きな獲物《えもの》を仲間といっしょに食べますが、けっして仲よく食べているわけではありません。食事中に争いは絶えないし、ひとりじめにしようとするものもいます。人間に近いサルや類人猿《るいじんえん》は、果実や葉といった小さな食物が主食なので、仲間と分けあう必要も、いっしょに食べる必要もないのです。

　しかし、人間だけは、狩《か》ってきた動物やとってきた木の実などを、みんなで分けあって顔をつきあわせて食事をします。あえて食事をともにすることで、④家族や仲間とのきずなを確認《かくにん》し、共感をより深めあってきたのです。

　ところが、人間が言葉を獲得《かくとく》したときから、共感は薄《うす》まる運命にありました。

　ゴリラやチンパンジーの集団は、だいたい十～十五頭で構成されていますが、人間も言葉を使わなくても気持ちが通じあえる仲間、たがいに信頼感《しんらいかん》を持ちあえる集団（共鳴集団といいます）の規模は、十～十五人程度といわれています。サッカーチームは十一人、ラグビーチームは十五人ですが、⑤理に適《かな》った人数というわけです。

　さらに、顔と名前が一致《いっち》するのはせいぜい百五十人までだといわれています。これは、動物を狩ったり、木の実や果実をとったりして暮らす、狩猟《しゅりょう》採集民の共同体の人数と大体同じです。

　ところが、コミュニケーションの幅《はば》を広げる言葉という道具を手に入れた人間は、信頼《しんらい》関係を築ける十五人という規模の集団をこえ、百人、千人単位の知り合いを作れるようになりました。それが、人間が長いこと育《はぐく》んできた、⑥共感する力を薄《うす》めてしまうことと引きかえだったという側面は、見過ごせません。自分にとっての相手、相手にとっての自分は、十五人のうちのひとりではなく、百人のうちのひとり、千人のうちのひとりになってしまったのです。分的があるわけです。

[1]、遊びは、単純に楽しみたいから、遊びたいから遊んでいるのです。

時間のむだづかいにも見える「遊び」を長く続けられるのは、遊びの内容をどんどん変えていけるからです。たとえば、なんとなくはじめた相撲《すもう》のようなとっくみあいが、いつの間にか「おにごっこ」に変わって、だれかが空《あ》き缶《かん》を見つけて「缶けり」に変わる、というようなことは、幼いときに経験がある人も多いのではないでしょうか。ゴリラの遊びも、追いかけっこをしていて、捕《つか》まえたらそこでおしまいなのか、それとも役割を交替《こうたい》して続けるのか、はたまた、ちがう遊びに変化していくのかというのは、遊んでいるゴリラたちの間で、相手の出方によって自分の出方を[A]に変えるというかたちで、展開していきます。

[A]に自分の出方を変えるには、相手が何をしようとしているのか、どんな気分なのかを察する必要があります。ようするに、②共感する力を高めることが求められるのです。

[2]、力を加減することもできるのです。子どものゴリラに誘《さそ》われて、ブラックバックがレスリングに参加することがありますが、年が離《はな》れていれば、力の差は決定的です。相手の能力に応じて自分の力を加減したり、ときには、相手の力をいつもより出させるための工夫《くふう》をしたりしながら、彼《かれ》らは上手に遊びます。

このように、相手に合わせ続けられる「体の能力」と「心の能力」と、なにより続けようとする「意志」があるからこそ、遊ぶことが出来るのです。人間やゴリラは、遊びという複雑な行為《こうい》を、やすやすとやってのける体と心を進化させてきたのです。

この遊ぶ能力は、生まれつき備わっているものだと考えられています。[3]、その能力を引き出すには、小さいころに、同じような年ごろの子と遊ぶ経験が必要です。

今、日本の動物園では、ゴリラが繁殖《はんしょく》できないことが問題になっています。動物園で育ったゴリラは、子ども時代に同性、異性を問わず、遊ぶ機会が少なくなってしまいます。それが原因で、交尾《こうび》ができなくなったゴリラも少なくありません。

「遊び」の中で、いろいろな相手と体を触《ふ》れあううちに、同性同士はもちろん、自分とはちがう体を持つ異性とも共感できるようになります。この共感がないと、交尾《こうび》さえできなくなってしまうのですね。

みなさんは、幼い子どもが、「お母さん、見て見て！虫がいる！」などと、母親に、[B]に呼びかけている

問九　――線⑧「田中金魚を目指して走った」について、次の問いに答えなさい。

(1)　そうしたのは何をするためですか。その目的を答えなさい。

(2)　どうしてそうしたのですか。その理由として最も適切なものを次の中から一つ選び、記号で答えなさい。

ア　河童淵のような自然の川で飼うなら、泳ぎが速く敵に見つからない姿の魚の方がよいとわかったから。

イ　金魚のけがを治すためなら、自分が泥棒をしたことを知られてしまっても仕方がないと覚悟したから。

ウ　人の手でつくられた金魚にとって、自然の川に放されることはうれしいことではないと気づいたから。

エ　こわい夢を見たことは、泥棒をした自分に今後もっと悪いことがおこることの前ぶれだと思ったから。

四　次の文章を読み、あとの問いに答えなさい。

①「笑い声」で他者と「同調」するコミュニケーションは、ゴリラの「遊び」にも一役買っています。

ゴリラは、日に何度も、しかもほかの動物とは比べ物にならないほど長く、遊び続けることができるのです。

彼《かれ》らが好んでよくやる遊びは「レスリング」と「追いかけっこ」。それから、後ろから相手の腰《こし》に手を置いてついていく「ヘビダンス」や、つるにつかまってブラブラする「ターザンごっこ」、みんなより少し高いところに立ってドラミングする「お山の大将ごっこ」なども、定番の遊びです。

彼《かれ》らが遊んでいる最中に出す「グコグコグコ」という笑い声は、「自分は今楽しいんだよ」ということを相手に伝える手段です。笑いがあることで、相手も「自分がやっていることは相手を傷つけたり、嫌《いや》な気分にさせたりしていないんだ。遊びを続けてもいいんだな」とわかります。笑い声には、そういうメッセージの役目もあるわけです。

「遊び」というのは不思議なもので、遊ぶこと自体が目的です。たとえば、みなさんが朝、通学路を歩くのは学校に通うためですよね。お母さんたちがお店へ行くのも、買い物をするためでしょう。ふつう、行動にはなんらかの目

問三　――線③「念を押す」の意味として適切なものを次の中から一つ選び、記号で答えなさい。

ア　よく気をつけて確かめること

イ　願いをこめて伝えること

ウ　きびしい言葉でおどかすこと

エ　声を大きくして話すこと

問四　[A]に入る言葉として最も適切なものを次の中から一つ選び、記号で答えなさい。

ア　いらいら　　イ　にやにや

ウ　ぺこぺこ　　エ　はらはら

問五　――線④「こころなしか声を低くした」のはどうしてですか。その理由をこの後二人が何をするのかを明らかにして答えなさい。

問六　――線⑤「武者ぶるい」がしたのはどのような思いからですか。最も適切なものを次の中から一つ選び、記号で答えなさい。

ア　泥棒をするのは本当はいやだがここまで来たら成功させるぞという思い

イ　泥棒をしようと決めはしたが誰かに見つかったらどうしようという思い

ウ　自分もあきらのコイに負けないような大物を釣ってやるんだという思い

エ　あきらのコイより大きな魚を本当に自分が釣れるのだろうかという思い

問七　――線⑥「この、河童淵に逃がしてやるよ」と言ったのはどうしてですか。その理由として最も適切なものを次の中から一つ選び、記号で答えなさい。

ア　大きなコイならこうすけと食べようと思っていたが、金魚では食べることができないから。

イ　金魚泥棒は悪いことだが、自然に返してやるためだと思えばよいことをした気がするから。

ウ　この金魚が生まれ育った場所に帰してやることは、正義のヒーローのようでかっこいいから。

エ　金魚屋の池にいた金魚を自然の広い川に逃がしてやれば、クラスのみんなに自慢できるから。

問八　――線⑦「ぶざまな僕」とはどのような姿のことですか。文中から十二字でぬき出して答えなさい。

そうい残すと、一人でかくれがのほうへ歩いていった。

しばらくの間、僕は、金魚の赤い鱗《うろこ》や、透《す》ける尾鰭のゆらめきをながめていた。

その夜、僕は、夢を見た。実に、リアルな夢だった。僕自身が、一匹の赤い金魚になって、河童淵を泳いでいるのだ。水の流れがきつかった。出っ張った腹や、大きな鰭《ひれ》が邪魔《じゃま》をして、思うように前へ進めなかった。ほかの魚はスイスイと泳ぎ、メダカまでもが僕をばかにして笑った。流れの遅《おそ》い深みに行くと、岩陰《かげ》から大口を開けた大ナマズが現れた。倒木《とうぼく》の陰からもライギョがにらんでいた。みんな僕を食べようとしていた。

「食べられて、たまるか」

必死で逃げた。いくら逃げても逃げても、なかなか前に進まない。大声で叫んでも、だれも助けてはくれない。僕は、独りぼっちの金魚だった。

やっとの思いで逃げ切ると、浅瀬《あさせ》で休むことにした。ほっとした瞬間《しゅんかん》、空から黒い影が、舞《ま》いおりた。それは、トンビだった。僕は、トンビのクチバシでひと刺《さ》しにされ、一気に呑《の》み込まれた。トンビの暗くあたたかい腹の中で、僕は思った。

「強く流れてくる水は、⑦ぶざまな僕にはつらすぎる。それに、青く澄《す》んだ水中で、僕はあまりに目立つなあ」

汗をかいて起きたとき、目覚まし時計は午前四時を指していた。僕は、家族に気づかれないように家を抜《ぬ》け出すと、かくれがにむかった。そして、バケツに水を汲《く》み、金魚を入れると必死で走った。⑧田中金魚を目指して走ったのだ。ときおり、こぼれた水が白い運動靴《うんどうぐつ》をぬらした。

金魚は、おとなしくバケツの中でゆらゆらと揺《ゆ》れていたが、起きているのか、眠《ねむ》っているのかは、よくわからなかった。

(阿部夏丸著『泣けない魚たち』講談社)

問一 ――線①「僕の反応」は実際どのようなものですか。最も適切なものを次の中から一つ選び、記号で答えなさい。

ア おこっている　イ よろこんでいる

ウ あきれている　エ とまどっている

問二 ――線②「話に、なんないよ」と言ったのはどうしてですか。その理由を答えなさい。

が放してあったが、ビニール袋を破ると、その黒い魚たちの中に、真っ赤な魚がおどり出た。

「あっ。金魚だ」思わず、僕たちは叫《さけ》んだ。

「金魚かあ。錦鯉じゃあなかったんだな」

　金魚といっても、三十センチ近い大物で、真っ赤な体は丸々と太り、尾鰭《おびれ》は三角に割れていた。

「きれいだね」

「ああ」

　金魚は、落ち着かない様子で、生けすの中をゆらゆらと泳いだ。さっきまで、僕たちの心臓は爆《ばく》発しそうであったが、今日、一番驚《おどろ》いたのは、この金魚であっただろう。

「金魚ってさあ。中国から来たんだぜ」

「えっ、中国？」

「金魚は昔、中国で、つくられたんだ」

「つくられた？」

「ああ、つくられたんだ。突然《とつぜん》変異って、知っているだろう」

「うん」

「金魚は、もともとフナだったんだよ。フナの突然変異で、ヒブナっていう、赤いフナが見つかってさあ、それから、人間の手で、そういう変わったもの同士をかけあわせて、できあがったのが、金魚なんだってさ」

「へえ。だから、あんなにきれいなのか」

「きれいねえ」

「えっ、こうすけは、そう思わないの？」

「そりゃ、見た目は、はでだけどなあ。それより、お前。あの金魚どうするんだよ？」

「そうだな、どうしよう」

「食べもしない魚、いつまでも、生けすに入れとけないぜ」

「うん。そうだ。⑥この、河童淵に逃《に》がしてやるよ。だって、金魚も自然の中が一番うれしいんじゃないかなあ」

　僕は、名案だと思った。金魚屋の金魚を、自然の川に放してやることは、金魚自身、きっと喜ぶだろうし、囚《とら》われの身のお姫様を助けるようで、かっこいいなとも思った。ひょっとしたら、金魚泥棒のうしろめたさを、正当化しようとしていたのかもしれない。

「川に、逃がすのか？」と、こうすけがいった。

「うん。名案だろ」僕は、少し得意気にこたえた。

「川にか」

「なにか、気に入らないの？」

「そういうわけじゃないけどな」

「なんだよ、はっきりいえよ」

「いいよ、お前の獲物《えもの》だ。お前の好きにしな」こうすけは、

「でも、完ぺきだ」そういって、僕の目を見るのだった。

確かに、完ぺきだった。用水路を歩けば、人に見つかることもないし、ましてや夜とか、早朝であれば、絶対にだいじょうぶだった。

「やるしかないな」

「……うん」

僕は、生まれて初めて、泥棒を決意した。

次の日、僕は、朝早く家を抜け出した。約束の午前四時、二十四時間営業のコンビニエンスストアには、二、三人の客はいたが、こうすけの姿はなかった。僕は、仕方なく外に出て、自動販売機の前で待つことにした。

「さとる、待ったか」

じきにこうすけは、現れた。

「ううん。いま来たところ」

二人とも、④こころなしか声を低くした。僕たちは、さっそく、田中金魚にむかって歩くことにした。早朝のひんやりとした風が、Tシャツの腕《うで》をなでる。満月がやけに明るく、僕たちを見おろしている。見張られているようだ。しかし、僕の心には、うしろめたさなど少しもなく、「やるぞ」という、⑤武者ぶるいのようなものを感じていた。

こうすけも、無言だった。二人、黙《だま》って歩いた。

しばらく歩くと、田中金魚の近くにある、用水路の橋についた。

「行くぞ」こうすけは、小さな声でそういうと、橋の下の階段をつたって用水路におりた。僕も、すぐあとを追った。

ぱしゃり。

魚の影《かげ》が、浮《う》かんだ。

こうすけは、すばやくそれを両手でつかむと、黒いビニール袋《ぶくろ》におさめた。そして、ばさばさと音のする袋に水を入れながら、

「いいぞ、もう一回」と、いった。

「もういいよ。行こう」

「もういいのか？」

「うん。心臓が止まりそうだ」

「いくじなしめ」

僕は、たこ糸を丸めると、ポケットにねじこんだ。そして、ビニール袋の中で暴れる魚を抱《かか》えながら、二人で用水路を走った。

かくれがにつくと、もう、すっかり夜が明けていた。

僕たちは、一目散に、河童淵にむかうと、大事に抱えてきた魚を生けすに放すことにした。生けすには、前から魚

「ああ、田中金魚」こうすけは、そういうと、まん丸の目で、①僕《ぼく》の反応を確かめた。

「それって、まさか、金魚屋さんの池のコイを、釣っちゃうってこと？」

「おう、そうだよ」

「だめだよ、そんなの泥棒じゃないか」

「泥棒……だな」こうすけは、本気とも冗談《じょうだん》ともとれない顔で笑った。僕は、

②「話に、なんないよ」と、いいながらも、田中金魚の池にうじゃうじゃいる鯉《こい》のことを考えていた。

田中金魚へは、お父さんと金魚を買いにいったことがある。北町を南北に走る県道沿いにその店はあり、小さな店の中には、金魚や熱帯魚のほかに、エサやコンプレッサーも置いてあった。

その日は、妹が家の金魚で、てんぷらごっこ（金魚に砂をまぶして、てんぷらにするままごと）をしてしまったので、赤い金魚二匹《ひき》と、出目金一匹を買った。でも、僕は、金魚よりも、ゼブラキャットという、しま模様のナマズがほしかったのを覚えている。

店の外は、コンクリートに仕切られた池が十個ほどあり、それぞれに、金魚や錦鯉《にしきごい》が泳いでおり、その奥に二十メートルほどの、大きな池があった。小さな池は、浅く、水もきれいだったが、プールのようなその池は、深く、水も緑色ににごっていた。しかし、ときどき、大きな鯉がばしゃりと水面をたたくので、そこには、たくさんの鯉が入っていることが想像できた。

こうすけは、もし、と、③念を押して、僕に聞いた。

「なあ、さとる。もしも、だよ、もし、本当に田中金魚のコイを釣るとしたら、お前ならどうする？」

「そうだなあ、まず、夜だね。人のいない夜か、朝早く行って釣るな」

「どうやって？」

「うん、あの店、正面には塀《へい》があるけど、裏は確か、用水路で、仕切られてるんじゃなかったかな。だから、あの用水路から、はい上がって攻《せ》めたらいいんじゃない」

実際、プールのような池の、すぐ裏は用水路で、うまいぐあいに今の時期は、ほとんど水が流れていない。用水路の深さは一・五メートルくらいで、僕たちが手を伸《の》ばせば、容易に上ることができる。

こうすけは、[A]しながら、

「お前さあ、泥棒の才能があるぜ」と、いって、僕をひやかした。

「もしもの話じゃないか」僕が、いいわけをすると、こうすけは、

二 漢字について、次の各問いに答えなさい。

問一　次の①～④の――線のカタカナを漢字に直し、漢字は読みを答えなさい。（ただし、送りがなを含む場合は送りがなもつけて答えなさい。）

①　冬になり冷えこみがだんだんキビシクなってきた。

②　球技大会に向けての練習で指のカンセツを痛めた。

③　夫婦二人で築いてきた店の経営を子どもに委ねる。

④　大きな病気をすることもなく、健やかに成長した。

問二　次の文から、誤っている漢字を一字探し、正しく直して答えなさい。

・先生方に校外学習の引卒をしていただく予定です。

三 次の文章を読み、あとの問いに答えなさい。

小学六年生のさとるは、転校してきた無口な男こうすけと友達になった。こうすけは学校の中では誰《だれ》とも話さないが、川と魚が大好きで、「河童《かっぱ》淵《ぶち》」のそばに作った森の中の秘密のかくれがと釣《つ》りが二人の友情の証だった。

夏休み前の終業式の前日、教室はあきらの自慢《じまん》話で盛り上がっていた。北町の釣り堀《ぼり》には一メートル近いコイがうじゃうじゃいて、自分もそれを釣ったというのだ。それを聞いたさとるは、一度でいいから自分もそんな大物を釣ってみたいとこうすけに話すのだった。

こうすけは、しばらく考えて、こういった。

「そうだ、いいことがある」

「なに、なに？」

「大きなコイが、がばがばいるところがあるよ」

「えーっ、どこどこ、教えて教えて」

「すぐ、近くさ」

「近く？」

2023年度

東海大学付属相模高等学校中等部

【国　語】〈A試験〉（五〇分）〈満点：一〇〇点〉

〈注意〉1．問題文にある「字数」には、句読点や記号を含《ふく》みます。
2．作問の都合上、文章の一部や図表などを変更している場合があります。

一　これから流れる放送を聞き、問いに答えなさい。問題文と問いは一度しか流れません。
聞いた内容はメモを取り、解答は解答らんに記入してください。

聞き取りメモ

※問いは全部で五つあります。

※〈リスニング問題放送原稿〉を国語の問題のおわりに掲載しています。

2023年度

東海大学付属相模高等学校中等部 ▶解説と解答

算 数 ＜A試験＞（50分）＜満点：100点＞

解 答

[1] (1) 9　(2) $1\frac{1}{2}$　(3) $5+3\times(10-2\times4)=11$　(4) 6　(5) 3　(6) $\frac{1}{8}$
(7) 40　[2] (1) 18周　(2) 81点　(3) 8個　(4) 43個　(5) 77　(6) 225 g
(7) 20人　(8) 180度　[3] (1) 分速240m　(2) 25　(3) 234m　[4] (1) 25 cm^2　(2) ア，ウ，エ

解 説

[1] 四則計算，逆算，約束記号

(1) $19-9\times2+8=19-18+8=9$

(2) $1.25\times0.2+0.625\times2=1\frac{1}{4}\times\frac{1}{5}+\frac{5}{8}\times2=\frac{5}{4}\times\frac{1}{5}+\frac{5}{4}=\frac{1}{4}+\frac{5}{4}=\frac{6}{4}=\frac{3}{2}=1\frac{1}{2}$

(3) 「$5+3\times(10-2\times4)$」という式にすると，$5+3\times(10-2\times4)=5+3\times(10-8)=5+3\times2=5+6=11$となる。

(4) $5\frac{1}{2}+3\div\frac{4}{3}-\frac{7}{4}=5\frac{1}{2}+3\times\frac{3}{4}-\frac{7}{4}=5\frac{1}{2}+\frac{9}{4}-\frac{7}{4}=5\frac{1}{2}+\frac{2}{4}=5\frac{1}{2}+\frac{1}{2}=6$

(5) $5+4\times\square\div2-10=1$より，$4\times\square\div2=1+10-5=6$　よって，$\square=6\times2\div4=3$

(6) $\left\{\left(5.25+\frac{3}{4}\right)-\left(2\frac{1}{4}-\frac{3}{8}\right)\right\}\div33=\left\{\left(5\frac{1}{4}+\frac{3}{4}\right)-\left(\frac{18}{8}-\frac{3}{8}\right)\right\}\div33=\left(6-\frac{15}{8}\right)\div33=\left(\frac{48}{8}-\frac{15}{8}\right)\div33=\frac{33}{8}\div33=\frac{1}{8}$

(7) 5◇4 $=5\times5-4\times4=25-16=9$より，{11◇(5◇4)}＝(11◇9)$=11\times11-9\times9=121-81=40$

[2] 速さ，平均，割合，約数と倍数，和差算，濃度《のうど》，集まり，角度

(1) 分速90mの速さで1時間20分，つまり，$60\times1+20=80$(分)走ると，$90\times80=7200$(m)進むので，1周400mのコースを，$7200\div400=18$(周)したことになる。

(2) Aさんの4回目までのテストの合計点は，$62+70+82+55=269$(点)である。5回のテストの平均が70点になるようにするには，5回のテストの合計点を，$70\times5=350$(点)にする必要があるので，5回目のテストで，$350-269=81$(点)とればよい。

(3) 右の図1のように，電車に乗った後の残りの金額は最初の，$1-\frac{2}{9}=\frac{7}{9}$になり，友達と遊んだ後の残りの金額は電車に乗った後の，$1-\frac{3}{7}=\frac{4}{7}$になったので，これは最初の金額の，$\frac{7}{9}\times\frac{4}{7}=\frac{4}{9}$にあたる。Tさんは最初に5400円持っていたので，遊んだ後の残りの金額は，$5400\times\frac{4}{9}=2400$(円)である。したがって，この金額で300円のおみやげを，$2400\div300=8$(個)買える。

図1

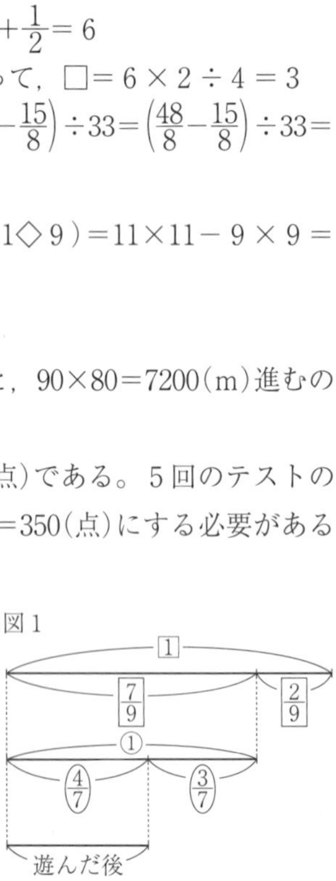

(4) $100\div2=50$より，1から100までの整数のうち，2の倍数は50個ある。この中で，7の倍数で

もあるものは，2と7の公倍数，つまり14の倍数だから，100÷14＝7あまり2より，7個ある。よって，1から100までの整数のうち，2の倍数であるが，7の倍数ではない数は，50－7＝43(個)ある。

(5) AとBの和，BとCの和，AとCの和をすべて足すと，145＋164＋173＝482となり，これはA，B，Cを2回ずつ足した和に等しい。よって，AとBとCの和は，482÷2＝241となるので，Aは，$(A+B+C)-(B+C)$＝241－164＝77とわかる。

(6) 濃度5％の食塩水150gには，150×0.05＝7.5(g)の食塩がふくまれている。この食塩水に水をくわえても，ふくまれている食塩は7.5gのままで変わらないので，濃度が2％になるとき，食塩水の重さは，7.5÷0.02＝375(g)となる。よって，くわえた水は，375－150＝225(g)である。

(7) 右の図2で，クラスの左利きの生徒の合計(㋐)は，36－31＝5(人)，左利きの男子生徒の人数(㋑)は，5－1＝4(人)だから，右利きの男子生徒の人数(㋒)は，24－4＝20(人)となる。

図2

	右利き	左利き	合計
男子	㋒	㋑	24人
女子		1人	
合計	31人	㋐	36人

(8) 右下の図3で，三角形ABCに注目すると，角カは三角形ABCの外角なので，その大きさは，角イと角エの大きさの和に等しい。同様に，三角形DEFに注目すると，角キは三角形DEFの外角なので，その大きさは，角ウと角オの大きさの和に等しい。よって，角ア＋角イ＋角ウ＋角エ＋角オ＝角ア＋(角イ＋角エ)＋(角ウ＋角オ)＝角ア＋角カ＋角キとなり，三角形の内角の和は180度だから，これらの角の大きさの合計も180度とわかる。

図3

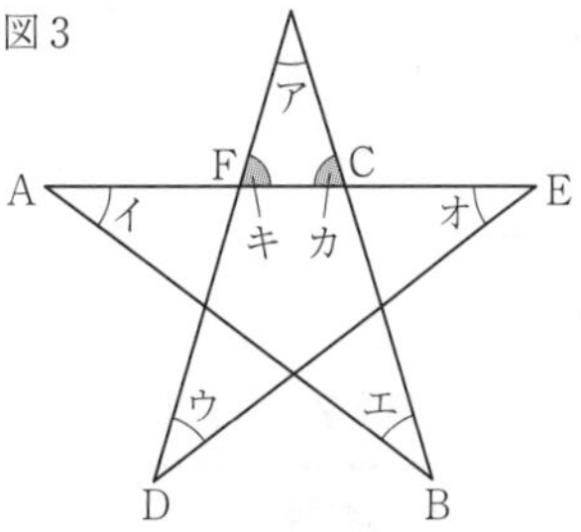

3 グラフ―旅人算

(1) 問題文中のグラフから，2人の間の距離《きょり》は，スタートから20分後までに600m広がっている。よって，それまでの2人の走る速さの差は，分速，600÷20＝30(m)である。Aさんは分速210mで走っていたから，Aさんより速く走っていたBさんの速さは，分速，210＋30＝240(m)となる。

(2) スタートして20分後から，600mあった2人の距離が縮まって，0mになった後，ア分後に450mまで広がっている。このことから，Bさんはスタートして20分後からア分後までX地点で休んで止まっており，その間にAさんは，600＋450＝1050(m)進んだので，20分後からア分後までの時間は，1050÷210＝5(分)となる。よって，アは，20＋5＝25(分後)である。

(3) (2)より，スタートから25分後に2人の距離は450mあり，スタートから50分後に2人は同時にゴールしたので，Bさんは，50－25＝25(分間)で，450mの距離の差を縮めたことになる。よって，このときBさんはAさんより，分速，450÷25＝18(m)だけ速く走ったから，37－25＝12(分間)で差は，18×12＝216(m)縮まる。したがって，スタートから37分後の2人の距離は，450－216＝234(m)である。

4 面積，立体図形の構成

(1) 右の図1のように，色のついた部分を大きな正方形で囲むと，大きな正方形の面積は，7×7＝49(cm^2)である。色のついた部分は，大きな正方形から4個の合同な直角三角形を除いたものであり，直角三角形1個の面積は，3×4÷2＝6(cm^2)だから，色のついた部分の面積は，49－6×4＝25(cm^2)とわかる。

図1

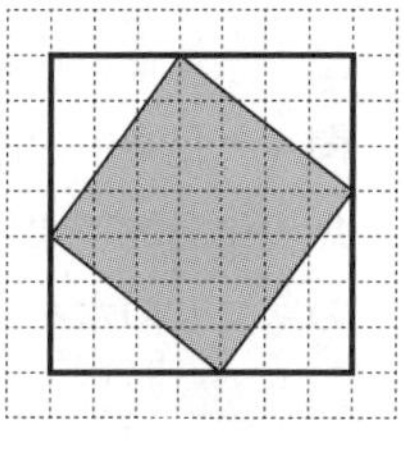

⑵　ア，ウ，エの立体は，例えば，下の図２のような向きにして，穴に通すことができる。

図２

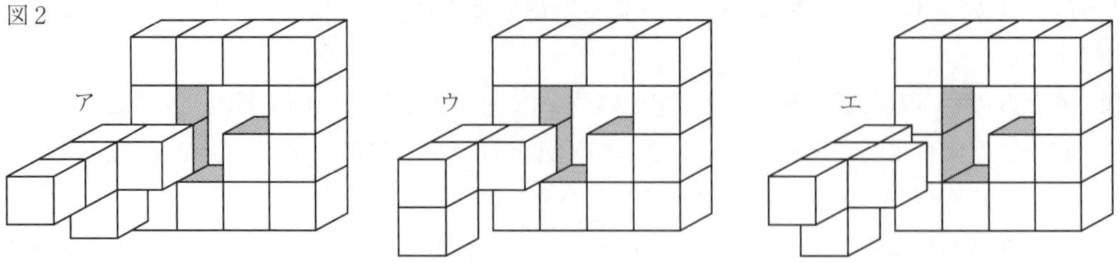

社　会　＜A試験＞（理科と合わせて50分）＜満点：50点＞

解　答

1　**問１**　ア　**問２**　イ　**問３**　①　箱根　②　富士　③　中京　**問４**　（例）　海水温の上昇などによる気候変動で，魚の数が減少したから。　**問５**　エ　**問６**　大津市　**問７**　エ　**問８**　イ→ウ→ア→エ　**2**　**問１**　足利義満　**問２**　ウ　**問３**　慈照寺(銀閣)　**問４**　応仁の乱　**問５**　エ　**問６**　ウ　**問７**　イ　**問８**　ウ　**問９**　貝塚　**問10**　三内丸山(遺跡)　**問11**　イ　**問12**　ア　**問13**　文明開化　**問14**　ア　**3**　**問１**　⑴　立法権　⑵　エ　**問２**　ウ　**問３**　衆議(院)　**問４**　エ　**問５**　ウ　**問６**　イ　**問７**　三権分立　**4**　**問１**　国民主権　**問２**　イ　**問３**　エ

解　説

1　**東海道が通る７つの都府県についての問題**

問１　神奈川県の県庁所在地である横浜市の人口は約376万人で，東京23区をのぞいて最も多い。なお，川崎市の人口は約152万人，名古屋市の人口は約229万人，京都市の人口は約139万人となっている(2022年１月１日現在)。統計資料は『データでみる県勢』2023年版による。

問２　赤石山脈は，長野県・山梨県・静岡県にまたがり，北岳(3193m)，赤石岳(3121m)，聖岳(前聖岳3013m・奥聖岳2978m)など，3000m級の山々が南北に連なる山脈で，南アルプスとよばれている。

問３　①　箱根は，神奈川県南西部から静岡県東端にかけて位置する温泉地である。その中心は三重式火山の箱根山で，今でも噴煙《ふんえん》が上がっている大涌谷《おおわくだに》や，その山崩《くず》れによる土砂が川をせきとめてできた芦ノ湖《あしのこ》がある。　②　富士川は，鋸《のこぎり》岳(山梨県白州町と長野県富士見町との境)にその源を発し，甲府盆地を南に流れ，静岡県富士市と蒲原《かんばら》町の境で駿河《するが》湾に注ぐ。最上川(山形県)・球《く》磨《ま》川(熊本県)とともに，日本三大急流の一つに数えられている。　③　中京工業地帯は，自動車の生産がさかんな豊田市周辺(愛知県)から三重県にかけての伊勢《いせ》湾沿岸に発達した工業地帯である。全工業地帯・地域において製造品出荷額等が第１位で，機械工業が約３分の２を占《し》めている。

問４　日本中の港で水あげ量が減少している理由の一つは，海水温の上昇《じょうしょう》である。これにより，魚の生息域に変化が生じ，根室港でのサンマ，函館港でのスルメイカ，岩手港でのサケ，氷見港での寒ブリの水あげ量の減少が著しい。また，漁師の高齢《こうれい》化と減少も原因として考えられ，漁師の約60％が50代以上で，2019年における人数は1961年の約５分の１となっている。

問5　牧之原(牧ノ原)台地は，静岡県中南部の大井川下流の西岸に広がる標高100～200mの台地で，明治時代に開拓されて以降，温暖な気候と水はけのよい南向きの斜面《しゃめん》を利用して，茶の栽培《さいばい》がさかんである。したがって，エの三角州の利用は誤っている。

問6　滋賀県の県庁所在地である大津市は，飛鳥時代に中大兄《なかのおおえの》皇子によって都が置かれ，平安時代に最澄によって延暦寺が建てられた。また，安土桃山時代には物資が集まる地として，江戸時代になると東海道の宿場町として栄えた。

問7　エは一般に「奈良の大仏」とよばれる，奈良県奈良市にある東大寺の本尊としてつくられた盧舎那仏《るしゃなぶつ》である。なお，アは京都市にある清水寺，イは京都市にある鹿苑《ろくおん》寺金閣，ウは京都府宇治市にある平等院鳳凰《ほうおう》堂。

問8　訪れた順に並べると，イ(神奈川県)→ウ(静岡県)→ア(愛知県)→エ(三重県)となる。

2 **各時代の歴史的なことがらについての問題**

問1　後醍醐天皇は1333年に鎌倉幕府で執権として政治を動かしていた北条氏を滅《ほろ》ぼすと，建武の新政とよばれる天皇中心の新しい政治を始めた。しかし，貴族を中心とした政治であったため，武士たちの間で不満が広がり，足利尊氏が新しく天皇を立て(北朝)，1338年に京都で室町幕府を開いた。一方，後醍醐天皇は吉野(奈良県)へとのがれて南朝を開き，北朝と対立した。その後，第3代将軍足利義満は南北朝に分かれていた朝廷を統一し，幕府の権威《けんい》を高めた。

問2　足利義満は，朝鮮・中国沿岸を荒《あ》らしていた倭寇《わこう》の取りしまりを求めてきた明(中国)に応じ，朝貢形式で明との貿易を開始した。日明貿易では，銅銭・生糸・陶磁器・書籍などを輸入，銅・硫《い》黄《おう》・刀剣・扇《おうぎ》などを輸出し，大きな利益をあげた。

問3　室町幕府の第8代将軍足利義政は，京都の東山に山荘をつくり始め(この山荘が義政の死後に慈照寺と名づけられた)，銀閣を建てた。その1階は今日の和風住宅建築様式の原型となる書院造風，2階は禅宗様(唐様)の仏堂になっている。

問4　足利義政の跡継《あとつ》ぎをめぐって，弟の足利義視と子の足利義尚との間で争いが起こった。これに，有力な守護大名の細川勝元と山名持豊の対立などが加わり，1467年に諸国の大名が東西両軍に分かれて争う応仁の乱が始まった。

問5　1560年，尾張《おわり》国(愛知県西部)の大名だった織田信長は，駿河国・遠江国(ともに静岡県)・三河国(愛知県東部)を治め，3万の軍勢を率いて京に上ろうとした今川義元を桶狭間《おけはざま》の戦いで破り，天下統一に乗り出した。

問6　織田信長は，琵琶湖のほとりに築いた安土城下(滋賀県)の商工業を発展させるために，関所を廃止《はいし》して人や物の移動をしやすくし，楽市・楽座の政策を実施して商人や職人が城下で自由に営業できるようにした。

問7　1582年，織田信長の家臣であった明智光秀は，中国地方で毛利氏の家来と戦う豊臣秀吉を支援するために出発したが，行き先を変え，京都の本能寺に泊まっていた信長を討《う》った。

問8　〈う〉の江戸時代には，脱穀用の千歯こき，深く耕すための備中ぐわ，かんがい用の踏車《ふみぐるま》，選別するためのとうみなど，新しい農具が開発されたことにより，農業技術が発達し，収穫《しゅうかく》量の増大につながった。なお，エは弥生時代に用いられた農具。

問9　貝塚は，縄文時代の人々のゴミ捨て場で，貝類が層をなして見つかるほか，魚やけものの骨，土器・石器の破片，骨角器などが発掘《はっくつ》され，当時の人々の生活を知る手がかりになる。また，貝塚は当時の海岸線に沿ってならんでいるため，当時の海岸線を知ることもできる。

問10　三内丸山遺跡は，青森県で発見された日本最大級の縄文時代の遺跡で，竪穴住居跡や掘立柱建物跡，土器，土偶，くりの実などが出土している。2021年，「北海道・北東北の縄文遺跡群」を構成する資産の一つとしてユネスコ(国連教育科学文化機関)の世界文化遺産に登録された。

問11　福沢諭吉は，明治時代初めに「天は人の上に人をつくらず」の始まりで有名な『学問のすゝ《す》め』を著した。人間の平等や学問の重要性を説いたこの本は，当時の多くの人々に影響を与え，ベストセラーとなった。

問12　1872年９月12日(太陽暦では10月14日)，イギリス人技術者エドモンド＝モレルの指導により，日本に初めて鉄道が開通した。蒸気機関車が新橋－横浜間の29kmを約50分間で走り，１日９往復した。

問13　〈お〉の明治時代になると，政府が積極的に近代化政策をおし進めたことから，教育や文化，国民生活などの全般にわたり，西洋の新しい文明が急速に入ってきた。これを文明開化といい，街には欧米風の建物が増え，人力車や馬車が走り，ガス灯がつけられるなどした。

問14　時代順に並べると，〈え〉の縄文時代→〈あ〉の室町時代→〈い〉の安土桃山時代→〈う〉の江戸時代→〈お〉の明治時代となる。

3　国会・内閣・裁判所の関係についての問題

問１　⑴　法律を制定する権限を立法権という。日本国憲法第41条で「国会は，国権の最高機関であって，国の唯一《ゆいいつ》の立法機関である」と定められ，法律を制定できるのは国会だけとされている。

⑵　2022年度の日本の一般会計歳出総額(当初予算)は107兆5964億円で，社会保障費が最も多く，歳出の約３分の１にあたる。第２位が国債費(22.6％)，第３位が地方交付税交付金(14.6％)である。なお，統計資料は『日本国勢図会』2022／23年版による(以下同じ)。

問２　厚生労働省は，健康や福祉《ふくし》を守るための社会保障，食品の安全の確保，保育園の設置，働く環境の整備などの仕事を行っている。なお，アは文部科学省，イは外務省，エは総務省の仕事。

問３　内閣が国会に対して行うことは衆議院の解散の決定である。内閣は国会の信任にもとづいて成り立ち，国会に対し連帯して責任を負うという議院内閣制がとられているため，衆議院に内閣不信任決議を行う権限が認められている一方で，内閣にはこの権限が認められている。

問４　国会が裁判所に対して行うことは弾劾《だんがい》裁判である。重大な過ちを犯した裁判官や身分にふさわしくない行為をした裁判官について，衆議院・参議院それぞれから選ばれた７人ずつの議員が裁判員を務め，やめさせるかどうかを判断する。

問５　国民が裁判所に対して行うことは国民審査である。最高裁判所の裁判官について，任命後に初めて行われる衆議院議員総選挙(総選挙)のときと，その後10年を経過して初めて行われる総選挙のたびごとに，裁判官としてふさわしいかどうかを国民が判断する。

問６　内閣が裁判所に対して行うことは最高裁判所長官の指名である。最高裁判所長官はそのあと天皇によって任命される。また，最高裁判所の長官以外の裁判官は内閣によって任命され，下級裁判所の裁判官は最高裁判所の作成した名簿の中から内閣によって10年ごとに任命される。

問７　立法権を国会に，行政権を内閣に，司法権を裁判所に受け持たせ，権力が濫用《らんよう》されないようにし，権力の均衡《きんこう》と抑制のバランスを保つしくみを三権分立という。フランスの政治思想家モンテスキューが，18世紀に『法の精神』という著書の中で唱えた考え方にもとづいている。

4 日本国憲法についての問題

問1 国の政治をどのように進めていくのかを最終的に決める権限を主権といい，日本国憲法では主権が国民にあることが定められている。これを国民主権といい，平和主義，基本的人権の尊重とともに，日本国憲法の三大原則に位置づけられている。

問2 日本国憲法は1946年11月３日に公布され，翌47年５月３日に施行された。公布日である11月３日は，1948年に法律で「文化の日」として国民の祝日に定められ，「自由と平和を愛し，文化をすすめる」日とされた。なお，アは５月３日，ウは11月23日，エは５月４日。

問3 原子力発電は，ウランを燃料として使用し，核分裂による熱で水を沸騰《ふっとう》させ，その蒸気で蒸気タービンを回して電気を起こすしくみである。東日本大震災での原発事故によって国内の原子力発電所は一時すべて稼働《かどう》を停止したが，核の平和利用としての原子力発電は禁止されていない。

理　科　＜A試験＞（社会と合わせて50分）＜満点：50点＞

解　答

5 **問1** ア　**問2** イ　**問3** (例) 光電池を大きくして，日光と垂直になるように置く。**問4** (例) 二酸化炭素を発生させない。　**問5** (例) 信号機に積もった雪がとけない。

6 **問1** C，E　**問2** (例) **結果**…何も残らない。　**理由**…水にとけていたものが気体だから。　**問3** (1) 100cm^3　(2) 0.16 g　(3) エ　(4) (例) 塩酸とアルミニウムを増やす。　**問4** (例) 薬品が目に入らないように，保護眼鏡をする。

7 **問1** ア　**問2** ウ　**問3** A→C→B→D　**問4** (例) 全身に血液を送り出すため。　**問5** (例) 血液から不要物をこしとる。　**問6** 7056 L

8 **問1** ウ　**問2** (例) 火山のふん火　**問3** (例) 浅い海　**問4** (例) つぶが大きく重いものから先にしずむから。　**問5** (正)断層　**問6** イ

解　説

5 太陽光発電についての問題

問1 モーターを速く回転させるためには，モーターに多くの電流が流れる必要がある。光電池は光を受け取る面積が大きいほど多くの電気を発電することができるので，アを選ぶ。

問2 同じ面積あたりで受け取る光の量は，光に対して90度の角度であるときが最も大きい。したがって，イが適当である。

問3 光電池が発電する電気を多くするためには，できるだけ多くの光が光電池に当たればよいので，面積が大きい光電池を使い，日光が垂直に当たるようにかたむければよい。

問4 火力発電は，化石燃料を燃焼させて湯をわかし，蒸気の力でタービンをまわして発電する。このとき発生する二酸化炭素は温室効果ガスの１つで，地球温暖化の原因となる。これに対し，太陽光発電は二酸化炭素を出さず，太陽の光を使用しているので資源がなくなることがない。

問5 以前より使われている白熱電球は，電気によって発熱したフィラメントから出る光を利用していたので，発生した熱で信号機に積もった雪をとかすことができた。発光ダイオードでは，電気のエネルギーをそのまま光のエネルギーに変えるためほとんど熱が出ず，信号機に積もった雪がと

けにくいので，信号が見えにくくなるなどの問題が起きている。

6 水溶《よう》液と気体の発生についての問題

問１　赤色リトマス紙の色を青色に変化させるのは，アルカリ性の水溶液で，ここではアンモニア水と石灰水があてはまる。なお，食塩水は中性，うすい塩酸と炭酸水は酸性の水溶液である。

問２　Ｃのアンモニア水は気体のアンモニアがとけた水溶液なので，蒸発皿に入れて加熱すると水といっしょにアンモニアも空気中に出ていき，蒸発皿には何も残らない。

問３　(1)　図１から，アルミニウムの重さが0.10ｇのとき，気体の発生量は100cm^{3}とよみとれる。(2)　実験で使ったうすい塩酸（Ｂ）は，アルミニウム0.08ｇとちょうど反応して，そのとき気体が100cm^{3}発生する。同じ量で濃《こ》さが２倍のうすい塩酸には，実験で使ったものと比べて２倍の塩化水素がとけているので，0.08×２＝0.16（ｇ）のアルミニウムをとかすことができる。　(3)　アルミニウムは金属なので，みがくと光り，うすい塩酸にとけて，水にはとけないという性質がある。いっぽう，うすい塩酸とアルミニウムが反応してできた白い固体（塩化アルミニウム）は，金属ではないのでつやはなく，水にはとけるがうすい塩酸と反応して気体が発生することはない。　(4)　うすい塩酸とアルミニウムが反応することで気体（水素）が発生するので，気体の発生量を増やすには，うすい塩酸とアルミニウムの両方を増やす必要がある。

問４　うすい塩酸が皮ふにつくと炎症《えんしょう》をおこすので，直接ふれないようにする。飛び散って目に入ると危険なので，保護眼鏡《めがね》を必ずつけて操作する。また，塩酸にとけている塩化水素には刺激《しげき》臭《しゅう》があり有毒なので，換気《かんき》をしっかりする必要がある。ほかに，実験によって発生する水素は燃える気体なので，火の取りあつかいにも注意する。

7 血液のじゅんかんについての問題

問１　肺では，血液中の二酸化炭素を排《はい》出し，酸素を取り入れている。したがって，最も酸素を多くふくむ血液が流れているのは，肺から心臓の左心房《ぼう》にもどってくるアの血管（肺静脈）である。

問２　食物は消化されると小腸で水分とともに吸収され，ウの血管（門脈）を通ってかん臓に送られる。かん臓には余分な栄養分をたくわえるはたらきがあるので，食後最も多くの栄養分をふくむ血液が流れているのはウの血管である。

問３　全身から心臓にもどってきた血液は心臓の右心房（Ａ）に入り，右心室（Ｃ）から肺に送られる。そのあと，肺から左心房（Ｂ）にもどった血液は，左心室（Ｄ）から全身に送り出される。

問４　全身に血液を送り出す左心室には強い圧力をかける必要があるので，筋肉が厚くなっている。

問５　じん臓は背中側に２つあり，血液中から尿《にょう》素などの不要物をこしとって尿をつくるはたらきをしている。

問６　１回のはく動で心臓が送り出す血液の体積が70mLなので，１分では，70×70＝4900（mL）＝4.9（Ｌ），１日では，4.9×60×24＝7056（Ｌ）の血液が送り出される。

8 地層についての問題

問１　ア　地層は地面の下にあり，がけのほか，谷や海岸などでもその一部を観察することができる。　　イ　地層は，海や湖に運ばれた土砂が水底に積み重なったものである。地層をつくる粒の大きさは当時の水底の深さによって決まるので，粒《つぶ》が大きい順に層になるとは限らない。　　ウ，エ　地層は長い年月をかけて地表の岩石がくずれ，雨や流水によってけずられながら流された土砂が積み重なったもので，色のこさに規則性はない。

問2　②は角ばった粒でできていることから，流れる水のはたらきをほとんど受けていないとわかるので，火山灰の層と考えられる。火山のふん火が起きるとふん出した火山灰が風に運ばれて降り積もり，地層となる。

問3　アサリは遠浅の砂浜《すなはま》などにすむので，③の地層ができた当時，この場所は浅い海であったと考えられる。

問4　大雨などで川の水量が増えると，いろいろな大きさの粒の土砂が一度に運ばれる。このとき，粒が大きく重い粒から先にしずむため，れきや小石が下に，砂やどろが上になる。

問5，問6　断層は，大きな力によって地層に割れ目ができ，その両側がずれてできる。図では，A―B面の上の部分が下がっているので，左右から引っ張る力がはたらいてできた正断層である。

国語　＜A試験＞（50分）＜満点：100点＞

解答

一　**問1**　神様　**問2**　ウ　**問3**　4（年生）　**問4**　ア　**問5**　（例）私の地元の町内会では，お祭りのおみこしをかつぐ人を広くつのり，市外から来た人にも地元の歴史を伝えている。私も自分が住む土地に関心を持って上の世代から地元のことについて教わり，それを他の人に伝えていこうと思う。　二　**問1**　①，②　下記を参照のこと。　③　ゆだ　④　すこ　**問2**　率　三　**問1**　エ　**問2**　（例）泥棒はしてはいけないことだから。　**問3**　ア　**問4**　イ　**問5**　（例）泥棒をすることを人に気づかれないようにするため。　**問6**　ウ　**問7**　イ　**問8**　出っ張った腹や，大きな鰭　**問9**　(1)　（例）田中金魚の池に金魚を返すため。　(2)　ウ　四　**問1**　（例）自分が今楽しいことや，遊びを続けていいんだよということを相手に伝える役割を果たしている。　**問2**　相手が何をしようとしているのか，どんな気分なのかを察する（力）　**問3**　イ　**問4**　A　イ　B　ウ　**問5**　（例）同じ体験や気持ちを共有することで安心感が得られるから。　**問6**　エ　**問7**　言葉を使わ　**問8**　Ⅰ　言葉　Ⅱ　コミュニケーション　Ⅲ　個々の関わり　**問9**　ウ　**問10**　エ

●漢字の書き取り

二　**問1**　①　厳しく　②　関節

解説

一　**リスニング問題**

問1　留学生が最初にあいさつした直後，Aはお祭りには「神様」が深く関わっていると述べている。

問2　なぜお祭りではおみこしを担《かつ》いで町中を歩き回るのか留学生から質問され，Dは，悪いことや汚《きたな》いものを吸収して清めたり，豊作のお願いを聞き入れたりしてもらうためだと説明している。

問3　問題文の後半でBは，自分の地元には以前「子どもみこし」があり，小学校4年生から担ぐことができたと話している。

問4　問題文の最後でAは，自身が「お祭り男」と呼ばれるほどお祭り好きであり，お祭りの「出

店でじゃがバター」を買うことや，「夜だけどキラキラしている感じ」が「最高」だと主張している。

問5　後半では，Bが地元のお祭りの思い出について話した後，今はそのお祭りがなくなってしまって「とても悲しい」と発言しており，それを受けてCも「今でも続いているお祭り」を「日本の伝統文化」として大切にしていく必要があると述べている。例えばお祭りであれば，自分も積極的に参加して良さを広めていくなど，何もしなければ失われてしまう可能性がある日本の伝統文化を守るために，自分に何ができるかを考えて書く。

二　漢字の書き取りと読み，誤字の訂正《ていせい》

問1　①　音読みは「ゲン」「ゴン」で，「厳格」「荘厳《そうごん》」などの熟語がある。　②　骨と骨をつなぐ部分。　③　音読みは「イ」で，「委任」などの熟語がある。　④　音読みは「ケン」で，「健全」などの熟語がある。

問2　「卒」を「率」に直せばよい。「引率《いんそつ》」は，集団をまとめて目的地へと導くこと。

三　出典は阿部夏丸《あべなつまる》の『泣けない魚たち』による。小学六年生のさとる(「僕《ぼく》」)は，同級生に負けないくらい大物の鯉《こい》をつかまえようと，友達のこうすけといっしょに「田中金魚」という金魚屋の鯉を盗《ぬす》む計画を立てて実行する。

問1　田中金魚の鯉を釣《つ》ればよいというこうすけの言葉に，「僕」は「だめだよ」，「話に，なんないよ」などと口では言いながら，頭の中では田中金魚の鯉たちを思《おも》い浮《う》かべている。こうすけからの思いもよらない提案に「僕」が動揺《どうよう》していることが読み取れるので，エがよい。

問2　前の部分で「僕」は，お店の池の鯉をつかまえるなんて「泥棒《どろぼう》じゃないか」と発言している。「僕」は，こうすけの提案は犯罪であり，考えるまでもなく論外だと言っている。

問3　「念を押《お》す」は，“まちがいのないように，もう一度相手に確認する”という意味。

問4　泥棒は話にならないと言いながら，鯉を盗む作戦を具体的に提案した「僕」をこうすけが「ひやか」す場面なので，からかうような笑い方を意味する「にやにや」がよい。

問5　田中金魚へ鯉を盗みに入るため，「僕」とこうすけが早朝にコンビニで待ち合わせた場面である。この後に自分たちが泥棒をする予定であることを意識し，人目を気にして声を落としたと考えられる。

問6　こうすけと落ち合った「僕」は，田中金魚を目指して歩きながら，「やるぞ」と意気込《いきご》んでいる。いざ本番を前にして，できるだけ大きな成果をあげようと気合いが入っていることが想像できるので，ウが選べる。なお，「僕の心には，うしろめたさなど少しも」ないと書かれているので，アは合わない。また，「僕」がためらったり不安に思ったりするようすはないので，イやエはふさわしくない。

問7　続く部分で「僕」は，「金魚屋の金魚を，自然の川に放してやる」のは「名案だ」と考えると同時に，自分が泥棒をしたことを「正当化」し，「うしろめたさ」を和《やわ》らげようとしていることを自覚している。よって，イがふさわしい。

問8　夢の中で金魚になった「僕」の体験が描《えが》かれている，前の部分に注目する。金魚の「僕」にとって河童淵の水の流れはきつく，「僕」は自分の「出っ張った腹や，大きな鰭《ひれ》」が邪魔《じゃま》をして上手に泳げないと感じている。

問9　(1)　早朝に目覚めた「僕」は，「かくれが」の生けすに入れておいた金魚をバケツに入れると，一目散に田中金魚へ向かっている。夢の内容がきっかけで，盗んできた金魚を元の場所に返そうとしていることが読み取れる。　(2)　前の部分で「僕」は，自分が河童淵という自然になじめない「独《ひと》りぼっちの金魚」になった夢を見ている。「僕」は，金魚を河童淵に逃《に》がしても，人間によってつくられた金魚は自然の中ではうまく生きられないと気づいたとわかるので，ウが合う。

四　**出典は山極寿一《やまぎわじゅいち》の『15歳の寺子屋　ゴリラは語る』による。**筆者は人間と同じく遊ぶことのできるゴリラを例にあげ，子どものころから遊ぶ経験によって，他者への同調や共感を育《はぐく》む重要性を論じている。

問1　続く部分には，ゴリラの笑い声は「自分は今楽しい」という気持ちを「相手に伝える手段」であり，相手にこのまま「遊びを続けてもいい」というメッセージを伝える役割があると書かれている。

問2　直前の部分で筆者は，ゴリラたちがだれかと遊び続けるためには「相手が何をしようとしているのか，どんな気分なのかを察する」必要があると述べており，この力を「共感する力」と呼んでいる。

問3　1　筆者は，通常の「行動」には何か他の「目的」があると説明したうえで，「遊び」は「遊ぶこと自体が目的」だと述べている。よって，前のことがらを受けて，期待に反することがらを導く「ところが」がよい。　2　筆者は，遊びには「共感する力」が求められると主張した後，ゴリラは相手にあわせて「力を加減することもできる」と論を展開させている。よって，前のことがらを理由・原因として，後にその結果をつなげるときに用いる「だからこそ」が合う。　3　筆者は，「遊ぶ能力」は「生まれつき」のものだという考えを紹介《しょうかい》した後，「遊ぶ能力」を「引き出す」ためには小さいころからの「経験が必要」だと補足している。よって，前のことがらに，ある条件や例外などをつけ加えなければならない場合に用いる「ただし」がふさわしい。

問4　**A**　「相手の出方」次第《しだい》で「自分の出方」を変えるさまを表す言葉なので，状況《じょうきょう》に応じて対応することを意味する「臨機応変」がよい。　**B**　「幼い子ども」が自分の見たものを母親に共有しようと必死で注意を引くさまを表すので，全力で取り組むことを意味する「一所懸命《いっしょけんめい》」が合う。

問5　前の部分で筆者は，子どもであれ大人であれ，人間が自分の見つけた美しいものや時間を「共有」したがる性質について説明している。また，続く部分では，人間は「あえて食事をともにする」ことで「きずなを確認」しているという考えが述べられている。こうしたことをふまえ，人間が仲間と時間や感覚を共有し，「共感」し合おうとするのはなぜか，理由を考えて書く。

問6　前の部分で筆者は，人間以外の動物にとって「食べ物は争いのもとになる」が，人間だけは食べ物を「みんなで分けあって」仲よく食事すると述べている。よって，エがふさわしい。

問7　前の部分には，人間にとって「言葉を使わなくても気持ちが通じあえる仲間，たがいに信頼《しんらい》感《かん》を持ちあえる集団(共鳴集団といいます)の規模は，十～十五人程度といわれて」いるとある。サッカーやラグビーのルールで定められたチームの人数も，この道理を考えればもっともだと筆者は述べている。

問8　Ⅰ　前の部分には，「言葉」という道具を手に入れた人間は，大規模な人数の「知り合いを作れるように」なったとある。　Ⅱ　前の部分には，「言葉」が「コミュニケーションの幅《はば》を広げる」と書かれている。　Ⅲ　続く部分には，知り合える人の数が増えれば，「個々の関わり」

は希薄《きはく》になってしまうと書かれている。

問9　前の部分で筆者は,「相手と同じものを見る，同じ音を聞く，同じにおいをかぐ，同じものを食べる，手をつないでたがいに触《ふ》れあう」といった，五感を使ったコミュニケーションをあげている。これらは「体」を通じて共感を育むことであると言いかえられる。

問10「生きることの土台がゆら」ぐのは,「遊びや笑いを通じた，他者との同調や共感がなくなっていく」結果である。それを示す,「動物園のゴリラが，交尾《こうび》できなくなっている事実」とは，空らん3の段落の次の二段落で述べられていた，動物園のゴリラが子ども時代に「同性，異性を問わず」遊ぶ機会を十分に持てなかったことによって生じたものである。このように「同調や共感」をする能力がうまく育たないと，他者との関わりに根本的な問題が生じると考えられるので，他者との関わりにおける問題が述べられているア～ウは正しい。「遊び」や「笑い」が足りないことによる人間の性格の変化については書かれていないので，エが誤り。

2023
年度

東海大学付属相模高等学校中等部

【算　数】〈B試験〉(50分)〈満点：100点〉

〈注意〉1　分数は約分して答えなさい。
　　　　2．図は必ずしも正確ではありません。

1 次の各問いに答えなさい。

(1)　$5+15\times(15-5)-75$ を計算しなさい。

(2)　$9.12-6.26+18.2$ を計算しなさい。

(3)　$\frac{1}{5}\times0.125+\frac{19}{10}+0.25\times0.3$ を計算しなさい。

(4)　0.2 より $\frac{1}{3}$ 大きい数で，分子が 24 になる分数を答えなさい。

(5)　次の式において，A はBの何倍ですか。

$$A\div30=B\div5$$

(6)　9 で割ったら 7 あまり，11 で割ったら 9 あまる 2 けたの数を答えなさい。

(7)　数が次のように規則的に並んでいます。このとき，5 番目から 9 番目までのすべての数のかけ算を計算しなさい。

$$\frac{1}{2},\ \frac{2}{3},\ \frac{3}{4},\ \frac{4}{5},\ \cdots$$

(8) 【A】は1辺の長さがAの立方体の体積を表します。たとえば，【3】は1辺が3の立方体の体積なので27です。□にあてはまる数を答えなさい。ただし，単位は考えないものとします。

【64×3÷【2】−21】×【2】=【□】

2 次の各問いに答えなさい。

(1) 5時間の12%は何分ですか。

(2) 赤玉，青玉，白玉がたくさんある中から2個選びます。色の組合せは何通りありますか。ただし，同じ色の玉を選んでも良いものとします。

(3) ぶどう1房《ふさ》の金額は，りんご2個より100円高く，また，ぶどう2房とりんご3個の合計金額は760円になります。ぶどう1房はりんご1個よりいくら高いですか。

(4) 母が34才で息子は7才，娘は4才です。息子と娘の年齢《ねんれい》の和の2倍が母の年齢となるのは娘が何才のときですか。

(5) 長方形ABCDのまわりの長さは何cmですか。ただし，色のついた部分は正方形とします。

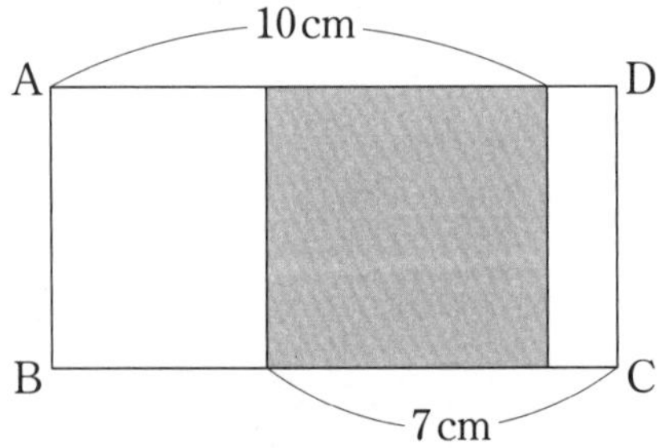

(6) 図1の直線Aを中心として回転させてできた立体が図2です。この立体の体積を答えなさい。ただし，円周率は3.14とします。

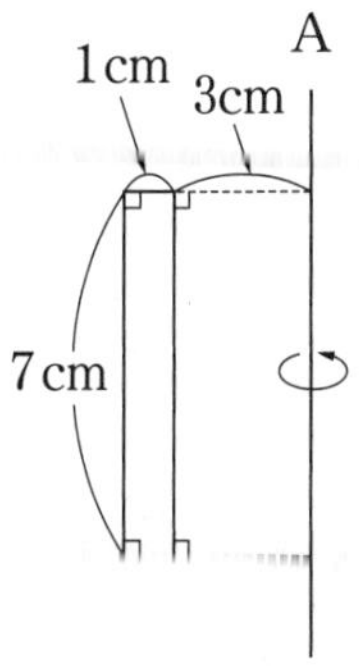

図1

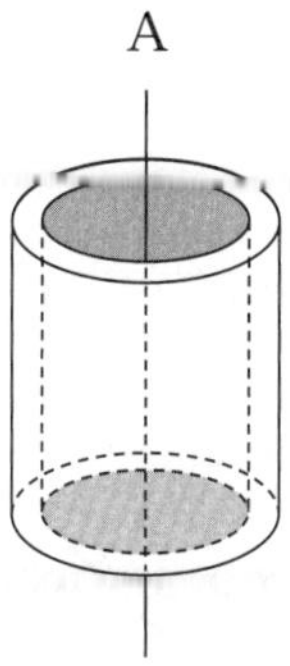

図2

(7) 半径5cmの円を下の図のように並べ，線で囲みました。線の長さを答えなさい。ただし，円周率は3.14とします。

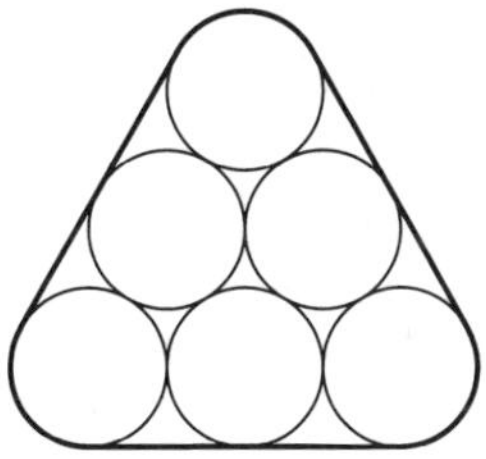

3 お風呂《ふろ》に蛇口《じゃぐち》と排水口《はいすいこう》A，Bがあります。蛇口から水を出し続け，18分後に排水口Aから水を排水し，さらにその22分後に排水口Bから水を排水します。下の図は，時間と貯水量の関係を表したものです。このとき，次の各問いに答えなさい。

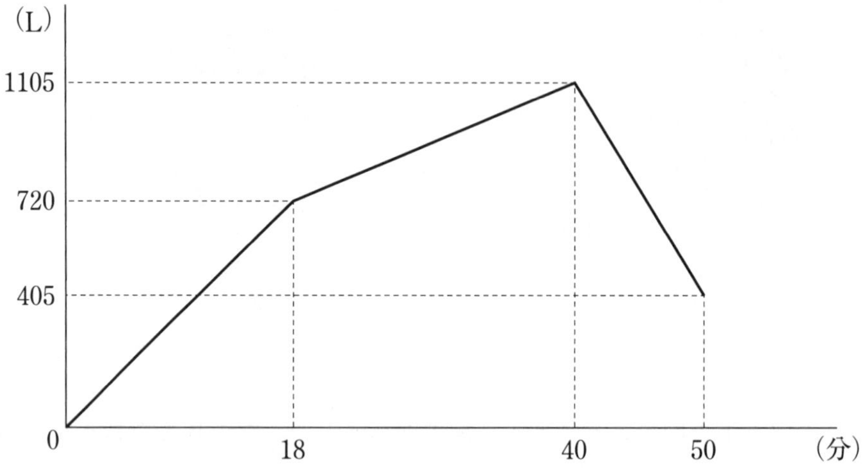

⑴　500Lの水を貯水するのにかかる時間を答えなさい。

⑵　排水口Aは1分間で何L排水しますか。

⑶　1分間の排水口A，Bからの排水量をもっとも簡単な整数の比で答えなさい。

4 あるクラスでA，B，Cの3つの問題を解きました。配点はAの問題が1点，Bの問題が2点，Cの問題が3点です。この結果から下の表を作りました。次の各問いに答えなさい。

得点	0	1	2	3	4	5	6
人数	0	3	8	15	㋐	7	㋑

表1

	人数	百分率（%）
3問全部できた人	6	12%
2問だけできた人	30	60%
1問だけできた人	14	28%

表2

(1) 表1の中の㋐，㋑にあてはまる数をそれぞれ答えなさい。

(2) Cの問題だけ正解だった生徒は何人ですか。

【社会・理科】 〈B試験〉（社会と理科で50分）〈満点：各50点〉

社　会

1 次の資料〈あ〉～〈え〉は、神奈川県を流れる川について述べたものです。各問いに答えなさい。

〈あ〉 相模川

水源は富士山で、山梨県(A)から流れてくるこの川は、神奈川県の中央部を南下し、相模湾へとつながっています。上流域は相模湖や津久井湖を中心に、豊かな自然環境が形成されていて、いこいの場として利用されています。下流域は大規模公園や農地などの身近なみどりが点在し、街路樹や緑道も整備されています。

〈い〉 多摩川

この川は、全長138km、流域面積1240平方 km の河川で、下流は東京都と神奈川県の境になっています。神奈川県の政令指定都市である（　①　）市の名は、「多摩川のさき」というところからついたとされています。1960年代は生活排水《はいすい》による汚染《おせん》が問題(B)となっていましたが、現在は水質改善が進んでいます。

〈う〉 酒匂川

丹沢湖と富士山を主な水源とし、静岡県(C)から神奈川県へ流れてくる川です。丹沢山地と箱根山の間を抜《ぬ》け、小田原市を流れて相模湾にそそぎます。江戸時代の絵師である歌川広重が、この川の川越し人足の様子を描《か》いた錦絵《にしきえ》が有名です。流域ではアユやヤマメなどの渓流《けいりゅう》釣《づ》りが楽しめます。

〈え〉 鶴見川

東京都の町田市を源流とし、横浜市を縦断するように流れ東京湾にそそぐ河川です。流域内の人口密度は全国の一級河川の中でも第１位で、戦後急激に市街化された地域を流れています。その影響《えいきょう》で雨水をためる保水機能が減少し、洪水《こうずい》などの被《ひ》害《がい》(D)が深刻になっています。横浜市はその解決のための政策を進めています。

問1　日本の川がもたらす地形について述べた文として誤っているものを次の**ア**～**エ**から1つ選び、記号で答えなさい。

ア　日本のほとんどの平野は、川が運んだ土砂がたまってできた堆積平野である。

イ　川が運んだ土砂が平地に向かって扇状に堆積してできた地形を台地という。

ウ　川が運んだ土砂が河口で三角形状に堆積してできた土地を三角州といい、デルタとも呼ばれる。

エ　石狩川に多く見られる、河川が蛇行して流れたことで生じた三日月状の湖を三日月湖という。

問2　下線部（A）に多く見られる、下の地図記号で表される土地を答えなさい。

問3　（　①　）に適する語句を解答らんに合うように答えなさい。

問4　下線部（B）について、4大公害病の1つで、富山県神通川流域で発生した病気を答えなさい。

問5　下線部（C）について、下のグラフはある作物の収穫割合を都道府県別に表したものです。作物の名前を答えなさい。

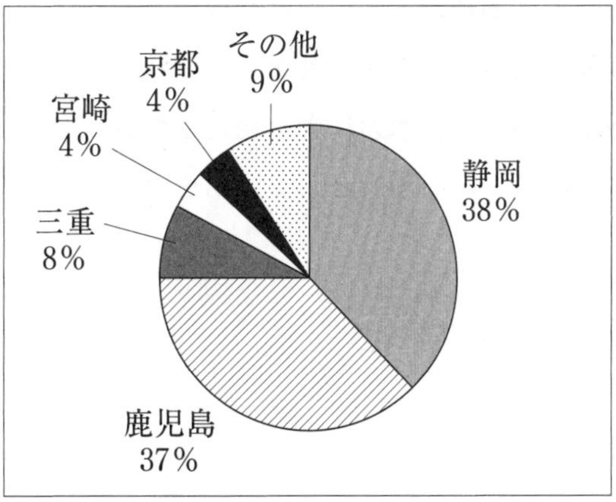

(2019年農林水産省統計データより作成)

問6　下線部（D）の軽減を目的に作成される、被害想定区域や避難場所を示した地図を答えなさい。

問7　資料〈あ〉と〈い〉の川の位置として適するものを、下の地図中の**ア**〜**オ**からそれぞれ1つ選び、記号で答えなさい。

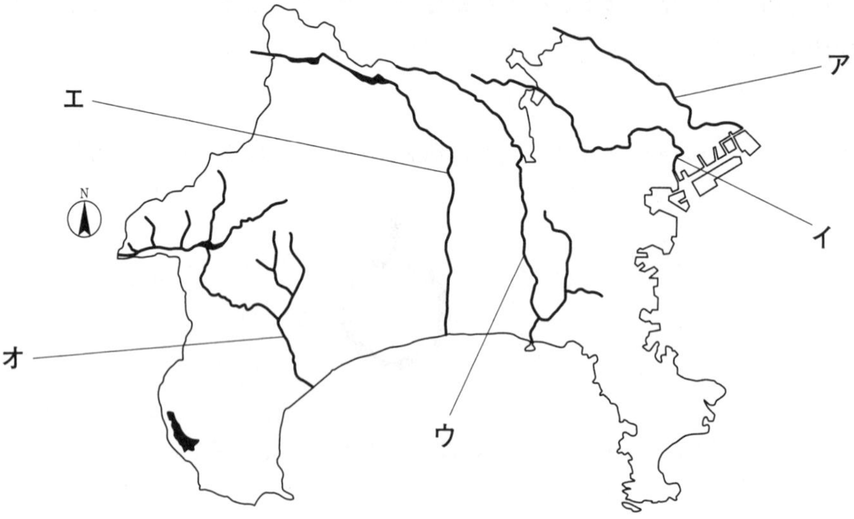

問8　日本の川に関する文として誤っているものを次の**ア**〜**オ**から2つ選び、記号で答えなさい。

ア　日本でもっとも長い川は新潟県を流れる北上川である。

イ　日本でもっとも流域面積が大きい川は利根川である。

ウ　日本の川は世界と比べて、川幅《はば》がせまく、流れが急である。

エ　日本は川の数が多いため、水力による発電量がもっとも多い。

オ　日本海側で稲作がさかんな理由として、川を流れる豊富な雪どけ水があげられる。

2　次の年表を見て、各問いに答えなさい。

年	で　き　ご　と
574	聖徳太子(A)が生まれる。
645	中大兄皇子と中臣鎌足らが（　①　）を滅ぼす。
743	聖武天皇が東大寺に大仏をつくる命令を出す(B)。
1281	元軍との2回目の戦いが起こる(C)。
1588	豊臣秀吉が（　②　）を行い、百姓から武器を取り上げる。
1635	（　③　）が武家諸法度に参勤交代の制度(D)を加える。
1858	日米修好通商条約(E)を結ぶ。
1885(F)	伊藤博文が初代内閣総理大臣になる。
1886	ノルマントン号事件が起こる(G)。
1904	日本と（　④　）が朝鮮などの支配をめぐって戦争となる。
1925(H)	普通選挙法が制定される。
1946	戦後初めての衆議院議員総選挙が行われる(I)。

問1　下線部（A）が建てたとされる、現存する日本最古の木造建築物を答えなさい。

問2　（　①　）に適する豪族を解答らんに合うように答えなさい。

問3　下線部（B）が出された理由を当時の社会状況をふまえて説明しなさい。

問４　下線部（C）に関する文として適するものを次の**ア**～**エ**から１つ選び、記号で答えなさい。

ア　この時の執権は北条時頼である。

イ　御家人はてつはうという火薬兵器を使って元に対抗した。

ウ　戦いの後、御家人たちは恩賞の少なさから幕府に不満を持った。

エ　元は幕府がある鎌倉近くの海に攻めてきた。

問５　（　②　）に適する語句を答えなさい。

問６　（　③　）に適する人物を答えなさい。

問７　下線部（D）の目的を説明しなさい。

問８　下線部（E）で開港した港として誤っているものを次の**ア**～**エ**から１つ選び、記号で答えなさい。

ア　長崎　　**イ**　新潟　　**ウ**　下田　　**エ**　神戸

問９　下線部（F）当時の輸出品で、もっとも多い品目として適するものを次の**ア**～**エ**から１つ選び、記号で答えなさい。

ア　茶　　**イ**　水産物　　**ウ**　米　　**エ**　生糸

問10　下線部（G）に関する文として誤っているものを次の**ア**～**エ**から１つ選び、記号で答えなさい。

ア　和歌山県沖でイギリスの船が沈没《ちんぼつ》した。

イ　乗船していたヨーロッパ人は助かったが、日本人乗客は全員亡くなった。

ウ　日本は関税自主権を持たないため、船長を裁くことができなかった。

エ　この事件をきっかけに、不平等条約改正を求める声が高まった。

問11　（　④　）に適する国名を答えなさい。

問12　下線部（H）のできごととして適するものを次の**ア**～**エ**から１つ選び、記号で答えなさい。

ア　治安維持法が制定される。　　**イ**　国際連盟が発足される。

ウ　関東大震災が起きる。　　**エ**　第二次護憲運動が起きる。

問13　下線部（Ｉ）の説明として適するものを次の**ア**～**エ**から１つ選び、記号で答えなさい。

ア　有権者は納税額と年齢《ねんれい》による制限があった。

イ　有権者の条件は戦前と同一であった。

ウ　18歳以上の男女に選挙権が与えられた。

エ　女性にも参政権が与えられた。

3　次の文章を読み、各問いに答えなさい。

　国会(A)は、国の政治の方針や方向性を決める場所です。選挙で選ばれた国会議員によって法律や予算が決められ、外国との文書による合意である（　①　）の承認も行われます。国や国民にとって大切な話し合いをする場であるため、意見がかたよらないように衆議院と参議院(B)の２つの議院で話し合いが進められます。

　内閣(C)は、国会で決められた予算や法律にもとづき実際に国民の暮らしを支える仕事をしています。内閣の最高責任者は内閣総理大臣(D)であり、国務大臣を任命して内閣を組織します。実際に仕事を受け持つのは各省庁であり、分担をして専門的な仕事を行っています。

　裁判所は、争いごとや犯罪が起きたときに憲法や法律にもとづいて判断をし、解決を目指していきます。国民は誰《だれ》もが裁判を受ける権利を持っており、正しい判決をくだすために３回まで裁判を受けることができます。2009年からは国民が裁判に参加する制度(E)が始まり、国民の意見が裁判に反映されるようになりました。これにより裁判に対する国民の関心が高まるようになりました。

　日本の憲法には、現在使用されている日本国憲法(F)と、戦前に使用されていた（　②　）という２つの憲法がありました。（　②　）は1890年に施行された憲法で、これによって日本は近代国家の形を整えました。一方、日本国憲法は1947年に施行(G)され、３つの原則(H)をもとに制定されました。

問１　下線部（Ａ）は裁判官をやめさせるかどうかを判断することができます。そのために開かれる裁判として適するものを次の**ア**～**エ**から１つ選び、記号で答えなさい。

ア　最高裁判　　**イ**　高等裁判　　**ウ**　地方裁判　　**エ**　弾劾裁判

問２　（　①　）に適する語句を漢字２字で答えなさい。

問３　下線部（B）の任期を解答らんに合うように答えなさい。

問４　下線部（C）が持っている国の政治を進めていく権限を答えなさい。

問５　下線部（D）の説明として誤っているものを**ア**～**エ**から１つ選び、記号で答えなさい。

ア　衆議院からしか選ぶことができない。

イ　閣議を開くことができ、政治の進め方を決めていく。

ウ　国会から指名される形で内閣総理大臣となる。

エ　自衛隊の指揮権を持っている。

問６　下線部（E）の名前を答えなさい。

問７　下線部（F）の改正に必要となる各議院の賛成数として適するものを次の**ア**～**エ**から１つ選び、記号で答えなさい。

ア　$\frac{1}{2}$以上　　**イ**　$\frac{1}{3}$以上　　**ウ**　$\frac{2}{3}$以上　　**エ**　$\frac{1}{4}$以上

問８　（　②　）に適する語句を答えなさい。

問９　下線部（G）の日付として適するものを次の**ア**～**エ**から１つ選び、記号で答えなさい。

ア　５月３日　　**イ**　７月３日　　**ウ**　９月３日　　**エ**　11月３日

問10　下線部（H）について、人が生まれながらに持つ諸権利の名前として適するものを次の**ア**～**エ**から１つ選び、記号で答えなさい。

ア　国民主権　　**イ**　基本的人権　　**ウ**　社会民権　　**エ**　自然権

理　　科

4　ふりこが一往復する時間と、ふりこの「糸の長さ」、「おもりの重さ」、「ふれはば」の３つにはどのような関係があるか、実験を行いました。「糸の長さ」は25cm、50cm、100cm、「おもりの重さ」は20g、40g、60g、「ふれはば」は10°、20°、30°としました。次の各問いに答えなさい。

問１　次の実験結果について、それぞれ答えなさい。

(1)　おもりの重さ40g、ふれはば20°のとき、ふりこの「糸の長さ」とふりこが一往復する時間の関係について、結果の表からわかることを答えなさい。

糸の長さ [cm]	時間 [秒]
25	1.0
50	1.4
100	2.0

(2)　ふりこの糸の長さ50cm、ふれはば20°のとき、ふりこの「おもりの重さ」とふりこが一往復する時間の関係について、結果の表からわかることを答えなさい。

おもりの重さ [g]	時間 [秒]
20	1.4
40	1.4
60	1.4

(3)　ふりこの糸の長さ50cm、おもりの重さ40gのとき、ふりこの「ふれはば」とふりこが一往復する時間の関係について、結果の表からわかることを答えなさい。

ふれはば [°]	時間 [秒]
10	1.4
20	1.4
30	1.4

問２　３つの関係を調べる実験を行うときに、特に気を付けなければならないことは何ですか。

問３　ふりこの性質を利用した道具の１つにメトロノームがあります。メトロノームは正確な曲の速さを表してくれます。メトロノームのおもりを上にあげると、メトロノームの示す速さはどのように変化しますか。

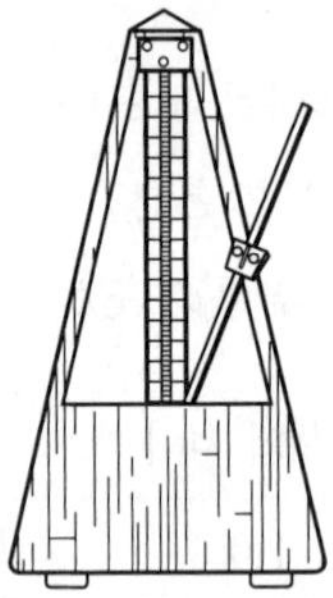

問４　下の図の位置にあるおもりから手を離したとき、糸がくぎに当たった後のおもりはどのような動きをしますか。簡単に答えなさい。

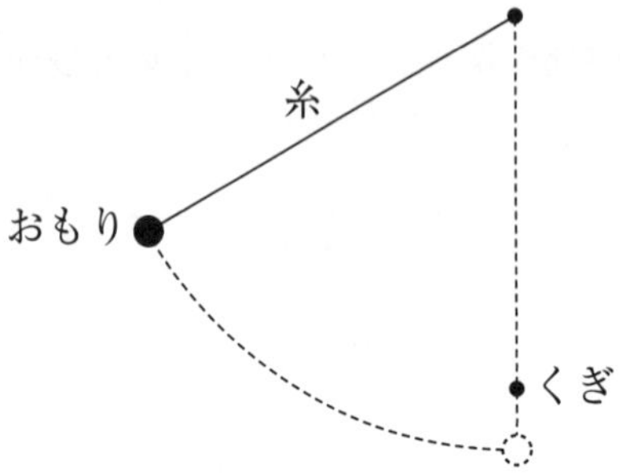

5　熱の伝わり方や体積の変化について、次の各問いに答えなさい。

〔実験1〕　①　下の図のように同じ材質でできた金属板で形の異なるものを用意する。

②　金属板の**ア**、**イ**、**ウ**の位置にろうを置く。

③　●の位置をガスバーナーで加熱する。

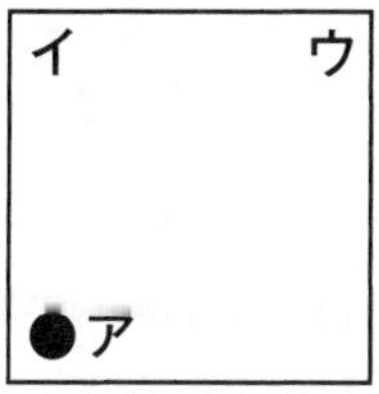

図1

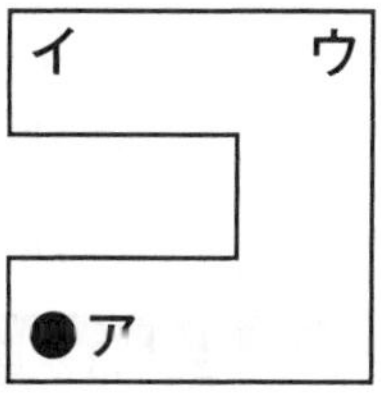

図2

問1　図1の金属板を加熱したとき、ろうがとけた順番を記号で答えなさい。

問2　図2の金属板を加熱したとき、ろうがとけた順番を記号で答えなさい。

〔実験2〕　①　ガラス棒に示温テープをはり、水を入れた試験管の中に入れる。

②　試験管の底を熱して、示温テープの色の変化を見る。

③　試験管の真ん中を熱して、示温テープの色の変化を見る。

底を熱したとき

真ん中を熱したとき

問3　〔実験2〕の②、③の結果はどうなりますか。次の**ア**～**エ**から1つずつ選び、それぞれ記号で答えなさい。

ア　上の方から色が変わる。

イ　真ん中から色が変わる。

ウ　底の方から色が変わる。

エ　全体が同時に色が変わる。

〔実験３〕 ① 何も入っていない試験管の口にせっけん水のまくをつける。

② 試験管を温めたり、冷やしたりして、まくがどうなるかを調べる。

結果

冷やしたとき	初め	温めたとき
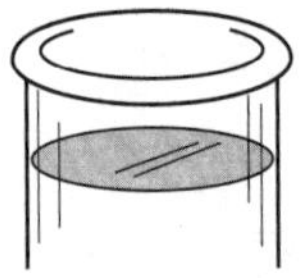		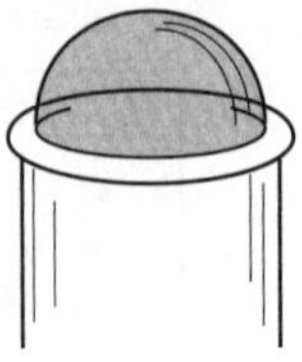
まくはへこんだ。	まくは試験管の口のところ。	まくはふくらんだ。

問４ 温度によって、空気の体積はどう変化しますか。説明しなさい。

〔実験４〕 ① 金属の球が輪を通りぬけることを確かめる。

② コンロで金属の球を熱する。その後、輪を通りぬけるか調べる。

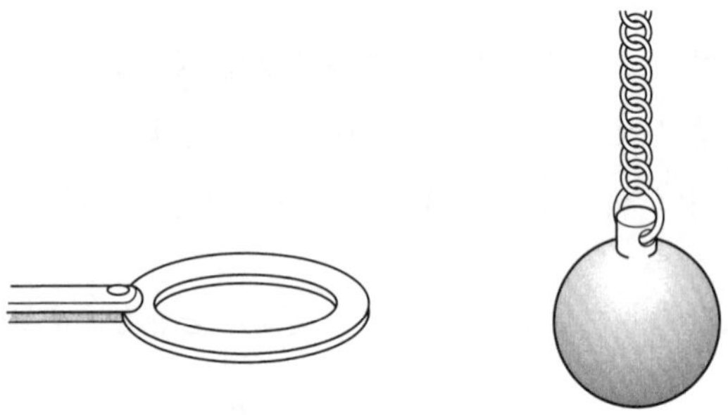

金属の輪　　金属の球

問５ この実験の結果、金属の球は輪を通りぬけることができませんでした。この熱した球が輪を通りぬけられるようにするためには、どのようにすればよいですか。次の**ア**～**エ**からすべて選び、記号で答えなさい。

ア 輪のみを冷水に入れて冷やした。

イ 球のみを冷水に入れて冷やした。

ウ 輪のみをコンロで加熱した。

エ 球のみをコンロで加熱した。

問６　下の表は、0℃で100cmの金属の棒が、温度が1℃上がるごとに何cmのびるかを示しています。

0℃で50cmのアルミニウムの棒が20℃になったとき、棒の長さは何cmになりますか。

表

金属の種類	のびの長さ [cm]
アルミニウム	0.0023
鉄	0.0012

問７　バイメタルは２種類の金属ののびのちがいを利用したものです。低い温度の時は、バイメタルがまっすぐになってスイッチが入り、温度が上がると、バイメタルが大きく曲がって、スイッチ部分が切れます。この仕組みを利用しているものを次の**ア**～**エ**から１つ選び、記号で答えなさい。

ア　洗濯機《せんたくき》　　**イ**　扇風機《せんぷうき》　　**ウ**　テレビ　　**エ**　ドライヤー

6 2つのアサガオの花（A、B）を使って、花粉のはたらきを調べる実験をしました。次の各問いに答えなさい。

〔実験〕 ① つぼみの中にあるそれぞれのおしべを全部取り除く。
② 両方のつぼみにふくろをかぶせる。
③ 花がさいたらAのふくろを取り、めしべの先に花粉をつける。
④ 花がしぼむまでふくろをかぶせておく。

問1 実験④で花がしぼむまでふくろをかぶせておくのはなぜですか。説明しなさい。

問2 実験後、実ができるのはAとBのどちらですか。記号で答えなさい。

問3 実ができる仕組みを「受粉」「めしべ」「花粉」という言葉を使って説明しなさい。

問4 アサガオの実になる部分はどこですか。図の当てはまる部分をぬりつぶしなさい。

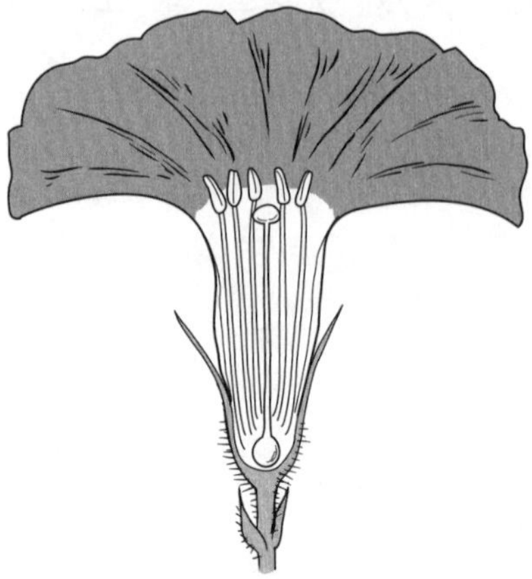

問5 アサガオと異なり、風を利用して受粉する植物を次のア～エから選び、記号で答えなさい。

ア ツバキ　　**イ** トウモロコシ　　**ウ** ホウセンカ　　**エ** ヘチマ

7　太朗君は、夏の異常な暑さについて父親と話をしています。次の各問いに答えなさい。

太朗：去年の夏はとても暑かったね。

父親：そうだね。去年は猛暑日《もうしょび》が例年よりも多かったね。

太朗：どうしてこんなに暑くなったのかな？

父親：いろいろな理由が考えられるけれど、その理由の１つとして地球温暖化が関係しているといわれているよ。

太朗：そうなんだね。他にはどのような理由があるの？

父親：都市化が進む場所では、舗装《ほそう》されたアスファルトやコンクリートに日光による熱がたまってしまい、夜になっても気温が下がらない現象も理由の１つとされているよ。

太朗：確かに夜でも暑い日が多くなった気がするね。

父親：そうだね。これから猛暑日が増えないために何ができるかを考えてみよう。

問１　猛暑日とは気温がどのような状態の日のことをいいますか。次の**ア**～**エ**から選び、記号で答えなさい。

ア　１日の平均気温が30℃以上　　　**イ**　１日の平均気温が35℃以上

ウ　１日の最高気温が30℃以上　　　**エ**　１日の最高気温が35℃以上

問２　地球温暖化の一番の原因として考えられる気体の名前を答えなさい。

問３　問２の気体が増えている原因は何ですか。１つ簡単に答えなさい。

問４　下線部のような現象を何といいますか。

問５　地球温暖化をこれ以上進めないために、何ができると思いますか。自分自身が取り組めることを具体的に１つ答えなさい。

問６　今後、さらに猛暑日が増えるとどのような問題が起きると考えられますか。自分の考えを書きなさい。

問五　――線⑤「地球の生態系が直面している深刻な課題」とありますが、その原因として適切なものを次の中から一つ選び、記号で答えなさい。

ア　回収したプラスチックごみの中には想像以上に古い物があったこと。

イ　１人あたり年間70キログラム以上のプラスチックを使っていること。

ウ　ごみの中でゴーストネットと呼ばれる漁網が最も目立っていたこと。

エ　マイクロプラスチックと呼ばれる小さなかけらが存在していること。

問六　――線⑥「海の中の食物連鎖によって、マイクロプラスチックを通した汚染が起きる」とは、具体的にどういうことですか。その説明として適切なものを次の中から一つ選び、記号で答えなさい。

ア　漁網は複雑に絡まり合っているため、ウミガメなどにまとわりつき、身動きが取れなくなる生物も多いということ。

イ　胃の中がプラスチックの破片で埋め尽くされ、栄養失調になって死んでしまう生き物たちは悲惨きわまりないということ。

ウ　石油から作られるＰＣＢｓは、プラスチックなど海底の泥や海水中に溶けている有害化学物質を表面に吸着させる働きを持っているということ。

エ　まわりの海水中からさまざまな汚染物質をどんどん吸着、濃縮し、運び屋として生物の体の中に運び入れるということ。

問七　――線⑦「私たち人間への影響はないのだろうか」とありますが、あなた自身の考えを答えなさい。

ックを通した汚染《おせん》が起きることだ。

プラスチックには、その品質を向上させるために添加剤《てんかざい》として様々な化学物質が入っていて、中には有害なものもあり、マイクロプラスチックになっても毒性が残る。これに加え、石油から作られるプラスチックは、PCBsなど海底の泥《どろ》や海水中に溶《と》けている有害化学物質を表面に吸着させる働きを持っている。このため小魚がマイクロプラスチックを取り込むと、それを食べる大きな魚に有害物質が蓄積《ちくせき》される。さらに、その大きな魚を食べる捕食者《ほしょくしゃ》には、一層多くの有害物質が蓄積される。こうした食物連鎖の中では、「食う・食われる」の関係の中でより上位にあたる個体に有害物質が濃縮《のうしゅく》されていくのだ。それは最終的には、食物連鎖の頂点に立ち、魚介類《ぎょかいるい》を食べている私たち「人間」へとつながっていく恐れがあることを意味している。

マイクロプラスチックが汚染物質の〝運び屋〟となっていることに、高田教授は危機感を募《つの》らせる。

「海の中には、様々な汚染物質が溶けています。いま排《はい》出《しゅつ》されているものだけでなく、過去に排出されたものもあります。マイクロプラスチックが、まわりの海水中からこうした汚染物質をどんどん吸着、濃縮し、運び屋として生物の体の中に運び入れるということが、いま最も懸念されていることです」

⑦私たち人間への影響はないのだろうか。

（堅達京子＋NHK BS1スペシャル取材班著『脱プラスチックへの挑戦』山と渓谷社）

問一　――線①「私も正直、驚いた」のはどうしてですか。その理由を答えなさい。

問二　――線②「普段の私たちの生活の中にも、包装など過剰なまでの使い捨てプラスチックが溢れている」ことについて、あなた自身が生活の中で感じることを答えなさい。

問三　――線③「太平洋のど真ん中という現場」のことを、海洋生物学者のフランチェスコは、どのように考えていますか。文中から二十一字でぬき出して答えなさい。

問四　――線④「元がどんなプラスチックだか認識できないほど小さい」とありますが、プラスチックがこのように変化する理由を解答らんに合うように文中から十三字でぬき出して答えなさい。

んだものです。ということは、もちろんプラスチックが魚の体内に取り込《こ》まれたということです」

海洋生物学者のフランチェスコが恐《おそ》れているのは、形が残っているプラスチックが、紫外線《しがいせん》に晒《さら》され波にもまれることで次第に細かくなっていくことだ。ある一つのネットの中にあったごみを大きさ別に分けてみた。5～15ミリメートルが２７４個。１・５～5ミリメートルが４４４３個。一番小さい０・５～１・５ミリメートルは３７１０個、見つかった。

「見てください。④元がどんなプラスチックだか認識できないほど小さい。これが危険なんです。さらに厄介な問題は、とてももろいということです。この破壊《はかい》のプロセスはすべてのプラスチックで起こります。プラスチックは、ゆっくりと小さく小さくなっていきます」

小さなかけらになったプラスチックは、海の生き物がエサと誤って食べてしまう確率が高まる。実は、このマイクロプラスチックと呼ばれる直径5ミリメートル以下のプラスチックのかけらの存在こそ、⑤地球の生態系が直面している深刻な課題なのだ。

マイクロプラスチックの汚染《おせん》は、東京湾《とうきょうわん》にも広がっている。

この問題の世界的研究者、東京農工大学の高田秀重教授は、２０１３年以来、学生たちと定期的に調査を続け、カタクチイワシや貝など生き物への調査も行なっている。ある日の調査でも、汲《く》み取った東京湾の海水から、1ミリメートルに満たないような、小さなマイクロプラスチックが発見された。高田教授は、こう語る。

「首都圏《しゅとけん》には日本の人口の4分の1が住んでいますので、それに応じた量のプラごみも入ってきてしまいます。東京湾のプラスチックの汚染というのは世界の中でも、日本の中でも進んでいるほうになると思います」

マイクロプラスチックの生き物への影響はどれくらいあるのだろうか。高田教授は、２０１５年に東京湾で捕《と》ったカタクチイワシの分析を行なった。その結果、64匹《ひき》のうち8割近くの内臓からマイクロプラスチックが見つかっている。他にも、ハシボソミズナギドリやオオヤドカリの消化管からもマイクロプラスチックが検出された。いわば、プラスチックが生態系の隅々《すみずみ》にまで入り込んでいることが明らかになってきたのだ。

胃の中がプラスチックの破片で埋《う》め尽《つ》くされ、栄養失調になって死んでしまう生き物たちは悲惨《ひさん》きわまりなく、なんとしても救わなければならない。だが、いま懸念《けねん》されているのは、⑥海の中の食物連鎖《れんさ》によって、マイクロプラスチ

四　次の文章を読み、あとの問いに答えなさい。

実は試験的に回収したプラスチックごみを解析《かいせき》した結果、国別では日本のごみが最も多かった。文字が読み取れたごみの30％は日本語だったという。東日本大震災《だいしんさい》など津波《つなみ》の影響《えいきょう》も一部あるのかもしれないが、この結果には①私も正直、驚《おどろ》いた。

そもそも日本の人口１人あたりのプラスチック容器包装の廃棄量《はいきりょう》は、アメリカに次いで世界第2位、②普段《ふだん》の私たちの生活の中にも、包装など過剰《かじょう》なまでの使い捨てプラスチックが溢《あふ》れている。日本のプラスチック消費量は、年間約１０００万トン。１人あたりに平均すると、年間70キログラム以上と、大人の男性の平均体重よりも重いプラスチックを使っていることになる。例えば、レジ袋《ぶくろ》は年間合計で４５０億枚も配布され、１人あたりに換算《かんさん》すると１日１枚以上、ペットボトルは年間１９０本以上使っているというデータもある。

プラスチックごみの中でも目立つのがゴーストネットと呼ばれる漁網《ぎょもう》だ。複雑に絡《から》まり合っているため、ウミガメなどにまとわりつき、身動きが取れなくなる生物も多い。オーシャン・クリーンアップの分析では、漁網は全体の約半数を占《し》めているという。こうした漁業関係のプラスチックごみもサンプルとして持ち帰った。

採集したプラスチックのサンプルはすべてオランダに運んで分析した。プラスチックの種類とサイズで分類し、一つずつ数を数え、重さを量る。サンプルの総数は、１ミリメートル以下のものも含《ふく》め約１２０万個、気の遠くなるような作業だ。すべての分析に3年かかった。

調査船に乗っていたスタッフの一人、海洋生物学者のフランチェスコ・フェラーリは、③太平洋のど真ん中という現場で作業を続ける中で強い憤《いきどお》りを感じたという。

「あの場所は本来、文明から遠く離《はな》れた、この地球で最も原始的で美しい場所であるべきなのです。何かが間違《まちが》っている。そしてプラスチックが生き物たちにどれだけのダメージを与えているか痛感します」

中でも、回収したごみの中に想像以上に古い物があったことに驚いたという。分解しにくいというプラスチックの特性がリアルに現れていたのだ。

「これはたぶん牛乳のケースですね。おそらく70年代に作られたものです。本当に長い間、水の中にあったみたいです。70年代から90年代にかけてのもの、２０００年代のものもあります。これは、靴《くつ》の片方、ごく普通のバケツ、ライター、歯ブラシ、子どものおもちゃ。ここには明らかに噛《か》まれた痕《あと》があります。おそらく魚がエサと間違えて噛

問五 ——線④「情けない」とありますが、沖田はどうしてそのように感じたのですか。その理由として最も適切なものを次の中から一つ選び、記号で答えなさい。

ア 島倉や松村と協力できず、児童を混乱させてしまったから。

イ タワーの練習ができないまま、練習が終わってしまったから。

ウ 大切な組体操の練習中に、けがをしてしまった児童がいるから。

エ 自分勝手な児童が多く、集中して練習に取り組めていないから。

問六 ——線⑤「皆の自覚」とはどのような内容ですか。解答らんに合うように答えなさい。

問七 ——線⑥「沖田は脅した」とありますが、その理由として最も適切なものを次の中から一つ選び、記号で答えなさい。

ア なんとしてでも桜丘タワーを成功させるんだと児童を奮い立たせるため。

イ 失敗に終わる前に児童に桜丘タワーをあきらめさせるため。

ウ 中には真剣に練習に取り組んでいる児童もいると気づかせるため。

エ もし伝統のウェーブが失敗したら、ただでは済まさないぞと児童をこわがらせるため。

問八 ——線⑦「先生が言ったこと」として適切なものを次の中から二つ選び、記号で答えなさい。

ア 練習中に好き勝手におしゃべりをしているようでは、桜丘タワーの練習はさせられない。

イ 桜丘タワーは桜丘小学校の絆をつないできた、とても大切なものだ。

ウ 六年生にもなって組体操の練習でけがをするなんて、情けない。

エ 桜丘タワーを成功させるために、練習中は互いに周りの子を注意しなさい。

オ 今日のようにけが人が出ているようでは、桜丘タワーの練習は諦めてもらうことになる。

カ ウェーブの練習では、とてもよいまとまりが見られた。

キ 先生と同じ危機感を持っている児童も、あなたたちの中にいるはずだ。

ついです。辛《つら》いです。分かってますか。おしゃべりなんてしていたら、大けがをしてしまいます。練習中におしゃべりをする学年は、桜丘タワーをあきらめてもらいます。みなさんの代で、桜丘タワーの絆が途切《とぎ》れてもいいんですか⁉　こんな不真面目な態度だったら、そうなってしまいますよ⁉」

⑥沖田は脅《おど》した。近藤がちいさく首を振《ふ》る。それはいやだ、と訴《うった》えたいのだろう。だったらあなたももっと頑張《がんば》って、周りの子たちを注意しなさい。心の中で沖田は命じた。

「大事な時間が今日はなくなってしまいましたので、ウエーブの通し練習はできませんでした。明日から桜丘タワーの練習ができるかどうか、先生は心配です。⑦先生が言ったことを、きちんと考えて、明日の練習に臨んでください」

チャイムが鳴った。例年、沖田がここまで厳しく言えば児童たちの心にそれなりの電流が通るものだが、朝礼台の上に立っていると、全体的に集中力が途切れつつあるのが分かる。ちゃんと聞きなさい！　と怒鳴りたいのを堪《こら》える。

二十五周年の桜丘タワー。

自分たちがどれほどの重責を担っているか、この子たちは分かっているのだろうか。

（朝比奈あすか著『人間タワー』文藝春秋）

問一　――線①「いやな予感がする」のはどうしてですか。その理由として最も適切なものを次の中から一つ選び、記号で答えなさい。

ア　児童の覚えが悪いから。
イ　児童たちの仲が悪いから。
ウ　おしゃべりな児童がいるから。
エ　けがをする児童がいるから。

問二　――線②「学年ごとのカラー」とありますが、今年の六年生のカラーを表している部分を文中から十七字でぬき出して答えなさい。

問三　――線③「ひとつの生き物のように見え」るために必要なものは何ですか。文中から四字でぬき出して答えなさい。

問四　空らん［A］に入る言葉として適切なものを次の中から一つ選び、記号で答えなさい。

ア　一所懸命　　イ　十人十色
ウ　臨機応変　　エ　一目瞭《りょう》然

れで最後だからね。しっかりやってください」

音楽に合わせたとたんに良くなる可能性もある。まずは通してみたかった。

ところが、下で児童たちの輪の中にいた島倉が、急に手を振りだし、その手で大きなバッテンを作って沖田に見せた。

「鼻血、鼻血！」

島倉が大きな声で言った。どうやら二組の子が鼻血を出したようだ。それくらい、ティッシュを詰《つ》めて続ければいいと思ったが、島倉が周りの子に頼んでその子を保健室にやってしまった。

気を取り直して、さあ始めようかと思ったら、今度は松村からストップが入った。肩《かた》が外れた子がいたそうだ。三組の男子児童だ。普段から肩が外れる癖《くせ》があると、急に言い出す。その子を木陰《こかげ》で休ませる手配をしている間にも、児童たちは好き勝手に私語を始める。さっきまで一生懸《いっしょうけん》命《めい》に美しいウェーブを作っていたのに、すぐにだれてしまう。これが六年生だろうか。④情けない。

「静かにー！」

朝礼台の上から、沖田は全体を怒鳴りつけた。

「ここに立っていると、誰がぺちゃくちゃしゃべっているか、全部わかります。先生は情けない。桜丘小学校の最高学年とは、とても思えません。みなさんが練習中にこんな態度でいいんですか。出畑《でばた》さん、どう？　ずっとしゃべっていたよね？」

出畑が赤くなってうつむいた。児童たちがしんと静まった。

「出畑さんだけじゃありません。あちこちでおしゃべりしていましたね。練習中なのに、です。皆さん、分かってますか。明日から、いよいよ、桜丘タワーの練習に入るんですよ。桜丘小の絆《きずな》をつないできた大事なタワーです。これまで二十四年間、どんな時も六年生はかかさずに桜丘小のタワーを築いてきました。今年は二十五年目です。二十五年は四半世紀といいます。大事な、大きな、節目の年です」

沖田は息を止めるようにして、校庭全体を見まわした。もういい、通し稽古《けいこ》はなしだ。その代わり、⑤皆の自覚を促《うなが》そう。

「でも、先生は今、不安です。ウェーブの練習でこんなにまとまりがない学年がタワーを作れるのか、分かりません」

ふと沖田は近藤蝶《こんどうあげは》と目が合った。近藤の大きな目が真剣《しんけん》に沖田を見ている。彼女も沖田と同じ心配を抱《かか》えていると、ぴんと来た。きびきびと動き、真剣に練習に取り組んでいた。そういう子もいるのだ。

「皆さんの先輩《せんぱい》たちがみんな挑戦《ちょうせん》してきたものです。き到達《とうたつ》するのだろうか。

沖田はかすかな焦《あせ》りを覚えながら、朝礼台の上に立っている。組体操の指導は常に沖田が司令塔《しれいとう》となって高いところからメガホンで指示を出し、島倉と松村が児童たちについて細かいサポートをすることになっている。

ウェーブは、児童全員で作り上げる波のことだ。児童たちは頭の後ろで腕《うで》を交差させ、その姿勢のまま間隔《かんかく》をつめて手と手をつないで立つ。端《はし》から順に体を起こし、ふたたび順にこうべを垂れて行くと、全体の流れが大きな波に見えてくる。

やっていること自体の難易度は低く、その気になれば低学年でもできるものだが、そのぶん見た目の美しさに差がでる。

思えばタワーでは失敗した去年の六年生だったが、その生真面目さゆえ、圧巻のウェーブを見せた。それは、意志を持った、③ひとつの生き物のように見えた。誰にも言っていないが、運動会の最中、朝礼台の上で太鼓《たいこ》をたたきながら、この位置でこれを見ることができる「特権」に、沖田はひっそりと興奮した。それほどに美しいウェーブだった。波の向きは、沖田が太鼓を叩《たた》いたとたんに変わった。沖田の太鼓に合わせて大波となり、さざ波となり、やがて、沖田の合図でほどけた。沖田だけが、この巨大な生き物を動かしたのだ。

比べたくはないが、今年の六年生を去年のレベルに到達させられるかといえば、自信がない。何かが、どこかが、違うのだ。

昨日の四段ピラミッドの練習でもそう感じた。たかだか四段に過ぎないのに、二組と三組はポジション決めから揉めた。三組は最後を待たずに崩《くず》れてしまった。二組の帰りの会では、背の順で一番下にあてられた子が不平を言ったというし、三組では上に乗る子が下の子に怒鳴《どな》られたと言って泣きだしたそうだ。さすがに沖田のクラスはまとまっていて、誰も不満など言わなかったが、大きな技の指導をしていると、学年全体のカラーが見えてくる。この学年は全体意識が薄い。自分さえ良ければいいという子が多いのだ。ウェーブをやってみると［A］である。うまく間合いを取れずにぱっと自分の意志で起き上がってしまう子がひとりやふたりじゃないから、波がガタガタしてしまう。早く顔を上げたいのは分かるけれど、そのせいで横とのつながりが分断され、波全体に滑《なめ》らかさがなくなる。もう数秒、いや一秒でいい、一秒だけ待てばいいのに、その一秒を待てない。

それでも、決めていた時間になったので、沖田はメガホンで呼びかけた。

「はい。みなさん、ようやく揃《そろ》いました。では最後にもう一度、音楽に合わせて通してみましょう。ウェーブはこ

三　次の文章を読み、あとの問いに答えなさい。

桜丘《さくらがおか》小学校の運動会には、組体操の演目として、六年生全員で大きなタワーを作る「桜丘タワー」というものがある。その「桜丘タワー」が二十五周年をむかえる今年、六年生の学年主任となった沖田《おきた》は、桜丘タワーを成功させようと努力していた。
文章は、沖田と共に働いている島倉《しまくら》、松村《まつむら》と協力して、六年生全員に組体操の練習をさせる場面である。

①いやな予感がする。四月なかばから始まった組体操練習の印象が悪い。飲み込みが悪い学年かもしれない。
三年連続で六年生を受け持っていると、どうしても②学年ごとのカラーを比べてしまう。勿論《もちろん》こどもたちはそれぞれ異なる人格だから細かく比較《ひかく》することはできないけれど、塊《かたまり》として見て、「全体的に」をくっつければ、それは一つの顔になる。
一昨年の六年生は全体的に活発で、しょっちゅう揉《も》めた。女子のグループが対立したり、男子が殴《なぐ》り合いの喧嘩《けんか》をしたりといった体や言葉のぶつかり合いも数回あった。そのぶん、いざ団結した時の結束は固かった。桜丘タワーは校庭いっぱいの拍手《はくしゅ》の中、大成功した。
昨年の六年生は全体的に真面目だった。責任感の強い子が多く、委員会活動や部活動でも六年生がよく面倒《めんどう》をみてくれると、低学年の教員たちに褒《ほ》められた。桜丘タワーこそ満点の出来でなかったのが悔《く》やまれるが、その反省会もきっちりとし、二学期以降の行事はどれも満足のいく出来栄えだった。
今年は、どうだろう。
一人技、二人技……と順に練習してきて、二日がかりで四段ピラミッドを完成させたのがやっと昨日だ。
今日ようやく全体技のウェーブに差し掛《か》かった。どうも、ワンテンポ、ツーテンポ、動きが遅《おく》れる子がいる。それも、ひとりやふたりではない。少し間があくと、すぐにしゃべりだす子もいる。気をつけの姿勢を長くできない子もいる。大丈夫だろうか。
沖田は、五年前に桜丘小学校に転勤してきた時、年間計画表を見て驚《おどろ》いたことを思い出す。六年生の運動会準備にかける時間が前任の小学校よりずいぶんと長かったからだ。これはひとえに桜丘タワーの準備ゆえである。
市内では、「運動会の桜丘小」と銘《めい》打たれ、当日は自治体の教育関係者も多く見学に来る予定だ。皆を満足させられるものへ、驚かせ感動させられるほどの「タワー」へ、

問一　運動会が延期になった場合、何月何日に行われるか、答えなさい。

問二　大なわとびに出場する生徒は、何時何分までに集合すればよいか、答えなさい。

問三　教員が参加できる種目は、全部でいくつあるか、答えなさい。

問四　生徒集合場所は、会場図ＡＢＣのどこにあるか、記号で答えなさい。

問五　生徒集合場所や入退場門を使用せず、生徒観戦場所から直接グラウンドへ入場する種目があるのはどうしてですか。その理由を答えなさい。

問六　運動会のお知らせに書かれている内容として正しいものはＡ、間違っているものはＢで答えなさい。

ア　生徒は貴重品を持ってグラウンドへ行く。
イ　ヒールの高いくつで来校してはいけない。
ウ　保護者の観戦場所の確保は朝七時から可能である。
エ　グラウンド内で食事をしてはいけない。
オ　実行委員長の名前は井上まことである。

二　漢字について、次の各問いに答えなさい。

問一　次の①～④の――線のカタカナを漢字に直し、漢字は読みを答えなさい。

①　カンレイ前線の通過により大雨が降った。
②　がんばって勉強したので、セイセキが向上した。
③　世界陸上のリレーで長年の宿敵を破り、優勝した。
④　ライバルに勝つことができ、会心の笑みをうかべた。

問二　次の文から、誤っている漢字を一字探し、正しく直して答えなさい。

・もし失敗したら、素直に誤ることが大切だ。

2023年度

東海大学付属相模高等学校中等部

【国語】〈B試験〉（五〇分）〈満点：一〇〇点〉

〈注意〉1．問題文にある「字数」には、句読点や記号を含《ふく》みます。
2．作問の都合上、文章の一部や図表などを変更している場合があります。

一　次の資料は○×中学校の運動会のお知らせです。資料を読み、あとの問いに答えなさい。

運動会のお知らせ

日付：10月15日（土）
場所：○×中学校グラウンド

8:30	【開会式】		【午後の部】
	開会宣言　実行委員長　中村 あきら	12:00	クラブリレー
	校長の言葉　土井 太郎 校長	12:30	色別代表リレー
	ちかいの言葉　体育委員長　井上 まこと	13:00	大玉送り　※
	準備体操	13:30	背わたり
	生徒退場	14:00	きば戦　※
		14:30	全員リレー　※
	【午前の部】		
9:00	70m走	15:30	【閉会式】
9:30	つな引き　（保護者・教員参加）		生徒会長より　生徒会長　田中 みほ
10:00	ムカデ競走　（教員参加）		結果発表
10:30	大なわとび		講評　体育委員長　井上 まこと
11:00	玉入れ　（保護者参加）		閉会宣言　実行委員長　中村 あきら

＜諸注意＞
- 朝6時３０分の時点で大雨だった場合、運動会は延期とし、平常授業とする。
- 貴重品はグラウンドに持って行かず、担任にあずける。
- 競技に参加する生徒は、競技開始の20分前までに、生徒集合場所へ集合する。

＜会場図＞

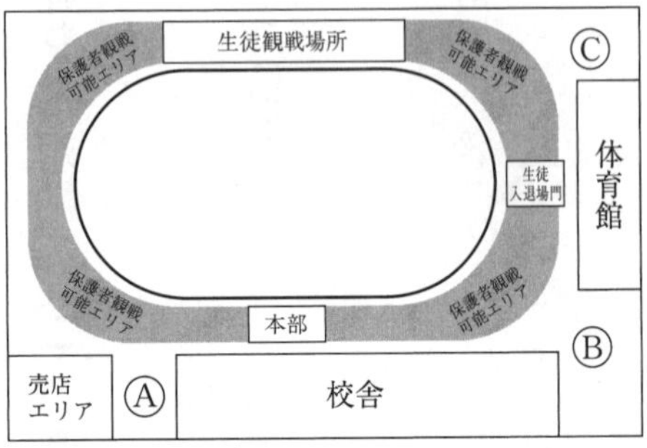

トイレ
体育館一階、校舎一階

更衣場所
男子：各自の教室
女子：体育館内更衣室

生徒集合場所
体育館と校舎の間

生徒入退場門
体育館正面

※「大玉送り」「きば戦」「全員リレー」の３種目は、種目に参加する人数が多いため、生徒集合場所と入退場門は使用せず、生徒観戦場所から直接グラウンドへ入ること。

＜保護者の皆様へ＞
○運動会が延期になった場合はホームページにてお知らせします。
○延期の場合、運動会は10月17日に行います。
○保護者の方々は 保護者観戦可能エリア よりご観戦ください。
○観戦場所の確保は当日の朝 7：30 から可能です。それより前に席の確保はできません。
○ヒールの高いくつでの来校はおやめください。
○ふたのついていない飲料（カンなど）の持ち込みはできません。
○グラウンド内での食事はおやめください。
○「つな引き」「玉入れ」に参加する保護者は、競技開始の10分前に生徒集合場所へ来てください。

2023年度

東海大学付属相模高等学校中等部 ▶解説と解答

算　数　＜B試験＞（50分）＜満点：100点＞

解　答

1 (1) 80　(2) 21.06　(3) 2　(4) $\frac{24}{45}$　(5) 6倍　(6) 97　(7) $\frac{1}{2}$　(8) 6
2 (1) 36分　(2) 6通り　(3) 180円　(4) 8才　(5) 34cm　(6) 153.86cm^3
(7) 91.4cm　**3** (1) 12分30秒　(2) 22.5L　(3) 9：35　**4** (1) ㋐ 11　㋑
6　(2) 3人

解　説

1 四則計算，分数の性質，割合，約数と倍数，数列，約束記号

(1) $5+15\times(15-5)-75=5+15\times10-75=5+150-75=80$

(2) $9.12-6.26+18.2=2.86+18.2=21.06$

(3) $\frac{1}{5}\times0.125+\frac{19}{10}+0.25\times0.3=\frac{1}{5}\times\frac{1}{8}+\frac{19}{10}+\frac{1}{4}\times\frac{3}{10}=\frac{1}{40}+\frac{19}{10}+\frac{3}{40}=\left(\frac{1}{40}+\frac{3}{40}\right)+\frac{19}{10}=\frac{4}{40}+\frac{19}{10}=\frac{1}{10}+\frac{19}{10}=\frac{20}{10}=2$

(4) 0.2より$\frac{1}{3}$大きい数は，$0.2+\frac{1}{3}=\frac{1}{5}+\frac{1}{3}=\frac{3}{15}+\frac{5}{15}=\frac{8}{15}$なので，これと大きさが等しく，分子が24になる分数は，$24=8\times3$より，$\frac{8\times3}{15\times3}=\frac{24}{45}$である。

(5) $A\div30=B\div5=$□とすると，$A=$□$\times30$，$B=$□$\times5$なので，Aは□の30倍の大きさ，Bは□の5倍の大きさとなる。よって，AはBの，$30\div5=6$（倍）とわかる。

(6) $9-7=2$，$11-9=2$より，9で割ったら7あまる数に2を加えると，9で割り切れて，11で割ったら9あまる数に2を加えると，11で割り切れる。よって，9で割ったら7あまり，11で割ったら9あまる数に2を加えると，9でも11でも割り切れる数になる。また，9と11の最小公倍数は，$9\times11=99$なので，9でも11でも割り切れる数は99で割り切れる数となる。したがって，9で割ったら7あまり，11で割ったら9あまる数は，99で割り切れる数より2小さい数だから，あてはまる2けたの数は，$99-2=97$とわかる。

(7) 並んでいる分数は，分子が，1，2，3，4，…，分母が，2，3，4，5，…となっている。すると，5番目から9番目までの分数は，$\frac{5}{6}$，$\frac{6}{7}$，$\frac{7}{8}$，$\frac{8}{9}$，$\frac{9}{10}$なので，これらをかけると，$\frac{5}{6}\times\frac{6}{7}\times\frac{7}{8}\times\frac{8}{9}\times\frac{9}{10}=\frac{5}{10}=\frac{1}{2}$となる。

(8) 立方体の体積は，（1辺の長さ）×（1辺の長さ）×（1辺の長さ）で求められるので，【A】$=A\times A\times A$である。これより，【$64\times3\div$【2】-21】×【2】＝【$64\times3\div(2\times2\times2)-21$】×$(2\times2\times2)$＝【$64\times3\div8-21$】×8＝【$24-21$】×8＝【3】×8＝$(3\times3\times3)\times8=216$となる。このとき，$216=6\times6\times6$なので，216＝【6】と表せる。よって，□には6があてはまる。

2 割合と比，場合の数，消去算，年齢《ねんれい》算，長さ，体積

(1) 5時間は，$60\times5=300$（分）なので，5時間の12％は，$300\times0.12=36$（分）である。

(2)　同じ色の玉を選ぶときは，赤玉と赤玉，青玉と青玉，白玉と白玉の3通りある。また，違《ちが》う色の玉を選ぶときは，赤玉と青玉，赤玉と白玉，青玉と白玉の3通りある。よって，色の組合せは全部で，3＋3＝6(通り)ある。

(3)　りんご1個の金額を①円とすると，ぶどう1房《ふさ》の金額は，②＋100(円)と表せる。このとき，ぶどう2房とりんご3個の合計金額は，(②＋100)×2＋③＝④＋200＋③＝⑦＋200(円)となる。これが760円なので，①＝(760－200)÷7＝80(円)とわかる。よって，りんご1個は80円，ぶどう1房は，80×2＋100＝260(円)だから，ぶどう1房はりんご1個よりも，260－80＝180(円)高い。

(4)　息子《むすこ》と娘《むすめ》の年齢の和の2倍が母の年齢となるのを①年後とすると，そのときの母の年齢は，34＋①(才)，息子の年齢は，7＋①(才)，娘の年齢は，4＋①(才)と表せる。すると，3人の年齢の関係について，34＋①＝(7＋①＋4＋①)×2という式に表せる。この式から，34＋①と，(11＋②)×2＝22＋④が等しいので，34－22＝④－①，12＝③より，①＝12÷3＝4とわかる。つまり，息子と娘の年齢の和の2倍が母の年齢となるのは4年後で，そのとき娘は，4＋4＝8(才)である。

(5)　右の図1のように，等しい長さの部分に，それぞれア，イ，ウの記号をつけると，ア＋イ＝10(cm)，ア＋ウ＝7(cm)であることから，AB＋AD＝ア＋(イ＋ア＋ウ)＝(ア＋イ)＋(ア＋ウ)＝10＋7＝17(cm)とわかる。よって，長方形ABCDのまわりの長さは，17×2＝34(cm)と求められる。

図1

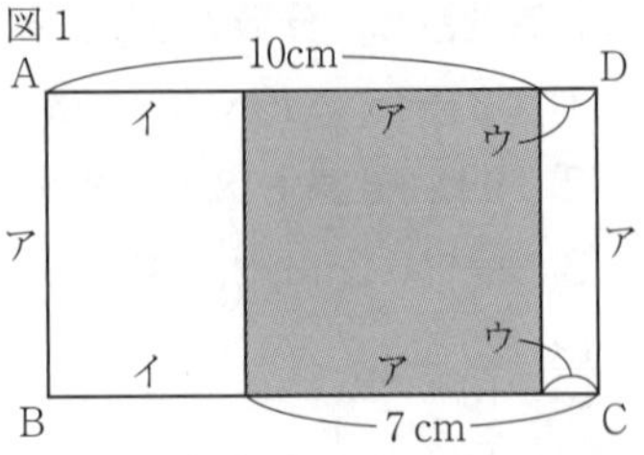

(6)　問題文中の図2の立体は，底面の半径が，1＋3＝4(cm)，高さが7cmの円柱から，底面の半径が3cm，高さが7cmの円柱をくりぬいたものである。よって，その体積は，4×4×3.14×7－3×3×3.14×7＝(16－9)×3.14×7＝7×3.14×7＝49×3.14＝153.86(cm^3)とわかる。

(7)　半径5cmの円を囲んだ線は，右の図2のように，3本の直線と，3個のおうぎ形の弧《こ》でできている。図2で，三角形ABCの各辺は，いずれも円の半径4つ分なので，長さは，5×4＝20(cm)である。よって，囲んだ線をつくる3本の直線の長さはいずれも20cmとわかる。また，三角形ABCは正三角形で，角の大きさはいずれも60度だから，図2でかげをつけた角の大きさはすべて，360－(90×2＋60)＝120(度)である。すると，3個のおうぎ形の弧は，半径5cm，中心角120度のおうぎ形の弧になる。したがって，囲んだ線の長さは，20×3＋5×2×3.14×$\frac{120}{360}$×3＝60＋31.4＝91.4(cm)と求められる。

図2

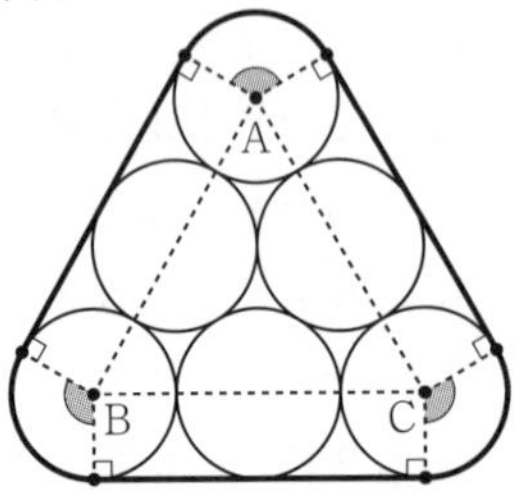

3　グラフ―水の深さと体積

(1)　問題文中のグラフより，蛇口《じゃぐち》から水を出し始めてから18分後までに貯水量が720Lになったので，蛇口から出る水の量は，1分間で，720÷18＝40(L)である。よって，貯水量が500Lになるまで，500÷40＝12.5(分)，つまり，0.5×60＝30より，12分30秒かかる。

(2)　蛇口から水を出し始めて18分後から40分後までの22分間で，貯水量は，1105－720＝385(L)増えている。この間，貯水量は1分あたり，385÷22＝17.5(L)増えていて，蛇口からは毎分40Lの水が出ていたから，排水口《はいすいこう》Aは1分間で，40－17.5＝22.5(L)排水したことになる。

(3) 蛇口から水を出し始めて40分後から50分後までの10分間で，貯水量は，1105－405＝700(L)減っている。この間，貯水量は1分あたり，700÷10＝70(L)減っているので，排水口Bは1分間で，70＋17.5＝87.5(L)排水したことになる。よって，1分間の排水口A，Bからの排出量の比は，22.5：87.5＝9：35である。

4 表―集まり

(1) 問題文中の表2によると，3問全部できた人は6人で，これが全体の12%なので，クラス全体の人数は，6÷0.12＝50(人)である。問題文中の表1で，6点を取った人は，3問全部できた人だから，この人数は6人(…㋑)となる。よって，0＋3＋8＋15＋㋐＋7＋6＝50(人)より，㋐＝50－(0＋3＋8＋15＋7＋6)＝11(人)とわかる。

(2) 得点とその得点を取った人数，その得点の生徒がどの問題を正解したかをまとめると，右の表のようになる。問題文中の表2より，1問だけできた人は14人いて，これは右の表では1点の3人，2点の8人，3点の㋒人だから，㋒＝14－(3＋8)＝3(人)となる。よって，Cの問題だけ正解だった生徒は3人とわかる。

得点	0	1	2	3		4	5	6
人数	0	3	8	15		11	7	6
				㋒	㋓			
A	×	○	×	×	○	○	×	○
B	×	×	○	×	○	×	○	○
C	×	×	×	○	×	○	○	○

社 会 ＜B試験＞（理科と合わせて50分）＜満点：50点＞

解 答

1 問1 イ 問2 果樹園 問3 川崎(市) 問4 イタイイタイ病 問5 茶 問6 ハザードマップ 問7 〈あ〉 エ 〈い〉 ア 問8 ア，エ 2 問1 法隆寺 問2 蘇我(氏) 問3 (例) ききんや病への不安を仏教の力で取り除こうとした。 問4 ウ 問5 刀狩 問6 徳川家光 問7 (例) 江戸との行き来にお金を使わせて，大名の力をおさえること。 問8 ウ 問9 エ 問10 ウ 問11 ロシア 問12 ア 問13 エ 3 問1 エ 問2 条約 問3 6(年) 問4 行政権 問5 ア 問6 裁判員制度 問7 ウ 問8 大日本帝国憲法 問9 ア 問10 イ

解 説

1 神奈川県を流れる川についての問題

問1 川が山間部から平野部に出たところで，川の流れが急に遅《おそ》くなったために運ばれなくなった土砂が扇《おうぎ》状に堆積《たいせき》してできた地形を扇状地《せんじょうち》という。扇状地は，つぶの大きい土砂が多く，水はけがよいことから，畑や果樹園に利用されている。台地は，まわりの土地より少し高くなっている台状の平地である。

問2 (○)は果樹園の地図記号で，りんごなどの実を横から見た形が図案化された。なお，山梨県は，日ごと・季節ごとの寒暖の差が大きく日照時間が長いことなどから果樹栽培《さいばい》がさかんで，もも・ぶどうの生産量は全国第1位となっている。

問3 神奈川県にある政令指定都市は，横浜市，川崎市，相模原《さがみはら》市である。神奈川県南東部の多摩《たま》川河口近くに位置する川崎市は，多摩川のつくった三角州の上にできた都市で，川崎の「川」は多

摩川を指し，川崎の「崎」は三角州を意味しているといわれる。

問4　イタイイタイ病は，富山県を流れる神通《じんづう》川上流の神岡鉱山から流されたカドミウムが原因で発生した4大公害病の1つである。患者《かんじゃ》は，はげしい痛みと，骨がもろくなって簡単に折れてしまうという症状《しょうじょう》に苦しんだ。

問5　収穫《しゅうかく》量のうち，静岡県と鹿児島県で約4分の3を占《し》め，三重県や京都府などが上位に入っていることから，茶とわかる。静岡県中西部に広がる牧之原《まきのはら》台地や，知覧茶で知られる鹿児島県南部の南九州市が，茶の産地として知られている。

問6　ハザードマップは，自然災害による被害《ひがい》の軽減や防災対策に使用する目的で，津波，地震災害，水害，火山災害など，災害種別に，想定される被害状況や避難《ひなん》場所などを表示した地図である。

問7　〈あ〉の相模川は「山梨県から流れてくる」「神奈川県の中央部を南下し」と書かれていることから，エとなる。〈い〉の多摩川は「下流は東京都と神奈川県の境になっています」と書かれていることから，アとなる。なお，イは〈え〉の鶴見《つるみ》川，ウは境川，オは〈う〉の酒匂《さかわ》川。

問8　日本で最も長い川は，長野県・新潟県を流れて日本海に注ぐ全長367kmの信濃《しなの》川で，北上川は岩手県を流れる川であるので，アが誤っている。日本は川の数が多いが，川の利用に関する法律が多く，発電所の建設費も高いために，水力による発電量は少なく，火力発電が最も多いので，エが誤っている。

2　各時代の歴史的なことがらについての問題

問1　聖徳太子は，亡き父である用明天皇のために奈良の斑鳩《いかるが》に寺をつくることを決め，607年ごろに法隆寺が完成した。この寺は現存する最古の木造建築物として知られ，1993年にユネスコ(国連教育科学文化機関)に世界文化遺産に登録された。

問2　645年，中大兄皇子(のちの天智天皇)と中臣鎌足は，天皇をしのぐほどの権力をふるっていた蘇我氏を滅《ほろ》ぼし，唐(中国)から帰国した留学生たちの協力を得て，大化の改新とよばれる天皇中心の国づくりを進めた。

問3　聖武天皇は，ききんや災害，伝染病《でんせんびょう》などで混乱した世をしずめ，人々の不安を仏教の力で取り除き，国を安らかに治めようとして，743年に東大寺に金銅の大仏をつくることを命じた。

問4　元の大軍が1274年の文永の役と，1281年の弘安の役の2度にわたって北九州の沿岸をおそったとき，御家人たちはてつはうという火薬兵器を用いる元軍に苦しめられたが，暴風雨などにより，元軍は大陸に引き上げていった。元軍との戦いは国土を守る戦いであり，新しい領土を得ることができなかったため，鎌倉幕府の第8代執権北条時宗は，御家人たちに十分な恩賞を与《あた》えることができなかった。そのため，御家人たちの生活はより厳しくなり，幕府に不満を持つようになった。

問5　豊臣秀吉は，農民から武器を取り上げて一揆を起こさせないようにし，農民の身分を明確にして耕作に専念させるため，農民が刀・弓・やりなどの武器を持つことを禁止する刀狩を1588年に実施《じっし》した。

問6　1635年，江戸幕府の第3代将軍徳川家光は，大名を統制するための法令である武家諸法度を改定し，参勤交代を制度化した。これにより，大名は1年おきに江戸と領地に住むことを義務づけられ，大名の妻子は人質として江戸の大名やしきに住むことになった。

問7　参勤交代により，大名は多くの家臣を連れて江戸に行き，江戸での滞在《たいざい》費用も負担しなければならなかったため，ばく大な費用がかかった。経済的に大名の力を弱めることが，参勤交代を定めた理由の１つだと考えられている。

問８　1858年に江戸幕府の大老井伊直弼とアメリカ総領事ハリスによって結ばれた日米修好通商条約により，函館《はこだて》・新潟・神奈川(横浜)・兵庫(神戸)・長崎の５港が開かれ，貿易が開始された。なお，ウの下田は1854年に結ばれた日米和親条約によって開港されたが，日米修好通商条約で閉港することが決められた。

問９　1885年は明治18年である。幕末から明治・大正時代を通して昭和初期にかけ，生糸は日本の最大の輸出品であった。日清戦争や日露戦争のころには生糸の輸出はさらにのび，1909年に日本は清(中国)を抜いて世界一の生糸の輸出国となった。

問10　1886年にイギリスのノルマントン号が紀伊半島の沖合で沈没《ちんぼつ》し，乗組員はボートで脱出したが日本人乗客は全員死亡するという事件が起こった。日本はイギリスに領事裁判権(治外法権)を認めていたため，イギリス人の船長はイギリス領事館で裁判にかけられ，軽い罪に問われただけであった。この事件を受けて，不平等条約の改正を求める国民の声が高まった。

問11　日清戦争後，三国干渉によって遼東《リヤオトン》半島を清に返した日本では，ロシアに対する反感が高まっていた。さらに，ロシアは満州(中国東北部)に軍隊を置き，朝鮮にも勢力をのばそうとしていたため，日本はアジアにおいてロシアと対立していたイギリスと1902年に日英同盟を結び，1904年に日露戦争が起こった。

問12　治安維持法は，社会主義運動を取りしまるために1925年に制定された法律で，のちには国家の方針とちがうさまざまな活動の弾圧《だんあつ》に利用され，違反した人の刑罰《けいばつ》も重くなった。なお，イは1920年，ウは1923年，エは1924年のできごと。

問13　1945年12月の衆議院議員選挙法の改正により，選挙権は満20歳以上の男女に与えられ，女性は初めて選挙権を得ることができた。これにもとづいて行われた1946年４月の衆議院議員総選挙では，39名の女性の国会議員が誕生した。

３　国会・内閣・裁判所についての問題

問１　日本国憲法第64条の規定により，裁判官としてふさわしくない行いをしたと訴《うった》えのあった裁判官について，国会は両議院の議員で組織する弾劾《だんがい》裁判所を設置し，裁判官をやめさせるかどうかを判断する弾劾裁判を行うことができる。

問２　国際法にもとづいて成立する外国との文書による合意を条約といい，協約，協定，規約，憲章，宣言，議定書などの名称が用いられることもある。条約を締結《ていけつ》する権限を持つのは内閣であるが，事前または事後に国会の承認《しょうにん》を必要としている。

問３　参議院の議員定数は248名で，任期は６年である。３年ごとに，原則として各都道府県を１つの選挙区とする選挙区選挙と，政党名の得票数とその政党に属する候補者名の得票数に応じて議席を配分し，名前を多く書かれた候補者から順に当選が決まる全国単位での比例代表選挙が行われ，半数が改選される。

問４　国会が決めた法律や予算にもとづいて国の政治を進めていく権限を行政権といい，日本国憲法第65条の「行政権は，内閣に属する」という規定により，内閣が担《にな》っている。

問５　日本国憲法第67条では，「内閣総理大臣は，国会議員の中から国会の議決で，これを指名する。この指名は，他のすべての案件に先立って，これを行う」と定められている。したがって，衆議院からも参議院からも内閣総理大臣を選ぶことができる。

問6　裁判員制度は，司法に対する国民の理解と信頼を深め，裁判を身近でわかりやすいものにすることや，国民も司法に参加して判決に国民の考えを反映させることなどを目的として2009年に導入された制度である。裁判員裁判は重大な刑事事件の第１審で行われ，３人の裁判官と国民から選ばれた６人の裁判員が有罪か無罪かを話し合い，有罪の場合，刑の重さなども判断する。

問7　日本国憲法を改正するためには，国会で改正案を審議し，各議院の総議員の３分の２以上の賛成で，国会がこれを発議する。その後，国民の承認を得るための国民投票において有効投票の過半数の賛成があれば憲法改正が決定し，天皇が公布する。

問8　大日本帝国憲法は，皇帝の権力が強いドイツの憲法を参考として，伊藤博文らによって作成されたもので，1889年２月11日に発布，1890年11月29日に施行された。この憲法は天皇が定めた憲法(欽定《きんてい》憲法)で，天皇に主権があり，国を統治する権限や軍隊を率いる権限など，天皇に大きな権限があった。

問9　日本国憲法は1946年11月３日に公布され，1947年５月３日に施行された。施行日である５月３日は，1948年に法律で「憲法記念日」という国民の祝日に定められ，「日本国憲法の施行を記念し，国の成長を期する」日とされた。

問10　基本的人権は，人が生まれながらにして持っている，侵《おか》すことのできない永久の権利で，日本国憲法が国民に保障するこの権利は，現在および将来の国民に対して与えられると定められている。

理　科　＜B試験＞（社会と合わせて50分）＜満点：50点＞

解　答

4 **問1**　(1)（例）糸の長さが長くなると一往復する時間も長くなる。　(2)（例）おもりの重さを変えても一往復する時間は変わらない。　(3)（例）ふれはばを変えても一往復する時間は変わらない。　**問2**（例）条件を１つだけ変えて実験する。　**問3**（例）ゆっくりになる。　**問4**（例）くぎに巻きつく。　5 **問1**　ア→イ→ウ　**問2**　ア→ウ→イ　**問3**　②　ア　③　ア　**問4**（例）温まると体積は大きくなる。　**問5**　イ，ウ　**問6**　50.023cm　**問7**　エ　6 **問1**（例）ほかの花の花粉がつかないようにするため。　**問2**　A　**問3**（例）めしべに花粉がついて受粉すると実ができる。　**問4**　右の図　**問5**　イ　7 **問1**　エ　**問2**　二酸化炭素　**問3**（例）化石燃料の使用　**問4**　ヒートアイランド(現象)　**問5**（例）植林をする。　**問6**（例）農作物の収かく量が減る。

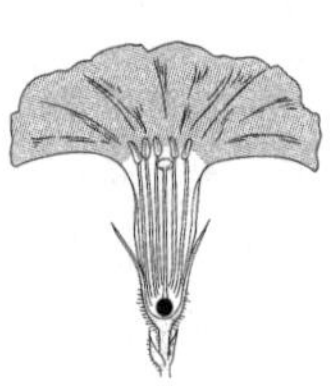

解　説

4 **ふりこの運動についての問題**

問1　(1)　糸の長さを25cm，50cm，100cmと長くすると，ふりこが一往復する時間も1.0秒，1.4秒，2.0秒と長くなるので，糸の長さが長くなると一往復する時間も長くなるといえる。　(2)　おもりの重さを20g，40g，60gと重くしても，一往復する時間は変化していないので，おもりの重さを変えても一往復する時間は変わらないとわかる。　(3)　ふれはばを10度，20度，30度と大きくしても，一往復する時間は変化していないので，ふれはばを変えても一往復する時間は変わらないといえる。

問２　ある条件とふりこが一往復する時間との関係を調べるとき，調べたい条件以外の条件はすべて同じにする必要がある。

問３　メトロノームのおもりを上にあげると，支点とおもりの距離《きょり》が大きくなるので，ふりこの長さを長くした場合と同じになる。問１の(1)の実験結果から，糸の長さが長いほど，ふりこが一往復する時間は長くなるので，メトロノームの示す速さはゆっくりになると考えられる。

問４　ふりこのおもりは，支点の真下にきたときに最も速さが速くなる。図のおもりは支点の真下を通ったあと，くぎに引っかかる。その後，そこを新しい支点としてふれるが，くぎの真上にきても運動を続けるため，くるくるとくぎに巻きつくように動く。

5　熱の伝わり方についての問題

問１　金属板のアの位置をガスバーナーで加熱すると，熱は金属板の中を加熱したところから同心円状に伝わる。したがって，ア→イ→ウの順にろうがとける。

問２　金属板は空気よりずっと熱を伝えやすいので，熱は金属板の中を手前から順に伝わっていくことになる。したがって，ろうがとける順番はア→ウ→イになる。

問３　コンロで熱したところの水が温められて，まわりの水より軽くなって上に動くため対流がおきる。②では，水の上の方から温度が上がり，やがて全体が温まる。③でも，②と同じように上から順に温度が上がるが，熱している真ん中より下は冷たいままである。

問４　実験３で，空気を温めたときまくがふくらんだことから，空気は温度が上がるとぼうちょうして体積が大きくなるとわかる。逆に，空気を冷やしたときはまくがへこんだので，空気の温度が下がると体積は小さくなるといえる。

問５　金属の球を熱すると輪を通りぬけることができなかったことから，金属の体積が大きくなったと考えられる。再び球が輪を通るようにするには，金属の球を冷やして小さくする方法と，輪を熱してぼうちょうさせ，金属の球が通る大きさまで穴を大きくする方法がある。

問６　金属を温めると，各部分が少しずつぼうちょうして，全体の長さがのびる。０℃で100cmのアルミニウムは１℃温度が上がるごとに0.0023cmのびるので，０℃から20℃にすると，$0.0023 \times 20 = 0.046$(cm)だけ長くなる。０℃で長さ50cmのアルミニウムののびはこの，$\frac{50}{100} = \frac{1}{2}$(倍)なので，棒の長さは，$50 + 0.046 \times \frac{1}{2} = 50.023$(cm)とわかる。

問７　ドライヤーは電熱線によって温められた空気をモーターで送り出している。この電熱線が熱くなりすぎると，バイメタルの仕組みによってスイッチが切れるようになっているので，エを選ぶ。ア～ウは温度を調節する必要がない道具なので，あてはまらない。

6　アサガオの花のつくりについての問題

問１　実験は花粉のはたらきを調べるもので，Ａには花粉をつけ，Ｂに花粉をつけないという条件で行っている。花がしぼむ前にふくろをはずすと，ほかの花の花粉がついてしまう可能性があり，結果を比較《ひかく》できなくなってしまう。

問２　花がしぼむまでふくろをかぶせたＢのアサガオには花粉がつかないので，受粉することはなく実ができない。一方，Aのアサガオではめしべの先に花粉をつけたので，受粉が行われて実ができる。

問3　めしべの先の部分を柱頭といい，この部分に花粉がつくことを受粉という。受粉後，めしべの子房《しぼう》が実に，胚珠《はいしゅ》が種子になる。

問4　アサガオの子房は，めしべの根元のふくらんだ部分である。

問5　トウモロコシなどのイネ科の植物には，虫を引きつけるような花びらやみつせんがない。このような花はふつう，風によって花粉が運ばれることで受粉するので，イがあてはまる。

7　地球温暖化とその対策についての問題

問1　1日の最高気温が25℃以上の日を夏日，30℃以上の日を真夏日，35℃以上の日を猛暑《もうしょ》日という。

問2　熱を吸収しやすい性質がある気体が大気中にあると，太陽から吸収した熱の一部が宇宙空間に放出されないため，地球の温度が下がりにくくなる。これを温室効果といい，このようなはたらきをする気体(温室効果ガス)が増えることが，地球温暖化の原因の1つとされている。温室効果ガスの代表的なものは二酸化炭素で，そのほかに，水蒸気，フロン，メタン，オゾンなどがあげられる。

問3　人口の増加にともない，くらしに必要なエネルギーが増えたため，石油，石炭，天然ガスといった化石燃料を大量に消費した結果，大気中の二酸化炭素が増えている。さらに，食料や住居の確保のために森林をばっさいすると，全体の植物の光合成量が減少して二酸化炭素の吸収量が減ってしまう。

問4　都市化が進むと土や植物が少なくなり，地面がアスファルトやコンクリートにおおわれるようになる。また，高層建築は太陽の熱を受け取る面積も多く，熱をたくわえやすい。加えて，エアコンの熱や自動車，工場からの熱が放出され，周囲の地域と比べて気温が高くなる。このとき，気温が高い地域を地図上にあらわすと島のように見えることから，ヒートアイランド現象とよんでいる。

問5　空気中の二酸化炭素量を増やさないために，化石燃料の消費を減らす，節電する，エネルギー消費の少ない家電製品に買いかえる，自家用車のかわりに公共の交通機関を利用するといった方法などが考えられる。また，植林をして緑を増やし，二酸化炭素の吸収量を増やすようにするとよい。

問6　気温が急に上がることで，これまで育てていた農作物が育たなくなったり，病気や害虫が増えて，収かく量が減ったりすることも考えられる。さらに，熱中症《しょう》になって体調をくずす人が増えるなど，生活にも大きな影響《えいきょう》がある。

国語　＜B試験＞（50分）＜満点：100点＞

解答

一　**問1**　10(月)17(日)　**問2**　10(時)10(分)　**問3**　2(種目)　**問4**　B　**問5**　(例)　種目に参加する人数が多いから。　**問6**　**ア**　B　**イ**　A　**ウ**　B　**エ**　A

オ B　　二 **問1**　①，②　下記を参照のこと。　③　しゅくてき　④　え　**問2**　謝　　三 **問1**　ア　**問2**　自分さえ良ければいいという子が多い　**問3**　滑らかさ　**問4**　エ　**問5**　エ　**問6**　（例）　伝統の桜丘タワーを途切れさせてはいけない(成功させるんだ)(という自覚)　**問7**　ア　**問8**　ア，イ　　四 **問1**　（例）　試験的に回収したプラスチックごみの中で，日本のごみが最も多かったから。　**問2**　（例）　私の小学校では，給食の牛乳用ストローを全員に配ることをやめ，使いたい人だけが使うようになった。生活の中で当たり前に消費してきたけれど，実は減らせるプラスチックは他にもあると思う。　**問3**　この地球で最も原始的で美しい場所であるべき　**問4**　紫外線に晒され波にもまれる(から。)　**問5**　エ　**問6**　エ　**問7**　（例）　マイクロプラスチックを体内に取り入れた魚を，私たちが食べる可能性は否定できず，そうした有害物質が蓄積された魚を食べれば，私たち人間も健康を害する恐れがある。

●漢字の書き取り

二 問1　①　寒冷　②　成績

解説

一　資料の読み取り

問1　資料後半の〈保護者の皆様《みなさま》へ〉には，運動会を「延期」する場合は「10月17日に行」うとある。

問2　〈諸注意〉には，「競技に参加する生徒」は「競技開始の20分前までに」集合するよう書かれている。「大なわとび」の開始時間は10時30分なので，10時10分までに集合すればよいとわかる。

問3　競技名の右に(教員参加)と書かれている競技は，「つな引き」と「ムカデ競走」の２種目である。

問4　〈会場図〉の右の部分には，「生徒集合場所」は「体育館と校舎の間」だと書かれている。〈会場図〉を見ると，「体育館と校舎の間」はＢにあたることがわかる。

問5　「大玉送り」「きば戦」「全員リレー」といった競技名の右には「※」が書かれており，これに関して〈会場図〉の下の部分に，「種目に参加する人数が多い」ので「生徒観戦場所から直接グラウンドへ入る」よう注意書きがある。これらの３種目は参加人数が多いことから，移動時に混雑しないよう例外的な動きをとることになっていると想像できる。

問6　**ア**　〈諸注意〉に，「貴重品はグラウンドに持って行かず，担任にあずける」とあるので間違《まちが》っている。　**イ**　〈保護者の皆様へ〉に，「ヒールの高いくつでの来校はおやめください」とあるので正しい。　**ウ**　〈保護者の皆様へ〉に，「観戦場所の確保は当日の朝７：30から可能」とあるので間違っている。　**エ**　〈保護者の皆様へ〉に，「グラウンド内での食事はおやめください」とあるので正しい。　**オ**　「実行委員長」の名前は「中村あきら」なので間違っている。「井上まこと」は「体育委員長」の名前。

二　漢字の書き取りと読み，誤字の訂正《ていせい》

問1　①　温度が低く寒いこと。　②　学業や仕事における実績。　③　長く敵対し，競《きそ》い合ってきた相手。　④　音読みは「ショウ」で，「笑止《しょうし》」などの熟語がある。

問2　「誤」を「謝」に直せばよい。「誤る」は，“間違える”という意味。「謝《あやま》る」は，“申し訳な

いという気持ちを伝える”という意味。

三 出典は朝比奈《あさひな》あすかの『人間タワー』による。伝統ある桜丘《さくらがおか》小学校の運動会で，特に注目の集まる組体操《くみたいそう》の演目「桜丘タワー」を今年も成功させるべく，学年主任の沖田《おきた》はまとまりのない児童たちにこのままではいけないと，自覚を促《うなが》す。

問１　直後で沖田は，「今年の六年生」は「飲《の》み込《こ》みが悪い学年かもしれない」と考えている。読み進めていくと一昨年，昨年と比べ，いろいろ問題があり，運動会当日までに「去年のレベル」に到達《とうたつ》させる「自信がない」と感じている。よって，アが正しい。

問２　空らんＡの前の部分に，「今年の六年生」のカラーとして「全体意識が薄《うす》」く，「自分さえ良ければいいという子が多い」ことが書かれている。

問３　ウェーブが「ひとつの生き物のように見えた」のは，去年の六年生が「圧巻」の「美しいウェーブ」を作ったからである。空らんＡに続く部分にあるように，沖田は，今年のウェーブは「波がガタガタして」しまい，「横とのつながりが分断され，波全体に滑《なめ》らかさ」がないと考えている。

問４　問２，３でみたように，前後の部分では，自分本位で全体意識が薄いという今年の学年のカラーが，ふぞろいなウェーブにもよく表れていることが書かれている。よって，一目見ればたちまちわかることを意味する「一目瞭然《いちもくりょうぜん》」がよい。なお，「一所懸命《いっしょけんめい》」は，精一杯《せいいっぱい》力をつくすこと。「十人十色《じゅうにんといろ》」は，一人ひとり異なる個性を持つこと。「臨機応変」は，状況《じょうきょう》に応じてやり方を変えること。

問５　続く部分で沖田は，「あちこちでおしゃべりして」いる児童がいて「まとまりがない」ことを指摘《してき》し，子どもたちの練習態度をしかっているので，エがふさわしい。なお，沖田が「情けない」と感じているのは六年生全体のようすであり，島倉《しまくら》や松村《まつむら》と自分の協力体制ではないので，アは合わない。「明日から桜丘タワーの練習」が始まると沖田は話しているので，イは正しくない。沖田は一部の児童が不調になったことよりも，それがきっかけでほかの児童が「だれてしま」ったことにあきれているので，ウは選べない。

問６　前の部分で沖田は，「桜丘タワー」はこれまで桜丘小の六年生がかかさずに築いてきた歴史あるものであることや，二十五周年の「今年」は大事な「節目の年」であることを強調している。沖田は児童たちに小学校の伝統を担《にな》っている自覚を持ち，タワーを成功させるという目的に向かって奮起してほしいと思っていることがわかる。

問７　前の部分で沖田は，今の不真面目《ふまじめ》な練習態度のままでは，先輩《せんぱい》から受《う》け継《つ》いできた「桜丘タワーの絆《きずな》が途切《とぎ》れて」しまうと述べている。沖田はあえて厳しい言い方をすることで，児童たちの自覚を促し，練習への取り組み方を改めさせようとしていると想像できるので，アがふさわしい。

問８　前の部分で沖田は，「桜丘タワー」は「桜丘小の絆をつないできた大事なタワー」だと述べ，「練習中におしゃべりをする学年」には「桜丘タワーをあきらめて」もらうことになると話している。よって，アとイが正しい。なお，沖田は私語や不真面目な態度をしかり，練習中のおしゃべりは大けがにつながると言っているが，けがをする児童自体を責めてはいないので，ウやオは合わない。沖田は生徒の近藤《こんどう》を見て自分と「同じ心配を抱《かか》えている」と感じたり，「周りの子たちを注意しなさい」と心の中で呼びかけたりしているが，口には出していないので，エやキも選べない。沖田はウェーブの練習でまとまりがなかったと述べ，不安を表明しているので，カも正しくない。

四 出典は堅達京子《げんだつきょうこ》＋NHK BS１スペシャル取材班の『脱《だつ》プラスチックへの挑戦《ちょうせん》―持続可能な地球

と世界ビジネスの潮流』による。筆者は太平洋から回収されたプラスチックごみの解析《かいせき》結果をふまえ，生態系への影響《えいきょう》を論じている。

問1　前の部分には，「試験的に回収したプラスチックごみ」を調べたところ，「日本のごみが最も多かった」ことが書かれている。筆者はこの「結果」に驚《おどろ》いたと述べている。

問2　続く部分で筆者は，レジ袋《ぶくろ》やペットボトルを例にあげ，日本のプラスチック消費量がいかに多いかを説明している。身の回りの使い捨てプラスチックの量についての実感や，関連した取り組みなどについて，具体例をあげながら書くとよい。

問3　続く部分には，「太平洋のど真ん中」で大量のプラスチックごみが回収された事実について，本来は「この地球で最も原始的で美しい場所であるべき」なのに「何かが間違っている」と憤《いきどお》るフランチェスコの言葉が書かれている。

問4　前の部分では，プラスチックごみが海の中で「紫外線《しがいせん》に晒《さら》され波にもまれることで次第《しだい》に細かくなっていく」と説明されている。

問5　前後の部分には，小さな「マイクロプラスチックと呼ばれる」かけらを「海の生き物がエサと誤って食べ」，汚染物質《おせんぶっしつ》を体内に運び入れてしまうという問題があることが書かれている。こうした問題の原因は，マイクロプラスチックが海に「存在」することなので，エがふさわしい。

問6　続く部分には，マイクロプラスチックはそれ自体が「有害」な「化学物質」を含むほか，海の中に溶《と》けている様々な「汚染物質」を「表面に吸着させる働き」を持つこと，小魚がマイクロプラスチックを食べ，さらに大きな魚が小魚を食べるなど，「食物連鎖《しょくもつれんさ》」の中で「有害物質」が生物の体内に取《と》り込《こ》まれ，「濃縮《のうしゅく》」されることが書かれている。よって，エがふさわしい。なお，「ゴーストネットと呼ばれる漁網《ぎょもう》」は比較的《ひかくてき》大きなプラスチックごみであり，マイクロプラスチックとは別物なので，アは正しくない。筆者は生き物の「胃の中がプラスチックの破片《はへん》で埋《う》め尽《つ》くされ」ることを「悲惨《ひさん》」だと述べてはいるが，「食物連鎖」による「汚染」とは別の問題としてあげているので，イは選べない。本文では，「プラスチック」がPCBsなど海水中の「有害化学物質」を「表面に吸着させる」と書かれているので，ウは合わない。

問7　本文の後半で筆者は，海の生き物がマイクロプラスチックを取り込み，食物連鎖によって有害物質を体内に濃縮させていく過程を説明し，最終的には魚介類《ぎょかいるい》を食べている人間にも影響する恐《おそ》れがあると主張している。このこともふまえ，マイクロプラスチックがめぐりめぐって人間にどのような影響をあたえるかを考えて書く。

Dr.福井の
入試に勝つ！脳とからだのウルトラ科学

記憶に残る“ウロ覚え勉強法”とは？

人間の脳には，ミスしたところが記憶に残りやすい性質がある。順調にいっているときの記憶はあまり残らないが，まちがえて「しまった！」と思うと，その部分がよく記憶されるんだ（これは，脳のヘントウタイという部分の働きによる）。その証拠に，おそらくキミたちも「あの問題を解けたから点数がよかった」ことよりも，「あの問題をまちがえたから点数が悪かった」ことのほうをよく覚えているんじゃないかな？

この脳のしくみを利用したのが“ウロ覚え勉強法”だ。もっと細かく紹介すると，テキストの内容を一生懸命覚え，知識を万全にしてから問題に取り組むのではなく，テキストにざっと目を通した程度（つまりウロ覚えの状態）で問題に取りかかる。もちろんかなりまちがえると思うが，それを気にすることはない。まちがえた部分はよく記憶に残るのだから……。言いかえると，まちがえながら知識量を増やしていくのが“ウロ覚え勉強法”なのである。

ここで，ポイントが２つある。１つは，ヘントウタイを働かせて記憶力を上げるために，まちがえたときは「あ〜っ！」とわざとらしく驚くこと。オーバーすぎるかな……と思うぐらいでちょうどよい。

もう１つのポイントは，まちがえたところをそのままにせず，ここできちんと見直すこと（残念ながら，驚くだけでは覚えられない）。問題の解説を読んで理解するのはもちろんだが，必ずテキストから見直すようにする。そうすれば，記憶力が上がったところで足りない知識をしっかり身につけられるし，さらにその部分がどのように出題されるかもわかってくる。頭の中の知識を実戦で役立てられるようにするわけだ。

Dr.福井（福《ふく》井《い》一成《かずしげ》）…医学博士。開成中・高から東大・文Ⅱに入学後，再受験して翌年東大・理Ⅲに合格。同大医学部卒。さまざまな勉強法や脳科学に関する著書多数。

Memo

Memo

2022年度　東海大学付属相模高等学校中等部

〔電　話〕　(042)742－1251
〔所在地〕　〒252－0395　神奈川県相模原市南区相南３－33－１
〔交　通〕　小田急線―「小田急相模原駅」より徒歩８分

【算　数】〈A試験〉（50分）〈満点：100点〉

〈注意〉１．分数は約分して答えなさい。
　　　　２．図は必ずしも正確ではありません。

1 次の各問いに答えなさい。

(1) $\{(6+4\div2)-1\}\times6-3$ を計算しなさい。

(2) $1.73\times5-4\div0.8+1.2$ を計算しなさい。

(3) $\left(1.8+\frac{3}{10}\right)\times5+1\frac{1}{2}\times2\frac{1}{3}$ を計算しなさい。

(4) $\frac{1}{4}\times3.5+0.25\times4.7+\frac{1}{2}\times0.9$ を計算しなさい。

(5) 次の□にあてはまる数を求めなさい。

$$38-4\frac{2}{3}\times(18-\square\times3)=10$$

(6) 数が次のように規則的に並んでいます。このとき，1番目から12番目までのすべての数の和を求めなさい。

1，7，10，16，19，25，…

(7) $\frac{1}{37}$ を小数で表すとき，小数第2022位の数を求めなさい。

(8) {A} は整数Aの約数の個数を表します。たとえば，4の約数は1，2，4の3個なので，{4}＝3です。このとき，次の計算をしなさい。

$$\{\{12\}\times5\}+\{24\}$$

2 次の各問いに答えなさい。

(1) 1時間の8%は何分何秒ですか。

(2) モモはメロンより270円安く，モモ6個とメロン5個を購入したとき，合計の代金は4980円です。このとき，モモ1個の値段は何円ですか。

(3) 下の図は長方形を折り曲げたものです。角アの大きさを求めなさい。

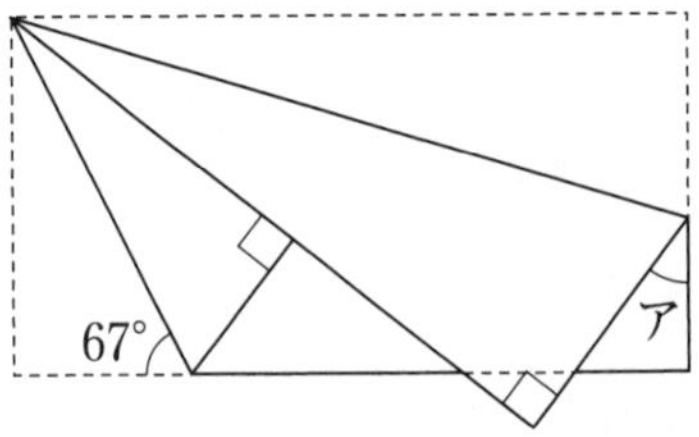

(4) A君だけで行うと8日かかり，B君だけで行うと12日かかる仕事があります。この仕事を最初の3日間は2人で行いました。4日目からはA君が1人で残りの仕事を終わらせました。A君は全部で何日間働きましたか。

(5) 8両編成の各駅列車が秒速19 mの速さで，12両編成の急行列車が秒速26 mの速さで，おたがいに反対の方向に進んでいます。この2つの列車がすれちがい始めてから，すれちがい終わるまでにかかった時間は，何秒ですか。ただし，車両1両の長さはすべて18 mとします。

(6) A，B，C，D，E，Fの6人を，4人と2人の2組に分けます。Aが4人の組に入るような分け方は，全部で何通りですか。

(7) 下の展開図を組み立てるとできる立体の体積は何 cm^3 ですか。
ただし，点 O は円の中心とし，円周率は 3.14 とします。

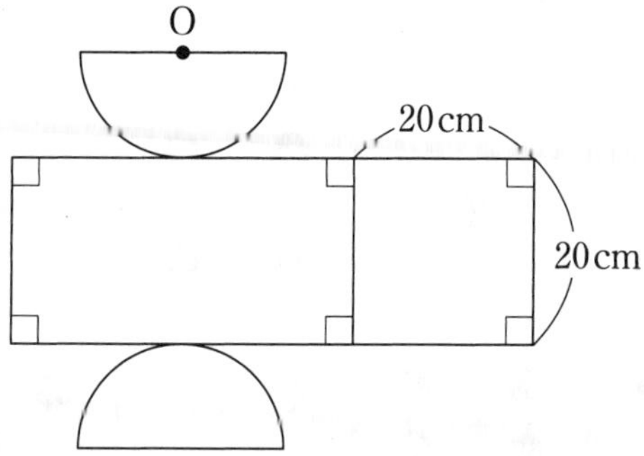

3 図 1 のような台形 ABCD があります。点 P は B を出発し，辺上を B → C → D の順に一定の速さで移動します。図 2 は，点 P が出発してからの時間と，三角形 APD の面積の関係を表しています。このとき，次の各問いに答えなさい。

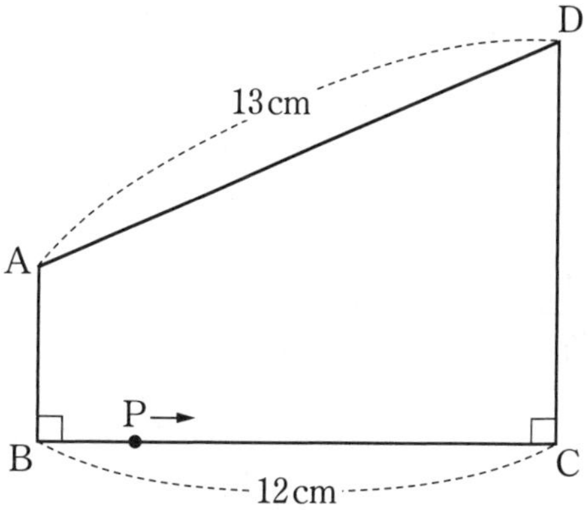

図 1

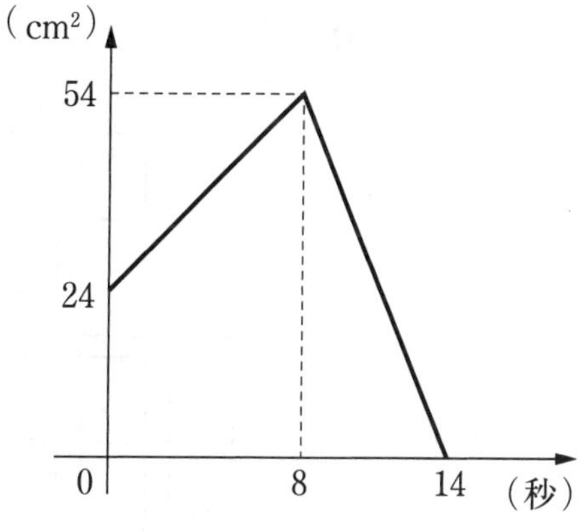

図 2

(1) 点 P の速さは秒速何 cm ですか。

(2) この台形の周りの長さは何 cm ですか。

(3) 点 P が B を出発してから 6 秒後の三角形 APD の面積を求めなさい。

4 次の各問いに答えなさい。

(1) 下の図の点線をなぞって，さいころの展開図を完成させなさい。

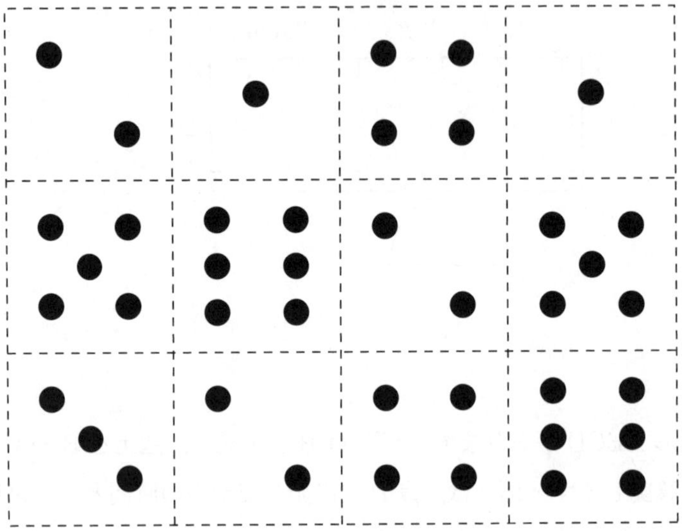

(2) 次の□をうめて計算を完成させなさい。

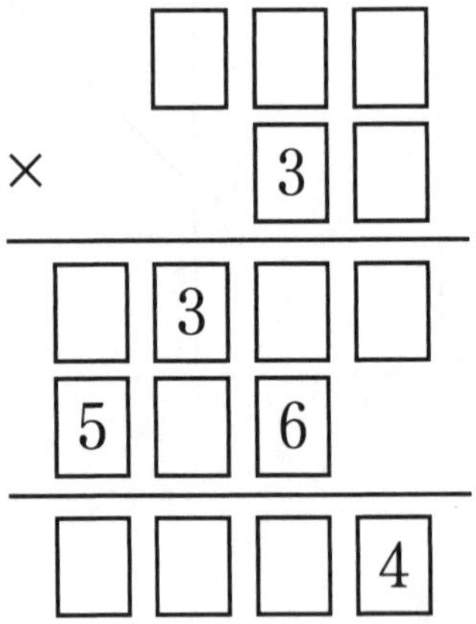

【社会・理科】〈A試験〉(社会と理科で50分)〈満点：各50点〉

社　　会

1　資料〈あ〉～〈え〉は、日本にある山についての説明文です。各問いに答えなさい。

〈あ〉
九州地方のほぼ中央にある。
火山活動による大きなくぼ地(A)が有名である。
周辺では畜産(B)がさかんである。

〈い〉
岐阜県と［　　　］県にまたがっている。
2014年に噴火し、多くの犠牲《ぎせい》者を出した。
林業(C)がさかんで、木曽ヒノキが有名である。

〈う〉
山梨県(D)と静岡県にまたがっている。
標高3776mで、日本でもっとも高い山である。
2013年に世界文化遺産(E)に登録された。

〈え〉
中国地方(F)でもっとも高い山である。
雄大な姿をしており、出雲富士とも呼ばれている。
すそ野は日本海に達し、冬は積雪が多い(G)。

問1　下線部(A)の名前を答えなさい。

問2　下線部(B)について、下のグラフは生乳の産出額割合を都道府県別に表したものです。(　　)に入る都道府県の組み合わせとして適するものを次の**ア**～**エ**から1つ選び、記号で答えなさい。

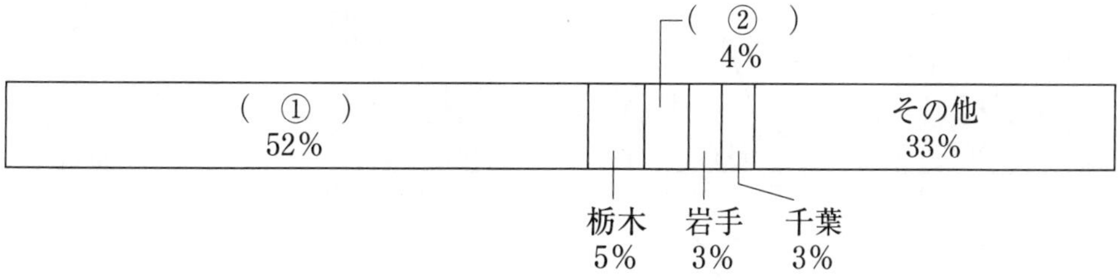

ア　①－北海道　②－鹿児島　　**イ**　①－鹿児島　②－北海道
ウ　①－北海道　②－熊本　　**エ**　①－熊本　②－北海道

問3　□　に適する語句を答えなさい。

問4　下線部（C）は生産量の減少が続いていますが、その理由として誤っているものを次の**ア**～**エ**から1つ選び、記号で答えなさい。

ア　機械化が進み、第3次産業が衰退《すいたい》している。

イ　少子高齢《こうれい》化が進み、労働人口が減っている。

ウ　海外から輸入する木材の方が安い価格で済む。

エ　危険をともなう仕事であるため、希望する若者が少ない。

問5　下線部（D）は果樹生産がさかんですが、その理由の1つに、せまい山間地から平地に流れ出た河川が土砂を堆積《たいせき》させてできた地形の利用があげられます。この地形を次の**ア**～**エ**から1つ選び、記号で答えなさい。

ア　三角州　　**イ**　砂丘　　**ウ**　河岸段丘　　**エ**　扇状地

問6　下線部（E）について、2021年に登録された遺産を次の**ア**～**エ**から1つ選び、記号で答えなさい。

ア　古都京都の文化財　　**イ**　日光の社寺

ウ　琉球王国のグスク及び関連遺跡群　　**エ**　北海道・北東北の縄文遺跡群

問7　下線部（F）には、1つだけ県の名前と県庁所在地の名前が異なる県があります。その県庁所在地を答えなさい。

問8　下線部（G）に適するグラフを次の**ア**～**エ**から1つ選び、記号で答えなさい。

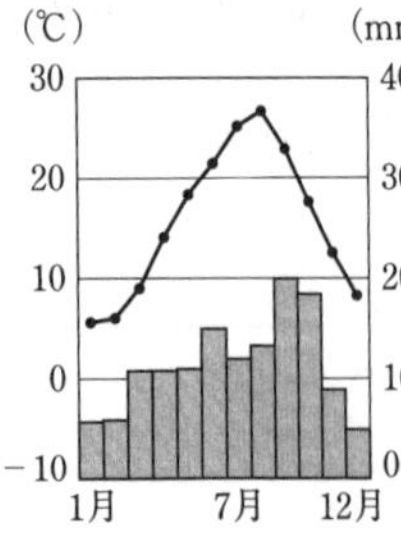

ア

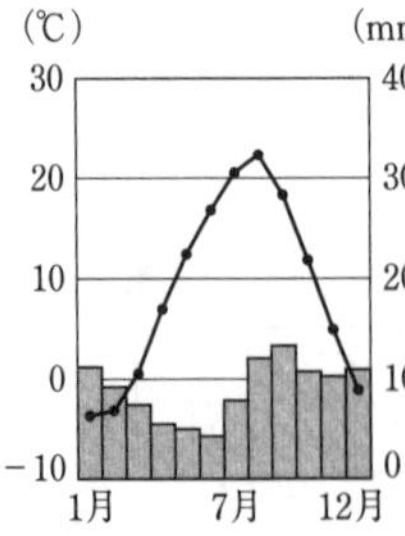

イ

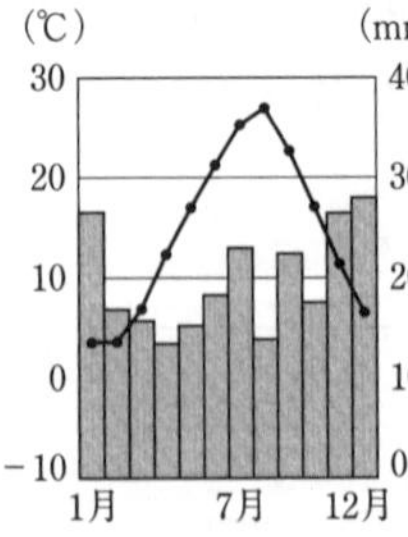

ウ

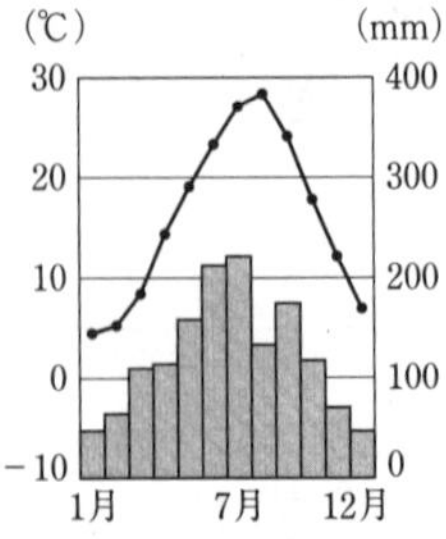

エ

問9　〈あ〉～〈え〉の山を東にあるものから順に記号で答えなさい。

問10　日本は山が多く、国土の3分の2以上が森林です。このような特色を持つ国はどのような方法でSDGsの実現に貢献《こうけん》できるでしょうか。自分の意見を述べなさい。

2 次の略年表を参考にして、各問いに答えなさい。

年	できごと
239	邪馬台国の女王（ ① ）が魏（中国）に使いを送る。
593	聖徳太子(A)が（ ② ）となる。
645	中大兄皇子らが蘇我氏をたおし、天皇を中心とした国づくりを始める。(B)
1053	藤原頼通が京都の宇治に阿弥陀堂(C)を建立する。
1167	平清盛が太政大臣となり、平氏(D)が栄える。
1192	源頼朝(E)が征夷大将軍となる。
1333	鎌倉幕府がほろび、（ ③ ）天皇が建武の新政をおこなう。
1575	織田信長(F)が武田勝頼を長篠の戦いでやぶる。
1603	徳川家康が征夷大将軍となり江戸幕府(G)を開く。
1821	伊能忠敬が（ ④ ）を完成させる。
1889	大日本帝国憲法(H)が発布される。
2011	（ ⑤ ）大震災がおこり、津波などによって多くの命が失われる。

問１ （ ① ）に適する人物名を答えなさい。

問２ 下線部（A）の人物がさだめた、家がらにとらわれずに有能な人物を役人に登用《とうよう》する制度を答えなさい。

問３ （ ② ）に適する役職を次の**ア**～**エ**から１つ選び、記号で答えなさい。

ア 関白　**イ** 摂政　**ウ** 右大臣　**エ** 左大臣

問４ 下線部（B）から始まる一連の政治改革を答えなさい。

問５　下線部（C）は現在、世界遺産にも登録されており、10円硬貨のデザインとしても用いられています。この建築物を答えなさい。

問６　下線部（D）の一族がほろぼされた戦いを次の**ア**～**エ**から１つ選び、記号で答えなさい。

ア　壇ノ浦の戦い　　**イ**　関ケ原の戦い

ウ　小牧・長久手の戦い　　**エ**　桶狭間の戦い

問７　下線部（E）が、鎌倉に幕府を開いた理由を「山」と「海」という２つの言葉を用いて説明しなさい。

問８　（　③　）に適する天皇を次の**ア**～**エ**から１つ選び、記号で答えなさい。

ア　聖武　　**イ**　後醍醐　　**ウ**　推古　　**エ**　持統

問９　下線部（F）の人物がおこなった政策として誤っているものを次の**ア**～**エ**から１つ選び、記号で答えなさい。

ア　関所を廃止《はいし》して、自由な交通を可能にした。

イ　市場での税金を免除《めんじょ》して、商工業を発展させた。

ウ　キリスト教を保護し、仏教勢力を武力で屈服《くっぷく》させた。

エ　百姓が刀や槍《やり》などの武器を持つことを禁止した。

問10　下線部（G）が朝廷に政権を返上したのは第何代将軍のときですか、数字を答えなさい。

問11　（　④　）に適する語句を次の**ア**～**エ**から１つ選び、記号で答えなさい。

ア　解体新書　　**イ**　日本地図　　**ウ**　奥の細道　　**エ**　古事記

問12　下線部（H）における主権者を漢字２字で答えなさい。

問13　（　⑤　）に適する語句を次の**ア**～**エ**から１つ選び、記号で答えなさい。

ア　阪神淡路　　**イ**　東日本　　**ウ**　関東　　**エ**　新潟中越

3 次の文章を読み、各問いに答えなさい。

第二次世界大戦を経て、1945年に51カ国の加盟によって国際連合が作られました。現在は世界のほとんどの国が加盟し、世界各地の問題を解決するために活動しています。

国際連合本部(A)では全加盟国が参加し多数決で採決する総会のほか、紛争《ふんそう》が発生した際に事態の悪化を防ぎ、解決措置《そち》の要請《ようせい》などをはかるべく５カ国の常任理事国と10カ国の非常任理事国で話し合う（　①　）などが開かれます。また、児童や教育科学、文化の保護に関しても、様々な機関が大切な働きを担っています。(B)

問１　下線部（A）の本部が置かれている都市を次の**ア**～**エ**から１つ選び、記号で答えなさい。

ア　ジュネーブ　　**イ**　北京　　**ウ**　ニューヨーク　　**エ**　パリ

問２　（　①　）に適する語句を答えなさい。

問３　下線部（B）について、これらの機関のうち、すべての子どもの命と権利を守るために様々な活動の支援《しえん》を目的として設立された機関をカタカナ４字で答えなさい。

国会は、国の政治の方向を決めていく機関です。国会は衆議院(C)と参議院の二院制であり、国民によって（　②　）で選ばれた国会議員が法律の制定や予算の審議《しんぎ》、外国と結んだ条約の承認などについて話し合い、最終的に多数決で決めていきます。

国会で決められた法律や予算をもとに、内閣(D)が実際に政治をおこなっていきます。内閣の最高責任者は国会で指名された内閣総理大臣であり、専門的な仕事を担当する国務大臣を任命し、大臣たちとの会議(E)を通して政治の進め方を決めています。

私たちの住む社会では、様々な争いごとや犯罪が起きています。このようなとき、裁判所は法律にもとづいて問題を解決し(F)、国民の権利を守っています。また、国会で決めた法律や内閣がおこなう政治が憲法に違反《いはん》していないかを判断しています。

問４　（　②　）に適する語句を答えなさい。

問５　下線部（C）の説明として適するものを次の**ア**～**エ**から１つ選び、記号で答えなさい。

ア　任期は４年で、解散がない。　　**イ**　任期は６年で、解散がある。

ウ　立候補できるのは25歳《さい》以上である。　　**エ**　参議院より議員定数が少ない。

問６　下線部（D）について、天皇の国事行為は内閣の助言と承認にもとづいておこなわれていますが、その国事行為の内容として適するものを次の**ア**～**エ**から１つ選び、記号で答えなさい。

ア　国会を召集《しょうしゅう》する。　　**イ**　憲法改正を発議する。

ウ　最高裁判所長官を指名する。　　**エ**　祝日を制定する。

問７　下線部（E）の名前を答えなさい。

問８　下線部（F）について、判決の内容に不服のある場合は最大で何回まで裁判を受けることができますか。その回数を答えなさい。

問９　現在日本では、刑事裁判において裁判員制度を採用する場合があります。裁判員制度についてどのように考えますか。解答らんの賛成か反対かのどちらかに○をつけ、その理由を述べなさい。

理　　科

4　植物のはたらきについて実験をしました。次の各問いに答えなさい。

［実験］

1．晴れた日の午前中に、植物にふくろをかぶせて、息をふきこむ。(図1)

2．気体検知管を使って、ふくろの中の空気を調べる。(図2)

3．植物に、1時間ぐらい日光を当てる。

4．もう一度、気体検知管を使って、ふくろの中の空気を調べる。

図1

［結果］

	日光に当てる前	日光に当てた後
酸素	15%	18%
二酸化炭素	5%	3%

図2

問1　上の結果の表から、酸素が増加し、二酸化炭素が減少していることがわかります。これは、植物のあるはたらきによるものです。このはたらきを何といいますか。

問2　問1の植物のはたらきでは、酸素以外に何がつくられますか。

問3　実験後、植物にかぶせたふくろをそのままにしておいたところ、ふくろの内側が白くくもりました。その理由を簡単に説明しなさい。

問4　植物に光が当たらなかったとき、実験結果が異なりました。この場合、酸素と二酸化炭素の割合は、どのようになりますか。それぞれについて、増加するか減少するか答えなさい。

問5　生き物は、空気中の酸素を使います。また、物が燃えるときにも、酸素が使われます。しかし、空気中の酸素はなくなりません。その理由を簡単に説明しなさい。そして、あなたがこの環境《かんきょう》を守るためにできることを1つ答えなさい。

5 図のように、0.5gのアルミニウムに加えるうすい塩酸の体積を変えて反応させ、発生する気体の体積をはかる実験をしました。その結果が下の表のようになりました。次の各問いに答えなさい。

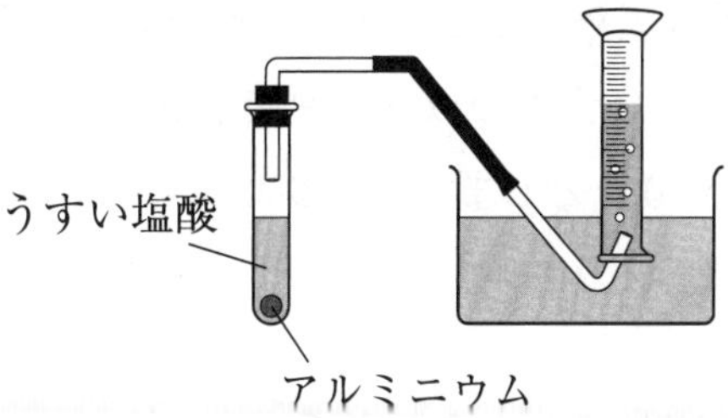

[結果]

アルミニウムの重さ [g]	0.5	0.5	0.5	0.5	0.5
加えたうすい塩酸の体積 [cm^3]	5	10	15	20	25
発生した気体の体積 [cm^3]	200	400	600	720	720

問1　うすい塩酸にとけている気体と、発生した気体はそれぞれ何ですか。

問2　発生した気体の特徴《とくちょう》は何ですか。次の**ア**～**オ**から正しいものをすべて選び、記号で答えなさい。

ア　空気より軽い。
イ　うすい黄色の気体である。
ウ　水にとけにくい。
エ　物を燃やすはたらきがある。
オ　鼻をつくようなにおいがする。

問3　実験により発生した気体が何であるかを確認する方法とその結果を答えなさい。

問4　0.5gのアルミニウムと20cm^{3}のうすい塩酸を反応させた後、水溶液《すいようえき》を加熱して水を完全に蒸発させるとどのようになりますか。

問5　0.5gのアルミニウムと過不足なく反応するうすい塩酸は何cm^{3}になりますか。

問6　0.5gのアルミニウムと25cm^{3}のうすい塩酸を反応させた後、鉄を0.2gいれました。鉄はどのようになりましたか。次の**ア**～**エ**から正しいものを1つ選び、記号で答えなさい。

ア　鉄の内部から気体を発生しながら、すべてとけた。
イ　鉄の表面から気体を発生しながら、鉄の一部がとけた。
ウ　鉄の表面から気体を発生したが、鉄に変化はなかった。
エ　なにも変化しなかった。

6　太朗君は、てこのはたらきについて調べました。図１のように均一な材質でできているうすい台形の板を点Ｐで支えると、板は水平になりました。ABの長さは120cm、重さ100gとします。このようすを真横から見ると図２のようになりました。次の各問いに答えなさい。

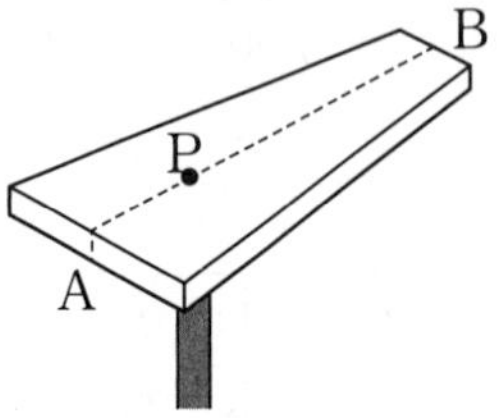

図１

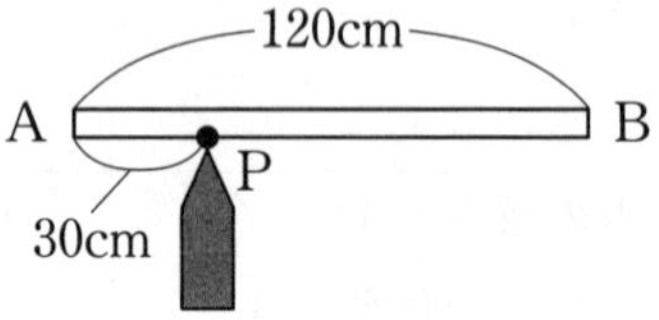

図２

問１　図３のように、Ａに120gのおもりをつりさげたとき、60gのおもりを使って板を水平にしました。このとき、60gのおもりはＡから何cmの所につりさげればよいですか。

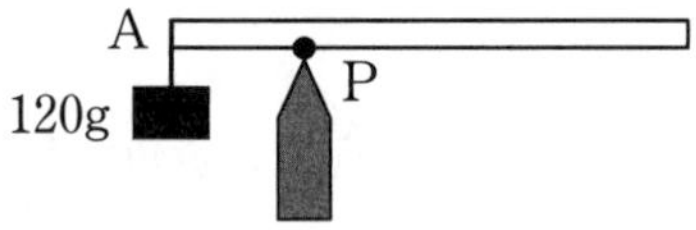

図３

問２　図４のように、ABの中点Ｑ（Ａから60cm）で板を支えて水平にすることにしました。Ａに上向き、下向きのどちらの方向に力を加えればよいですか。

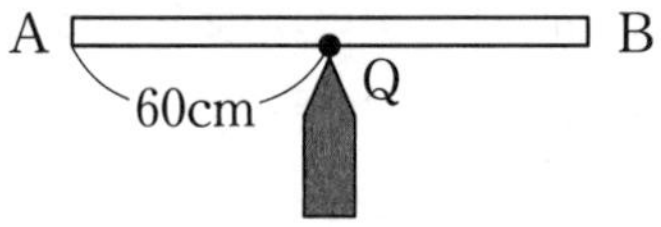

図４

問３　図４のとき、Ａに加える力の大きさを調べるために、つるまきばねを用いたところばねの長さは16.0cmになりました。このとき、Ａにかかる力の大きさは何gですか。ただし、つるまきばねの長さとつるしたおもりの重さとの間には、次の表のような関係があるものとします。

おもりの重さ [g]	0	10	20	40
ばねの長さ [cm]	10.0	11.2	12.4	14.8

問4　図5のように、Aに100gのおもりをつるし、Bに50gのおもりをつるして板が水平になるようにひもでつり下げたとき、ひもには何gの力がかかっていますか。

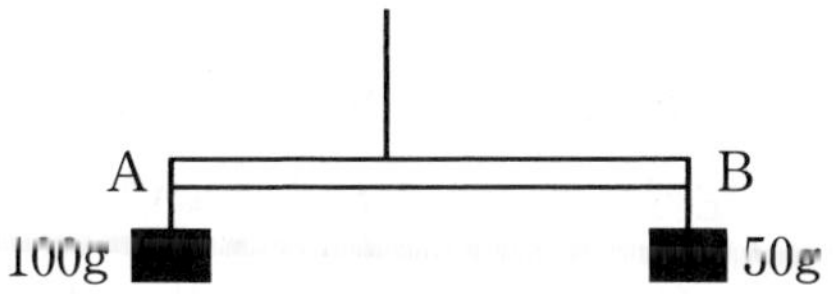

図5

問5　図6のように、板を点線のところで切ったとき、2つ(aとb)の重さを比べるとどのようになりますか。次の**ア**～**エ**から正しいものを1つ選び、記号で答えなさい。

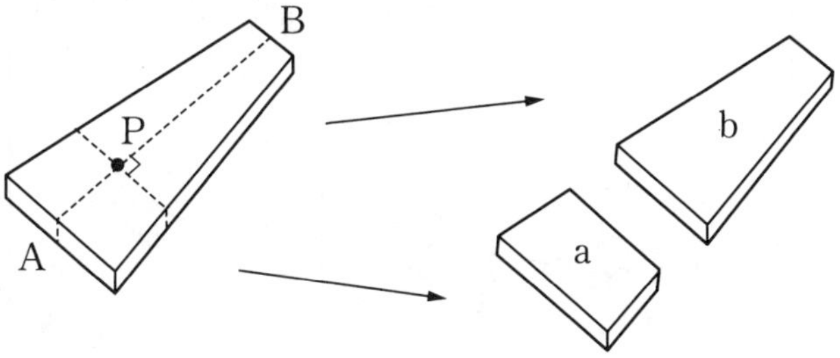

図6

ア　aの方がbよりも重い。

イ　bの方がaよりも重い。

ウ　aとbは同じ重さである。

エ　この条件だけでは判断できない。

問6　てこのはたらきを利用した道具を、次の**ア**～**オ**からすべて選び、記号で答えなさい。

ア　ふり子時計

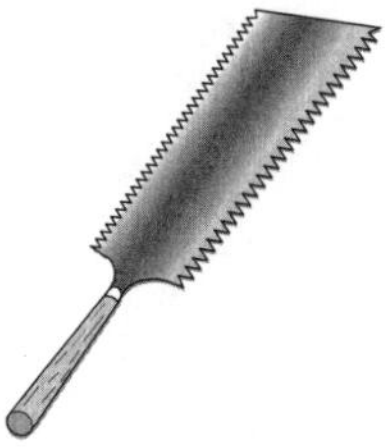

イ　ノコギリ

ウ　ハサミ

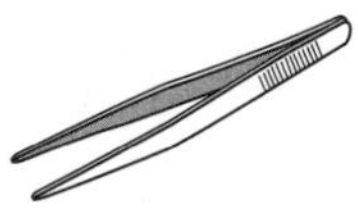

エ　ピンセット

オ　目玉クリップ

7 太朗君は、夏休みの宿題で天気について調べました。以下の文章と天気図を参考に、次の各問いに答えなさい。

昨年の夏休みは、とても雨が多く、猛暑日《もうしょび》も一昨年と比べるととても少なかった。その原因のひとつは、偏西風《へんせいふう》の蛇行《だこう》だと考えられる。前線の北側の高気圧の勢力が強く、偏西風が例年よりも南下していた。また、南側の高気圧も例年ほど日本列島をおおうように張り出さなかったこともあげられる。これらにより、8月中旬《ちゅうじゅん》、西日本上空に2000kmにもおよぶ「大気の川」と呼ばれる現象が発生した。

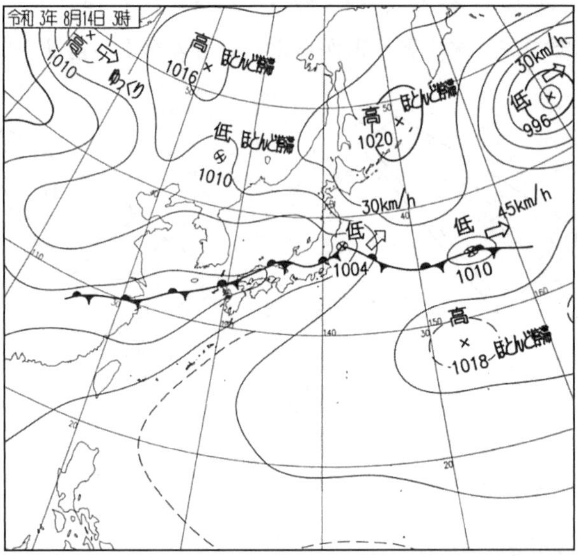

出典：気象庁ホームページ　8月14日の天気図

問1　前線の北側と南側にある高気圧の性質を、次の**ア**～**エ**からそれぞれ選び、記号で答えなさい。

ア　あたたかく、かわいた空気

イ　あたたかく、しめった空気

ウ　冷たく、かわいた空気

エ　冷たく、しめった空気

問2　この2つの高気圧にはさまれてできた前線の性質として当てはまるものを、次の**ア**～**エ**からすべて選び、記号で答えなさい。

ア　雨をふらせる　　**イ**　晴れさせる

ウ　すぐにきえる　　**エ**　ほとんど動かない

問３　この８月中旬の天気図は、梅雨の終わりごろにみられるものとよく似ています。一般《いっぱん》に、気温が１℃高くなると、大気にふくむことのできる水蒸気量は約７％増えるといわれています。佐賀県嬉野《うれしの》市《し》の８月中旬の平均気温は26.9℃、梅雨時期の７月上旬と比べると、約２℃高くなりました。７月上旬と比べると約何倍の水蒸気をふくむことができますか。

問４　このとき発生した「大気の川」の流れとして当てはまるものを、次の**ア**～**エ**から１つ選び、記号で答えなさい。

ア

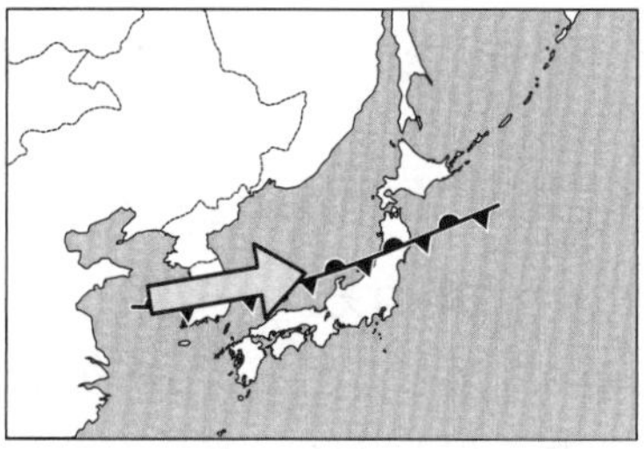

イ

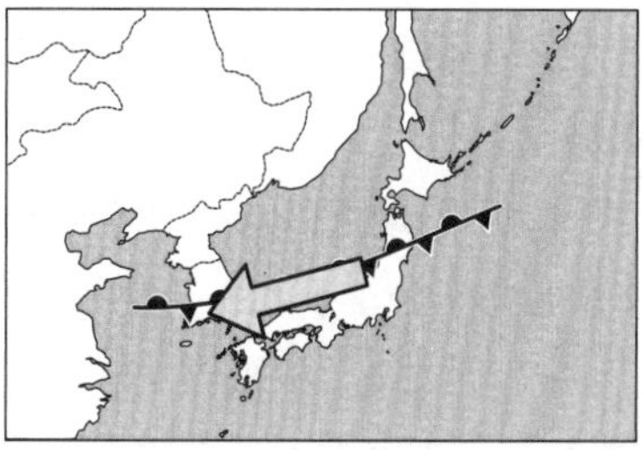

ウ

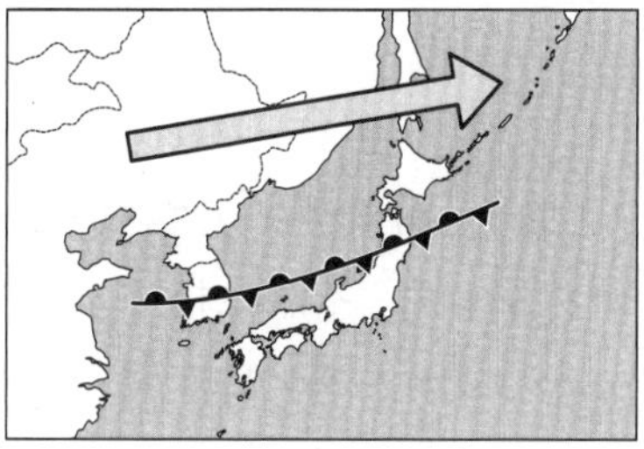

エ

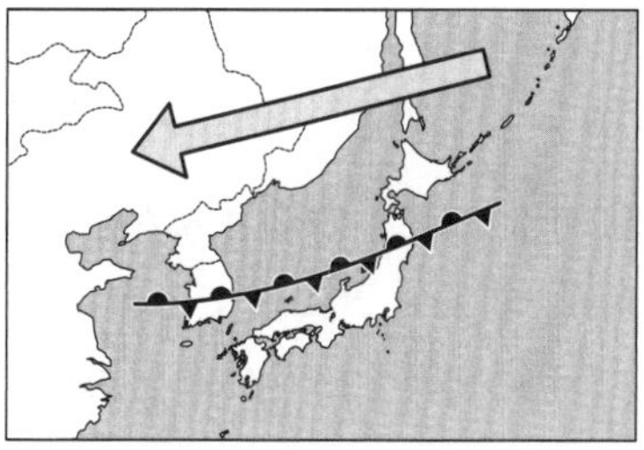

問５　この「大気の川」の下では、次々と発達した積乱雲が複数ならぶ現象がいくつもの場所でみられました。この現象は、積乱雲が数時間にわたってほぼ同じ場所を通過または停滞《ていたい》することで帯状の雨域が作り出されます。この雨域のことを何といいますか。

問６　８月14日に、佐賀県と長崎県に気象庁から大雨特別警報《けいほう》が発表され、警戒《けいかい》レベルは５でした。この警戒レベル５は、「命の危険　直ちに安全確保！」を住民によびかけるものです。このような大雨特別警報が出たとき、命を守るための安全確保の具体的な例を１つ答えなさい。

〈リスニング問題放送原稿〉

一のリスニング問題を始めます。表紙を開いてください。
これから問題文を一度だけ読みます。内容は「聞き取りメモ」らんや余白を利用し、書き取ってください。問いも放送で出題します。問いは全部で五つあります。よく聞き、各問いに答えなさい。

佐藤：リスナーのみなさんこんにちは。今週もはじまりました。レディオ東海大相模。
みなさんお元気でしたか。パーソナリティの佐藤です。
鈴木：こんにちは。鈴木です。
津田：はーい！津田でーす。今週のテーマは何ですか？
佐藤：今週のテーマは「手紙を書く」です。お二人とも「手紙」と聞いて何か思い出とかありますか。
津田：そうですね～。最近はあまり手紙を書かないですね。もうメールや電話、それからSNSとかで済ませちゃいますねぇ。そういう時代っていうんですかねぇ。
佐藤：なんか寂しいなあ。手紙の文字を見てその人の温かみを感じることってありませんか。
鈴木：わかるな～。その人の顔が浮かんできますよね～。思い出と共に…。
津田：あ～そうですね。
佐藤：それでは、いただいたおたよりを紹介しましょう。

鈴木：相模原市にお住いの森さんからのおたよりを紹介します。ありがとうございます。
「私は手紙を書くときにとても大切にしていることがあります。それは相手のことを思うことです。手紙を書く相手の顔を思い浮かべながら、どんな便せんがいいか買いに行くことから始めます。
先日、小学校の修学旅行でお世話になった民宿のおばあさんに手紙を書きました。その時思い出したのは、宿の庭先に咲いていた花をおばあさんが教えてくれたことです。初めて見た花だったので、「あの花は何という花だろうね。」と友達と話していた時、おばあさんが「これはナデシコの花だよ。私が一番好きな花なんだよ。」と教えてくれました。とてもかわいらしい花だったのとおばあさんの笑顔がとても印象に残っています。だから、たくさんある便せんの中からナデシコの花が描かれている便せんを選びました。
季節の挨拶から始まり、修学旅行でお世話になったお礼、今学校で行われている行事などを書きました。書きながらおばあさんの顔を思い出し、また会いたいなという気持ちが湧いてきました。手紙は人を優しい気持ちにさせますね。電話やメールもいいですが、改めて手紙の良さを実感しました。」

佐藤：いいですね〜。相手のことを思いながら便せんを選ぶなんて…。私がもしその手紙をもらったら、自分のことを考えてくれていたんだって思って感動しちゃいます。
津田：久しぶりに手紙を書いてみようって思いました。

問1　パーソナリティの鈴木は手紙の文字を見ると何を思い出しますか。次のア〜エの中からすべて選びなさい。

ア　その人との思い出　　　イ　その人の家
ウ　その人の顔　　　エ　その人の家族

問2　おたよりをくれた森さんが手紙を書くときに大切にしていることは何か答えなさい。

問3　森さんがナデシコの便せんを選んだのはどうしてですか。

ア　今の季節に合っている花だから。
イ　自分の好きな花だから。
ウ　花屋の店先に並んでいた花だから。
エ　宿のおばあさんが好きな花だから。

問4　森さんは手紙の書き始めに、何を書きましたか。次のア〜エの中から一つ選び、記号で答えなさい。

ア　学校行事　　　イ　おばあさんの似顔絵
ウ　お世話になったお礼　　　エ　季節の挨拶

問5　このリスニングの問題を聞いて、あなた自身が思う手紙の良さについて述べなさい。
（受験生１人ひとりの考えを聞く問題です）

以上でリスニング問題を終了します。引き続き三以降の問いに取り掛かってください。

問四　――線④「成長させる」とありますが、成長するために必要なことは何ですか。文中の言葉を使って解答らんに合わせて答えなさい。

問五　[A]には「お互いに対立しながら高め合っていく」という意味の四字熟語が入ります。適切なものを次の中から一つ選び、記号で答えなさい。

ア　粉骨砕身《ふんこつさいしん》　イ　千差万別《せんさばんべつ》
ウ　首尾一貫《しゅびいっかん》　エ　切磋琢磨《せっさたくま》

問六　――線⑤「逃げる」とありますが、逃げた後どうすればよいのですか。適切なものを次の中から一つ選び、記号で答えなさい。

ア　自分の能力を伸ばすため苦境に身を置き、鍛える。
イ　自分の能力がそれまでだと諦め、相手の手下につく。
ウ　逃げるのは卑怯だが、助かるためと気持ちを切りかえる。
エ　今は逃げることだけに集中し、その後は運に任せる。

問七　――線⑥「遠洋航海」を成り立たせるためには何が必要ですか。適切ではないものを次の中から一つ選び、記号で答えなさい。

ア　仲間　イ　慢心
ウ　信頼関係　エ　役割分担

問八　――線⑦「人を使う」とはどのように考えることですか。解答らんに合うように文中から十五字でぬき出して答えなさい。

問九　――線⑧「魚人のアーロン」は自分の仲間のことをどのように思っている人物ですか。解答らんに合うように、文中からぬき出して答えなさい。

問十　次の文は本文の内容をまとめたものです。合っているものにはA、間違っているものにはBを解答らんに書きなさい。

ア　何かを成し遂げる時には、たくさんの武器と権力を持つことがとても大切である。
イ　自分より強い相手に対しては逃げることも大切であるが、プライドは決して捨ててはいけない。
ウ　自分は何を成し遂げたいのかという目標を持ってさえいれば、どんな夢も叶えられる。
エ　自分の好きなことを追い求めることは、やがて強力な武器となり人生を切り開いてくれる。

信を持つにつれて、「周りに頼《たよ》らなくても、まずは自分だけで何とかできるのでは？」という慢心《まんしん》が生まれてくるのかもしれません。

しかしルフィを見てみると、どうでしょうか？　彼は強い信念と人間離れした戦闘力を有しているにもかかわらず、決しておごりません。それどころか、「おれは助けてもらわねェと生きていけねェ自信がある!!!」（第10巻182ページ）と開き直って仲間の力を頼っています。

そんなルフィは、「人に頼れる力」を持ったリーダーだと言えるでしょう。彼の姿を見ていると、多くのリーダーが口にする「⑦人を使う」という言葉の違和感に気づかされます。

ワンマン経営者のありがちな失敗事例として、「人を思いどおりに動かしてやろう」と考えていたのではないかと思われるケースをよく聞きます。あなたの周りにも「俺《おれ》が上。下は上の言うことを聞け。余計なことは言うな」と考えているリーダーはいませんか。『ＯＮＥ　ＰＩＥＣＥ』で言えば、⑧魚人のアーロンが、まさしくそんなタイプのリーダーでした。航海士として天性の才を持つナミをルフィが奪《うば》い返しに来た際に、「てめェにこれ程効率よくあの女を使えるか!!?」（第11巻44ページ）と吐《は》いたアーロンは、仲間を道具程度にしか見ていないのでしょう。

しかし、人の上に立つ者として何かを成し遂げたいと強く願うのであれば、人を使うのではなく、「人に頼れる力を持つ」ということを意識してみるべきなのではないでしょうか。もちろん、人に頼るには、それ以前に信頼に足る仲間を得る必要があります。

（山田吉彦著『ＯＮＥ　ＰＩＥＣＥ勝利学』
集英社インターナショナル）

問一　——線①「一本の槍」とは何を表していますか。文中から十字でぬき出して答えなさい。

問二　——線②「ルフィにも劣らぬ『武器』を持っている」とありますが、あなた自身の「武器」は何ですか。考えて答えなさい。

問三　——線③「あなただけの強力な武器」とありますが、勝利を得るためにはこの武器とあともう一つ何が必要ですか。適切なものを次の中から一つ選び、記号で答えなさい。

ア　最終的な勝者になるため誰よりも強い気持ち。
イ　個々のすばらしい能力をみがきあげること。
ウ　自分は何を成し遂げたいのかという明確な目標。
エ　本心と正反対の方向に舵を切れるような勇気。

いるからこそ、そんな言葉を投げかけることができるのでしょう。そして、コビーも同様に、自分よりもはるかに強いルフィに劣等感《れっとうかん》を覚えることなく、日々鍛錬《たんれん》を積んでいます。ライバルとは必ずしも力関係が均衡《きんこう》している者同士とは限りません。お互いに、その能力を認め合えたらライバルです。このふたりの関係は　A　していくライバルとして、実に理想的なものといえるでしょう。

　また、自分を高めていくには、現在持っている力の限界を知ることも重要です。世界の海にその名を轟《とどろ》かせるようになったルフィであっても、自分がとてもかなわない相手を前にしたときには、迷わず⑤「逃げる」という選択をしています。その象徴《しょうちょう》的なエピソードが、シャボンディ諸島の一件です。海軍大将の黄猿《きザル》とその部下の戦桃丸《せんとうまる》、そして王下七武海のバーソロミュー・くまに狙《ねら》われたルフィは、自分たちの力が遠く及《およ》ばないことを悟るや否《いな》や、一味の仲間たちに逃亡の指示を出しています。

　「全員!!!　逃げることだけ考えろ!!!　今のおれ達じゃあこいつらには勝てねぇ!!!」（第52巻192〜193ページ）

というルフィの言葉には、「何がなんでも生き残るのだ」という強い意志が表れています。限界を知り、武器を投げ捨てて逃げることは、卑怯《ひきょう》ではありません。むしろ、どんなことをしてでも生きる勇気が必要です。再起を誓《ちか》い、刃《は》を研《と》ぐ機会を得るために、あえて逃亡して力を蓄《たくわ》える。それこそが、強敵に勝利するための鉄則なのです。

　そして、一度逃げたのであれば、自分の力を伸ばすために苦境に身を置く覚悟《かくご》を決めましょう。自分自身を鍛《きた》える時間も必要となります。シャボンディ諸島の一件があった後、宿敵であり、自身の目標でもあるミホークに頭を下げて「おれに剣を教えてくれ!!!」（第61巻50ページ）と剣術の指導を仰《あお》いだゾロのように、野心を貫《つらぬ》くためにはプライドを捨てる勇気も持つべきです。

　苦難を乗り越《こ》えたとき、またひと回り大きくなることができるのです。人生はその繰《く》り返しです。夢に向かってゆっくりでも成長していければいいのではないでしょうか。

　⑥遠洋航海は、ひとりではできません。航海士、総舵手《そうだしゅ》、機関士（エンジン船の場合）、司厨士《しちゅうし》など、複数人で役割分担することが必須《ひっす》です。また、船は24時間走り続けるため、交代要員も必要です。お互いに信頼関係がなければ成り立ちません。

　起業するにしても、社内で新たな事業を立ち上げるにしても、日本人は基本的に仲間を集めるのが苦手です。かくいう私もそんな典型的日本人のひとり。自分のスキルに自いうことを悟《さと》っていたのでしょう。その後、ルフィはゼフの言葉に応《こた》えるようにクリークの鎧を砕き割りました。彼は「死をも恐《おそ》れぬ強い信念」という武器を持ち続けていたからこそ、この戦いに勝利できたわけです。

さて、この場面を読んだときに、あなたはルフィに対してどのような感情を抱《いだ》きますか？　実は私たち読者一人ひとりが、②ルフィにも劣《おと》らぬ「武器」を持っていることにお気付きでしょうか？

「腕力《わんりょく》が強い」「体が大きい」「足が速い」「勉強が得意」あるいは、「もつれた糸をほどくのが上手」「マンガを速く読める」「人とすぐ友だちになれる」……それは、どんなものでもいいのです。もし自分の武器が思い当たらないなら、いま夢中になれるものや、好きで興味のあるものを追い求め続けてください。それがいずれは、ルフィの信念にも劣らぬ、③あなただけの強力な武器となり、人生を切り開いてくれるはずです。

ただし、ここで注意しておきたいのが、たとえあなたがどれほど強い武器を持っていようと、「自分は何を成し遂げたいのか」という明確な目標がなければ、最終的な勝者になることは叶《かな》わないということ。この「目標」とは、「心の海図」に示されたところです。不条理なルールや歪《いびつ》な権力など、個人の力では抗《あらが》いようのない大波を前にしたとき、その海図を持たぬ人は、武器を手放して本心とは正反対の方向へ舵《かじ》を切ってしまうかもしれません。

もし自分を見失いそうになったときには、あなたが持っている「武器」と「海図」を今一度見つめ直し、人生の針路を再確認してみてください。その先に見えるものこそが、あなたが心から求める未来なのです。

自分の武器は何なのか、自分がたどり着きたい目的地はどこなのか、それが明確になったのであれば、あとは目標に向かって突《つ》き進むのみ！……と言いたいところですが、人生はそう簡単なものではありません。ときには、自分が得意とする分野で強敵に遭遇《そうぐう》し、力の差に愕然《がくぜん》とすることもあるでしょう。しかし、そんなときこそ、卑屈《ひくつ》になったり、武器を投げ出したりしてはいけません。人を僻《ひが》まず、すごいと思った相手は素直に認め、賞賛を惜《お》しまない。そんな姿勢こそが、あなたを④成長させるのです。

たとえば、海軍将校を目指すコビーとウォーターセブンで再会したルフィは、敵対する組織に身を置く彼に圧倒的な力の差を見せつけながらも、「コビーはやる男だ　おれは知ってんだ」（第45巻58ページ）とエールを送っていました。対立しながらも互いに高め合っていく関係を求めて

問六　──線⑤「それ」がさすものを文中からぬき出して答えなさい。

問七　──線⑥「同時にものすごく不安になった」のは、どうしてですか。その理由を解答らんに合うように、文中から十一字でぬき出して答えなさい。

問八　──線⑦「我慢に我慢を重ねていた」のは、どうしてだと思いますか。「父」という言葉を使って、簡単に答えなさい。

問九　──線⑧「荒立っていた大きな波はしだいにしずまっていった」ときの気持ちとして最も適切なものを次の中から一つ選び、記号で答えなさい。

ア　十九年間耐え忍んできた自分の思いをぶつけてしまい、自分でもどうしていいのかわからない。

イ　凝り固まっていた率直な気持ちを口から吐き出したことで、父と弟への嫉妬心が消えつつある。

ウ　あこがれの甲子園で、グラウンド整備のプロとして先輩たちに認められたことに満足している。

エ　自分の上にのっていた重しを取り去ることによって、父と母に歯がゆい思いをさせてしまった。

四

次の文章を読み、あとの問いに答えなさい。

『ONE　PIECE』には、強力な武器や能力を持つ敵が次々と登場します。たとえば、〝東の海《イーストブルー》〟最大規模の艦隊《かんたい》を率いる首領《ドン》・クリークは、ウーツ鋼と呼ばれる金属の鎧《よろい》に身を包み、猛毒《もうどく》のガス弾や火炎《かえん》放射器で武装した屈強《くっきょう》な海賊《かいぞく》でした。しかし、全身を武器化してまで権力を求めるクリークの野望は、当時無名の海賊だったルフィによってあっけなく打ち砕《くだ》かれてしまいます。

彼が丸腰《まるごし》のルフィに破れたのは、何故《なぜ》でしょうか？「ルフィの戦闘力《せんとうりょく》がクリークを上回っていたから」と言えばそれまでの話ですが、私はこのエピソードにこそ『ONE　PIECE』と「勝利」というキーワードを読み解くヒントが隠《かく》されているように思えてなりません。

ここで、ルフィとクリークの戦闘の一場面を振《ふ》り返ってみましょう。激闘の最中、ルフィがクリーク最強の武器である〝大戦槍《だいせんそう》〟を破壊《はかい》すると、それを見たゼフはこんなことをつぶやいていました。「全身に何百の武器を仕込んでも腹《はら》にくくった①〝一本の槍《やり》〟にゃ敵《かな》わねェこともある…」(第8巻48ページ)。自らも〝偉大なる航路《グランドライン》〟の荒波にもまれた過去を持つゼフは、「どれほど鉄壁《てっぺき》の武装を固めようとも、信念なくしては何も成し遂《と》げることはできない」と

「最悪だよ……」

「すまなかった」うなだれた父さんが、つぶやいた。

一度思いきり吐き出してしまうと――心の天地をひっくり返してしまうと、⑧荒《あら》立っていた大きな波はしだいにしずまっていった。

（朝倉宏景著『あめつちのうた』講談社）

問一　――線①「かなりの時間を要した」のは、どうしてだと主人公（大地）は考えていますか。その理由として最も適切なものを次の中から一つ選び、記号で答えなさい。

ア　仕事が忙しく、長い間両親に会っていなかったから。

イ　日没間近で、あたりがすっかり暗くなっていたから。

ウ　何かに気を取られていて、集中力を欠いていたから。

エ　仕事でもないのに、父親がネクタイをしていたから。

問二　――線②「俺には皮肉を言っているようにしか聞こえなかった」のは、どうしてですか。その理由として最も適切なものを次の中から一つ選び、記号で答えなさい。

ア　運動のできない俺だけは、いつも蚊帳の外だったから。

イ　今までに、父親らしい姿を見せたことがなかったから。

ウ　ずっと、ネクタイの結び目をいじりながら話したから。

エ　父があやまるのは、本当にめずらしいことだったから。

問三　――線③「懸命にふたをして、上からおさえつけても、あふれ出てしまう」のは、何ですか。文中から漢字二字でぬき出して答えなさい。

問四　［Ａ］に入る言葉として適切なものを次の中から一つ選び、記号で答えなさい。

ア　手に余る　　イ　手を焼く

ウ　手がかかる　　エ　手のひらを返す

問五　――線④「嫉妬とはべつの感情」に含まれる感情を文中から十二字でぬき出して答えなさい。

できた、強いシュートを蹴れるようになった、ヒットを打った、相手チームに勝った――そうして一つ一つ成長が目に見える。褒《ほ》められる。でも、それ抜きで、どうやってコミュニケーションをとっていいのか、どう励《はげ》ましていいのか……」

　母さんが、今度は父さんの背中に手をかける。

「そして、傑が産まれた。俺は楽なほうに逃《に》げたんだ。傑はスポーツに関することなら、めきめきとうまくなった。すぐに上達した。それを俺は褒めそやした。なんというか……、言葉で会話をしなくても、会話が成立したんだ」

　この人も長谷さんと同じなのだとはっきり気がついた。ただただ、不器用だっただけだ。ボールを投げあうことで、傑と会話を交わしていた。

「決して、お前に落胆したんじゃないんだ。これだけは、わかってくれ。スポーツを抜きにして、どんな話題で話しかけていいかわからなかった。お前が成長していくにつれて、どんどん会話をするのが難しくなっていった。だから、徳志館のマネージャーになったときも、本当はうれしかったんだ。俺はうれしかったんだ。でも……」

　たった、これだけのことだったのか……？　俺は下唇《したくちびる》を噛《か》みしめた。

「でも去年の夏の大会で、傑にはじめて反抗的《はんこうてき》な態度をとられた。最低だって言われた。それで、目が覚めたよ。本当に俺は最低だった」

「最低だよ！」

　叫《さけ》んだ瞬間、俺は気がついた。

　怒っていいのだ。怒りをぶつけていいのだ。実の親子なんだから当たり前だ。けれど、俺は今まで懸命に父さんへの感情をおさえつけていた。⑦我慢に我慢を重ねていた。

「ひどすぎるよ！」

　ふたなんかして、おさえつける必要はない。怒りたかったら、怒っていい。相手は、肉親だ。父親だ。父さんにはじめて、ありったけの怒気《どき》を、まるで子どものようにぶつけた。これまで耐《た》え忍《しの》んできた十九年間を一気に取り戻《もど》すようにぶつけた。

「本当に、最低だよ！」

　長谷さんの言葉を思い出す。俺はグラウンドキーパーなのだ。土だろうが、心だろうが、思いきり天と地をひっくり返して、掘《ほ》り起こしてしまえばいい。

「俺がどれだけ、みじめだったか……」

　感情をはじめて解放できた気がした。上にのっていた重しを取り去って、心のいちばん下の層で干からび、凝《こ》り固まっていた率直な気持ちを口から吐き出した。吐き出しきった。

がしたのだ。

「俺は父さんと傑にずっと嫉妬してたんだ。こっちを見てほしかったんだ。でも、無理だった。野球部のマネージャーになっても、阪神園芸に入っても、父さんはこっちを見てくれなかった」

母さんが涙《なみだ》を流す。内心、ごめんねと、思う。それでも、俺は言葉をとめられない。

「いい加減、もう自由になりたいんだ。父さんと、傑から」

母さんの嗚咽《おえつ》が響《ひび》くなか、父さんはじっとうつむいていた。

「ただただ、純粋《じゅんすい》な、真っ直ぐな気持ちで、グラウンドキーパーのプロになりたいんだ。だから、俺は父さんの傘から、解放される」

母さんが俺を抱《だ》きしめた。されるがまま、俺は体を硬《こう》直《ちょく》させていた。

「ごめんな」

父さんが、ぽつりと言った。

「接し方がわからなかったんだ」

「えっ……？　接し方？」

母さんから強引に離《はな》れた。

「俺自身、ずっと体育会系で育ってきた。ずっと野球をやってきた。そこで友情をはぐくんできた。だから、⑤それ以外でどう男同士で関係を結んでいいのかわからないんだ」

嘘《うそ》だろと、耳を疑う。実の親と子だ。友情といっしょにされたら、子どもはたまったものじゃないと思う。

「自分にはじめてできた子どもを見て、よろこびで体が震《ふる》えた。⑥同時にものすごく不安になった。でも、きっとキャッチボールをしたり、相撲《すもう》をとったり、サッカーボールを蹴《け》りあったりすれば、自然と親子関係もうまくいくと思ってた。まったく、安易だよな」

自然と心に浮《う》かんできたのは、長谷《はせ》さんと一志《かずし》のキャッチボールをする姿だった。ただただ無心でボールをやりとりする、アスファルトに伸《の》びた二人の影《かげ》だった。

「スポーツを抜《ぬ》きにして、男の子とどう接していいのかわからなかったんだ」

当たり前のことだが、俺にとって、父さんは最初から父さんだった。

でも、これも当たり前のことだが、俺が生まれた瞬間《しゅんかん》に、父さんは、父さんになったのだ。小さいころから、野球をつづけて、社会人チームにまで所属した一人の男が、赤《あか》ん坊《ぼう》をその手にはじめて抱いたとき、父親になった。

「スポーツなら、これだけ遠くにボールを飛ばすことが父親らしい、頼《たの》もしい言葉だったのだが、②俺には皮肉を言っているようにしか聞こえなかった。

「だから、お前がもしつらい雨に打たれたと少しでも感じたのなら、それは俺の力が至らなかったせいだ。守れなかったせいだ。すまん」

父さんがあやまるのは、本当にめずらしかった。

それなのに、俺はなぜか怒《いか》りをおぼえた。

守れなかった？　そんなバカなと思う。俺はそもそも、傘のなかに入れてもらえなかったんだ。母さんと、傑《すぐる》だけを入れて、運動のできない俺だけは蚊帳《かや》の外だった。

せっかく、家族のしがらみを振《ふ》り切れたと思ったのに。

せっかく、自由になれたと思ったのに。

こんなことなら、目の前に現れてほしくなかった。ずっと顔をあわせないまま、べつべつの場所で暮らしていけばよかった。

もう、日没《にちぼつ》間近だった。蔦《つた》のからまった甲子園《こうしえん》球場の外壁《がいへき》に、一日の最後の、オレンジ色の陽があたる。

「でも、今日の大地《だいち》は頼もしかった。お前の仕事ぶりを――雨上がりの泥《どろ》だらけのグラウンドで活躍《かつやく》するお前を、本当に誇《ほこ》りに思った」

ネクタイの結び目をいじりながら、父さんがつづけた。

「拍手《はくしゅ》を受けるグラウンドキーパーを見て、あのなかに俺の息子がいるんだと自慢《じまん》したくてしかたがなかった。立派な大人になった。それだけをつたえたかったんだ」

「だから……？」思わずつぶやいてしまった。

怒りがますます大きくなっていく。③懸命《けんめい》にふたをして、上からおさえつけても、あふれ出てしまう。

「だから、何？　立派な社会人になったからって、父さんに何も関係ないでしょ」

今まで放っておいたくせに。

傑しか見ていなかったくせに。

夏のときは、俺たちの整備に文句をつけたくせに。

ちょっとばかり賛辞を浴びるような仕事をしたからって、

Ａ なんて。

母さんが、俺の態度に息をのむ。「大地！」と、叫《さけ》ぶ。

俺は息を吸いこんだ。ずっと準備していた言葉を吐《は》き出した。

「じゃあ、俺も言わせてもらってもいいかな？」

「あぁ」戸惑《とまど》った様子で、父さんがうなずいた。

「はっきり言って、父さんの傘はもういらないよ。父さんと傑とは、違《ちが》うところへ進んでいきたい。自立したいんだ。小さくてもいいから、自分の傘をさしたい」

④嫉妬《しっと》とはべつの感情に突《つ》き動かされて、仕事がしたいと思った。今日、ようやくその境地に達することができた気

二

次の①～⑤の――線のカタカナを漢字に直し、漢字は読みを答えなさい。（ただし、送りがなを含む場合は送りがなもつけて答えなさい。）

① 新しい首相が政治カイカクを行った。

② 資料をジュクドクする。

③ 先生の指示にシタガッテ行動する。

④ 晩秋に葉が赤く色づく。

⑤ 学級会で賛否が分かれた。

三

次の文章を読み、あとの問いに答えなさい。

着替《きが》えを終えて、通用門を出た。

ベンチに座っていた人影《ひとかげ》が二人、ふらりと立ち上がってこちらに向かってきた。最初のうちは、いったい誰《だれ》なのかわからなかった。

心ここにあらずだったのかもしれない。その男女が父さんと母さんであることに気がつくまで、①かなりの時間を要した。

「どうしても、言いたいことがあるんだって、お父さん」

母さんが俺《おれ》の背中に手をかけた。

父さんの顔を見すえた。いつものように、厳しい顔つきで、眉間《みけん》にしわをよせている。

「いつになるかわからないから、また今度でもいいじゃないって言ったんだけど……」

去年の夏のように、また物別れになってしまうかもしれない。それでも、かまわないと思った。俺も言いたいことを言う。聞きたいことを聞く。

父さんは仕事でもないのに、ネクタイをしていた。俺がプレゼントしたネクタイだ。

「正月に、お前が聞いたこと――今日、ふと思い出したんだ。雨が降ってきて、な」

母さんが、緊張《きんちょう》した様子で父さんを見つめる。

「俺とお前のあいだに、雨は降ったか。地は固まったかって、お前はあのとき聞いたよな。あまりにとっさのことで、俺はうまく答えられなかったんだ」

なんともぎこちなかった、あの元日のやりとりを俺も思い出した。落胆《らくたん》はしたけれど、納得もした。俺たちは血がつながっていながら――一つ屋根の下で暮らしていながら、親子のようで親子ではなかったのだ、と。

「俺は凛子《りんこ》と結婚《けっこん》したとき、大きな傘《かさ》をさそうと思ったんだ。子どもが何人生まれても入れるような、どんな土砂降りからも守れる、大きな傘を」

二〇二二年度
東海大学付属相模高等学校中等部

【国　語】〈A試験〉（五〇分）〈満点：一〇〇点〉

〈注意〉1．問題文にある「字数」には、句読点や記号を含《ふく》みます。
2．作問の都合上、文章の一部や図表などを変更している場合があります。

一　これから流れる放送を聞き、問いに答えなさい。問題文と問いは一度しか流れません。
聞いた内容はメモを取り、解答は解答らんに記入してください。

聞き取りメモ

※問いは全部で五つあります。

※〈リスニング問題放送原稿〉を国語の問題のおわりに掲載しています。

2022年度

東海大学付属相模高等学校中等部 ▶解説と解答

算　数　＜A試験＞（50分）＜満点：100点＞

解　答

1 (1) 39　(2) 4.85　(3) 14　(4) $2\frac{1}{2}$　(5) 4　(6) 318　(7) 7　(8) 16
2 (1) 4分48秒　(2) 330円　(3) 44度　(4) 6日間　(5) 8秒　(6) 10通り
(7) 3140cm^3　**3** (1) 秒速1.5cm　(2) 38cm　(3) 46.5cm^2　**4** (1) 解説の図1を参照のこと。　(2) 解説の図3を参照のこと。

解　説

1 **四則計算，計算のくふう，逆算，数列，周期算，約束記号，約数**

(1) $\{(6+4\div2)-1\}\times6-3=\{(6+2)-1\}\times6-3=(8-1)\times6-3=7\times6-3=42-3=39$

(2) $1.73\times5-4\div0.8+1.2=8.65-5+1.2=4.85$

(3) $\left(1.8+\frac{3}{10}\right)\times5+1\frac{1}{2}\times2\frac{1}{3}=(1.8+0.3)\times5+\frac{3}{2}\times\frac{7}{3}=2.1\times5+\frac{7}{2}=10.5+3.5=14$

(4) $\frac{1}{4}\times3.5+0.25\times4.7+\frac{1}{2}\times0.9=\frac{1}{4}\times3.5+\frac{1}{4}\times4.7+\frac{1}{4}\times2\times0.9=\frac{1}{4}\times3.5+\frac{1}{4}\times4.7+\frac{1}{4}\times1.8=\frac{1}{4}\times(3.5+4.7+1.8)=\frac{1}{4}\times10=\frac{5}{2}=2\frac{1}{2}$

(5) $38-4\frac{2}{3}\times(18-\square\times3)=10$より，$4\frac{2}{3}\times(18-\square\times3)=38-10=28$，$18-\square\times3=28\div4\frac{2}{3}=28\div\frac{14}{3}=28\times\frac{3}{14}=6$，$\square\times3=18-6=12$　よって，$\square=12\div3=4$

(6) 問題文中の数列は，となり合う数の差が，$7-1=6$，$10-7=3$，$16-10=6$，$19-16=3$，…となっているので，6と3ずつ交互《こうご》に増えていく数列である。よって，この数列を12番目まで調べると，下のようになり，さらに，並んだ数を2個ずつ足した和を調べると，差が18の等差数列になっていることがわかる。よって，1番目から12番目までのすべての数の和は，$(8+98)\times6\div2=318$となる。

1，7，10，16，19，25，28，34，37，43，46，52
8　26　44　62　80　98

(7) $\frac{1}{37}$を小数で表すと，$1\div37=0.027027027\cdots$のように，小数第1位から$\{0，2，7\}$の3個の数字がくり返し現れる。$2022\div3=674$より，小数第2022位までに，この3個の数字がちょうど674回くり返されるので，小数第2022位の数は7である。

(8) 12の約数は，1，2，3，4，6，12の6個あるから，$\{12\}=6$である。すると，$\{12\}\times5=6\times5=30$となる。また，30の約数は，1，2，3，5，6，10，15，30の8個あるから，$\{\{12\}\times5\}=\{30\}=8$となる。さらに，24の約数は，1，2，3，4，6，8，12，24の8個あるから，$\{24\}=8$である。よって，$\{\{12\}\times5\}+\{24\}=\{30\}+8=8+8=16$と求められる。

2 **単位の計算，消去算，角度，仕事算，通過算，場合の数，展開図，体積**

(1) 1時間＝60分だから，1時間の8％は，$60\times0.08=4.8$(分)である。また，1分＝60秒より，

0.8分は，60×0.8＝48(秒)だから，4.8分＝４分48秒となる。よって，１時間の８％は４分48秒とわかる。

⑵　モモ１個はメロン１個より270円安いので，モモ５個はメロン５個より，270×５＝1350(円)安い。モモ６個とメロン５個の合計の代金は4980円だが，このメロン５個をモモ５個に置きかえると，代金が1350円安くなるので，モモ，６＋５＝11(個)の合計の代金が，4980−1350＝3630(円)とわかる。よって，モモ１個の値段は，3630÷11＝330(円)である。

⑶　右の図１で，角イの大きさは，180−(90＋67)＝23(度)であり，同じ印をつけた角の大きさは等しいから，角ウの大きさは，(90−23×２)÷２＝22(度)となる。よって，角エの大きさは，180−(90＋22)＝68(度)だから，角アの大きさは，180−68×２＝44(度)となる。

図１

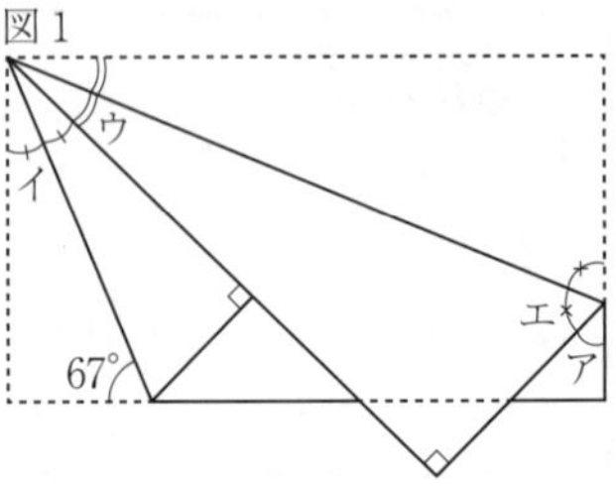

⑷　全体の仕事量を，８と12の最小公倍数である24とすると，Ａ君は１日に，24÷８＝３，Ｂ君は１日に，24÷12＝２の仕事ができる。この仕事を２人で３日間行うと，(３＋２)×３＝15の仕事が終わり，24−15＝９の仕事が残る。この残りの仕事をＡ君が１人ですると，９÷３＝３(日)で終わるので，Ａ君は全部で，３＋３＝６(日間)働いたとわかる。なお，Ｂ君は最初の３日間で，２×３＝６の仕事を終わらせたので，残りの，24−６＝18の仕事はＡ君が終わらせたことになり，Ａ君は，18÷３＝６(日間)働いたと求めることもできる。

⑸　各駅列車の長さは，18×８＝144(m)で，急行列車の長さは，18×12＝216(m)である。また，２つの列車がすれちがい始めたときの様子は，右の図２のようになる。このとき，２つの列車の最後《さいこう》尾《び》は，144＋216＝360(m)だけ離《はな》れており，すれちがい終わるのは最後尾どうしが出合うときなので，２つの列車はすれちがい始めてから，すれちがい終わるまでに，合わせて360m進む。よって，かかった時間は，360÷(19＋26)＝８(秒)と求められる。

図２

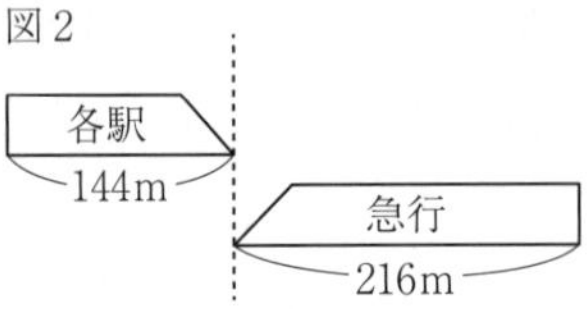

⑹　Ａ以外の５人を３人と２人の２組に分けて，３人の組にＡを入れれば，Ａが４人の組に入るような分け方になる。Ａ以外の５人を３人と２人の２組に分けるには，５人から２人を選んで１組をつくり，残った３人をもう１組にすればよい。よって，分け方は全部で，$\frac{5\times4}{2\times1}$＝10(通り)ある。

⑺　問題文中の展開図を組み立てると，右の図３のような，半円を底面とした立体ができる。この立体の体積は，10×10×3.14×$\frac{1}{2}$×20＝1000×3.14＝3140(cm^3)である。

図３

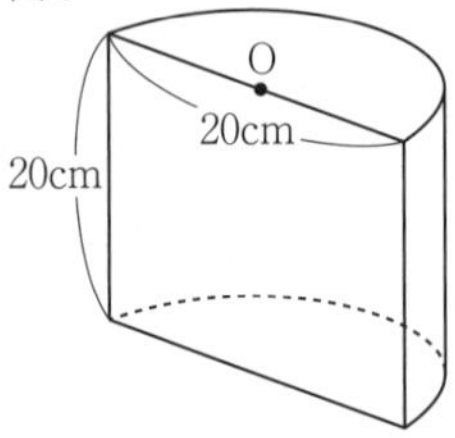

3　グラフ―図形上の点の移動，面積

⑴　点Ｐは台形ABCDの辺上をＢ→Ｃ→Ｄの順に移動するので，問題文中の図２より，点Ｐが出発して０秒後，８秒後，14秒後の三角形APDの様子は，下の図①のようになる。図①より，点Ｐは

図①

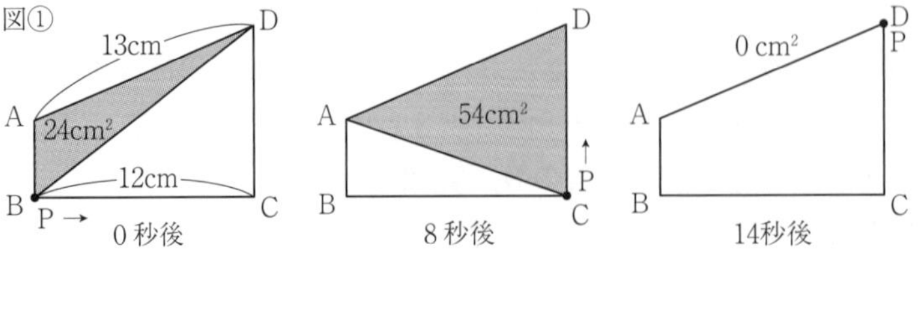

図②

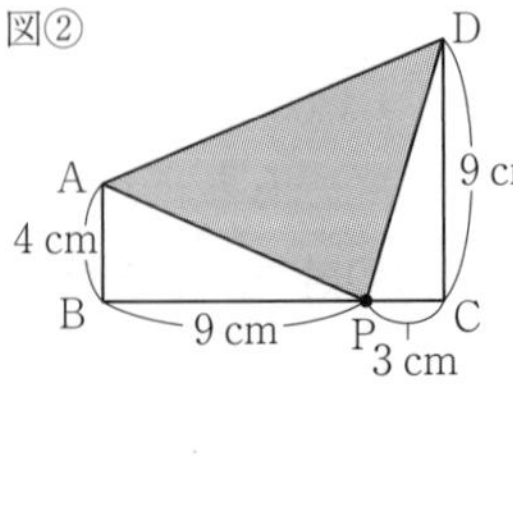

出発して0秒後から8秒後までの8秒間で，長さ12cmの辺BC上を移動しているから，点Pの速さは，秒速，12÷8＝1.5(cm)となる。

(2)　図①において，0秒後の三角形APDの面積は24cm^2なので，ABの長さは，24×2÷12＝4(cm)である。同様に，8秒後の三角形APDの面積は54cm^2だから，CDの長さは，54×2÷12＝9(cm)となる。よって，台形ABCDの周りの長さは，13＋4＋12＋9＝38(cm)である。

(3)　点Pは，Bを出発してから6秒後までに，1.5×6＝9(cm)進み，このとき辺BC上にあるから，このときの様子は，上の図②のようになる。図②で，台形ABCDの面積は，(4＋9)×12÷2＝78(cm^2)，三角形ABPの面積は，9×4÷2＝18(cm^2)，三角形PCDの面積は，3×9÷2＝13.5(cm^2)だから，三角形APDの面積は，78−(18＋13.5)＝46.5(cm^2)となる。

〔ほかの解き方〕　問題文中の図2より，三角形APDの面積は，点PがBからCまで移動する間，8秒間で，54−24＝30(cm^2)増えるので，1秒あたり，30÷8＝3.75(cm^2)ずつ増える。よって，6秒後の三角形APDの面積は，24＋3.75×6＝46.5(cm^2)と求めることもできる。

4　展開図，条件の整理

(1)　右の図1で，3の目は左下の1か所しかないので，この3の目は必ず使うことになる。また，さいころの向かい合った面どうしの目の和は7になるので，1と6，2と5，3と4の目がそれぞれ向かい合う。このとき，展開図上で，縦，横，ななめにとなり合う面の目がこれらの数の組だと，組み立てたときに向かい合わないので，そうならないように注意する。これらをふまえて考えると，図1のような展開図が完成する。

図1

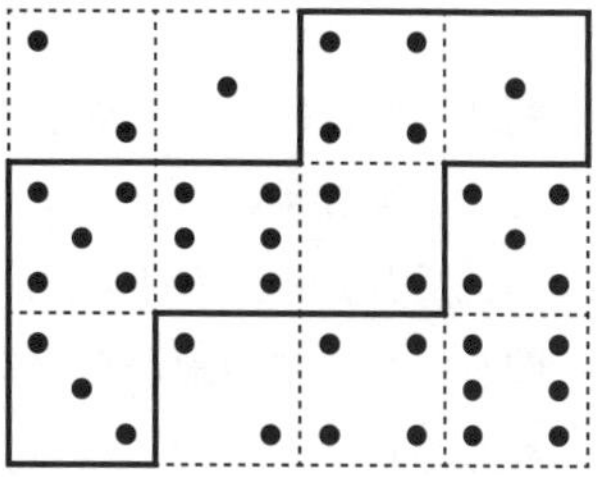

(2)　右の図2で，アは4である。また，イウエ×3＝5オ6にあてはまる数の組を考えると，172×3＝516，182×3＝546，192×3＝576の3通りが見つかり，いずれの場合でも，イ＝1，エ＝2と決まる。よって，1ウ2×カ＝キ3ク4となり，2×カの一の位が4だから，カは2か7となる。しかし，カ＝2だとすると，172×2，182×2，192×2の積がいずれも4けたにならないので，正しくない。このことから，カ＝7と決まる。すると，1ウ2×7＝キ3ク4となり，172×7＝1204，182×7＝1274，192×7＝1344より，ウ＝9と決まる。したがって，この計算は192×37となり，これをもとに□をうめると，右上の図3のようになる。

図2

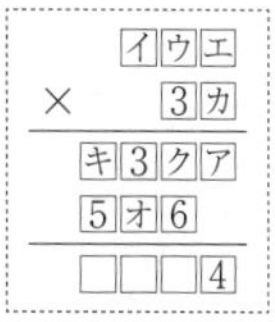

図3

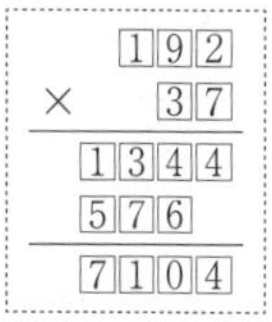

社　会　＜Ａ試験＞（理科と合わせて50分）＜満点：50点＞

解　答

1　**問1**　カルデラ　**問2**　ウ　**問3**　長野　**問4**　ア　**問5**　エ　**問6**　エ　**問7**　松江市　**問8**　ウ　**問9**　〈う〉→〈い〉→〈え〉→〈あ〉　**問10**　(例)　森林を保全することで，「15　陸の豊かさも守ろう」の実現に貢献できる。　**2**　**問1**　卑弥呼　**問2**　冠

位十二階　**問3**　イ　**問4**　大化の改新　**問5**　平等院鳳凰堂　**問6**　ア　**問7**　(例)　三方を山，南を海で囲まれた地形であり，守りやすく攻められにくいため。　**問8**　イ　**問9**　エ　**問10**　15　**問11**　イ　**問12**　天皇　**問13**　イ　3　**問1**　ウ　**問2**　安全保障理事会　**問3**　ユニセフ　**問4**　選挙　**問5**　ウ　**問6**　ア　**問7**　閣議　**問8**　3(回)　**問9**　(例)　賛成／国民の意見が裁判に反映されるため。(反対／専門家でない人が裁判の判決にかかわるのは不安だから。)

解　説

1　日本の山を題材とした問題

問1　火山の噴火後，火口付近が落ちこんでできたくぼ地をカルデラという。〈あ〉は熊本県北東部にある阿蘇《あそ》山の説明で，阿蘇山には世界最大級のカルデラが広がっている。

問2　生乳の産出額は，乳用牛の飼養頭数が全国で最も多い北海道が，全国の5割以上を占《し》めて第1位となっている。第2位以下は栃木県，熊本県，岩手県と，同様に乳用牛の飼養頭数が多い県が上位に入る。統計資料は『日本国勢図会』2021／22年版などによる(以下同じ)。

問3　岐阜県と長野県にまたがる活火山の御嶽《おんたけ》山は，2014年9月に頂上付近で突然《とつぜん》噴火を起こした。秋の行楽シーズンで登山客が多かったことから多くの犠牲《ぎせい》者を出し，戦後最悪の火山災害となった。

問4　林業は，農業や漁業とともに，第1次産業に分類される。また，山中での作業で機械化が難しい工程も多い。なお，第3次産業には商業や運輸・通信業，サービス業などがふくまれ，産業別の就業者数が最も多い。

問5　河川が山地から平地に出るところでは，河川が土砂を運ぶ力が弱まって土砂が堆積《たいせき》し，扇《おうぎ》形《がた》の傾斜《けいしゃ》地が形成される。この地形を扇状地《せんじょうち》といい，水はけと日当たりがよいため，果樹栽培に利用されることが多い。なお，三角州は，河口付近に土砂が堆積してできる地形。砂丘《さきゅう》は波の力や風などによって，河岸段丘《かがんだんきゅう》は河川が土地を削《けず》る力と地形の隆起《りゅうき》によってつくられる。

問6　2021年には，「奄美《あまみ》大島，徳之島《とくのしま》，沖縄島北部及《およ》び西表《いりおもて》島」がユネスコ(国連教育科学文化機関)の世界自然遺産に，「北海道・北東北の縄文遺跡群」が世界文化遺産に登録された。なお，「古都京都の文化財」は1994年，「日光の社寺」は1999年，「琉球《りゅうきゅう》王国のグスク及び関連遺産群」は2000年に世界文化遺産に登録された。なお，〈う〉は富士山で，2013年に「富士山—信仰の対象と芸術の源泉」として世界文化遺産に登録された。

問7　中国地方に属する岡山県，広島県，山口県，鳥取県，島根県のうち，松江市を県庁所在地とする島根県だけが，県名と県庁所在地名が異なる。

問8　「冬は積雪が多い」とあるのでイかウだと判断できるが，中国地方の各県は，冬の平均気温が0℃を下回るほど寒さが厳しくならないので，ウがあてはまる。なお，〈え〉は鳥取県にある大《だい》山《せん》で，鳥取県は冬の降水(雪)量が多い日本海側の気候に属している。

問9　〈あ〉の阿蘇山は熊本県，〈い〉の御嶽山は長野県・岐阜県，〈う〉の富士山は静岡県・山梨県，〈え〉の大山は鳥取県にあるので，東から順に〈う〉→〈い〉→〈え〉→〈あ〉となる。

問10　「国土の3分の2以上が森林」なのだから，これを保全することで「15　陸の豊かさも守ろう」に貢献《こうけん》することができる。また，木材を活用したバイオマスエネルギーを用いることは，温室効果ガスである二酸化炭素の排出量を実質ゼロにする「カーボンニュートラル」につながるので，

「7　エネルギーをみんなに　そしてクリーンに」が達成できる。あるいは，「11　住み続けられるまちづくりを」の実現に向けて，木材を有効活用することも考えられる。

2　各時代の歴史的なことがらについての問題

問1　中国の古い歴史書『魏志《ぎし》』倭人《わじん》伝によると，239年，邪馬台国《やまたいこく》の女王卑弥呼《ひみこ》は魏(中国)に使いを送り，魏の皇帝から「親魏倭王」の称号や銅鏡などを授けられた。

問2　603年，聖徳太子は，家がらにとらわれずに有能な人物を役人に登用するため，冠位十二階の制度をさだめた。この制度で，役人の位には六つの位階をそれぞれ大小に分けた十二階が用いられた。

問3　摂政《せっしょう》は天皇が女性や幼少のときに天皇の政治を助ける役職で，593年，聖徳太子は女性天皇である推古天皇の摂政に就任し，蘇我《そがの》馬子らと協力して天皇中心の国づくりを進めた。

問4　645年，中大兄《なかのおおえの》皇子(のちの天智天皇)と中臣鎌足《なかとみのかまたり》は，天皇をしのぐほどの権力をふるっていた蘇我蝦夷《えみし》・入鹿《いるか》父子をたおし(乙巳《いっし》の変)，天皇中心の国づくりを目指して政治改革を始めた。この一連の政治改革は，このとき初めてさだめられた元号である「大化」をとって，大化の改新とよばれる。

問5　1052年，藤原頼通《よりみち》は父の道長からゆずり受けた京都宇治の別荘を平等院という寺に改め，翌1053年には阿弥陀《あみだ》堂として平等院鳳凰《ほうおう》堂を建てた。平等院鳳凰堂は，10円硬貨《こうか》のデザインに用いられている。

問6　1180年から始まった源氏と平氏の戦いは，源義経らの活躍《かつやく》によって1185年の壇ノ浦《だんのうら》の戦いで平氏一族がほろぼされたことで終結した。なお，関ヶ原の戦い(1600年)では，徳川家康の率いる東軍が，石田三成らの西軍を破った。小牧・長久手《ながくて》の戦い(1584年)は豊臣秀吉と徳川家康らによる戦いで，両軍が和解して終わった。桶狭間《おけはざま》の戦い(1560年)では，織田信長が今川義元を破った。

問7　鎌倉(神奈川県)は三方を山に囲まれ，南側は海に面していることから，攻《せ》めるのが難しく，守りやすい地形であった。また，山を通るには，切通しとよばれる細い道を通らなければならないようにした。源頼朝はこうした場所を武家政権の拠点《きょてん》に選び，鎌倉幕府を開いた。

問8　後醍醐《ごだいご》天皇は足利尊氏や楠木正成《くすのきまさしげ》らの協力を得て1333年に鎌倉幕府をたおすと，建武の新政とよばれる天皇中心の政治を復活させた。しかし，公家を重用した新政は武士の反発を招き，足利尊氏にそむかれて2年あまりで失敗に終わった。

問9　エは刀狩令とよばれる法令で，1588年に豊臣秀吉が全国に出したものがよく知られる。

問10　江戸時代末，薩摩《さつま》藩(鹿児島県)や長州藩(山口県)が武力で幕府をたおす計画を進めると，これに対し，江戸幕府の第15代将軍徳川慶喜《よしのぶ》は，前土佐藩主山内容堂(豊信《とよしげ》)のすすめに従って1867年に大政奉還を行い，朝廷に政権を返上した。これによって約260年続いた江戸幕府がほろび，約700年続いた武士による政治も終わった。

問11　伊能忠敬《ただたか》は江戸で測量術などを学んだのち，1800年から17年かけて全国の沿岸を歩いて測量し，正確な日本地図を作成した。この成果は忠敬の死後，弟子たちが「大日本沿海輿地《よち》全図」として完成させた。なお，『解体新書』は，杉田玄白《げんぱく》や前野良沢《りょうたく》らがオランダ語の医学解剖《かいぼう》書『ターヘル・アナトミア』を翻訳《ほんやく》して1774年に出版した本。『奥の細道』は松尾芭蕉《ばしょう》が著した俳諧《はいかい》紀行文で，江戸時代前半に出版された。『古事記』は日本最古の歴史書で，奈良時代の712年に完成した。

問12　1889年2月11日に発布された大日本帝国憲法では，主権者は天皇とされ，政治や軍事において絶大な権限を与えられていた。

問13　2011年３月11日，宮城県の牡鹿《おしか》半島沖を震源とする大地震が起こった。また，これにともなって発生した巨大津波が東日本の太平洋沿岸に押し寄せ，非常に大きな被害を出した。この地震と津波による一連の大災害を，東日本大震災という。

3　国際社会と日本の政治のしくみを題材とした問題

問１　第二次世界大戦終結後の1945年10月，国際平和機関として原加盟国51カ国で国際連合が設立され，本部はアメリカ合衆国東部の都市ニューヨークに置かれた。なお，ジュネーブはスイスの都市，北京は中国の首都，パリはフランスの首都。

問２　安全保障理事会は，世界の平和と安全を守る国際連合の最重要機関で，アメリカ合衆国・イギリス・フランス・中国・ロシアの５常任理事国と，総会で選ばれる任期２年の非常任理事国10カ国で構成されている。

問３　ユニセフ(国連児童基金，UNICEF)は，めぐまれない子どものために活動する国際連合の機関で，食糧や医療《いりょう》の支援などを行っている。

問４　選挙は国民が主権を行使する重要な機会で，国民は代表者である国会議員や地方議会議員，首長を直接選挙で選ぶ。

問５　衆議院議員は任期が４年で，任期途中での解散がある。また，立候補できる権利である被選挙権は，25歳以上の国民に与えられる。一方，参議院議員の任期は６年で解散はなく，被選挙権は30歳以上の国民に与えられる。議員定数は衆議院が465名，参議院が248名(2022年７月以降)となっている。

問６　ア　国会の召集《しょうしゅう》は，天皇の国事行為にふくまれる。　　イ　憲法改正の発議は，国会が行う。　　ウ　最高裁判所長官は，内閣が指名して天皇が任命する。　　エ　祝日については「国民の祝日に関する法律」で規定されており，法律は国会が制定する。

問７　閣議は，内閣総理大臣が議長となり，すべての国務大臣が出席して行われる会議のことである。ここで政治の方針が決定され，その意思決定は原則として全会一致で行われる。

問８　日本では，審理《しんり》を慎重《しんちょう》に進めて国民の基本的人権を守るため，同一事件について３回まで裁判を受けられるという三審制が導入されている。

問９　裁判員制度は，裁判に国民の意見を取り入れることを目的として，2009年に導入された。その対象は殺人などの重大な刑事裁判について地方裁判所で行われる第１審で，有権者のなかから抽選《ちゅうせん》と面接で選ばれる裁判員は，裁判官とともに有罪・無罪の判断や，有罪の場合には刑の重さについても判断する。裁判が国民に広く開かれることに賛成する意見が考えられる一方で，専門家ではない人が判決にかかわることや，その責任を負わせることへの不安などが問題点とされており，こうしたことを根拠として反対する意見も考えられる。

理　科　＜Ａ試験＞（社会と合わせて50分）＜満点：50点＞

解　答

4　**問１**　光合成　　**問２**　でんぷん　　**問３**　(例)　植物のからだから出た水蒸気が水てきと

なってふくろの内側についたため。　**問4**　**酸素**…減少する　**二酸化炭素**…増加する　**問5**　(例)　**なくならない理由**…光合成により酸素がつくられるから。　**できること**…植物を育てる。　5 **問1**　**とけている気体**…塩化水素　**発生した気体**…水素　**問2**　ア，ウ　**問3**　(例)　マッチの炎を近づけると，ポッと音を立てて燃える。　**問4**　(例)　白い固体が残る。　**問5**　18cm^3　**問6**　イ　6 **問1**　90cm　**問2**　上向き　**問3**　50g　**問4**　250g　**問5**　ア　**問6**　ウ，エ，オ　7 **問1**　**北側**…エ　**南側**…イ　**問2**　ア，エ　**問3**　(例)　1.14倍　**問4**　ア　**問5**　線状降水帯　**問6**　(例)　できるだけ建物の高い所へ移動する。

解　説

4 植物のはたらきについての問題

問1　植物が空気中の二酸化炭素を吸収し，酸素を空気中に放出していることから，光合成を行っているとわかる。

問2　光合成では，光のエネルギーを使って，水と二酸化炭素から酸素とでんぷんなどの養分をつくり出す。

問3　ふくろの内側のくもりは，植物の蒸散によって，おもに葉の気こうから出てきた水蒸気が水てきとなったものである。

問4　植物に光が当たらないときには，光合成は行われない。呼吸はつねに行われているので，ふくろの中の酸素は減少し，二酸化炭素は増加する。

問5　生き物は呼吸のはたらきによって空気中の酸素を吸収しているが，植物は光合成によって酸素を空気中に放出しているため，酸素がなくなることはない。よって，この環境《かんきょう》を守っていくためには，光合成を行う植物を守り育て，数を減らさないようにすることが大切である。

5 気体についての問題

問1　水に気体の塩化水素がとけてできた水溶《よう》液を塩酸という。塩酸は金属のアルミニウムと反応して水素を発生させる。

問2　水素は水にとけにくく，無色無臭《しゅう》の最も軽い気体である。また，水素自身は燃えるが，物を燃やすはたらきはない。

問3　水素は酸素とまざった状態で火をつけると爆《ばく》発的に燃える。水素を集めた容器の口に炎《ほのお》を近づけると，ポッと音を立てて燃える。

問4　うすい塩酸とアルミニウムが反応すると，水素と塩化アルミニウムができる。ここでの反応後の水溶液には，あまった塩化水素と塩化アルミニウムがとけていて，加熱して水を蒸発させると，塩化水素は気体となって出ていき，塩化アルミニウムが白っぽい色の固体となって残る。

問5　発生した水素の体積は720cm^3より多くならないので，0.5gのアルミニウムが全て反応すると水素が720cm^3発生することがわかる。発生した水素の体積が720cm^3よりも少ないとき，加えたうすい塩酸の体積と発生した気体の体積は比例するので，0.5gのアルミニウムと過不足なく反応するうすい塩酸の体積は，$5 \times \frac{720}{200} = 18(cm^3)$と求められる。

問6　0.5gのアルミニウムに加えたうすい塩酸25cm^3のうち18cm^3が反応し，$25-18=7(cm^3)$のうすい塩酸が残っている。これに鉄をいれると，鉄はうすい塩酸と反応して水素を発生するので，一部がとけて表面からあわが出るようすを見ることができると考えられる。

6 てこのはたらきについての問題

問1　点Ｐをてこの支点としているため，板の重さは全て支点にかかっている。60ｇのおもりを点Ｐから右へ□cmの所につりさげるとすると，120ｇのおもりとつり合うことから，120×30＝60×□となり，□＝60(cm)である。よって，60ｇのおもりはＡから，30＋60＝90(cm)の所につりさげればよいとわかる。

問2　板の重さがかかる点(重心)である点Ｐは，中点Ｑより左側にあるため，中点Ｑで支えると板は左を下にしてかたむく。そこで，板を水平にするためには，Ａに上向きの力を加えるとよい。

問3　このばねは，何もつるさないときの長さが10.0cmで，10ｇあたり，11.2－10.0＝1.2(cm)のびる性質がある。ばねの長さが16.0cmのときののびは，16.0－10.0＝6.0(cm)なので，このときばねにかかる力の大きさは，$10\times\frac{6.0}{1.2}=50$(ｇ)である。

問4　ひもには，Ａにつるした100ｇのおもりとＢにつるした50ｇのおもり，そして板の重さ100ｇがかかるので，100＋50＋100＝250(ｇ)となる。

問5　点Ｐで切ったａとｂそれぞれの，重心から点Ｐまでの距離《きょり》は，ｂよりもａの方が短い。点Ｐで支えたときのａとｂのつり合いより，重心から支点までの距離が短いａはｂより重いと考えられる。

問6　ハサミと目玉クリップは，支点が力点と作用点の間にあるてこ，ピンセットは，力点が支点と作用点の間にあるてこのはたらきを利用した道具である。

7 天気の変化についての問題

問1　夏の時期に，天気図にあるような前線の北側にあるのは，冷たくしめった空気のオホーツク海高気圧で，南側にあるのは，あたたかくしめった空気の太平洋高気圧である。

問2　天気図の前線は，オホーツク海高気圧と太平洋高気圧がぶつかり合い，勢力が同じようなときにできる停滞《ていたい》前線で，長い間ほとんど動かない。また，停滞前線の北側の冷たい空気とあたたかい空気が接するところでは雲ができやすく，雨を降らせることが多い。

問3　気温が１℃高くなると大気にふくむことができる水蒸気量が約７％増える。つまり，水蒸気量は気温が上がる前の約1.07倍になる。よって，気温が２℃高くなったときの大気にふくむことができる水蒸気量は，1.07×1.07＝1.1449(倍)と求められる。ここでは，およその数で答えてよいので，解答に示したものなどが正解となる。

問4　このとき，偏西《へんせい》風が蛇《だ》行して南からあたたかくしめった空気をアのように西日本に運びこんだため，大量の水蒸気が前線に流れこんだ。「大気の川」は，雨雲をつくる水蒸気が帯状に流れこむ現象をいう。

問5　「大気の川」には大量の水蒸気が流れこむため，積乱雲が次々と発生して線状にならび，ほぼ同じ場所にはげしい雨が数時間降る線状降水帯がつくり出された。

問6　大雨特別警報が発令された場合，すでに土砂災害や浸《しん》水害が発生している可能性が高いので，直ちに身の安全を確保し，少しでもがけや川からはなれた建物や，浸水しにくい高い所へ移動する必要がある。

国　語　＜Ａ試験＞（50分）＜満点：100点＞

解　答

一　問１　ア，ウ　　問２　（例）　相手のことを思うこと。　　問３　エ　　問４　エ　　問５　（例）　手紙の良さは，文面だけではなく，便せんや文字の色などにも工夫をこらすことができるところだと思います。自分の思いが，メールよりも相手に伝わると思います。　二　①～③　下記を参照のこと。　④　ばんしゅう　⑤　さんぴ　三　問１　ウ　　問２　ア　　問３　怒気　　問４　エ　　問５　純粋な，真っ直ぐな気持ち　　問６　野球(スポーツ)　　問７　接し方がわからなかった(から。)　　問８　（例）　父に認めてもらいたかったから。　　問９　イ　四　問１　死をも恐れぬ強い信念　　問２　（例）　おいしい料理を作れる。　　問３　ウ　　問４　（例）　すごいと思った相手は，素直に認め賞賛を惜しまない(こと。)　　問５　エ　　問６　ア　　問７　イ　　問８　人を思いどおりに動かしてやろう(と考えること。)　　問９　（例）　仲間を道具程度にしか見ていない(人物)　　問10　ア　Ｂ　イ　Ｂ　ウ　Ｂ　エ　Ａ

●漢字の書き取り

二　①　改革　②　熟読　③　従って

解　説

一　リスニング

問１　パーソナリティの佐藤《さとう》の「手紙の文字を見てその人の温かみを感じることってありませんか」という発言に対し，鈴木《すずき》は「その人の顔」が「思い出と共に」浮《う》かんでくると発言している。

問２　森さんからのお便りには，「手紙を書くときにとても大切にしていること」は「相手のことを思うことです」と書かれている。

問３　民宿の庭先に咲いていた花を，おばあさんが，「これはナデシコの花だよ。私が一番好きな花なんだよ」と教えてくれ，それがとてもかわいらしい花だったのと，おばあさんの笑顔がとても印象に残ったので，森さんはたくさんある便せんの中から，「ナデシコの花が描《えが》かれている便せん」を選んだと書いている。

問４　森さんは，手紙の内容について，「季節の挨拶《あいさつ》」から始まり，「修学旅行」のときのお礼，「学校で行われている行事など」を書いたと述べている。

問５　森さんは，相手を思って手紙を書くことを大切にしていると述べ，その人の顔を思い浮かべながら便せんを選んでいることなどを紹介《しょうかい》した。そして，パーソナリティたちも，自分を思ってくれている人の存在を手紙によって知ることに感動したり，手紙を書いてみようと思ったりしている。森さんのお便りの内容やパーソナリティたちの発言を参考にし，手紙の良さを考えて書く。

二　漢字の書き取りと読み

①　制度などを改めて，変化させること。　②　文章の内容や意味をよく考えて読むこと。　③　音読みは「ジュウ」などで，「服従」などの熟語がある。　④　秋の終わりごろ。　⑤　賛成と不賛成。

三　**出典は朝倉宏景《あさくらひろかげ》の『あめつちのうた』による。**甲子園球場《こうしえんきゅうじょう》のグラウンドキーパーとして働き始めた主人公は，球場の外で待っていた父と話すうちに，それまで我慢《がまん》していた思いを本気でぶつける。

問１　前の文の「心ここにあらず」は，何かに気を取られていて周囲へ注意が向けられないようす。だから，「俺《おれ》」は，こちらへ向かってくる二人の人影《ひとかげ》が，父と母であることになかなか気づかなかったのである。

問２　少しあとの「蚊帳《かや》の外」は，無視されて不利なあつかいを受けること。父は，子どもたちを「どんな土砂降りからも守れる，大きな傘《かさ》」をさそうと思ったと言ったが，「母さんと，傑《すぐる》だけ」がその「傘」に入り，「俺」はずっと「蚊帳の外」だったので，「父親らしい，頼《たの》もしい言葉」が，「皮肉」のように感じられたのである。

問３　直前にあるように，ふたをしておさえつけてもあふれ出てしまうのは，「ますます大きく」なる「怒《いか》り」である。同じ意味の語を探すと，本文最後の場面で，「最低だよ！」と叫《さけ》んだときに「怒りをぶつけていい」，「ふたなんかして，おさえつける必要はない」と気づいた「俺」が，「ひどすぎるよ！」と叫び，「ありったけの怒気《どき》」を父さんにぶつけたと書かれている。

問４　それまで「俺」のことを「放っておいた」父が，急に「立派な大人になった」などと言った場面なので，“急に正反対の態度をとる”という意味を表す，エの「手のひらを返す」が入る。なお，アの「手に余る」は，“自分の能力をこえていてどうしていいかわからない”という意味。イの「手を焼く」は，“あつかいに困って持て余す”という意味。ウの「手がかかる」は，“世話が焼ける”という意味。

問５　「俺」の「仕事」とは，甲子園球場のグラウンドキーパーである。直後にあるように，「俺」は，傑への「嫉妬《しっと》」から「阪神園芸」という会社に入った。だが，今日は「嫉妬」ではなく，「純《じゅん》粋《すい》な，真《ま》っ直《す》ぐな気持ち」で「仕事がしたい」と思えたのである。

問６　直前に注目すると，ずっと「体育会系」で育ち，「野球」をやってきた父は，そこで「友情をはぐくんできた」とあるので，「野球」以外で「男同士」の関係をどう結んでいいのかわからなかったということになる。また，少しあとで，「スポーツを抜《ぬ》きにして，男の子とどう接していいのかわからなかった」とも言っている。

問７　直後に，キャッチボールをしたり，相撲《すもう》をとったり，サッカーボールを蹴《け》り合《あ》ったりすれば，不安でも「親子関係もうまくいく」と思っていたとあることから，前問でみた，「スポーツを抜きにして，男の子とどう接していいのかわからなかった」という内容が，「不安」の理由だとわかる。同じ内容がぼう線⑥より前の父の言葉で「接し方がわからなかった」と語られている。

問８　問５でみた部分で，「俺」は，「父さんと傑にずっと嫉妬して」いて，「こっちを見てほしかった」のに「無理」で，野球部のマネージャーになっても阪神園芸に入っても，父が自分を「見てくれなかった」と訴《うった》えている。よって，自分も父に認めてもらいたいという思いから，ずっと感情をおさえつけてきたのだと考えられる。

問９　「俺」は，父に「ありったけの怒気」を，「これまで耐《た》え忍《しの》んできた十九年間を一気に取《と》り戻《もど》すように」ぶつけたことで，「感情をはじめて解放できた気がした」のである。「凝《こ》り固《かた》まっていた率直な気持ち」を「吐《は》き出《だ》しきった」ことで，それまで抱《いだ》き続《つづ》けていた父と傑に対する嫉妬心が少しずつ消えていくような気がしたのである。

四　**出典は山田吉彦《やまだよしひこ》の『ONE PIECE《ワンピース》勝利学』による。**漫画《まんが》『ONE PIECE』の登場人物の発言や行動を題材にし，「武器」や「海図」を持つことの大切さ，よいリーダーとは何かといったことについて書かれている。

問１　同じ段落に「どれほど鉄壁《てっぺき》の武装」をしていても「信念」がなければ何も成《な》し遂《と》げられないとあることに注目する。ルフィがクリークの鎧《よろい》を砕《くだ》き割《わ》ることができたのは，「死をも恐《おそ》れぬ強い信念」という武器を持ち続けていたからだと考えられる。

問２　次の段落で筆者が様々な例をあげているように，「武器」となるものは，自分が得意としていることだけではなく，「いま夢中になれるものや，好きで興味のあるもの」などでもよい。

問３　直後に，前のことがらに，ある条件や例外などをつけ加えなければならない場合に用いる「ただし」があることに注意する。「どれほど強い武器」を持っていても，「『自分は何を成し遂げたいのか』という明確な目標」がないと「最終的な勝者」にはなれない。

問４　直前の「そんな姿勢」は，「自分が得意とする分野で強敵に遭遇《そうぐう》し，力の差に愕然《がくぜん》」としたときこそ，「卑屈《ひくつ》になったり，武器を投げ出したり」するのではなく，「人を僻《ひが》まず，すごいと思った相手は素直に認め，賞賛を惜《お》しまない」姿勢である。この「姿勢」が，自分を「成長させる」のである。

問５　ルフィとコビーは，実力に差はあるものの，互《たが》いに対立しながら高めあっていく「切磋琢磨《せっさたくま》」の関係にあったといえる。なお，アの「粉骨砕身《ふんこつさいしん》」は，力の限り努力を積むこと。イの「千差万別」は，さまざまな差異があって一様ではないこと。ウの「首尾一貫《しゅびいっかん》」は，最初から最後まで一つの態度や方針《ほうしん》が貫《つらぬ》かれていること。

問６　ルフィはシャボンディ諸島で，仲間たちに逃亡《とうぼう》の指示を出したが，それは「何がなんでも生き残るのだ」という強い意志の表れであり，「逃亡して力を蓄《たくわ》える」ためであった。そして，一度逃《に》げたのであれば，「自分の力を伸《の》ばすために苦境に身を置く覚悟《かくご》」を決め，「自分自身を鍛《きた》える」ことが必要となると本文で述べられているので，アの内容が合う。

問７　「遠洋航海」は，一人ではできないので，航海士や司厨士《しちゅうし》などの「仲間」が必要であり，複数人で「役割分担」することも必須《ひっす》となる。また，二十四時間走り続けるため，交代要員も必要なので，互いの「信頼関係《しんらいかんけい》」がなければ成立しない。イの「慢心《まんしん》」は，おごり高ぶることなので，遠洋航海には必要のないものである。

問８　「人を使う」とは，「人に頼《たよ》れる力」とは違《ちが》い，「俺が上。下は上の言うことを聞け」という考えに基づく行為《こうい》であると考えられる。つまり，ワンマン経営者の失敗事例のように，「人を思いどおりに動かしてやろう」と考えることである。

問９　魚人のアーロンは，「人を思いどおりに動かしてやろう」とか「下は上の言うことを聞け」などと考えるようなリーダーだったので，ナミを「効率よく」使うことだけを目的にしていた。つまり，「仲間を道具程度にしか見ていない」のである。

問10　**ア**　「たくさんの武器」とあるが，文章の最初の部分で，ゼフが，「何百の武器」よりも，自分だけの「強力な武器」である「一本の槍《やり》」が大切だと発言しているので，正しくない。　**イ**　問６でみたように，ルフィは自分たちの力が及《およ》ばないと悟ったとき，逃亡の指示を出している。その後，ゾロのように「野心を貫くためにはプライドを捨てる勇気も持つべき」だと述べられているので，誤り。　**ウ**　「『自分は何を成し遂げたいのか』という明確な目標」を持つことは大切だが，勝者になるためには「武器」も必要だし，強い相手を賞賛する姿勢も必要なので，正しくない。

エ　問１，２でみたように，ルフィの「武器」は「死をも恐れぬ強い信念」だったが，「好きで興味のあるものを追い求め続け」ていくことも，その人の「強力な武器」となり，「人生を切り開いてくれる」とあるので，本文の内容に合う。

2022年度　東海大学付属相模高等学校中等部

〔電　話〕　(042)742 －1251
〔所在地〕　〒252－0395　神奈川県相模原市南区相南３－33－１
〔交　通〕　小田急線─「小田急相模原駅」より徒歩８分

【算　数】〈Ｂ試験〉（50分）〈満点：100点〉

〈注意〉１．分数は約分して答えなさい。
２．図は必ずしも正確ではありません。

1　次の各問いに答えなさい。

(1)　$6+15\div3\times5$ を計算しなさい。

(2)　$(8.3-3.8)\times4.9-5.8\div2$ を計算しなさい。

(3)　次の□にあてはまる数を求めなさい。

$$\left(2+\frac{\square}{3}\right)\times6=26$$

(4)　$2\frac{2}{5}\times\left(\frac{5}{4}-\frac{5}{6}\right)\div\frac{15}{2}+\frac{1}{5}$ を計算しなさい。

(5)　$1.25\div0.125\times(1-0.375)-0.25$ を計算しなさい。

(6)　$1.5\times3.2+15\times0.05-0.15\times22$ を計算しなさい。

(7)　$\begin{vmatrix} a & b \\ c & d \end{vmatrix}=a\times d-b\times c$ と計算します。たとえば，$\begin{vmatrix} 3 & 2 \\ 1 & 4 \end{vmatrix}=3\times4-2\times1=10$ です。

次の□にあてはまる数を求めなさい。

$$\begin{vmatrix} 4 & 6 \\ 3 & 7 \end{vmatrix}=\begin{vmatrix} 8 & \square \\ 6 & 11 \end{vmatrix}$$

2 次の各問いに答えなさい。

(1) 面積 $16\mathrm{m}^2$ の正方形の一辺の長さは，面積 $400\mathrm{cm}^2$ の正方形の一辺の長さの何倍ですか。

(2) A，B，C，D を横 1 列に並べたとき，B が 1 番左になる並べ方は全部で何通りですか。

(3) A 君と B 君が 3600m 離《はな》れた地点から，向かい合って同時に出発しました。A 君は毎分 70m，B 君は毎分 50m で進むとすると，2 人が出会うのは出発してから何分後ですか。

(4) 濃度《のうど》 4％の食塩水 150g に食塩 10 g を加えたときにできる食塩水の濃度は何％ですか。

(5) 1 枚のコインを投げて表が出たときは 5 点入り，裏が出たときは 2 点入るゲームをしました。コインを 9 回投げて合計点が 36 点のとき，表は何回出ましたか。

(6) 下の図のように，半径 3 cm の円を 4 つ並べて，その周囲を線で囲みました。このとき，色の塗《ぬ》られた部分の面積を求めなさい。ただし，円周率は 3.14 とします。

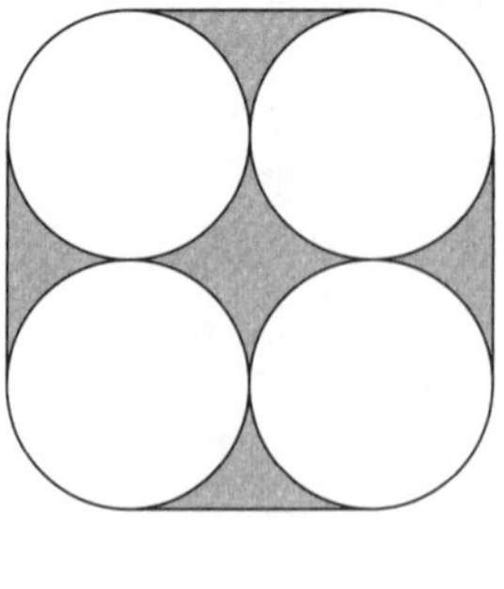

(7) 2009 年 4 月の月曜日にあたる数（日付）を全部たすと 66 になりました。2009 年 4 月 1 日は何曜日ですか。

3 図のように，四角柱Aと円柱Bを置いた直方体の容器に，毎秒同じ量の水を満水になるまで入れました。時間と水の深さの関係が下のグラフのようになったとき，次の各問いに答えなさい。

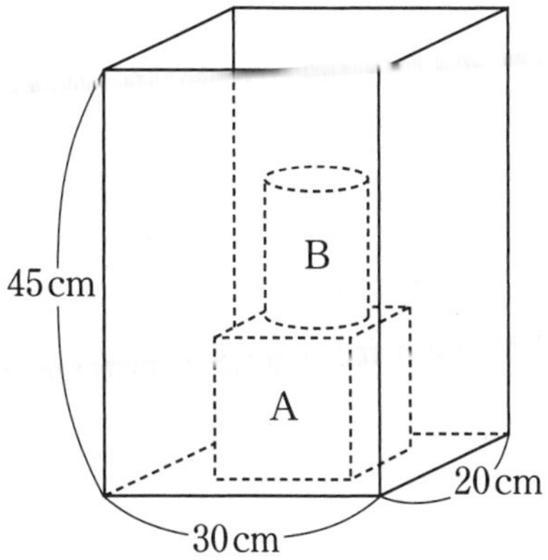

図

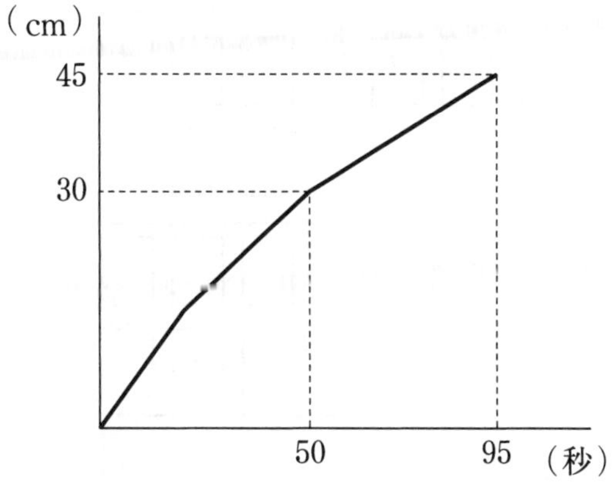

時間と水の深さの関係

(1) 毎秒何 cm^3 の水を入れましたか。

(2) 同じ容器に円柱Bだけを置いて水を入れたときは，満水になるまで120秒かかりました。四角柱Aだけを置いたとき，満水になるまで何秒かかりますか。

(3) 四角柱Aと円柱Bの体積の比を求めなさい。

4 次の各問いに答えなさい。

⑴ 次の□をうめて計算を完成させなさい。

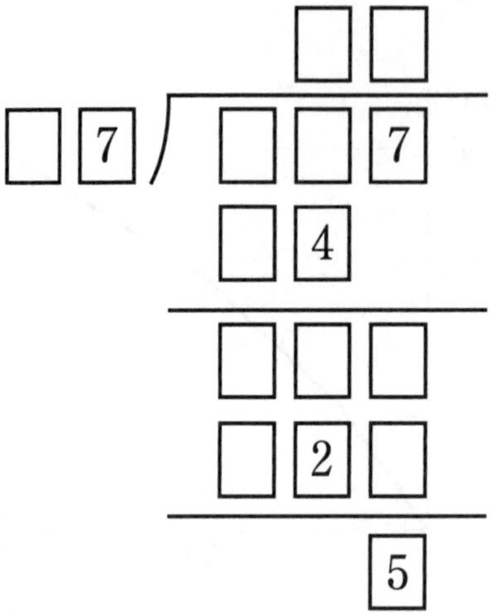

⑵ 立方体の積み木を使って立体を作りました。下の図はこの立体を，真正面，真横，真上の 3 方向から見た図です。この立体を作るのに使った積み木は何個ですか。

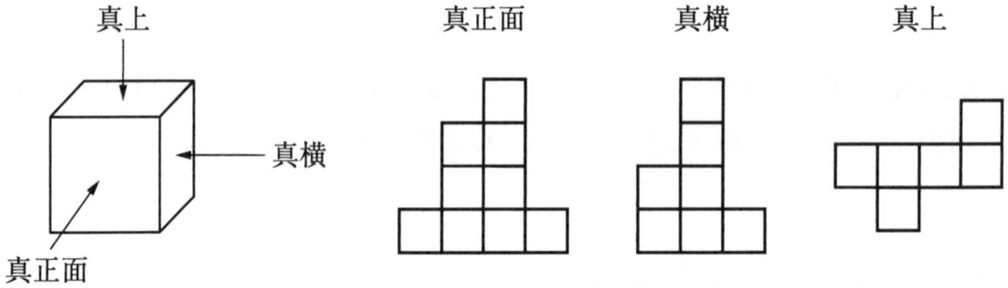

⑶ 下の計算で ＋，－の記号を 1 か所まちがえて計算をしたため，答えが 76 になりました。まちがえた記号を○で囲み，その理由を説明しなさい。

$$51+74-63+37+76-25$$

【社会・理科】 〈B試験〉(社会と理科で50分)〈満点：各50点〉

社　　会

1　次の資料〈あ〉～〈お〉は、都道府県についての説明文です。各問いに答えなさい。

〈あ〉

湯布院などの温泉が有名です。地熱を活用して電力を発生(A)させており、その発電量は日本一です。愛媛県との間にある豊後水道でとれる関サバ・関アジは水産品の高級ブランドとして知られています。

〈い〉

流域面積日本一の河川である(　①　)が流れています。太平洋側には砂浜海岸の九十九里浜が広がっています。銚子漁港(B)の水あげ量は日本一で、サバやイワシなどがとられています。しょうゆの生産量も日本一です。

〈う〉

三方を山に囲まれ、海がない内陸の県です。夏のすずしい気候を利用して、浅間山ろく(C)の嬬恋村では高原野菜の(　②　)の生産がさかんです。かつて国の工場だった富岡製糸場は世界遺産に登録されています。

〈え〉

輪島塗(D)という漆器《しっき》が有名です。かたく丈夫に仕上げるために、下地に漆《うるし》を塗《ぬ》り重ねています。加賀百万石の城下町としても知られ、伝統芸能である能楽も有名です。北陸新幹線の開通により、多くの観光客が訪れるようになりました。

〈お〉

太平洋側に連なっている工業のさかんな地域(E)の中でも、最大の工業生産額である中京工業地帯があります。自動車産業がさかんですが、近年は積極的に海外に工場をうつしてきました。その結果、地元に新たな問題(F)が起こっています。

問1　下線部(A)の発電方法の長所を答えなさい。

問２　(　①　)・(　②　)に適する語句を答えなさい。

問３　下線部(B)では、日本から２～３日で帰れる日本近海を漁場とし、巻きあみ漁法などで魚がとられています。日本で最も多く行われている方法を次の**ア**～**エ**から選び、記号で答えなさい。

ア　沖合漁業　　**イ**　遠洋漁業　　**ウ**　沿岸漁業　　**エ**　養殖漁業

問４　下線部(C)では、めぐまれた自然環境を保全しながら教育や観光との両立をはかり、地域経済の活性化をめざしています。2016年に認定された「大地の公園」を意味するプログラムを次の**ア**～**エ**から１つ選び、記号で答えなさい。

ア　ナショナル・トラスト　　**イ**　エコツーリズム

ウ　ジオパーク　　**エ**　ユネスコエコパーク

問５　下線部(D)に適するものを次の**ア**～**エ**から１つ選び、記号で答えなさい。

ア

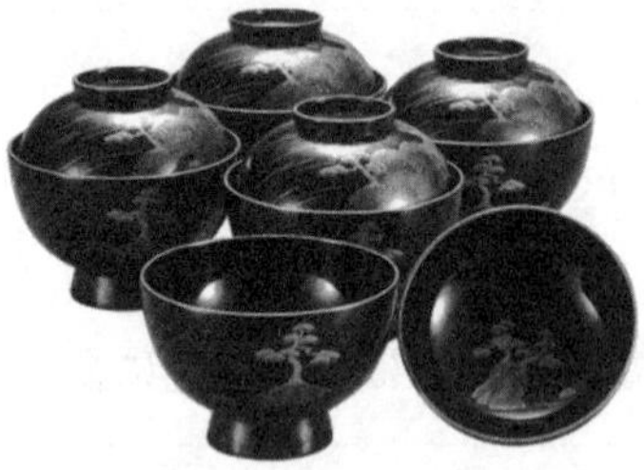

イ

ウ

エ

問６　下線部(E)の名前を答えなさい。

問７　下線部(F)とはどのような問題か簡単に説明しなさい。

問８　〈あ〉・〈え〉の都道府県の地図を次の**ア**～**エ**から選び、それぞれ記号で答えなさい。ただし、地図の縮尺は異なるものとします。

ア

イ

ウ

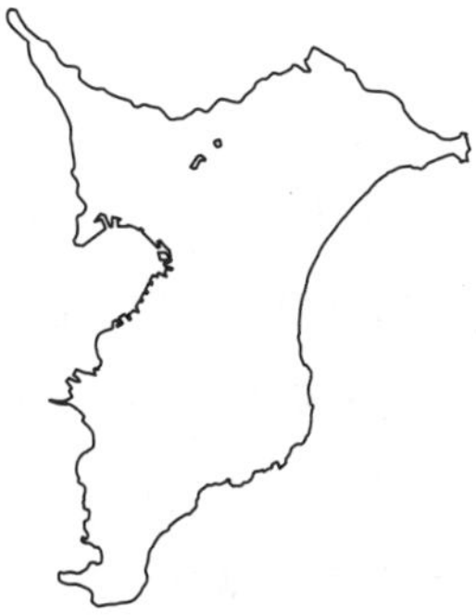

エ

2　次の３つの資料は、日本の歴史と日本人の主食との関係を述べたものです。各問いに答えなさい。

> 日本人の主食とも言える〈あ〉作りは今から2500年ほど前に中国や朝鮮半島から伝わりました。〈あ〉作りが始まると、人々は集まって住み、協力して生産するようになりました(A)。この時代を、（　①　）時代と言います。
>
> その後、栄養価が高く生産性に優れ、長期間の保存が可能である〈あ〉は、税として国に納められるようになりました。〈あ〉による納税は長く続きましたが、明治時代になり、国の収入を安定させるために、収穫高ではなく、土地の価格に応じて一定の割合の現金を納めるように変わりました(B)。これを地租改正と言います。

〈い〉が日本に初めてやってきたのは、南蛮貿易を推奨《すいしょう》した織田信長(C)の時代だといわれています。(　②　)に漂着《ひょうちゃく》したポルトガル船によって鉄砲とともに伝来しましたが、日本人は食べず、来日する商人や宣教師(D)たちが食べていました。その後、江戸時代に貿易の相手国を中国とオランダの商人のみに限る鎖国令(E)とともに、〈い〉は一度日本から姿を消していきます。

明治時代(F)に入ると東京などを中心に西洋の文化を取り入れようとする動きが広まっていきました。この動きは、人々の生活様式やものの考え方に大きな影響《えいきょう》を与えました。こうした風潮を、(　③　)と言います。この影響で、横浜や神戸などの港町に再上陸しましたが、当初は日本人の舌に合わなかったようです。そこで、日本最古の〈い〉屋である「木村屋総本店」が、日本人の口に合う〈い〉を作り上げ、しだいに浸透《しんとう》していきました。

日本において小麦は(　①　)時代にはすでに何らかの形で食されていたようですが、平安時代(G)に遣唐使が持ち帰ってきた果餅《かへい》と唐菓子《とうがし》が、日本における菓子と〈う〉のはじまりであると言われています。最初に日本で作られたものは「こんとん」と呼ばれるもので、小麦粉をこねて団子の形にし、中にあんをいれるまんじゅうのようなものでした。鎌倉・室町時代を経て、大陸との交流がさかんになるのに伴《ともな》い、食文化もその影響を受けて、現在の形に変化していきました。

その後、明治時代に入り、欧米《おうべい》や中国の影響を受け様々な形式が日本に浸透していきました。特に、1945年の(　④　)の終戦から13年が経った1958年(H)に日本で発表されたインスタント〈う〉は広く浸透し、日本や世界で空前のブームになりました。

問1　〈あ〉～〈う〉の組み合わせとして適するものを次の**ア**～**エ**から1つ選び、記号で答えなさい。

ア　〈あ〉－米　　〈い〉－麺《めん》　　〈う〉－パン
イ　〈あ〉－米　　〈い〉－パン　　〈う〉－麺
ウ　〈あ〉－麺　　〈い〉－米　　〈う〉－パン
エ　〈あ〉－麺　　〈い〉－パン　　〈う〉－米

問2　(　①　)～(　④　)に適する語句をそれぞれ答えなさい。

問３　下線部（A）の様子が表れている遺跡として誤っているものを次の**ア**～**エ**から１つ選び、記号で答えなさい。

ア　登呂遺跡　　**イ**　吉野ケ里遺跡　　**ウ**　岩宿遺跡　　**エ**　板付遺跡

問４　下線部（B）について、この時の税率を次の**ア**～**エ**から１つ選び、記号で答えなさい。

ア　３％　　**イ**　10％　　**ウ**　15％　　**エ**　20％

問５　下線部（C）に関係しているできごととして誤っているものを次の**ア**～**エ**から１つ選び、記号で答えなさい。

ア　桶狭間の戦い　　**イ**　比叡山延暦寺の焼き討ち

ウ　キリスト教の迫害　　**エ**　安土城の築城

問６　下線部（D）について、1549年に鹿児島に来日したとされる、右の資料の人物名を答えなさい。

問７　下線部（E）について、中国とオランダが貿易を許された理由を、当時のほかの欧米の国々とこの２国の違いに触《ふ》れて、簡単に説明しなさい。

問８　下線部（F）におこなわれたこととして誤っているものを次の**ア**～**エ**から１つ選び、記号で答えなさい。

ア　日本国憲法の施行　　**イ**　郵便制度の設置

ウ　鉄道の開通　　**エ**　牛肉の食用化

問９　下線部（G）に朝廷を中心に広まった、美しくはなやかな日本風の文化を次の**ア**～**エ**から１つ選び、記号で答えなさい。

ア　古墳文化　　**イ**　飛鳥文化　　**ウ**　桃山文化　　**エ**　国風文化

問10　下線部（H）の頃から日本の経済は飛躍《ひやく》的な成長を見せるが、特に生活水準が向上した1960～70年代の時期の呼び名を答えなさい。

3 次の文章は、広島市でおこなわれた平和記念式典で読まれた「平和への誓《ちか》い」の抜粋《ばっすい》です。各問いに答えなさい。

《平和への誓い》

【資料Ⅰ】

(　①　)が投下される前の広島には、美しい自然がありました。

大好きな人の優しい笑顔、温もりがありました。

一緒《いっしょ》に創るはずだった未来がありました。

広島には、当たり前の日常があったのです。

昭和20年８月６日　午前８時15分、

(A)広島の街は、焼け野原となりました。広島の街を失ったのです。

多くの命、多くの夢を失ったのです。

当時、小学生だった語り部の方は、「亡くなった母と姉を見ても、涙《なみだ》が流せなかった」と語ります。

感情まで奪《うば》われた人がいたのです。

大切なものを奪われ、心の中に深い傷を負った広島の人々。

しかし、今、広島は人々の笑顔が自然にあふれる街になりました。

草や木であふれ、緑いっぱいの街になりました。

(B)平和都市として、世界中の人の関心をもたれる街となりました。

あのまま、人々があきらめてしまっていたら、

復興への強い思いや願いを捨てていたら、

苦しい中、必死で生きてきた人々がいなければ、今の広島はありません。

平和を考える場所、広島。平和を誓う場所、広島。未来を考えるスタートの場所、広島。

(C)未来の人に、戦争の体験は不要です。

しかし、(　②　)は必要です。(　③　)、(　④　)、

まっすぐ、世界の人々に届く言葉で、あきらめず、粘《ねば》り強く伝えていきます。

広島の子どもの私たちが勇気を出し、心と心をつなぐ架《か》け橋を築いていきます。

(広島市 HP より引用)

問１　（　①　）について、第二次世界大戦で広島に投下された新型爆弾《ばくだん》を答えなさい。

問２　下線部（A）について、その爆心地にあった【資料Ⅰ】の建築物を答えなさい。

問３　下線部（B）について、日本および広島・長崎が掲《かか》げている、「もたない、つくらない、もちこませない」というスローガンを答えなさい。

問４　下線部（C）の理念に基づいて平和主義は制定されていますが、その内容として誤っているものを次の**ア**～**エ**から１つ選び、記号で答えなさい。

ア　武力は紛争《ふんそう》解決のために用いる。

イ　国は戦争をおこなわない。

ウ　すべての戦力は持たない。

エ　いかなる交戦権も認めない。

問５　（　②　）～（　④　）のどれにも入らない文はどれですか。前後の文章を読んで、次の**ア**～**エ**から１つ選び、記号で答えなさい。

ア　互《たが》いを認め合うこと

イ　命の重みを知ること

ウ　戦争の事実を正しく学ぶこと

エ　戦地において積極的に武器を使用すること

4 2021年８月22日に市長選挙が行われました。次の文章を読み、各問いに答えなさい。

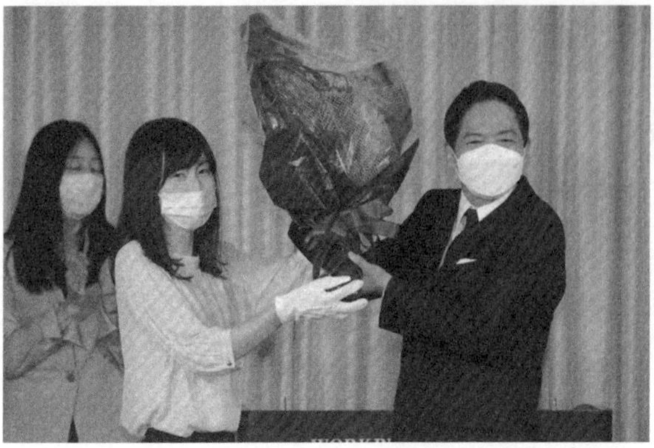

(写真) 2021年8月22日の産経ニュースより
(出典：https://yahoo.jp/Kh1lAJ)

左の写真は、夏の（　①　）市長選挙です。今回の市長選挙(A)は過去最多の８人が立候補し、どの政党にも属さない無党派層の投票数が増えたことにより、投票率が上がりました。今回の市長選挙の争点は、日本初の（　②　）を含《ふく》む統合型リゾートを誘致《ゆうち》する問題、新型コロナ対策の二点でした。

市長や県知事などは、地方公共団体を指揮する首長(B)の一人です。税金の使い道を議会に提案し、その承認をとって公共のサービスを行います。サービスの財源は、国民から徴収《ちょうしゅう》される各種の税金(C)です。税金の使い道も含め、選挙権を持つ私たち市民は責任ある投票をする必要があります。

問１　（　①　）に適する語句を次のア～エから１つ選び、記号で答えなさい。

ア　相模原　　**イ**　横浜　　**ウ**　川崎　　**エ**　厚木

問２　下線部（A）について、日本で選挙権が得られる年齢《ねんれい》を答えなさい。

問３　（　②　）に適する語句を次のア～エから１つ選び、記号で答えなさい。

ア　ホテル　　**イ**　テーマパーク
ウ　カジノ　　**エ**　ショッピングモール

問４　下線部（B）について、日本の首長を解答らんに合うように漢字４字で答えなさい。

問５　下線部（C）について、モノやサービスを買う際に徴収される税金を次の**ア**～**エ**から１つ選び、記号で答えなさい。

ア　法人税　　**イ**　所得税　　**ウ**　住民税　　**エ**　消費税

理　　科

5　表面を同じ塗料《とりょう》でぬられた、大きさの異なる5つの直方体A、B、C、D、Eがあります。この直方体は、プラスチック、アルミニウム、木材および発泡《はっぽう》スチレンの4種類のうちいずれかでできていることがわかっています。どの直方体が何からできているかを調べるために、図の辺の長さa、b、cと重さをはかりました。次の各問いに答えなさい。

[結果]

直方体	A	B	C	D	E
辺aの長さ [cm]	2.5	3.0	5.0	2.0	5.0
辺bの長さ [cm]	5.4	4.0	2.0	2.5	5.4
辺cの長さ [cm]	2.0	2.0	4.0	2.0	10.0
重さ [g]	2.7	24.0	24.0	27.0	27.0

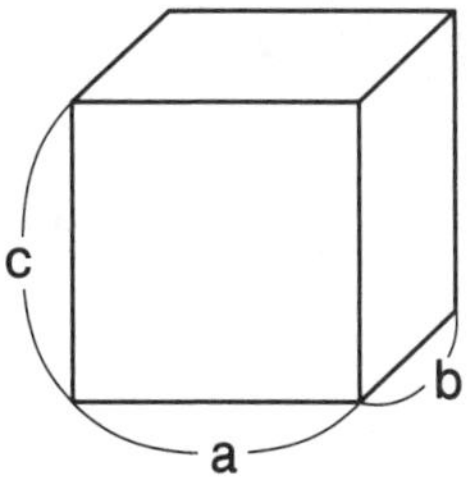

問1　辺の長さをはからずに直方体の体積を調べるには、どのようにしたらよいですか。その方法を簡単に説明しなさい。

問2　A～Eの中で、同じものからできているのはどれとどれですか。記号で答えなさい。

問3　1 cm^{3}当たりの重さが1gより軽い場合、水にうくことが分かっています。A～Eの中で、水にうくものをすべて選び、記号で答えなさい。

問4　A～Eの中で、木材でできているものはどれですか。記号で答えなさい。

問5　A～Eをすべて同じ体積にした場合、2番目に重いものはどれですか。記号で答えなさい。

問6　次の道具を使って、A～Eの中からアルミニウムでできているものを調べる方法とその結果を答えなさい。ただし、使う道具の数は1つでも複数でもよいものとします。

道具　導線　ライター　電池　豆電球　カッターナイフ　やすり　ハンマー
塩素系漂白剤《ひょうはくざい》　磁石

6　太朗君は、ラムネ飲料について、次の実験１、実験２を行いました。その結果、固体（砂糖）と気体（　①　）の両方が水にとけていることがわかりました。次の各問いに答えなさい。

［実験１］　石灰水にラムネ飲料を入れて混ぜた。
［実験２］　ラムネ飲料から液体（水）を蒸発させた。

問１　実験１の結果、水溶液《すいようえき》はどのようになりましたか。説明しなさい。

問２　上の文の（　①　）に適する気体の名前を答えなさい。

問３　ラムネ飲料の性質を調べるためにリトマス紙を使うことにしました。

(1)　リトマス紙を手で１枚とり、ガラス棒を使ってラムネ飲料を１滴《てき》つけたところ、手ではなくピンセットを使うよう注意されました。それはなぜですか。簡単に説明しなさい。

(2)　ラムネ飲料の性質を調べた結果、リトマス紙の色の変化として正しいものを次の**ア**～**オ**から１つ選び、記号で答えなさい。

ア　赤色リトマス紙が青色に変わる。
イ　赤色リトマス紙が緑色に変わる。
ウ　青色リトマス紙が赤色に変わる。
エ　青色リトマス紙が黄色に変わる。
オ　赤色リトマス紙も青色リトマス紙も色は変化しない。

問４　実験２からわかることはどれですか。次の**ア**～**ウ**から正しいものを１つ選び、記号で答えなさい。

ア　ラムネ飲料に固体がとけていることがわかる。
イ　ラムネ飲料に気体がとけていることがわかる。
ウ　ラムネ飲料に固体と気体の両方がとけていることがわかる。

問５　ラムネ飲料にふくまれる（　①　）の気体は地球温暖化に大きく関わっています。未来によりよい環境《かんきょう》を残していくために世界で計画されている「持続可能な開発目標」のことを何といいますか。アルファベット４文字で答えなさい。

7 太朗君は学校でバケツ稲《いね》を育てることにしました。イネについて、次の各問いに答えなさい。

《育て方》 Ⅰ 芽出し

シャーレなどの浅い容器に種もみがひたるくらいの水を入れる。

水にひたした種もみは（ ① ）に置く。

種もみに（ ② ）が十分にいきわたるように、水は毎日取りかえる。

白い芽が1 mm ぐらい見えたところで種まきをする。

Ⅱ 種まき

泥《どろ》を入れたバケツに水を入れる。

種もみを深さ $_{\text{a}}$6 ～ 7 mm ほど指でおしこみ、土をかぶせる。

土がかわいたら、水をまく。

Ⅲ 苗《なえ》の移しかえ

葉が3～4枚に増えたら、育ちの良い苗をバケツの中心に植えかえる。

そこに水を張る。

Ⅳ 中干

イネの茎《くき》数が20本、茎の高さが40 ～ 50cm 程度になったら水をぬく。

土とバケツの間にすき間ができたら、水を入れる。

Ⅴ 稲《いな》穂《ほ》が実る

Ⅵ 稲かり

問1 《育て方》Ⅰの（ ① ）に適するものを次の**ア**～**エ**から選び、記号で答えなさい。

ア 屋外の暑い場所　　**イ** 屋外の寒い場所

ウ 室内のあたたかい場所　　**エ** 冷蔵庫の中

問2 《育て方》Ⅰの（ ② ）に適するものを次の**ア**～**エ**から選び、記号で答えなさい。

ア 養分　**イ** 酸素　**ウ** 二酸化炭素　**エ** 日光

問３　《育て方》Ⅱの下線部ａよりも深くすると育たないのはなぜですか。簡単に説明しなさい。

問４　《育て方》Ⅳで中干をする理由を述べた次の文の（　③　）、（　④　）に適する言葉を答えなさい。

中干をすると、土は（　③　）を取りこみ、根は（　④　）を求めてのびるので、丈夫《じょうぶ》なイネが育つから。

問５　《育て方》Ⅴで稲穂が実るためにはおしべの花粉がめしべにつく必要があります。次の図のア～ウのうち、おしべとめしべを選び、それぞれ記号で答えなさい。

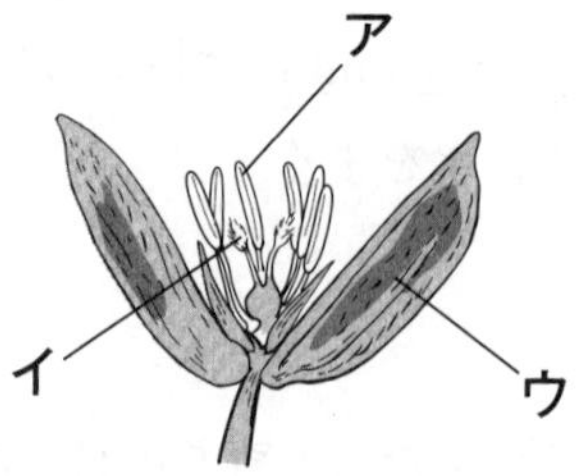

問６　種もみの重さは0.03g、育ったイネの重さは120 gでした。種もみを半分に割って、そこにヨウ素液をたらしたところ、青むらさき色になりました。種もみから育ったイネは何倍に成長しましたか。また、この成長には、種もみにふくまれていたヨウ素液を青むらさき色に変えるものだけでは足りません。イネが育つのに必要な養分を作り出すはたらきを何といいますか。

8 寒川町に住む太朗君は図1のような装置を使って、季節ごとのかげのでき方を観察しました。また、その時の太陽のしずむ位置も観察しました。次の各問いに答えなさい。

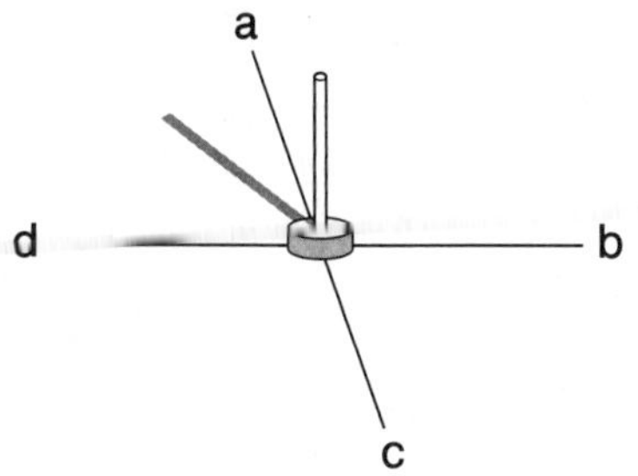

図1

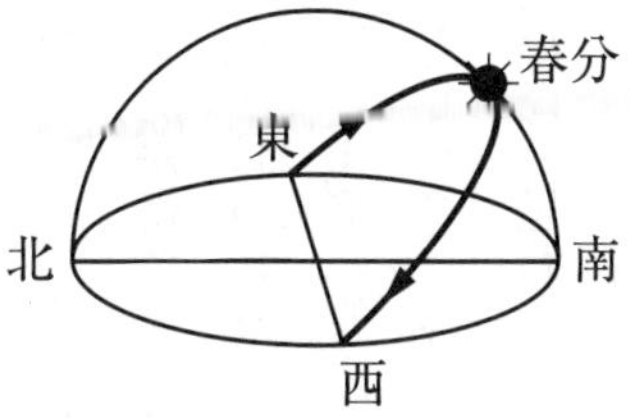

図2

問1　図1は、春分の日の午前9時の観察結果を示しています。この装置を中心として、**a**～**d**はそれぞれどの方角になりますか。

問2　春分の日に太陽が南中した時、午前9時と比べてのかげの向きと長さのちがいがわかるように、図に表しなさい。

問3　図2は春分の日の太陽の通り道を天球上に示しています。春分の日と夏至の日の南中時でかげの長さを比べた時、短くなるのはどちらですか。また、その理由を図2を参考に説明しなさい。

問4　太朗君は寒川町で春分の日にちょうど富士山の山頂に太陽がしずむのを観察しました。同じ場所で夏至の日に太陽のしずむ位置を観察すると、どうなりますか。次の**ア**～**エ**から選び、記号で答えなさい。

ア　富士山の東側にしずむ。　　**イ**　富士山の南側にしずむ。

ウ　富士山の北側にしずむ。　　**エ**　富士山の山頂にしずむ。

問5　春分の日と夏至の日では、太陽がしずむ時刻がちがいました。春分の日と比べて夏至の日の太陽がしずむ時刻はどうなりますか。

問6　昼と夜の長さがほぼ同じなのは、どれですか。次の**ア**～**エ**から2つ選び、記号で答えなさい。

ア　夏至の日　　**イ**　秋分の日　　**ウ**　冬至の日　　**エ**　春分の日

ア　記憶力を競うように、役に立ちそうにもない大量の知識をただ記憶していたから。

イ　クイズや円周率を記憶して、世界チャンピオンになったことを自慢していたから。

ウ　蒙古の人々がヤギに名前をつけてまで、個々の行動を注意深く観察していたから。

エ　人や物の名前を暗記することで、次第に気持ちが通じていくと思い込んでいたから。

問八　――線⑤「問題」について説明したものとして適切なものを次の中から一つ選び、記号で答えなさい。

ア　自分でじっくりと考えてから答える子どもは評価され、質問にポンポン迷うことなく答える子どもはだめだと思われること。

イ「知っている」ことがたくさんある子どもは評価され、暗記が得意なのにうまく答えられない子どもはだめだと思われること。

ウ　質問にすぐに答えられる子どもは評価され、自分で考えてすぐに答えることができないような子どもはだめだと思われること。

エ　知っている知識から物事を比べて考えられる子どもは評価され、考えかたの手順にこだわる子どもはだめだと思われること。

問九　本文の構成として適切でないものを次の中から一つ選び、記号で答えなさい。

ア　筆者以外の人物の意見を取り入れながら自分の意見を補足して述べている。

イ　練習問題の答えをすぐに提示し、数値を使って論理的に述べている。

ウ　例としていくつかの練習問題を提示したあとに説明と意見を述べている。

エ　筆者のいくつかの著書を用いながら考えを広げて意見を述べている。

「考えることは好きだったけれど、試験の成績でも、運動競技でもパッとせず、先生からも同級生からも、学校じゅうのビリッコと思われていた」と、ウィンストン・チャーチル[※6]（かのイギリス首相）も自分でいっています。

（安野光雅著『かんがえる子ども』福音館書店）

※1　『はじめてであうすうがくの絵本』…筆者の著書。
※2　『もりのえほん』…筆者の著書。
※3　コペルニクス…（一四七九～一五四三年）ポーランドの天文学者。
※4　憂き身をやつす…一つのことに熱中すること。あまり価値のないことに夢中になること。
※5　蒙古…ここではモンゴルを指す。
※6　ウィンストン・チャーチル…（一八七四～一九六五年）イギリスの政治家。イギリスの元首相。

問一　――線①「比べて考える」とはどのようなことですか。文中から四十字以内でぬき出してはじめとおわりの五字を答えなさい。

問二　――線②「見かたによっては別の解答が出てくる」のは、どのようなときですか。「自分」という言葉を使って答えなさい。

問三　――線③「これは残念なこと」とありますが、どうしてですか。その理由を答えなさい。

問四　空らん X に入る言葉として適切なものを次の中から一つ選び、記号で答えなさい。

ア　空　　イ　水　　ウ　土　　エ　月

問五　空らん A ～ C に入る言葉として適切なものを次の中から一つ選び、記号で答えなさい。

ア　では　　イ　たとえば　　ウ　だから

問六　空らん Ⅰ ～ Ⅳ には、「クイズ」か「パズル」かのどちらの言葉が入りますか。「クイズ」はア、「パズル」はイで答えなさい。

問七　――線④「むなしいなあと思ってしまいました」とありますが、どうしてですか。適切なものを次の中から一つ選び、記号で答えなさい。

にそのようなことをするのか、よくわかりません。学校で各県の県庁所在地を暗記してこい、という宿題が出ることがありますが、見たこともない町を覚えなければならない、というのは、わたしは苦手です。

記憶力を競いあうような、クイズ大会や、試験があって、円周率を十万桁《けた》覚えているような世界チャンピオンがいます。以前、何百桁も覚えている人に会ったことがあります。仰天《ぎょうてん》しました。そのときはいわなかったけれど、④むなしいなあと思ってしまいました。覚えてどうするのだろう、およそ何にもならないのにと思ってしまったのです（直接役に立たなくても優れた学問はありますが）。

覚えることが悪いといっているのではありません。[B]、学校の先生が受けもちの子どもの名前を覚えるというのは、ひとりひとりの子どもを識別するということです。名前を知っていることで、次第に気持ちが通じていくという意味があります。

動物生態学者の今西錦司《いまにしきんじ》先生は、※5蒙古《もうこ》の人はヤギにも名前をつけていて、それぞれが見わけられるということに眼を開かれ、自分でもそのようにしたいという話をされていました。そしてヤギを個体識別することに成功し、個々のヤギの行動を注意深く調べることができるようになりました。

クイズとパズルのおもしろさは、質が全然違うので、比べようがありません。

[Ⅲ]でわからなかった答えは、調べればわかることです。覚えること、答えをいえることがおもしろいなら別だけれど、記憶の蓄積《ちくせき》をしていって、その次に何かにつながるでしょうか。

[Ⅳ]の答えは調べてもわかりません。どうやって調べるかもわからないのです。[C]、その問題が解けている人に答えを聞いてしまったら……。おもしろさがなくなってしまいます。「自分で発見する喜び」がなくなってしまうのです。

「知る」ことと「わかる」ことは違うのですが、「知っている」ことが何か有意義なことのように、子どももおとなも思いこんでいるように思います。質問にポンポン答えていく子は評価されて、「待てよ、こうも考えられるな」と、迷うようなのはだめな子と見られてしまうことがあります。人間を計る尺度が、「ものを知っているかどうか」に置かれていて、自分でじっくり考えていて、すぐに答えることができないような子はだめだと思われる場合があるのは⑤問題だと思っています。

※2『もりのえほん』というわたしの絵本があります。これも文字のない絵本で、ページをめくると、森の絵が描《か》いてあって、木の葉や、木の枝、草むらの間に隠《かく》れた、たくさんの動物が見えてきます。

子どもがこの絵本を見ていると、そばにいるおとなは、子どもが、森に隠れた動物を見つけるのを待っていられなくて、何が隠れているのか、おとなが一生懸命《けんめい》教えようとする場面を見かけることがあります。何がいるのか、自分で見つける所に喜びがある本なのに、それを教えてしまっては、子どもの発見の喜びをうばっている、ということに気がついていないのです。

ところが、「ほら、いるでしょ、モーとか鳴くのが」などと、動物の鳴き声までしてヒントを与えたりします。しまいには、「ほら、本をさかさまにしてみたら?」とか何とかいったりし、③これは残念なことです。教わるのと、自分で見つけるのとの違いは、[X]とすっぽんほどの違いです。自分でものを見つけた喜びというのは、その子にとって、とても大きな喜びなのです。

話が飛躍《ひやく》しますが、「太陽が動くのではない、地球が回っているのだ」と思いついた※3コペルニクスは、ほんとうに死ぬほど感動したはずです。

自分の力で発見し、何かを新しく知ったときは、必ず何らかの驚《おどろ》きがあるものです。

知っていることの中から答えを見つけるのが、クイズです。[A]、そもそも知らなかったら、手も足も出ません。

それと違って、答えをまったく知らなくても、その問題を考えていれば、答えが導きだせるのがパズルです。これは、頑張ってやっていれば、いつかは何とかなるものです。

【問題】12個の玉があります。見かけは同じだけれども、1個だけ(軽いのか重いのかはわかりません)、重さの違う玉があります。天秤《てんびん》ばかりを使うのは、3回までとして、その1個を見つけなさい。

こういうのが[I]です。これはよくできた問題です。お手あげになる場合もあるけれど、それでも考えつづけることができるものです。

わたしは、[II]のような勉強がいいと思っています。ただ記憶《きおく》していることを答えるのと、その場で考えて答えを出すのとの違いは大きいと思います。その場で、そのことをひとつ、ひとつ、自分の頭の中で考えて、解いていくということがおもしろいのです。

クイズの研究に※4憂《う》き身をやつす人がいますが、何のため

問九　――線⑦「陽菜子のためを思ってる」つもりでお母さんがしている行動は何ですか。適切でないものを次の中から一つ選び、記号で答えなさい。

ア　友達のお母さんをすごいわねと無理にほめてあげること。

イ　仕事に行かない日は陽菜子におやつを作ってあげること。

ウ　部屋に来たついでに本棚のほこりを掃除してあげること。

エ　学校の悩みを聞いて的確なアドバイスをしてあげること。

四

次の文章を読み、あとの問いに答えなさい。

※1『はじめてであう すうがくの絵本』の中の「くらべてかんがえる」では、「どこが違《ちが》うか」を考えるのですが、それは一方で「どこが同じか」を考えることでもある、というあたりまえのことに、改めて気づかせてくれます。数学の問題は、ほとんどといってよいほど、この①「比べて考える」ことを基本としています。子どもが苦手としている高学年の文章題でも、「比べて考えるのだ」と思えば、気が楽になります。ふたつのものの「共通点」が問題を解くカギになっていることが多いものです。

【簡単な練習問題】　この問題を考えてみましょう。

①5リットルと3リットルのマスで、7リットルの水をくんできなさい。

②1升《しょう》マス（10合）で、5合の米を量るのにはどうすればよいでしょうか。

③ある時計に金の鎖《くさり》をつけると、１５５００円となり、銀の鎖をつけると、１３９００円となります。金と銀の鎖をおのおのひとつずつ、合計２つ買うと、５４００円です。この時計の値段はいくらですか。

『はじめてであう すうがくの絵本』の中には、難しいものや、②見かたによっては別の解答が出てくる場合もあります。たくさんのヒントを与えて子どもを解答に導いたときは、ひとつの知識を与えたにすぎませんが、子ども自身が自力で答えを得たときは、たとえそれが間違っていたとしても、「考えかたの手順や、発見の喜び」を教えたことになるのです。感動とともに身についたものは、子どもはずっと忘れることはないでしょう。

問三　――線②「ばかにしたように笑った」のはどうしてですか。その理由を説明している部分を解答らんに合うように、十六字でぬき出して答えなさい。

問四　[B] に入る言葉として適切なものを次の中から一つ選び、記号で答えなさい。

ア　めっきり　　イ　ぴしゃり
ウ　うかうか　　エ　おずおず

問五　――線③「それはこまるわ。そろそろ本気を出してくれなきゃ」とありますが、お母さんはだれが何をすることに本気を出してほしいと思っていますか。その内容を簡単に答えなさい。

問六　――線④「お父さんがはっとしたように顔をあげ」たのはどうしてですか。その理由として適切でないものを次の中から一つ選び、記号で答えなさい。

ア　妻が話をしているのにタブレットばかり見ていたことに気が付いたから。
イ　妻がだまっているのは自分の反応を待っているからだと気が付いたから。
ウ　妻の言葉を聞き流していてはさらにおこらせてしまうと気が付いたから。
エ　妻が自分のためにコーヒー豆をひいてくれていることに気が付いたから。

問七　――線⑤「それだけ」とありますが、この時お母さんはどういうことを言いたかったのですか。その内容を「家ぞく」「たいへん」という言葉を使って、解答らんに合うように答えなさい。

問八　――線⑥「陽菜子は思わず笑った」のはどうしてですか。その理由として最も適切なものを次の中から一つ選び、記号で答えなさい。

ア　お母さんが優雅におうちにいるなんて、おばあちゃんはなにもわかっていないと思ったから。
イ　お母さんが自分には自由になる時間もお金もないというのは、とても大げさだと思ったから。
ウ　お母さんがいじけたように不満をいっているのが、子どもっぽくておかしいと思ったから。
エ　お母さんを敵にまわすことで、ひさしぶりに会ったお父さんと仲良くなれると思ったから。

れていいわよねえって。私だってパートだけど仕事してるし、子どものことも家のことも、わたしがぜんぶ一人でやってるのに、あなたのお金で暮《く》らしてるみたいにいわれるのはおかしくない？　わたしには自由《じゆう》になる時間もお金もぜんぜんないのに。」

⑥陽菜子は思わず笑った。

「それはいいすぎでしょ。お母さんだって友達とランチしたり、しゃべったり、夜は一人でドラマを見たりしてるじゃん。」

「おお、ナイスフォロー！」

お父さんが笑って陽菜子にむかって親指をたてる。陽菜子は調子《ちょうし》にのってさらにいった。

「結局《けっきょく》、お母さんだって、お父さんが働《はたら》いたお金で暮らしてるんでしょ。」

とつぜんお母さんが手をとめ、うつむいた。

陽菜子ははっとする。しまった、今のはいいすぎただろうか。

お父さんも気になったらしい。「おい、どうした」と、心配そうな声に変《か》わる。

お母さんはうつむいたままいった。

「わたしは転勤《てんきん》についていくために仕事を辞《や》めたのよ。べつに楽《らく》なんかしてないわ。」

「だからさ、うちの親のいうことなんか、気にしないでくれって。がんばってるのは知ってるから。ほら、陽菜子だってそう思うだろ？　おまえたちの世話《せわ》はお母さんが一人でやってくれてるんだ。感謝《かんしゃ》してるよな？」

「え、まあ……。」

たしかにお母さんは一人でやっているのかもしれない。でも、なにかちょっとちがう気がする。

お母さんが顔あげて陽菜子を見た。

「最近《さいきん》、あなたと話していると悲しくなるわ。わたしはいつも⑦陽菜子のためを思ってるのに。」

（魚住直子著『いいたいことがあります！』偕成社）

問一　――線①「携帯で話をしていた」とありますが、この時陽菜子は、お母さんがだれとどんな話をしていると思ったのですか。その内容を解答らんに合うように簡単に答えなさい。

問二　[A]に入る言葉として適切なものを次の中から一つ選び、記号で答えなさい。

ア　耳　　イ　膝《ひざ》

ウ　あいづち　　エ　先手

なり、品数《しなかず》がふえる。

「塾は楽しいか。」

お父さんが新聞をたたみながら陽菜子にたずねた。

陽菜子はだまったまま首をかしげた。すると、お父さんも陽菜子の真似《まね》をしてだまったまま首をかしげた。それからおかしそうに笑った。

「まあ、好《す》きなようにすればいいよな。」

③「それはこまるわ。そろそろ本気を出してくれなきゃ。」

三人で朝ごはんを食べたあと、陽菜子は食器《しょっき》を流《なが》しに運《はこ》んで洗《あら》った。

お母さんはコーヒー豆《まめ》をひいていたが、手をとめ、ソファーにうつったお父さんを見た。

「先週、あなたの実家《じっか》、行ってきたのよ。」

お父さんの実家はとなりの区《く》にある。お母さんのほうは二年前におばあちゃんが亡《な》くなってだれもいなくなってしまったけれど、お父さんのほうは、おじいちゃんもおばあちゃんも元気だ。時々、お母さんがようすを見にいっている。

「電子《でんし》レンジがこわれたから買いかえたんだって。年金《ねんきん》暮《ぐ》らしだから安いのしか買えなかったって文句《もんく》をいってた。」

「ふうん。」

お父さんはお母さんを見ずに、あぐらをかいてタブレットを見ている。

「お義母《かあ》さんがこういうの。『あなたのところの電子レンジは最新式の高機能《こうきのう》のやつでしょ。息子《むすこ》ががんばって稼《かせ》いでるから、高いのを買えていいわね』って。」

お母さんはそれきりだまってまた豆をひきだした。ごりごりという音と、コーヒー豆の香《かお》りが部屋中《へやじゅう》にひろがっていく。

④お父さんがはっとしたように顔をあげて、お母さんを見た。

「それで？」

⑤「それだけ。」

お母さんは肩《かた》をすくめた。

「ただ、あなた一人《ひとり》だけが、がんばってる言いかたするなんてひどいと思っただけ。」

お父さんが苦笑《にがわら》いしながら頭をかいた。

「それはどうもすいません。うちのばかな母が失礼《しつれい》なことをいいまして。」

「そうやってまた口先《くちさき》だけであやまるんだから。」

お母さんはさらに不機嫌《ふきげん》な表情《ひょうじょう》になる。

「あーあ、今まで何回、お義母さんにいわれたことか。息子はたいへんだけど、久美子《くみこ》さんは優雅《ゆうが》におうちにいら

「さっきはごめんね。電話中だったから、おかえりがいえなくて。すぐ勉強してえらいね。」
お母さんはバナナケーキとミルクティーを机《つくえ》に置《お》いた。バナナの甘《あま》いにおいがただよってくる。お母さんは仕事に行かない日は、だいたい手作りのおやつを作ってくれる。
「学校はどうだった？　保護者《ほごしゃ》あてのプリントはない？」
「ないよ」
陽菜子は漢字を書きながら答える。
お母さんは部屋を出ていかなかった。本棚《ほんだな》のふちにほこりを見つけたらしく、ティッシュを一枚《まい》とってふきはじめた。
「わたし、となりのクラスだったらよかったな。」
陽菜子はつぶやいた。
「どうして？」
お母さんはちょっとおどろいた顔になる。
「今のクラスが嫌なの？」
「べつに嫌じゃないけど。」
漢字を書くてをとめ、お母さんを見あげた。
「となりのクラスだったら、さくらちゃんとか、ここちゃんとか、莉紗《りさ》ちゃんとか、仲《なか》のいい子がいるから。今のクラスは、ハシモと二人《ふたり》グループだもん。」
「橋本《はしもと》さんもいい子じゃない。しっかりして頭がよくて。」
「でも、ちょっとえらそうというか……。」
「そんなことないよ、陽菜子の考えすぎよ。」
「だってわたし、ハシモからお説教《せっきょう》されるんだよ。」
「それは陽菜子が頼《たよ》りないから、ひっぱってくれるのよ。お友達《ともだち》の悪口をいったらだめよ。」
お母さんは［B］といった。

土曜の朝、お父さんが居間のテーブルについて新聞を読んでいた。その前日の深夜《しんや》、最終便《さいしゅうびん》の飛行機《ひこうき》で、地方の単身赴任先《たんしんふにんさき》から東京に帰ってきたのだ。
「おはよう。」
陽菜子がいうと、お父さんは新聞の上から顔を出した。
「おう、陽菜子、元気にしてたか？」
お父さんはうれしそうに陽菜子を見る。
「陽菜子は土曜日は休みなんだな。颯太《そうた》は朝早くから学校に行ったけど。」
「あら、陽菜子もお昼から塾よ。」
お母さんはいいながらテーブルにごはん、焼鮭《やきじゃけ》、卵焼《たまごや》き、お味噌汁《みそしる》、山盛《やまも》りのサラダ、果物《くだもの》、とならべていく。ふだんの朝は、トーストに、卵と野菜《やさい》がちょっと、それにヨーグルトだ。でもお父さんが帰ってきていると朝食は和食《わしょく》に

三　次の文章を読み、あとの問いに答えなさい。

中学受験をひかえた六年生の陽菜子《ひなこ》は、お母さんから家事も勉強もちゃんとするようにいわれていて、納得できない気持ちを抱《かか》えている。
ある日の放課後、友達から「今から遊びにこない？」とさそいを受けた。その日は塾《じゅく》に行く予定だったが、お母さんはパートで留守だった。陽菜子はしばらく悩《なや》んだあと、お母さんのふりをして塾に欠席の連絡をし、そして塾に行ったふりをして遊びに行った。
翌日、学校でそのことを話していると同じクラスのハシモに注意された。ハシモは意地悪ではないし、悪い人でもないけれど、時々押しつけがましいと陽菜子は感じている。

家に帰ると、お母さんがソファーにすわり、深刻《しんこく》そうな顔で①携帯で話をしていた。居間《いま》に入ってきた陽菜子をちらりと見たが、またすぐに眉間《みけん》にしわをよせる。
もしかして塾から？　陽菜子ははっとした。「昨日《きのう》はどうして休んだんですか」と電話がかかってきたのかもしれない。
「そうそう、そうなのよ。」
お母さんが［A］を打《う》った。
よかった、と陽菜子は胸《むね》をなでおろした。丁寧語《ていねいご》じゃないということは、相手《あいて》は塾じゃない。
「あの人って、たいしたことじゃないのに自慢《じまん》するから嫌《いや》になるわよねえ。このあいだも、ホウレン草《そう》のキッシュを作ってきたでしょ。野木《のぎ》さんは自慢そうにしてたけど、キッシュって簡単《かんたん》なのにね。」
どうやら野木さんという人の悪口《わるぐち》をいっているらしい。たしか、お兄ちゃんの小学校時代の野球チームのお母さんの一人《ひとり》だ。お兄ちゃんは小学校を卒業《そつぎょう》して一年以上《いじょう》たつのに、お母さん同士《どうし》はまだ時々《ときどき》集まってごはんを食べている。
「パイシートは冷凍《れいとう》だっていってたの？　それならやっぱり簡単だわ。うちもよく作るんだけど、あれって、中の具《ぐ》を作ってオーブンで焼《や》くだけなのよ。でも、すごいわね、ってほめなきゃね。野木さんは、すごいっていわれたい人だもんね。」
お母さんは、②ばかにしたように笑《わら》った。
陽菜子は自分の部屋に行き、学校の宿題《しゅくだい》をした。学校の宿題はほっとする。漢字をくりかえして書くとか、算数の問題も塾にくらべると簡単で量《りょう》も少ない。
しばらくやっていると、お母さんが部屋に入ってきた。

問一　——線a「にんじん」の漢字表記として適切なものを次の中から一つ選び、記号で答えなさい。

ア　人心　　イ　人参
ウ　任信　　エ　任真

問二　——線b「適量」とありますが、調味料の分量をはっきり書いていないのはどうしてですか。その理由を解答らんに合うように、会話文中から十七字でぬき出して答えなさい。

問三　——線c「何度も切り直さないように」するのはどうしてですか。その理由を資料（レシピ）の中から一文で探し、はじめの五字をぬき出して答えなさい。

問四　——線d「①で切った食材」とは何ですか。すべて答えなさい。

問五　——線e「焼き目をつけることがポイント」なのはどうしてですか。その理由を二十字以内で答えなさい。

問六　[Ⅰ]・[Ⅱ]に入る数字を答えなさい。

二

漢字について、次の各問いに答えなさい。

問一　次の①～③の中から、誤っている漢字をそれぞれ一字探し、正しく直して答えなさい。

①　災害などの、不足の事態に備える。
②　試合が修了したら、整列してください。
③　計画を進行する中で、思わぬ語算が生じた。

問二　次の①・②の——線のカタカナを漢字に直しなさい。

①　大雨ケイホウが発令される。
②　インフルエンザにカンセンする。

先生「今日は、ボロネーゼソースのパスタを作ります。資料であるレシピを見てください。」

生徒「すみません。調味料の分量が適量と書いてありますが、これは大体どのくらいの量なのでしょうか。」

先生「これはですね、その時の水分量によって変わってくるのではっきりと書けないのです。その都度、味見をしながら足していくようにしましょう。」

先生「それでは、まずは、ソフリットを作っていきます。ソフリットはイタリア料理には欠かせないもので、味のベースになります。ていねいに作っていきましょう。」

生徒「茶色になるまでいためるとありますが、もう少しくわしい説明をお願いします。」

先生「わかりました。他にもキツネ色やアメ色などとも言われますが、はっきりとした基準はありません。いためればいためるほど色も味もこくなっていきます。軽い口当たりにしたければうすい茶色で止めるなど、好みで変えてください。」

先生「お肉を焼く時は焼き目をしっかりとつけることが目的なので、フライパンをよく熱してからお肉を入れましょう。」

生徒「焼き目をしっかりつけようとすると、こがしてしまいそうで心配なのですが、大丈夫でしょうか。」

先生「真っ黒にならなければ少々、こがしても大丈夫です。しっかり焼き目をつけた部分がうま味になっていき、料理のおいしさが増していきます。焼きおにぎりや焼きとうもろこしなどの料理でわざと少しこがしているのはそのためです。」

先生「お肉を焼き終わった後のフライパンは洗わずに残しておいてください。最後に少量の水を入れてフライパンの底に残っているうま味成分をとかしてなべに入れましょう。これは水ではなく、赤ワインでやっても大丈夫です。」

生徒「先生、できあがった私のボロネーゼソースはかなり塩からくなってしまったのですが、なぜでしょうか。」

先生「それは塩を入れ過ぎたか入れるタイミングが悪かった可能性がありますね。につめる前に塩を入れると、水が蒸発する分、味がこくなってしまうので。」

先生「あ！　しまった。これはレシピが間違っていますね。私のミスです。レシピの［Ⅰ］番と［Ⅱ］番が逆になってしまっていました。これでは塩からくなってしまうのも当然ですね。申し訳ありませんでした。」

中

二〇二二年度
東海大学付属相模高等学校中等部

【国語】〈B試験〉（五〇分）〈満点：一〇〇点〉

〈注意〉1．問題文にある「字数」には、句読点や記号を含《ふく》みます。
2．作問の都合上、文章の一部や図表などを変更している場合があります。

一 次の資料（レシピ）と会話文を読んで、あとの問いに答えなさい。

資料（レシピ）

ボロネーゼソースのパスタ

【材料】（6～8人分）

・牛ひき肉…………500g
・たまねぎ…………1コ
・aにんじん…………1本
・セロリ……………1本
・にんにく…………2かけ
・ホールトマト……400g
・パスタ……………100g（一人前）

【調味料】

・塩…………………b適量
・黒コショウ………適量
・ローリエ…………1枚
・赤ワイン…………300g
・水…………………適量
・オリーブ油………適量

【調理手順】

A：ソフリットを作る。
①たまねぎ、にんじん、セロリをみじん切りにする。この時に切った食材をc何度も切り直さないように注意する。※1
②フライパンにd①で切った食材を入れ、オリーブ油と塩を全体に回る程度加え茶色になるまで中火でいためる。

B：牛ひき肉に焼き目をつける。
③にんにくの皮をむき、包丁の腹などでつぶす。
④フライパンにオリーブ油とつぶしたにんにくを入れ、弱火でにんにくオイルを作る。
⑤にんにくを取り出し、牛ひき肉を入れ、強火でしっかり焼き目をつける。※2

C：ボロネーゼソースを作る。
⑥なべにAとBを入れる。
⑦Bで使ったフライパンに少量の水を入れ、火にかけながらフライパンに付いたうま味をこそげ取り、なべに入れる。
⑧塩と黒コショウで味を調える。
⑨なべに赤ワイン、ホールトマト、ローリエを入れ、トマトをつぶしながら水分量が四分の一程度になるまでにつめる。

D：パスタをゆでて仕上げる。
⑩なべにたっぷりの水を入れ、ふっとうさせる。
⑪ふっとうした湯の1％の塩を入れる。（みそ汁くらいの塩からさ）
⑫パスタをゆでる。
⑬ゆで上がったパスタとCのソースをからませて完成。

【ポイント・注意点】

※1：切り口が乱れると水分とともに栄養素が流れ出て、さらに余分なくさみも出てしまう。
※2：この時、ハンバーグを焼くようにあまり混ぜないでじっくりe焼き目をつけることがポイント。

2022年度

東海大学付属相模高等学校中等部 ▶解説と解答

算 数 ＜B試験＞（50分）＜満点：100点＞

解 答

1 (1) 31 (2) 19.15 (3) 7 (4) $\frac{1}{3}$ (5) 6 (6) 2.25 (7) 13 2 (1) 20倍 (2) 6通り (3) 30分後 (4) 10% (5) 6回 (6) 23.22cm^2 (7) 水曜日 3 (1) 200cm^3 (2) 110秒 (3) 5：3 4 (1) 解説の図2を参照のこと。 (2) 12個 (3) 51＋74－63⊕37＋76－25／**理由**…(例) 解説を参照のこと。

解 説

1 四則計算，逆算，計算のくふう，約束記号

(1) $6+15\div3\times5=6+5\times5=6+25=31$

(2) $(8.3-3.8)\times4.9-5.8\div2=4.5\times4.9-2.9=22.05-2.9=19.15$

(3) $\left(2+\frac{□}{3}\right)\times6=26$より，$2+\frac{□}{3}=26\div6=\frac{13}{3}$，$\frac{□}{3}=\frac{13}{3}-2=\frac{13}{3}-\frac{6}{3}=\frac{7}{3}$ よって，□＝7

(4) $2\frac{2}{5}\times\left(\frac{5}{4}-\frac{5}{6}\right)\div\frac{15}{2}+\frac{1}{5}=2\frac{2}{5}\times\left(\frac{15}{12}-\frac{10}{12}\right)\div\frac{15}{2}+\frac{1}{5}=\frac{12}{5}\times\frac{5}{12}\times\frac{2}{15}+\frac{1}{5}=\frac{2}{15}+\frac{1}{5}=\frac{2}{15}+\frac{3}{15}=\frac{5}{15}=\frac{1}{3}$

(5) $1.25\div0.125\times(1-0.375)-0.25=10\times0.625-0.25=6.25-0.25=6$

(6) $1.5\times3.2+15\times0.05-0.15\times22=0.15\times10\times3.2+0.15\times100\times0.05-0.15\times22=0.15\times32+0.15\times5-0.15\times22=0.15\times(32+5-22)=0.15\times15=2.25$

(7) $\begin{vmatrix}4&6\\3&7\end{vmatrix}=4\times7-6\times3=28-18=10$，$\begin{vmatrix}8&□\\6&11\end{vmatrix}=8\times11-□\times6=88-□\times6$だから，$88-□\times6=10$となる。よって，$□\times6=88-10=78$より，$□=78\div6=13$とわかる。

2 単位の計算，場合の数，旅人算，濃度《のうど》，つるかめ算，面積，条件の整理

(1) 面積16m^{2}の正方形の一辺の長さは，16＝4×4より，4m＝400cmである。また，面積400cm^{2}の正方形の一辺の長さは，400＝20×20より，20cmである。よって，面積16m^{2}の正方形の一辺の長さは，面積400cm^{2}の正方形の一辺の長さの，400÷20＝20(倍)である。

(2) A，B，C，Dを横1列に並べるとき，Bを1番左に並べると，左から2番目は，Bを除いた3つから選ばれる。同様に，左から3番目は，すでに並んだ2つを除いた2つから選ばれ，左から4番目は，残った1つが選ばれる。よって，Bが1番左になる並べ方は全部で，3×2×1＝6(通り)ある。

(3) A君とB君は，1分あたり，70＋50＝120(m)ずつ近づくので，2人は出発してから，3600÷120＝30(分後)に出会う。

(4) 濃度4％の食塩水150gには，150×0.04＝6(g)の食塩がふくまれる。この食塩水に，食塩10gを加えると，食塩水の重さは，150＋10＝160(g)，食塩の重さは，6＋10＝16(g)になるので，濃度は，16÷160×100＝10(％)になる。

(5) コインを9回投げてすべて裏が出たとすると，合計点は，2×9＝18(点)になり，実際よりも，

36－18＝18(点)少ない。裏が出るかわりに，表が1回出ると，合計点は，5－2＝3(点)増えるので，表は，18÷3＝6(回)出たとわかる。

(6)　問題文中の図形は，右の図のように，一辺3cmの正方形から，半径3cm，中心角90度のおうぎ形を除いた図形を，12個合わせたものだから，面積は，$\left(3\times3-3\times3\times3.14\times\frac{1}{4}\right)\times12=3\times3\times12-3\times3\times3.14\times\frac{1}{4}\times12=108-27\times3.14=108-84.78=23.22$($cm^2$)である。

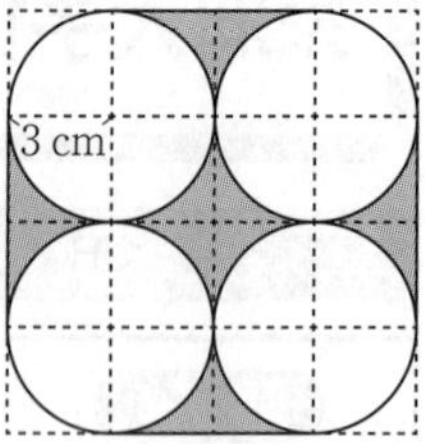

(7)　4月は1日から30日まで30日間ある。30÷7＝4あまり2より，月曜日は4月中に4回か5回ある。月曜日の日付のうちもっとも小さい数を[1]とすると，それ以外の日付は，[1]＋7，[1]＋14，[1]＋21，5回あればこれらに加えて，[1]＋28となる。2009年4月の月曜日が4回あるとすると，日付の合計は，[1]＋[1]＋7＋[1]＋14＋[1]＋21＝[4]＋42となり，これが66なので，[4]＝66－42＝24，[1]＝24÷4＝6となる。月曜日が5回あるとすると，日付の合計は，[1]＋[1]＋7＋[1]＋14＋[1]＋21＋[1]＋28＝[5]＋70となるが，これは66より大きくなるので，条件に合わない。よって，2009年4月6日が月曜日なので，2009年4月1日は，その5日前の水曜日とわかる。

3　グラフ―水の深さと体積

(1)　右のグラフを見ると，□秒後，50秒後で水の深さの増え方が変わっていることから，水面は，水を入れ始めて□秒後に四角柱Aの高さまで，50秒後に円柱Bの高さまで上がったとわかる。また，容器の高さ30cmから45cmまでの部分の容積は，30×20×(45－30)＝9000(cm^3)で，この部分を水でいっぱいにするのに，95－50＝45(秒)かかったとわかる。よって，毎秒，9000÷45＝200(cm^3)の水を入れた。

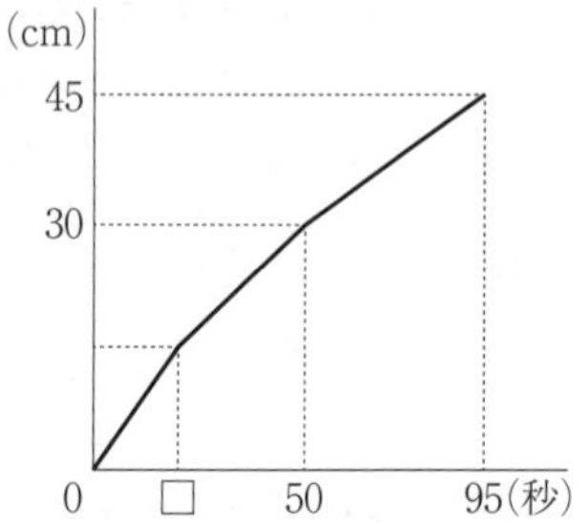

(2)　容器に何も置かないで水を入れると，満水になるまで，30×20×45÷200＝135(秒)かかる。容器に円柱Bだけを置いて水を入れると，満水になるまで120秒かかることから，135－120＝15(秒間)で入れる水の体積と，円柱Bの体積は同じだとわかる。また，グラフより，容器に四角柱Aと円柱Bを置いて水を入れると，満水になるまで95秒かかるので，135－95＝40(秒間)で入れる水の体積と，四角柱A，円柱Bの体積の合計は等しい。すると，四角柱Aの体積は，40－15＝25(秒間)で入れる水の体積と等しいから，容器に四角柱Aだけを置いて水を入れると，満水になるまで，135－25＝110(秒)かかる。

(3)　(2)より，四角柱Aと円柱Bの体積の比は，25：15＝5：3である。

4　条件の整理，立体図形の構成

(1)　右の図1で，ア7×イ＝ウ4より，7×イの答えの一の位が4なので，イ＝2とわかる。すると，ア7×2の答えが2けたになるので，アには1，2，3，4のいずれかが入る。次に，エ＝7より，7－オ＝5だから，オ＝2となる。すると，ア7×カ＝キ22より，7×カの答えの一の位が2なので，カ＝6とわかる。このとき，17×6＝

図1

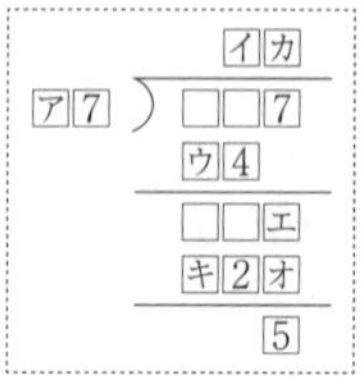

図2

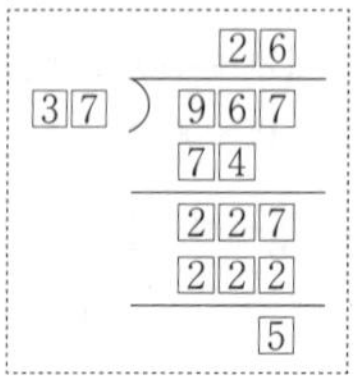

102，27×６＝162，37×６＝222，47×６＝282より，キ２２にあてはまるのは，222だけだから，ア＝３，キ＝２とわかる。以上より□をうめると，上の図２のようになる。

⑵　右の図３のように，真上から見たときのそれぞれの場所をア～カとする。真正面から見たとき，左から１列目，４列目に１個の積み木しか見えていないので，ア，オ，カには，それぞれ１個ずつの積み木がある。また，真横から見たとき，左の列に２個の積み木が見えるので，ウには２個の積み木がある。さらに，真正面から見たとき，左から２列目には３個の積み木が見えるが，ウには２個の積み木しかないから，イに３個の積み木がある。そして，真横から見たとき，真ん中の列には４個の積み木が見えるが，ア，イ，カには４個の積み木がないので，エに４個の積み木がある。よって，この立体を作るのに使った積み木は，１＋３＋２＋４＋１＋１＝12(個)である。

図３

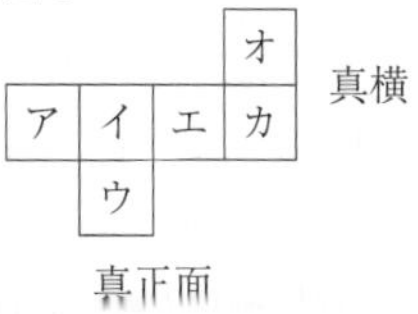

⑶　問題文中の計算の正しい答えは，51＋74－63＋37＋76－25＝150で，まちがえて計算した答えの76は，150より，150－76＝74小さいので，足すところをまちがえて引いてしまったと考えられる。例えば，100に10足すところを10引いてしまうと，正しい答えは，100＋10＝110で，誤った答えは，100－10＝90となり，正しい答えより，110－90＝20だけ小さくなってしまう。このように，足すところをまちがえて引いてしまうと，答えは足すはずだった数の２倍だけ小さくなる。したがって，答えが74小さくなったことから，74÷２＝37を足すところをまちがえて引いてしまったとわかる。

社　会　＜Ｂ試験＞（理科と合わせて50分）＜満点：50点＞

解　答

1　問１　(例)　二酸化炭素の排出が少なく，環境にやさしい。(資源が枯渇する心配がない。)　問２　①　利根川　②　キャベツ　問３　ア　問４　ウ　問５　イ　問６　太平洋ベルト　問７　(例)　国内の産業がおとろえること。(雇用が失われて地元の経済がおとろえること。)　問８　〈あ〉　ア　〈え〉　イ　2　問１　イ　問２　①　弥生　②　種子島　③　文明開化　④　太平洋戦争　問３　ウ　問４　ア　問５　ウ　問６　フランシスコ＝ザビエル　問７　(例)　キリスト教の布教活動を行わなかったため。　問８　ア　問９　エ　問10　高度経済成長期　3　問１　原爆　問２　原爆ドーム　問３　非核三原則　問４　ア　問５　エ　4　問１　イ　問２　18(歳)　問３　ウ　問４　内閣総理(大臣)　問５　エ

解　説

1　日本の地形や産業などについての問題

問１　火山や温泉などがある地域の地中深くから得られる高温・高圧の水蒸気で，直接タービンを回して発電する方法を地熱発電という。自然から得られ，半永久的に使える再生可能エネルギーの一つで枯渇《こかつ》の心配がなく，発電時にほとんど二酸化炭素を排出しないことなどが利点としてあげられるが，発電所の建設が難しいなどの問題点もある。

問２　①　利根川は，越後《えちご》山脈の大水上山《おおみなかみ》を水源として関東平野をおおむね南東へと流れ，千葉県

銚子《ちょうし》市で太平洋に注ぐ。長さは信濃川についで全国第２位，流域面積は全国第１位で，古くから関東第一の川として「坂東《ばんどう》太郎」(坂東は関東地方の古いよび名)とよばれている。　②　群馬県西部の嬬恋《つまごい》村は，夏でもすずしい高原の気候を利用した野菜の抑制《よくせい》栽培(栽培時期をほかの産地よりも遅らせる方法)がさかんで，特にキャベツが多くつくられている。

問３　現在の日本では，日本近海で行う沖合漁業の漁獲《ぎょかく》高が全体のおよそ半分を占《し》めて最も多い。沿岸漁業と養殖漁業(海面養殖業)が約20％で，遠洋漁業は10％以下となっている。統計資料は『日本国勢図会』2021／22年版による(以下同じ)。

問４　ジオパークは，地球科学的に意義のある地形などを，保護・教育・持続可能な開発などの観点から管理するための取り組みで，浅間山とその周辺は，2016年に「浅間山北麓《ほくろく》ジオパーク」として日本ジオパークの一つに認定された。なお，ナショナル・トラストは，貴重な自然や歴史的建造物などを保存するため，国民から広く募金を集め，保存すべき土地などを買い取って管理する方法のこと。エコツーリズムは，自然環境などについて体験しながら学ぶ旅行の考え方。ユネスコエコパークは，豊かな生態系が見られる地域で自然資源を活用し，持続可能な経済活動を進める地域として，ユネスコ(国連教育科学文化機関)に認定された場所である。

問５　輪島塗《ぬり》は石川県北部の輪島市に伝わる漆器で，お椀《わん》をふくむ食器や茶器などがつくられている。なお，アは南部鉄器(岩手県)，ウは江戸切子(東京都)，エは箱根寄木《よせぎ》細工(神奈川県)。

問６　関東地方南部から東海・近畿・瀬戸内の各地方を経て九州地方北部に続く帯状の地域は，太平洋ベルトとよばれる。多くの工業地帯・地域が集まり，大都市も数多くある。

問７　安い土地代や人件費などを求めて国内の工場が海外に移転すると，国内で働いていた人が仕事を失ったり，工場があった地域の人口が減って経済がおとろえたりするといった問題が起こる。なお，このように，工場が海外に移転して国内の製造業がおとろえることを，産業の空洞《くうどう》化という。

問８　〈あ〉は大分県で，北東部に国東《くにさき》半島があることなどが特徴《とくちょう》となっている。〈え〉は石川県で，北部には日本海に向かって能登《のと》半島がのびている。なお，ウは三重県，エは〈い〉の千葉県の形。

２　各時代の歴史的なことがらについての問題

問１　〈あ〉　日本で古代からつくられていたことと，税として納められていたことから，米だとわかる。　〈い〉　西洋から伝わったものであることから，パンだとわかる。　〈う〉　小麦を材料としてつくられるもので，「インスタント」に続くものなので，麺《めん》があてはまる。

問２　①　米づくりは縄文時代末期に日本に伝わり，弥生時代には広く行われるようになった。

②　1543年，種子《たねが》島(鹿児島県)に漂着《ひょうちゃく》した中国船に乗っていたポルトガル人によって，日本に鉄砲が伝えられた。　③　明治時代初期には，政府が欧米に追いつくための近代化政策をおしすすめたこともあり，文化や生活様式の急速な西洋化がすすんだ。この風潮を，文明開化という。

④　1945年８月，日本は連合国の出したポツダム宣言を受け入れて無条件降伏《こうふく》した。こうして，太平洋戦争(第二次世界大戦)が終わった。

問３　岩宿遺跡(群馬県)は旧石器時代の遺跡で，このころの日本ではまだ米づくりは行われていない。なお，登呂《とろ》遺跡は静岡県，吉野ケ里遺跡は佐賀県にある弥生時代の遺跡。板付遺跡は，福岡県にある縄文時代晩期から弥生時代初期にかけての遺跡で，水田跡などが発掘《はっくつ》されている。

問４　1873年，明治政府は国の財政を安定させる目的で地租改正を行い，税(地租)は土地の所有者が地価の３％を現金で納めることとした。

問５　織田信長は，敵対していた仏教勢力に対抗させるねらいもあって，キリスト教を保護し，教会堂や神学校などをつくることを認めた。なお，アは1560年，イは1571年，エは1576年(築城開始の年)に織田信長が行ったこと。

問６　フランシスコ＝ザビエルはスペイン人のイエズス会宣教師で，1549年に鹿児島に来航してキリスト教を伝えた。ザビエルは西日本でおよそ２年にわたって布教活動を行い，信者を増やした。

問７　ポルトガルやスペインとの貿易は，キリスト教の布教と密接に結びついていた。江戸幕府はキリスト教の禁止を徹底《てってい》するためにこの２国の船の来航を禁止し，キリスト教の布教を行わない清(中国)とオランダに限り，長崎を唯一《ゆいいつ》の貿易港として幕府との貿易を認めた。なお，オランダは，キリスト教のカトリック(旧教)を信じるポルトガル・スペインと異なり，プロテスタント(新教)を信じる人が中心であった。

問８　日本国憲法は，昭和時代の1946年11月３日に公布され，翌47年５月３日に施行された。なお，イ(1871年)，ウ(1872年)，エはいずれも明治時代(1868～1912年)初めのできごと。

問９　平安時代前半の894年に菅原道真の提案で遣唐使が廃止されると，中国文化の影響《えいきょう》が弱まり，日本の習慣や風土・気候に合った日本風の文化が栄えた。これを国風文化という。なお，アは古墳時代，イは飛鳥時代，ウは安土桃山時代に栄えた文化。

問10　日本は，1950年代から高度経済成長期とよばれるめざましい経済発展の時期に入り，国民の生活水準が向上したが，一方で公害問題や都市問題なども深刻になった。20年近く続いた高度経済成長期は，1973年の石油危機(オイルショック)によって終わりをむかえた。

３　平和への歩みや取り組みについての問題

問１　第二次世界大戦末期に人類史上初めて，アメリカ軍によって広島に原子爆弾が投下された。３日後の８月９日には長崎にも投下され，多くの尊い命が失われた。

問２　原爆ドームは，広島に原子爆弾が投下されたさい，爆心地付近にあった広島県産業奨励《しょうれい》館の焼け跡で，戦後も当時のまま保存されてきた。原爆ドームは1996年，核兵器の恐ろしさを後世に伝える「負の遺産」として，ユネスコの世界文化遺産に登録された。

問３　非核三原則は核兵器に対する日本政府の基本方針で，「核兵器をもたない，つくらない，もちこませない」という政策である。1967年に佐藤栄作首相が国会答弁で初めて表明し，71年には衆議院本会議において決議が採択《さいたく》された。

問４　平和主義は，国民主権・基本的人権の尊重とならぶ日本国憲法の三つの原則の一つで，前文と第９条にその考え方などが明記されている。第９条１項では，国際紛争を解決する手段として武力を用いることを放棄《ほうき》すると定められているので，アが誤っている。

問５　エは，戦争の悲惨《ひさん》さや平和の尊さをうったえる本文の内容に合わない。なお，②にはウ，③にはイ，④にはアが入る。

４　2021年に行われた市長選挙，政治のしくみや税についての問題

問１　2021年８月，横浜市長選挙が行われ，新型コロナウイルス感染症《しょう》対策や，統合型リゾート(IR)の誘致《ゆうち》などが争点となった。選挙の結果，山中竹春が当選し，市長に就任した。

問２　2015年の公職選挙法改正(施行は翌16年)により，選挙権は満18歳以上の国民に与えられることになった。

問３　日本各地で誘致するかどうかが問題となっている統合型リゾート(IR)には，カジノがふくまれる。外国人をふくむ多くの観光客が訪れ，経済が活性化することが期待されるが，かけごとによって引き起こされる悪い面が心配されており，議論となっている。

問４　日本の政治では，内閣は大臣で構成され，内閣の首長を内閣総理大臣が務める。内閣総理大臣は，国民の代表者である国会議員の指名によって選ばれ，天皇に任命される。

問５　消費税は，モノやサービスを買ったさいに徴収される税で，国に納める国税に分類される。1989年に税率３％で導入され，税率は1997年に５％，2014年に８％，2019年に10％（一部の生活必需品では税率を８％のままずえ置く軽減税率が導入された）に引き上げられた。なお，法人税は企業などの法人の所得にかかる税金，所得税は個人の所得にかかる税金で，いずれも国税に分類される。住民税（都道府県民税・市区町村民税）は地方税で，居住する都道府県や市区町村が徴収する。

理　科　＜Ｂ試験＞（社会と合わせて50分）＜満点：50点＞

解　答

5　**問１**　（例）　全体を水で満たした容器にしずめて，あふれた水の体積をはかる。　**問２**　ＡとＥ　**問３**　Ａ，Ｃ，Ｅ　**問４**　Ｃ　**問５**　Ｂ　**問６**　（例）　塗料をやすりで２か所はがし，豆電球と電池を導線で直列につなぎ，豆電球がつくか調べる。　6　**問１**　（例）　白くにごった。　**問２**　二酸化炭素　**問３**　(1)　（例）　手でさわると色が変わることがあるから。　(2)　ウ　**問４**　ア　**問５**　SDGs　7　**問１**　ウ　**問２**　イ　**問３**　（例）　酸素が不足するから。　**問４**　③　酸素　④　水　**問５**　**おしべ**…ア　**めしべ**…イ　**問６**　4000倍／**はたらき**…光合成　8　**問１**　**a**　北　**b**　東　**c**　南　**d**　西　**問２**　右の図　**問３**　夏至の日／**理由**…（例）　南中高度が高くなるから。　**問４**　ウ　**問５**　（例）　おそくなる。　**問６**　イ，エ

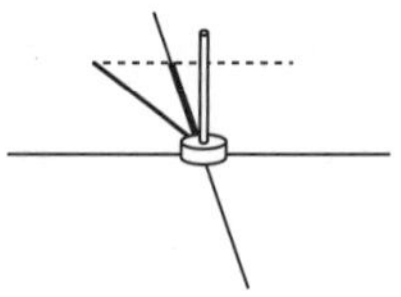

解　説

5　物体の体積と重さについての問題

問１　辺の長さがわからない直方体の体積は，水で満たした容器に全体をしずめて，あふれた水の体積をはかることで求めるとよい。

問２　１cm^3あたりの重さ（密度）が同じであれば，同じものからできていると判断できる。Ａの体積は，2.5×5.4×2.0＝27.0（cm^3）で，重さが2.7ｇなので，密度は，2.7÷27.0＝0.1（ｇ/cm^3）になる。同様にして求めると，Ｂの密度は，24.0÷（3.0×4.0×2.0）＝1.0（ｇ/cm^3），Ｃは，24.0÷（5.0×2.0×4.0）＝0.6（ｇ/cm^3），Ｄは，27.0÷（2.0×2.5×2.0）＝2.7（ｇ/cm^3），Ｅは，27.0÷（5.0×5.4×10.0）＝0.1（ｇ/cm^3）なので，ＡとＥが選べる。

問３　問２で求めた各直方体の密度で比べると，１cm^3あたりの重さが１ｇより軽いＡ，Ｃ，Ｅがあてはまる。

問４　発泡《はっぽう》スチレンと木材は水にうくので，１cm^3あたりの重さがより軽い発泡スチレンがＡ（Ｅ），木材はＣとわかる。

問５　１cm^3あたりの重さを比べると，最も重いのはＤ，２番目に重いのはＢとなる。

問６　金属のアルミニウムは電流を通す性質がある。４種類の材質のうち，電流を通すのはアルミニウムだけなので，直方体の表面の塗料《とりょう》を２か所カッターナイフややすりではがし，電池と豆電球と直列つなぎになるように導線でつないだとき，豆電球が明るく光ればアルミニウムとわかる。

6 炭酸水の性質についての問題

問１，問２　ラムネ飲料には二酸化炭素がとけているので，石灰水に入れると白くにごる。

問３　(1)　手でリトマス紙にさわると，手の表面についている物質によってリトマス紙の色が変化してしまうことがあるため，ピンセットを用いる。　(2)　二酸化炭素の水溶《よう》液である炭酸水は酸性なので，青色のリトマス紙が赤色に変化する。

問４　水溶液にとけているものが液体や気体であるときは，水とともに蒸発してあとに何も残らないので，気体がとけていたかどうかは確実にはわからない。固体がとけている場合，水が蒸発したあとに固体が残る。

問５　SDGsは，2015年に国連サミットで採択《さいたく》された『持続可能な開発目標』のことで，「気候変動に具体的な対策を」，「エネルギーをみんなにそしてクリーンに」といった17の目標と，それらを達成するための具体的な169のターゲットがある。

7 イネの育て方についての問題

問１　種もみが水をすってふくらみ芽が少し出るまで，発芽に適切な温度になるように，室内のあたたかい場所に置くようにする。

問２　イネの種もみは発芽に必要な酸素を，水にとけこんでいる酸素から吸収している。したがって，種子をひたした水は毎日取りかえて，種もみに十分酸素がいきわたるようにする。

問３　種もみをあまり深くに植えてしまうと，酸素を十分に取り入れることができなくなったり，葉が土の上に出てくる前に種子の養分がなくなったりしてかれてしまうことがある。

問４　中干をすると，土のつぶのすき間に酸素(空気)が入りこむだけでなく，水を求めて根が深くまでのびて，丈夫《じょうぶ》なイネに成長する。

問５　アがおしべ，イがめしべ，ウがえいとよばれるしくみで，花びらはない。

問６　0.03ｇの種もみが育って120ｇになったので，イネは，$120 \div 0.03 = 4000$(倍)に成長したことになる。このために必要な養分は，はじめに種もみにふくまれていたでんぷんでは足りず，成長した葉の葉緑体で行われる光合成によってまかなわれる。

8 太陽の動きについての問題

問１　春分の日の午前９時ごろには，太陽が南と東のあいだにあるため，棒のかげは北と西のあいだにのびる。したがって，図１のａが北，ｄが西の方角にあたり，ａの反対のｃが南，ｄの反対のｂが東になる。

問２　太陽が南中したときは，棒のかげは真北の方角にのびる。また，１日の中で太陽は最も高い位置にあるので，午前９時のときと比べてかげの長さは短い。なお，図１の装置で春分の日のかげの動きを観察すると，棒のかげの先たんは東西(bd)に対して平行に動く。

問３　春分の日から３か月たって夏至の日になると，図２の通り道よりさらに高い位置を太陽が通過するようになるので，どの時刻で比べても春分の日よりかげの長さは短くなる。

問４　春分の日は，太陽が真東からのぼり真西にしずむが，夏至の日は，真東より北寄りからのぼり，真西より北寄りにしずむ。春分の日のようすから，太朗君から見て富士山の山頂は真西の方角にあるので，夏至の日の太陽は富士山の北側にしずむと考えられる。

問５　春分の日と比べると，夏至の日は太陽の出ている時間が長くなるため，太陽が出る時刻(日の出)は早く，しずむ時刻(日の入り)はおそくなる。

問６　太陽が真東の方角からのぼり，真西の方角にしずむ春分の日と秋分の日は，昼と夜の長さがほぼ同じになる。

国　語　＜Ｂ試験＞（50分）＜満点：100点＞

解　答

一 **問１**　イ　**問２**　その時の水分量によって変わってくる(から。)　**問３**　切り口が乱　**問４**　たまねぎ／にんじん／セロリ　**問５**　(例)　焼き目がうま味になり，おいしくなるから。　**問６**　Ⅰ　⑧　Ⅱ　⑨　二 **問１**　①　測　②　終　③　誤　**問２**　下記を参照のこと。　三 **問１**　(例)　塾の先生と，昨日陽菜子がなぜ休んだのか(という話)　**問２**　ウ　**問３**　(野木さんが)たいしたことじゃないのに自慢する(から。)　**問４**　イ　**問５**　(例)　陽菜子が勉強すること。　**問６**　エ　**問７**　(例)　お父さんだけではなく，私も家ぞくのためにたいへんな思いをしているのだ，ということ(を言いたかった。)　**問８**　イ　**問９**　ア　四 **問１**　「どこが違～考えること　**問２**　(例)　子どもが自分の力で答えを得たとき。　**問３**　(例)　子どもの発見の喜び(機会)をうばっているから。　**問４**　エ　**問５**　Ａ　ウ　Ｂ　イ　Ｃ　ア　**問６**　Ⅰ　イ　Ⅱ　イ　Ⅲ　ア　Ⅳ　イ　**問７**　ア　**問８**　ウ　**問９**　イ

●漢字の書き取り

二 **問２**　①　警報　②　感染

解　説

一　資料(レシピ)とそれについての会話文の読解

問１　「参」の常用漢字としての読みは「サン」と「まい(る)」だけだが，「人参」は慣用的に「にんじん」と読む。

問２　適量とは「大体どのくらい」の量なのかという生徒の質問に対して，先生は「その時の水分量によって変わってくる」のではっきりと書けないと答えている。

問３　レシピの【ポイント・注意点】には，食材を何度も切り直さないようにすることの理由として，「切り口が乱れると水分とともに栄養素が流れ出て，さらに余分なくさみも出てしまう」と書かれている。

問４　【料理手順】のＡの①には，みじん切りにする食材として「たまねぎ，にんじん，セロリ」と書かれている。

問５　「焼き目をしっかりつけようとすると，こがしてしまいそうで心配」だと言う生徒に対して，先生は「しっかり焼き目をつけた部分がうま味になっていき，料理のおいしさが増していきます」と答えている。

問６　「につめる前に塩を入れると，水が蒸発する分，味がこくなってしまう」と先生が言っているので，塩からくならないようにするための正しい順番は，「につめる」作業のある⑨が先で，塩で「味を調える」作業のある⑧が後となる。

二　漢字の訂正と書き取り

問１　①　「足」が誤り。正しくは，予測できないこと，という意味の「不測」となる。　②　「修」が誤り。正しくは，終わること，という意味の「終了」となる。　③　「語」が誤り。正しくは，見こみ違《ちが》い，という意味の「誤算」となる。

問２　①　危険が起こりそうなとき，人々に注意や警戒《けいかい》を促《うなが》すための知らせ。　②　病原体が体内に入って病気がうつること。

三　出典は魚住直子《うおずみなおこ》の『いいたいことがあります！』による。中学受験をひかえた六年生の陽菜子《ひなこ》は，お母さんが自分のためにいろいろやってくれているのはわかるが，言っていることには納得できないと感じている。

問１　陽菜子は，前の日に塾《じゅく》に行ったふりをして遊びに行っていたので，お母さんが「深刻そうな顔」で，「眉間《みけん》にしわをよせ」て話しているのを見て，塾の先生から「昨日《きのう》はどうして休んだんですか」という電話がかかってきたのではないかと思い，心配になった。

問２　お母さんが，「そうそう，そうなのよ」と言っていることから，“相手に調子を合わせる”という意味になるように，「あいづちを打った」とする。

問３　お母さんは，電話で「野木さん」の悪口を言っている。作るのが簡単なホウレン草のキッシュを，野木さんが作ってきて「自慢《じまん》そうにして」いたので，「たいしたことじゃないのに自慢するから嫌《いや》になる」とばかにしているのである。

問４　お母さんは，ハシモになじめないでいる陽菜子を，いろいろな言葉でなだめた。しかし，陽菜子がなかなか納得しなかったので，最後の「お友達の悪口をいったらだめよ」という言葉は，強く言ったと想像できる。よって，高圧的な態度で言い切るようすを表す「ぴしゃり」が入ると考えられる。

問５　お父さんが，「塾は楽しいか」と陽菜子に聞いたあと，続けて「まあ，好きなようにすればいいよな」と言ったことに着目する。お母さんは，陽菜子の「好きなように」させるのではなく，そろそろ「塾」で本気を出して勉強してくれないと「こまる」と言っているのである。

問６　お父さんは，コーヒー豆をひく音が部屋に広がるほど静かになっていることで，それまで話し続けていたお母さんの声が消えていると知った。お父さんは，タブレットを見るのに夢中になっている自分の受け答えをお母さんが待っていると気付き，さらにそのまま無視していたのではお母さんの機嫌《きげん》をさらに損《そこ》ねると思ったので，すぐに「それで？」と反応したと考えられる。よって，ア，イ，ウは正しい。エは本文からは読み取れない。

問７　少し前の「息子《むすこ》ががんばって稼《かせ》いでるから，高いのを買えていいわね」や，少しあとの「息子はたいへんだけど，久美子《くみこ》さんは優雅《ゆうが》におうちにいられていいわよねえ」などと，お母さんは義母に言われている。お母さんは，自分だって「パートだけど仕事」をしているし，「子どものことも家のこと」も「ぜんぶ一人で」やっているから，自分も「家ぞく」のために「たいへん」な思いをしているということを，お父さんに言いたかったのである。

問８　陽菜子は，お母さんが「友達とランチ」をしたり，「夜は一人でドラマ」を見たりしているので，「自由になる時間もお金もぜんぜんない」というのは，「いいすぎ」だと思って笑ったのである。

問9　お母さんは，「仕事に行かない日」は，陽菜子のために「手作りのおやつを作ってくれる」ので，イは正しい。また，陽菜子の部屋に入ったとき，本棚《ほんだな》のふちのほこりをティッシュでふいてくれたり，「学校はどうだった」と聞いて友達関係のことをアドバイスしてくれたりしているので，ウとエも本文の内容に合っている。ただし，本文の最初の場面の電話でのやり取りは，陽菜子のための行動ではないので，アは不適切。

四　**出典は安野光雅《あんのみつまさ》の『かんがえる子ども』による。**自分の力で発見し，何かを新しく知ることの喜びにつながる「考える」ことの大切さについて，筆者自身の著作の内容などを引用しながら説明している。

問1　筆者は，数学の問題の基本が「比べて考える」ことにあるとし，さらに文章題ではふたつのものの「共通点」が問題を解くカギになっていることが多いとも述べている。よって，筆者の言う「比べて考える」とは，「『どこが違うか』を考える」のであるが，それは一方で，「『どこが同じか』を考えること」でもあるということである。

問2　たくさんのヒントを与《あた》えて子どもを解答に導いても，「ひとつの知識を与えた」にすぎないが，「子ども自身が自力で答えを得たとき」は，それが間違っている「別の解答」であったとしても，「考えかたの手順や，発見の喜び」を教えたことになる。

問3　『もりのえほん』は，森に隠《かく》れた動物を子どもが「自分で見つける所に喜びがある」のに，大人がヒントを与えてしまうと，「子どもの発見の喜びをうばっている」ことになる。

問4　「月とすっぽん」は，二つのものの差が大きくて比べものにならないことのたとえ。

問5　**A**　前では，知っていることの中から答えを見つけるのがクイズだと述べ，あとでは，そもそも知らなかったら手も足も出ないと述べているので，前のことがらを理由として，あとにその結果をつなげるときに用いる「だから」が入る。　**B**　前では，覚えることが悪いといっているわけではないと述べ，あとでは，学校の先生が受けもちの子どもの名前を覚えるという例をあげているので，具体的な例をあげるときに用いる「たとえば」が入る。　**C**　前では，答えはどうやって調べるかもわからないと述べ，あとでは，その問題が解けている人に答えを聞いてしまったらおもしろさがなくなってしまうと述べているので，前のことがらを受けて，それをふまえながら次のことを導くはたらきのある「では」が入る。

問6　「知っていることの中から答えを見つける」のが「クイズ」であり，答えを知らなくても「その問題を考えていれば，答えが導き出せる」のが「パズル」であることをふまえて考える。

Ⅰ　12個の玉の中から重さの違う玉を見つける問題は，暗記した知識などは必要なく，考えることによって解く問題なので，「パズル」である。　Ⅱ　筆者は，自分で考えることの大切さを説いているので，「パズル」のような「勉強がいい」と述べていると考えられる。　Ⅲ　「調べればわかる」のは，「クイズ」である。　Ⅳ　調べても「答え」がわからないのは，「パズル」である。

問7　直後に，「何にもならない」のに「覚えてどうするのだろう」とある。考えることをせず，ただ記憶力《きおくりょく》を競うことは，やりがいのないことだと筆者は思ったのである。

問8　筆者は，考えて解いていく「パズル」のような勉強が大切だと主張している。よって，「知っている」ので質問にすぐ答えることができる子は評価され，「待てよ，こうも考えられるな」と迷ったり，じっくり考えていてすぐに答えることができなかったりするような子はだめだと見られてしまうことを，「問題」だと述べているのである。

問９　本文は，ウィンストン・チャーチルの言葉を引用したり，練習問題を例としてあげて説明したりしているので，アとウは正しいが，練習問題の解答は示されていないので，イは誤り。また，『はじめてであう すうがくの絵本』や『もりのえほん』など，筆者の著作も自身の考えを述べるために用いられているので，エは本文の内容に合う。

Memo

Memo

Memo

2021年度　東海大学付属相模高等学校中等部

〔電　話〕　(042)742－1251
〔所在地〕　〒252－0395　神奈川県相模原市南区相南３－33－１
〔交　通〕　小田急線—「小田急相模原駅」より徒歩８分

【算　数】〈Ａ試験〉（50分）〈満点：100点〉

〈注意〉１．分数は約分して答えなさい。
　　　　２．図は必ずしも正確ではありません。

1　次の各問いに答えなさい。

(1)　$30-15\div3\times5$ を計算しなさい。

(2)　$\{12+(3+4)\times5\}\times(6\times7-8+9)$ を計算しなさい。

(3)　$6.4+3.6\times(7.2-5.9)$ を計算しなさい。

(4)　次の□にあてはまる数を求めなさい。

$$168\times\left(\square+\frac{1}{24}\right)=21$$

(5)　$\left(1\frac{2}{3}-0.75+\frac{1}{6}-1\right)\times12$ を計算しなさい。

(6)　$\left(1.25\div\frac{15}{28}-1\frac{5}{6}\right)\div\frac{3}{4}$ を計算しなさい。

(7)　数が次のように規則的に並んでいます。このとき，38 番目の数を求めなさい。

3，7，11，15，19，23，…

(8)　$\{A\}$ は整数Aのすべての約数の和を表します。たとえば，$\{6\}=1+2+3+6=12$ です。
このとき，次の計算をしなさい。

$$\{\{8\}+\{9\}\}$$

2 次の各問いに答えなさい。

(1) 家から駅までの道のりが1.2kmあり，行きは分速75mで進み，帰りは分速80mで進みました。家と駅を往復するのに何分かかりましたか。

(2) 全体の人数の5%が7人です。電車を利用して通学する生徒が全体の2割であるとき，電車を利用しないで通学する生徒は何人ですか。

(3) 28才離《はな》れた母と子がいます。現在から5年前は，母の年齢《ねんれい》が子の年齢の5倍でした。母の年齢が子の年齢の3倍になるのは，現在から何年後ですか。

(4) 下の図は，正方形を折り曲げたものです。このとき，角アの大きさを求めなさい。

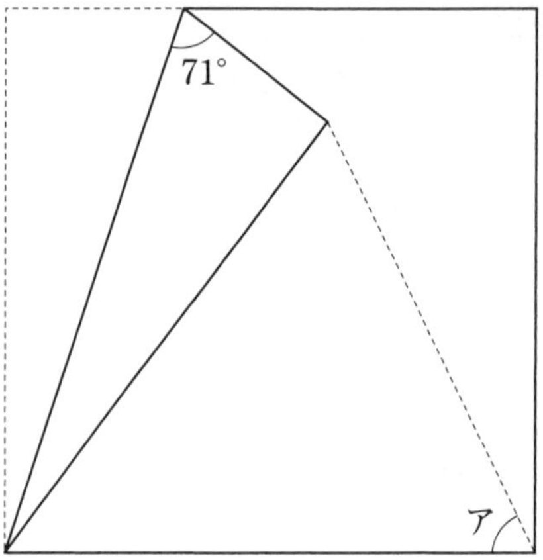

(5) 1枚50円のシールと1枚130円のカードをあわせて30枚買ったところ，シールの代金がカードの代金より60円高くなりました。このとき，カードは何枚買いましたか。

(6) 4人が1日8時間働いて，6日間かかる仕事があります。この仕事を8人が1日3時間働くと，何日間で終わりますか。

(7)　下の図は，1 辺 4cm の正方形に半円とおうぎ形を重ねたものです。このとき，色のぬられた部分の面積を求めなさい。ただし，円周率は 3.14 とします。

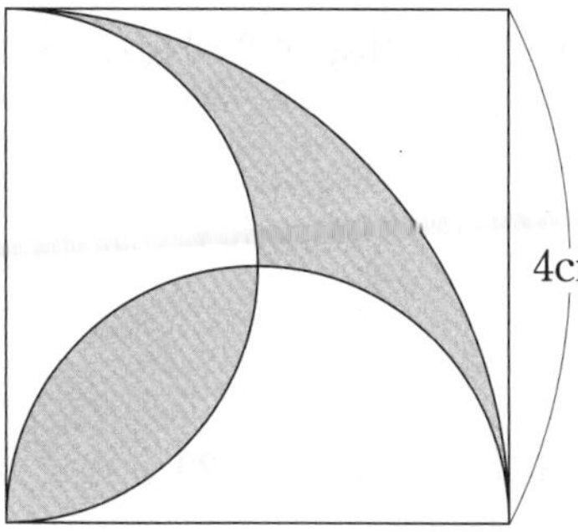

3　図 1 のような直方体 ABCDEFGH があります。点 P は点 E を出発し，辺上を E → F → G → H の順に秒速 1.5cm で移動します。図 2 は，点 P が出発してからの時間と，立体 AEPH の体積の関係を表しています。このとき，次の各問いに答えなさい。

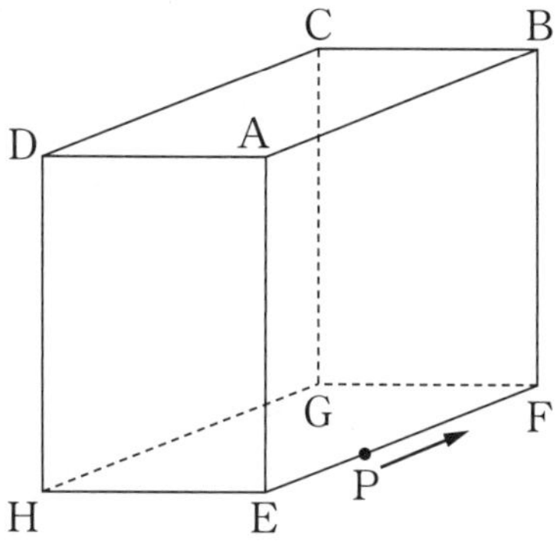

図 1

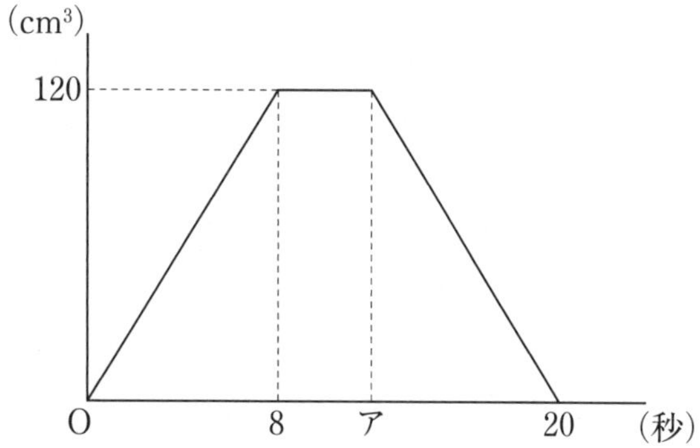

図 2

(1)　辺 EF の長さは何 cm ですか。

(2)　4 秒後の体積は何 cm^3 ですか。

⑶　アに入る数を求めなさい。

⑷　点Pが出発してから，立体AEPHの体積が2回目に45cm^3になるのは何秒後ですか。

4　下の図のような規則で数を表します。このとき，29を表すようにぬりなさい。

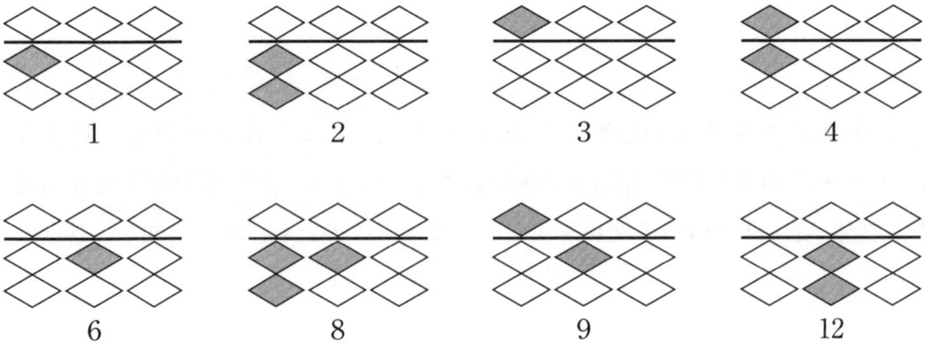

【社会・理科】 〈A試験〉（社会と理科で50分）〈満点：各50点〉

社　　会

1　資料〈あ〉～〈う〉を参考にして、各問いに答えなさい。ただし、資料内の食料自給率はすべてカロリーベースのものとする。

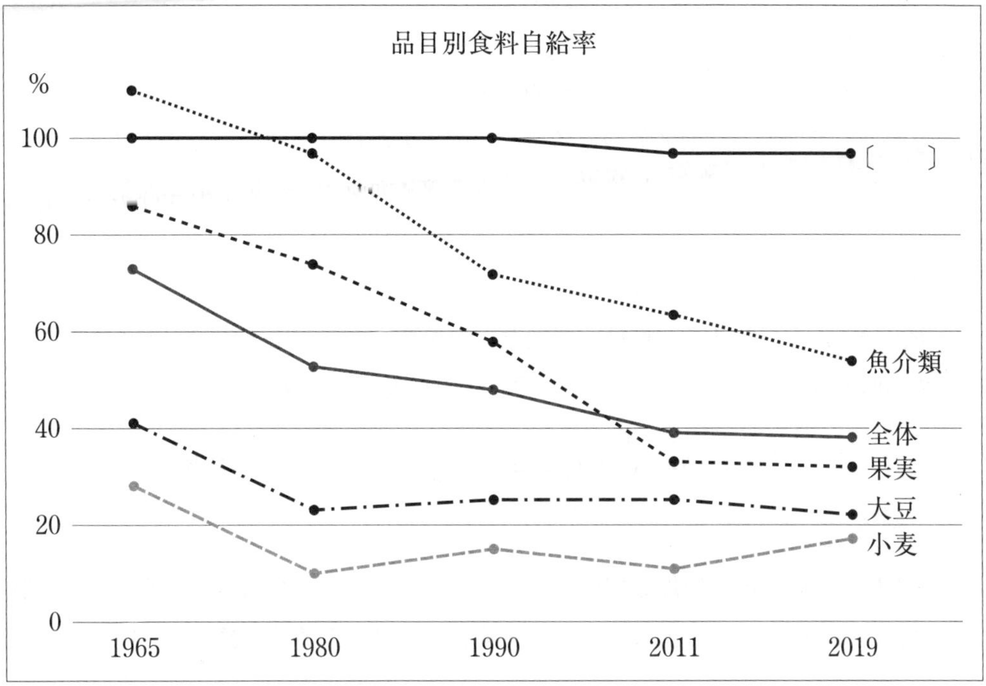

資料〈あ〉

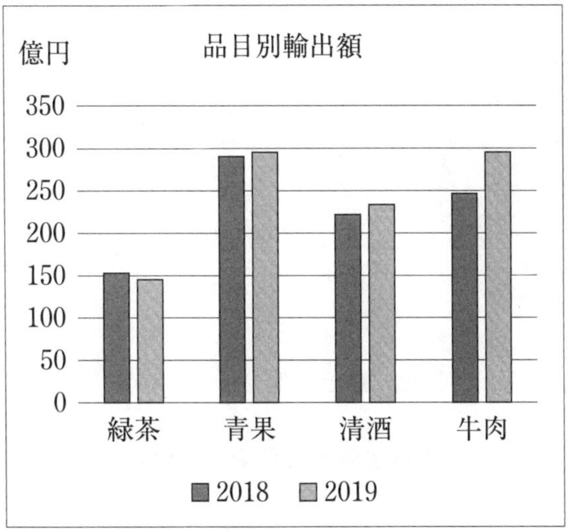

資料〈い〉

都道府県別食料自給率（2018）

上位		下位	
北海道	196%	（　　）	1%
秋田	190%	（　　）	1%
山形	135%	神奈川	2%
青森	120%	埼玉	10%
新潟	107%	愛知	11%

資料〈う〉

（すべて農林水産省HPより作成）

問１　資料〈あ〉について、答えなさい。

⑴　〔　　〕に入る作物の名前を答えなさい。

⑵　小麦や大豆は自給率が低く、多くが輸入であることが分かる。日本が小麦と大豆をもっとも多く輸入している国を次の**ア**～**エ**から１つ選び、記号で答えなさい。

ア　ロシア　　**イ**　インド　　**ウ**　アメリカ　　**エ**　ブラジル

⑶　魚介類の自給率が減少しているため、出荷するまで人工的に飼育する漁業の重要性が増している。この漁業の種類を次の**ア**～**エ**から１つ選び、記号で答えなさい。

ア　沖合漁業　　**イ**　栽培漁業　　**ウ**　養殖漁業　　**エ**　沿岸漁業

問２　資料〈い〉について、答えなさい。

⑴　輸出がさかんな緑茶の生産は、静岡県、鹿児島県、三重県で多い。下の文はこれらの県の特徴《とくちょう》である。（　　）に適する語句を入れて完成させなさい。

（　①　）洋に面しており、年間を通して気温が（　②　）日が多い。

⑵　日本は青果の輸出が増加している。下のグラフはもっとも輸出量が多い果実の都道府県別の生産割合を表したものである。その果実の名前を答えなさい。

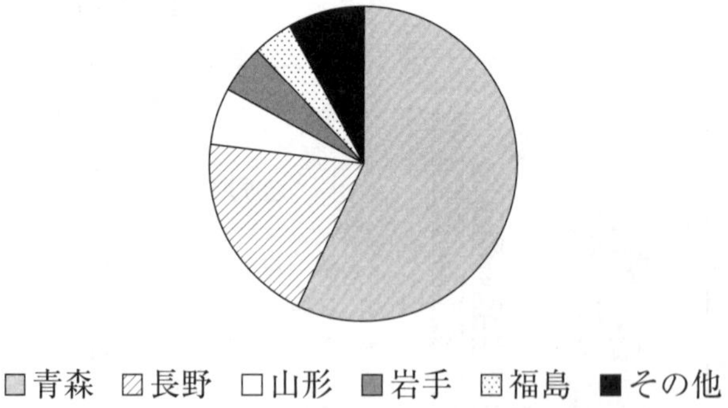

（農林水産省 HP より作成）

問３　資料〈う〉について、答えなさい。

⑴　上位５つの都道府県の中に、１つだけ都道府県の名前と都道府県庁所在地の名前が異なるものがある。その都道府県庁所在地の名前を答えなさい。

⑵　（　　）に入る都道府県の組み合わせとして適するものを次の**ア**～**カ**から１つ選び、記号で答えなさい。

ア　東京と大阪　　**イ**　宮城と大阪　　**ウ**　東京と宮城
エ　東京と福岡　　**オ**　大阪と福岡　　**カ**　宮城と福岡

問４　各資料から読み取れる内容として適するものを次の**ア**～**エ**から１つ選び、記号で答えなさい。

ア　食料自給率は全ての品目で減少し続けている。
イ　青果の輸出額がもっとも増加している。
ウ　輸出額は全ての品目で増加している。
エ　食料自給率が高い都道府県は東北地方に多い。

問５　日本の食料自給率が低い理由として誤っているものを次の**ア**～**エ**から１つ選び、記号で答えなさい。

ア　少子高齢《こうれい》化が進み、農家の人口が減った。
イ　山地が多く、国土に対して農地の割合が小さい。
ウ　島国のため、広大な排他的経済水域を持っている。
エ　戦争が終わり、食生活が欧米《おうべい》風に変化した。

問６　日本の食料自給率をあげるために、どのような政策が必要だと考えますか。自分の考えを述べなさい。

2　次の〈あ〉～〈お〉は、夏休みの調べ学習の成果をまとめたカードです。各問いに答えなさい。

〈あ〉

時代　古墳時代

説明　大阪には日本最大の古墳(A)があります。大阪や奈良には巨大な古墳がたくさんつくられたことから、これらの土地の豪族たちが強い力をもっていたことがわかります。その中心となった人物は大王(B)と呼ばれました。

〈い〉

時代　飛鳥時代

説明　大王の摂政となった聖徳太子は世界最古の木造建築(C)を建てるなど、仏教をさかんにすることに力をいれました。また、仏教の考え方を取り入れた憲法を定め、天皇中心の国づくりを目指しました。

〈う〉

時代　平安時代

説明　桓武天皇によって平安京という新しい都がつくられました。貴族(D)が大きな力を持つようになり、天皇にかわって政治を動かすほどの者もあらわれました。大陸の影響《えいきょう》を受けながらも日本風の文化(E)が生まれました。

〈え〉

時代　安土・桃山時代

説明　尾張の大名であった織田信長(F)が、全国統一をめざす戦いのとちゅうで、明智光秀に攻められて命を落とすと、家臣であった豊臣秀吉(G)が後を継ぎ、信長の死後８年で各地の大名を従え、全国を統一しました。

〈お〉

時代　江戸時代

説明　1612年にキリスト教を禁止し、貿易相手を限定しました。３代将軍(H)のときに鎖国(I)が完成したといわれています。

18世紀には、日本古来の文化を見直し、古くからの日本人の考え方を研究する国学(J)が発展しました。

問１　〈あ〉の時代に関する文として適するものを次の**ア**～**エ**から１つ選び、記号で答えなさい。

ア　稲作がはじまり、人々の間に身分の差がうまれた。

イ　渡来人が大陸から金属加工など、高度な技術や文化を伝えた。

ウ　貴族は、娯楽《ごらく》として和歌をよんだり蹴鞠《けまり》などをしていた。

エ　朝鮮半島での戦いに敗れたことで、九州に大宰府を設けた。

問２　下線部（A）の名前を答えなさい。

問３　下線部（B）について、埼玉県と熊本県の古墳からは、５世紀中ごろに大和朝廷の大王だったワカタケルの名がきざまれた剣が出土しています。このことから、どのようなことが分かりますか。簡単に説明しなさい。

問４　下線部（C）がある都道府県の名前を答えなさい。

問５　〈い〉の時代、聖徳太子が制定した、家がらにとらわれずに能力のある豪族を役人に取り立てる仕組みの名前を答えなさい。

問６　〈い〉の時代のできごととして適するものを次の**ア**～**エ**から１つ選び、記号で答えなさい。

ア　仏教がさかえ、東大寺が建立された。

イ　唐から戻った最澄が真言宗を開いた。

ウ　中国の唐に小野妹子らが送られた。

エ　中大兄皇子や中臣鎌足らが蘇我氏を倒した。

問７　下線部（D）のうち、自分の娘《むすめ》が天皇の妃《きさき》になったことを祝って「この世をば わが世とぞ思う もち月の 欠けたることも なしと思えば」という歌をよんだ人物の名前を答えなさい。

問８　下線部（E）として誤っているものを次の**ア**～**エ**から１つ選び、記号で答えなさい。

ア　水墨画　　　**イ**　十二単　　　**ウ**　源氏物語　　　**エ**　寝殿造り

問9　下線部（F）に関する文として適するものを次の**ア**～**エ**から１つ選び、記号で答えなさい。

ア　キリスト教を保護したが、教会や学校を建てて布教することは禁止した。

イ　比叡山延暦寺や一向宗などの仏教勢力と友好関係を築いた。

ウ　安土城下は琵琶湖から水路が引かれ、船を使った商工業が発達した。

エ　安土城の城下町の安全を守るため、関所を設《もう》けた。

問10　下線部（G）は、村に住む人々を百姓身分とし、これらの人々が一揆をおこさないよう刀や鉄砲などの武器をとりあげました。この政策の名前を答えなさい。

問11　下線部（H）の名前を答えなさい。

問12　下線部（I）の際、限定的に利用されていた港として誤っているものを次の**ア**～**エ**から１つ選び、記号で答えなさい。

ア　対馬　　**イ**　横浜　　**ウ**　長崎　　**エ**　薩摩

問13　下線部（J）について、「古事記」など日本の古典を研究した人物として適するものを次の**ア**～**エ**から１つ選び、記号で答えなさい。

ア　杉田玄白　　**イ**　松尾芭蕉　　**ウ**　平賀源内　　**エ**　本居宣長

3 次の文章を読み、各問いに答えなさい。

新型コロナウイルス(A)の感染拡大を受けて、災害や戦争などの緊急《きんきゅう》時に、内閣(B)に権力を集中させる「緊急事態条項《じょうこう》」の新設を含《ふく》めた、憲法改正を求める声が上がるようになりました。この緊急事態条項に似たような手段は、かつての日本や世界の一部の国で見られました。明治憲法下、天皇(C)の名の下で発する緊急勅令や、第二次世界大戦中のナチス・ドイツで発令された、緊急事態の総統令などがその例として挙げられます。現在日本では、この憲法改正(D)をめぐって政権を担当する（　①　）党が積極的にその必要性を主張しています。しかし、基本的人権の制限に当たる可能性があるとして、これに反対している政党もあります。

基本的人権とは、だれもが生まれながらに持っている権利です。そのなかには、自由権や参政権(E)、健康で文化的な最低限度の生活を送る（　②　）権などが定められています。また、この他にも国民の三大義務(F)なども定められています。

これまでの日本の平和を守ってきた日本国憲法(G)が、今回のコロナウイルス感染拡大のような歴史的事態に対処できるのかどうか、これから慎重《しんちょう》に議論を重ねていく必要があります。

問１　下線部（A）について、人々の健康を守るために設立された国際連合の専門機関として適するものを次の**ア**～**エ**から１つ選び、記号で答えなさい。

ア　WHO　　**イ**　ODA　　**ウ**　PKO　　**エ**　UNICEF

問２　下線部（B）について、答えなさい。

（1）　日本は権力の集中を防ぐため、国の重要な役割を３つに分担している。そのうち、内閣に与えられている役割の名前を答えなさい。

（2）　内閣の首長を解答らんに合うように答えなさい。

問３　下線部（C）について、現在の日本国憲法において、天皇は日本国にとってどのような存在と定められていますか。漢字２字で答えなさい。

問4　下線部（D）について、憲法改正の発議に必要な賛成数として適するものを次のア～エから1つ選び、記号で答えなさい。

ア　衆議院議員の2分の1以上

イ　参議院議員の3分の2以上

ウ　衆参各議院の総議員の2分の1以上

エ　衆参各議院の総議員の3分の2以上

問5　（　①　）に適する語句を漢字1字で答えなさい。

問6　下線部（E）について、参議院議員に立候補できる年齢《ねんれい》として適するものを次のア～エから1つ選び、記号で答えなさい。

ア　18歳《さい》以上　　イ　20歳以上　　ウ　25歳以上　　エ　30歳以上

問7　（　②　）に適する語句を次のア～エから1つ選び、記号で答えなさい。

ア　労働　　イ　環境　　ウ　生存　　エ　請求

問8　下線部（F）として誤っているものを次のア～エから1つ選び、記号で答えなさい。

ア　納税　　イ　勤労

ウ　教育を受けさせる　　エ　選挙

問9　下線部（G）について、日本国憲法の三大原則には基本的人権の尊重と平和主義、あともう1つを答えなさい。

理　　科

4　てことてんびんについて、次の各問いに答えなさい。

問１　太朗君は弟に上皿てんびんの使い方を教えてあげることにしました。図に上皿てんびん、表に準備した分銅の個数を示しました。

図

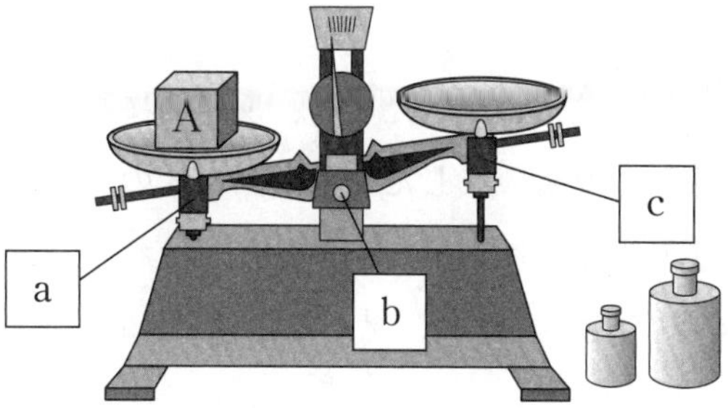

表

種類	個数	種類	個数
100g	1	2g	2
50g	1	1g	1
20g	1	0.5g	1
10g	2	0.2g	2
5g	1	0.1g	1

⑴　左の皿に物体Aをのせたとき、図のａ～ｃはそれぞれ何点にあたりますか。適する組み合わせを次の**ア**～**カ**から１つ選び、記号で答えなさい。

	a	b	c
ア	支点	力点	作用点
イ	支点	作用点	力点
ウ	力点	支点	作用点
エ	力点	作用点	支点
オ	作用点	力点	支点
カ	作用点	支点	力点

⑵　ある物体の重さは、23.7gでした。弟は６個の分銅で23.7gとはかりました。それを見た太朗君は弟のはかり方がまちがっていることに気づきました。太朗君が分銅を正しく使ったときの個数を答えなさい。また、このとき弟が個数をまちがえた理由を答えなさい。

⑶　この物体の体積は$3cm^3$でした。この物体の$1cm^3$あたりの重さは何ｇですか。

問２　太朗君は弟と公園に行き、シーソーで遊びました。このシーソーには等分に色がぬられています。

(1) 次の図の位置に太朗君が座ったとき、弟はどの位置に座るとシーソーが水平につり合いますか。図の**ア**～**カ**から１つ選び、記号で答えなさい。ただし、太朗君の体重は 30kg で、弟の体重は 20kg とします。

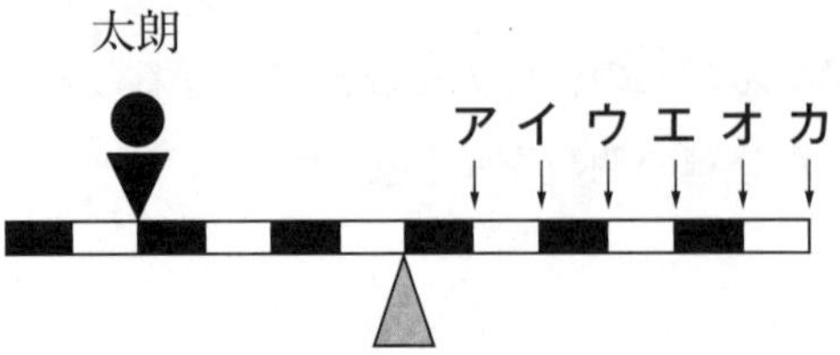

(2) 公園に父親と兄もやってきました。父親が次の図の位置に座ったとき、反対側に太朗君と兄と弟が座ったところ、シーソーが水平につり合いました。兄が図の**オ**の位置に座ったとき太朗君と弟はどの位置に座りましたか。図の**ア**～**カ**からそれぞれ１つずつ選び、記号で答えなさい。ただし、父親の体重は 60kg、兄の体重は 40kg とし、１か所に２人座らないものとします。

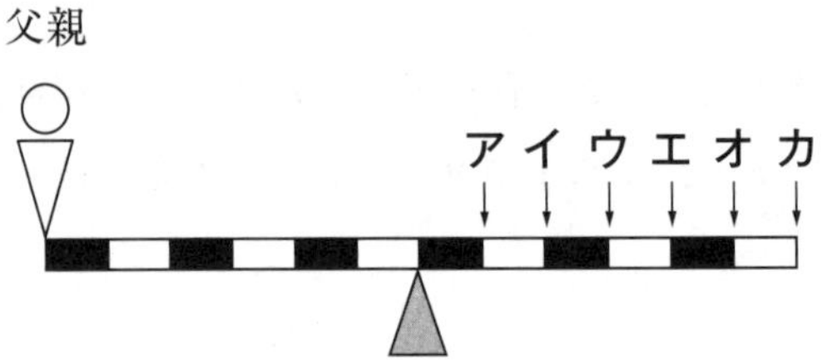

5 酸性の水溶液《すいようえき》と金属のはたらきについて、次の各問いに答えなさい。

問１ 花子さんは酸性の水溶液（うすい塩酸と炭酸水）と金属の反応について調べました。

【実験】 ① 試験管ＡとＢにうすい塩酸を入れ、試験管ＣとＤに炭酸水を入れる。
② 試験管ＡとＣの水溶液の性質をリトマス紙で確認する。
③ 試験管ＡとＣに小さく切ったアルミニウムはくを入れてようすを観察する。
④ 試験管ＢとＤに小さく丸めたスチールウールを入れてようすを観察する。

(1) ② でうすい塩酸と炭酸水が酸性であることを確認するためには、赤色と青色、どちらのリトマス紙を用いたらよいか答えなさい。

⑵　③と④の観察結果について、適するものを次の**ア～エ**から1つ選び、記号で答えなさい。

	試験管A	試験管B	試験管C	試験管D
ア	あわを出してとけた	変化なし	あわを出してとけた	変化なし
イ	変化なし	あわを出してとけた	変化なし	あわを出してとけた
ウ	変化なし	変化なし	あわを出してとけた	あわを出してとけた
エ	あわを出してとけた	あわを出してとけた	変化なし	変化なし

⑶　⑵であわを出してとけた金属はどうなったと考えられますか。次の**ア～エ**から1つ選び、記号で答えなさい。

ア　見えていないだけで、金属はそのまま液の中に残っている。

イ　金属は液の中にはあるが、別のものに変化している。

ウ　金属は気体となって液の外にすべて出てしまった。

エ　金属の成分は消えてなくなってしまった。

⑷　⑶の結果を調べるためには、どのようにしたらよいですか。簡単に説明しなさい。

問2　一定量のマグネシウムにあるこさの塩酸を加え、十分に反応させました。図は、加えた塩酸の体積と発生した気体の体積の関係を表したグラフです。

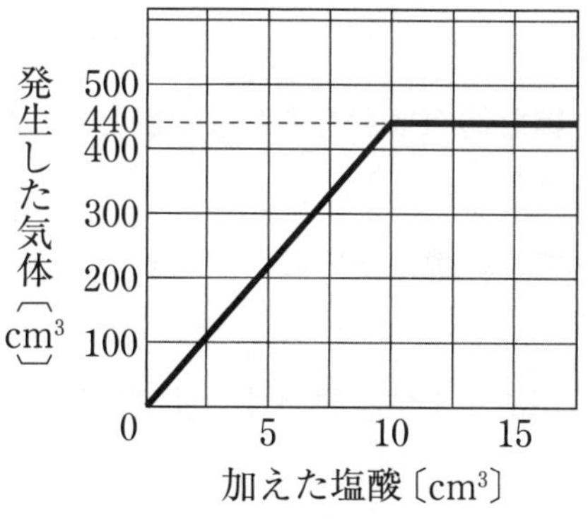

⑴　塩酸を5cm³加えたとき、発生した気体の体積は何cm³ですか。

⑵　塩酸を20cm³加えた場合、発生した気体の体積は何cm³になりますか。

6 動物の体のつくりと運動について、次の各問いに答えなさい。

図1

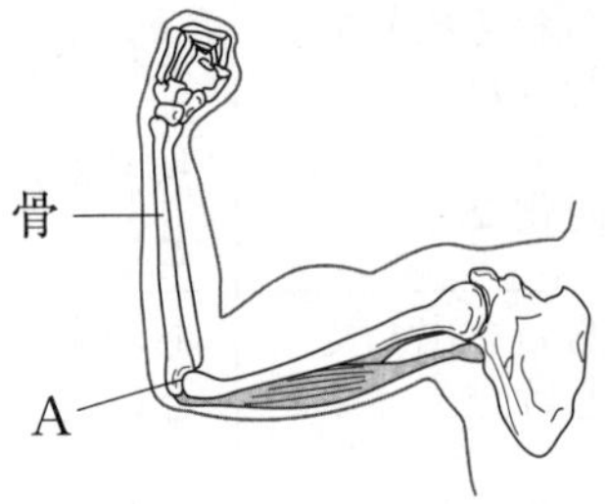

図2

問1　図1に書かれていない、うでを曲げるのに必要な筋肉を書きなさい。ただし、どの骨についているのか、はっきりわかるように図に書き入れなさい。

問2　図1のAのような骨と骨のつなぎめを何といいますか。

問3　図2のように物をおすとき、おもにうでのどの部分の筋肉を使いますか。次の**ア**～**オ**からすべて選び、記号で答えなさい。

ア　うでを曲げるときに縮む筋肉

イ　うでを曲げるときにゆるむ筋肉

ウ　うでをのばすときに縮む筋肉

エ　うでをのばすときにゆるむ筋肉

オ　うでの筋肉は使わない

問4　ひざを曲げるとき、縮む筋肉はもものおもて側とうら側のどちらですか。

問5　指は他の部分と比べて骨の数が多いのは、なぜですか。簡単に説明しなさい。

問6　骨にはそれぞれ役割があります。頭の骨の役割は何ですか。

問7　鳥は空を飛ぶことができます。それは人と比べてどの部分の筋肉が発達しているからですか。

7 月について、次の各問いに答えなさい。

問1 月の表面を観察すると、「クレーター」と呼ばれるくぼみがたくさんあることがわかります。この「クレーター」はどのようにしてできたと考えられますか。

問2 地球から見たとき、月がかがやいて見えるのはどうしてですか。

問3 ある日の正午に月が南中しました。この後、最初に夜中の0時に月が南中するのは、約何日後ですか。次の**ア**～**エ**から1つ選び、記号で答えなさい。また、そのときの月は何と呼ばれますか。次の**オ**～**ク**から1つ選び、記号で答えなさい。

ア 3日後　**イ** 9日後　**ウ** 15日後　**エ** 30日後

オ 新月　**カ** 満月　**キ** 半月　**ク** 三日月

問4 ある夜に空を見ると、右の図のような月が出ていました。この日の後、最初に見られる形は下の図のうちどれですか。次の**ア**～**エ**から1つ選び、記号で答えなさい。

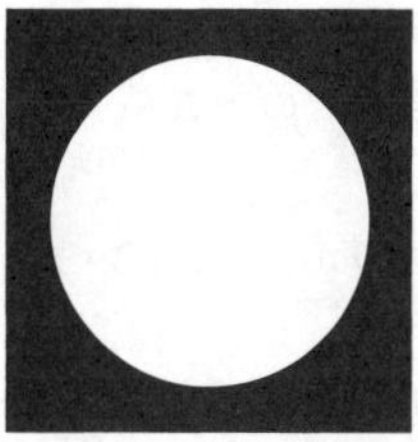

ア　**イ**　**ウ**　**エ**

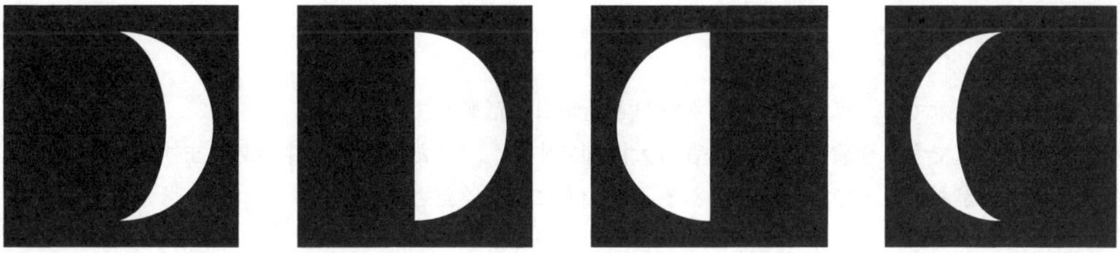

問5 ある日、太陽が西にしずんだ直後に西の空に月が見えました。その月はどのような形に見えますか。図に書き入れなさい。

問6 2020年6月21日夕方16時ごろ、部分日食がありました。日食が起こるとき、地球と太陽と月は、どのような順に並んでいますか。地球を(地)、月を(月)として、図に書き入れなさい。

〈リスニング問題放送原稿〉

一のリスニング問題を始めます。表紙を開いてください。
これから問題文を一度だけ読みます。内容は「聞き取りメモ」らんや余白を利用し、書き取ってください。問いも放送で出題します。問いは全部で五つあります。よく聞き、各問いに答えなさい。

A　ただいまより、今年度のクラブ紹介をはじめます。司会は生徒会副会長の田島が担当します。よろしくお願いします。
では、さっそくですが、サッカー部からお願いします。

B　サッカー部の部長の佐藤です。サッカー部は県大会出場を目標に現在25人で活動しています。
活動日は月曜日以外の6日間で、場所はグラウンドです。
ぜひ一緒に頑張りましょう。

A　ありがとうございました。次に剣道部、お願いします。

C　剣道部主将の林です。剣道部は剣道場で練習しています。基本的に毎週月曜日と木曜日は休みで、週5日間、活動しています。
剣道部のいいところは礼儀を学べることで、嫌なところは冬は足が冷たいことです。
気合いのある人、待っています。

A　ありがとうございました。続きまして放送部です。

D　放送部部長の小川です。放送部は毎日の昼休み、放送室でお昼の放送をしています。
音楽が好きな人、しゃべることが好きな人はぜひ入部してください。

A　ありがとうございました。次は書道部です。お願いします。

E　書道部部長の鈴木です。私たちは毎週水曜日と金曜日に活動しています。
活動場所は和室です。経験者も未経験者も大歓迎ですが、一つだけ入部条件があります。
それは集中力があることです。興味のある人は和室に来てください。

A　ありがとうございました。では次に、(フェードアウト)

問1　サッカー部の現在の部員数は何人ですか。
問2　剣道部の嫌なところはどのようなことですか。
問3　放送部の活動場所はどこですか。
問4　書道部の入部条件はどのようなことですか。
問5　放送部の部長の名前を答えなさい。

以上でリスニング問題を終了します。引き続き二以降の問いに取り掛かってください。

問八　［B］に入る語句として適切なものを次の中から一つ選び、記号で答えなさい。

ア　あきらかに　　イ　ひそかに

ウ　完璧に　　エ　自由に

問九　――線⑦「ぼくたちはとってもラッキーなんです」とありますが、どうしてラッキーなのですか。その理由を「技術」「時代」「簡単」という言葉を使って六〇字以内で答えなさい。

問一　——線①「潜水艦を作りたいです」とありますが、作ろうと思った潜水艦として適切でないものを次の中から一つ選び、記号で答えなさい。

ア　手でスクリューを回すと前へ進む。
イ　真っ黒くて大きい。
ウ　いたって単純な作り。
エ　エンジンもモーターもない。

問二　——線②「先生は怒っていました」とありますが、どうして怒っていたのですか。簡単に説明しなさい。

問三　——線③「夢を書きなさい」とありますが、先生が書いてほしかった夢はどのようなことですか。文中から八字でぬき出して答えなさい。

問四　——線④「きっとつまらないです」とありますが、どうしてつまらないのですか。簡単に説明しなさい。

問五　——線⑤「とんでもない勘違い」とありますが、どのような勘違いをしていると言っているのですか。適切なものを次の中から一つ選び、記号で答えなさい。

ア　すばらしい服や車や料理は誰でも作れると勘違いしている。
イ　本当は大変な仕事なのに、素敵なものと勘違いしている。
ウ　お金があれば何でも手に入ると勘違いしている。
エ　お金がないと実現しない夢は、人の夢なのに自分の夢だと勘違いしている。

問六　——線⑥「これ」が指す部分を解答らんに合うように文中から十五字以内でぬき出して答えなさい。

問七　[A]に入る内容として適切なものを次の中から一つ選び、記号で答えなさい。

ア　できなかったことが、できるようになること。
イ　できなかったことは、他の人に助けてもらうこと。
ウ　できなかったことは、できるふりをすること。
エ　できなかったことを、あきらめること。

誰かに頼《たの》まれて、部品を作っているわけではありません。ロケットをまるごと作って、自分たちの手で宇宙に打ち上げているのです。

人工衛星もまるごと作って打ち上げています。その人工衛星は宇宙で立派に役目を果たしました。

それからぼくの工場には大きなタワーがたっています。このタワーは宇宙に似た無重力状態を地上で再現する実験装置で、NASAとドイツとぼくの工場にしかないものです。世界にみっつしかないものが、うちの工場にひとつあります。

どの部品も、どの装置も売っていないものだから、自分たちで工夫して作りました。

そうしたら今では日本のJAXA（宇宙航空研究開発機構）が1年の3分の1くらい、ぼくの工場まで実験しにきてくれるようになりました。実験装置がうちの工場にしかないから、うちの工場にくるしかないんです。

おかげでぼくはずっと憧れていた毛利衛《もうりまもる》さんや、はやぶさを作った川口淳一郎《かわぐちじゅんいちろう》さんとも仲良くなることができました。NASAの人もきてくれるようになりましたし、1年間に約1万人以上の学生が見学にきてくれるようになりました。ぼくの住む赤平の人口はたった1万1千人です。とってもうれしいです。

なんでこんなにいろんな人がきてくれるのか？

それはたぶん、ぼくたちが［B］「宇宙の仕事」をしているからだと思います。

ぼくたちは宇宙開発をしていますが、政府や企業《きぎょう》から開発費をもらったりせず、自分たちで稼《かせ》いだお金だけで勝手にやっています。

それに、ぼくの工場の従業員は20人足らずです。しかもこの中に、大学で宇宙の勉強をしてきた人は一人もいません。もともと保育士だった女の人もいます。

そんな人でも宇宙開発をしています。できるんです。

なぜならば、もう誰にでもできる時代になったからです。技術というものは、気づかないうちに発達しているんです。

人類は意外とがんばっているんです。

だから大人たちが昔の常識で「それは無理じゃない？」「むずかしいんじゃない？」といっていることのほとんどは、意外とホームセンターに行ったら解決できちゃうようなことかもしれません。

そんなすばらしい時代をぼくたちは生きているんですよ。

⑦ぼくたちはとってもラッキーなんです。

（植松努著『好奇心を〝天職〟に変える　空想教室』サンクチュアリ出版）

選んだ方がいい」と教えられた人なのかもしれません。そんな価値観を、まわりに押《お》し付けるなんてひどいですね。仕事ってそういうものじゃないはずです。仕事ってもっと素敵なものです。

「でも、お金さえあればなんだって手に入るじゃないか」

そんな風に、反論する人もいるかもしれません。

こんなにすばらしい服や車が手に入るのは、こんなにすばらしい料理を食べられるのは〝お金があるから〟だろうと。

⑤とんでもない勘違《かんちが》いですね。

すばらしいものが手に入るのは、「どこかで、誰かが、作っているから」です。

もっと「いいもの」を作ろうと一生懸命《けんめい》研究している人たちがいて、その人たちがその「いいもの」を売ってくれているから、お金を出して買うことができているだけの話です。

実は、お金なんてたいしたものではありません。

いろんな人が、いろんな夢を持っています。

ただその中でも「お金がないと実現しない夢」は、自分の〝夢〟ではなく、誰かにしてもらう〝サービス〟なのかもしれません。

よく考えてみてください。

誰かにしてもらわないと実現しない夢は、叶《かな》えようと思っても叶わないのです。

いきなり「してもらおう」と思わず、まずは自分で考えて、自分でやってみる。

⑥これは人が生きていく上でとっても大事なことです。

自分が「できない」ままだと、誰かに「してもらう」しかなく、その人にいつまでもお金を払《はら》わなければならないからです。

でも反対に自分が「できる」ようになれば、誰かに「してあげられる」ようになります。

お金の支出が減るだけではなく、それは仕事になるかもしれません。

だからやっぱり、人間にとって最もいいことは、

「　A　」

だと思います。

今できないことを追いかけることが夢ならば、人は夢を持つことによって、能力が増えて、できる仕事が増えることになります。

ぼくは今、北海道の真ん中へんにある、赤平《あかびら》という町で小さな工場を経営しています。

その工場でぼくはロケットを作っています。

〝実現しそうなこと〟しか、夢だといってはいけないのか。

では実現するかしないかは、一体誰が決めるんだろう。

やってみなきゃわからないはずだ。

いっぱい考えた結果、夢とは「今できないことを、追いかけること」だと確信したのです。

ところが世の中はそんなに甘《あま》くなかったようです。

ぼくは大人たちから「潜水艦なんて追いかけている暇《ひま》はない」「ちゃんと勉強をしないと、いい学校に入れなくて、いい会社に入れなくて大変だよ」とさんざんいわれました。

たしかにぼくはあまり勉強ができませんでした。勉強ができないということは、いい学校に入れない。いい会社に入れないから、あとで大変なのかもしれない。

心配になって「いい会社とは、どんな会社ですか?」と質問をすると、大人たちがわかりやすく教えてくれました。

「いい会社とは、安定していて、楽をして、お金をもらえる会社だよ」

納得ができません。なぜなら勉強すればするほど、能力が身につくはずだからです。せっかく身につけた能力を、なるべく使わないようにするために、勉強しろというのです。なんじゃそりゃと思いました。わかんなくなっちゃいました。

ぼくだけではありません。「あとで楽できるように、今がんばって勉強しなさい」といわれている人は、今でも世の中にたくさんいます。

でも今のぼくにはわかります。

〝楽〟とか〝安定〟とか〝高い給料〟を求めて、会社を選んだら大変なことになります。

なぜかというと、必ず「思ってたのと違った」と悔《く》やむことになるからです。

この世に「楽な仕事」なんてほとんどありません。

たとえ「楽な仕事」を見つけて、その仕事につくことができたとしても、④きっとつまらないです。やりがいとか達成感は、その仕事が困難だからこそ得られるものじゃないですか。それに「高い給料」を手に入れたとしても、たいした自慢《じまん》にもなりません。自分より給料が高い人なんていくらでもいるからです。

そのことを知った瞬間《しゅんかん》、「あれ?」って思っちゃうはずなんです。そして、急に働くことがバカバカしくなってしまいます。

せっかく〝いい会社〟に入ったのに、ぽーんと辞めてしまうような人たちは、もしかしたら親や先生や先輩《せんぱい》から「楽ができて、安定していて、高い給料をもらえる会社を

四

次の文章を読み、あとの問いに答えなさい。

ぼくは昔、潜水艦《せんすいかん》が大好きでした。

小学校6年生のとき、卒業文集の〝ぼくの夢、わたしの夢〟というお題の作文には、「自分で作った潜水艦で、世界の海を旅したい」と書きました。

その頃テレビをつけると『海底少年マリン』とか『海のトリトン』とか、海をテーマにしたアニメがよく放送されていたからです。ぼくは海に憧《あこが》れて、水泳が大好きになりました。

でもなぜかいくら泳いでも息継《いきつ》ぎができるようにならなかったので、高校を卒業するまで息継ぎをするふりをしていました。そして息継ぎができないぼくが海底を旅するには、潜水艦が必要だと思っていたのです。

ところが①「潜水艦を作りたいです」と作文に書いたら、すぐに職員室に呼び出されました。

②先生は怒《おこ》っていました。そして「他の子はみんな〝ちゃんとした仕事〟のことを書いているのに、おまえだけどうしてこんな〝できもしない夢みたいなこと〟を書くんだ」といいました。

③「夢を書きなさい」といわれたから、すなおに夢を書いたのに、「夢みたいなことを書くんじゃない」といわれました。

ぼくはこまってしまいました。

先生によれば「潜水艦なんて作れるわけない」ということなんです。なぜかとたずねれば「すごくお金がかかるし、よっぽど頭が良くないと無理だから」なんだそうです。

ぼくは誰《だれ》もが想像する、真っ黒くて大きないわゆる潜水艦を作る気はありませんでした。

ぼくの大好きな図鑑《ずかん》に、人類最初の潜水艦が載《の》っていたのですが、ぼくが作りたかったのはこれでした。今から200年以上前に実際に使われたその潜水艦には、エンジンもモーターもありませんでした。

中に乗ったタイツをはいたおっちゃんが、手でスクリューを回すと前に進み、敵の船の下にしのびよって屋根についているドリルで敵の船底に穴をあけて沈《しず》めるという、いたって単純な作りのものです。見た目もコミカルですが、これはアメリカの独立戦争という戦争で実際に使われた潜水艦でした。

そして昔の人が作れたのなら、ぼくにも作れるかもしれないと思っていました。

ところがこの小さな潜水艦のことを知らない先生は、「潜水艦なんか作れるわけない」の一点張りでした。

ぼくはとても悲しくなり、考えました。

問七　——線⑥「陽介と健太が偉大な男に見えた」とありますが、その理由が書いてある部分を解答らんに合うように、二十九字でぬき出してはじめとおわりの五字を答えなさい。

問八　——線⑦「もう気にならなかった」とありますが、その理由として適切なものを次の中から一つ選び、記号で答えなさい。

ア　クラス中が笑っていた時よりも笑っている人数が減り、少しは自分の言葉が認められたと思ったため。

イ　自分たちはクラスの落ちこぼれで、これ以上周囲からの評価が下がることはないと開き直ったため。

ウ　陽介と健太の態度を見て、人にどう思われるかを気にしすぎるのは格好わるいと思ったため。

エ　有村さんに笑われるかどうかだけを気にしていたが、有村さんは笑わずに真剣に聞いてくれていたため。

問九　——線⑧「茨に剣を入れた」と同じ内容を表す部分を文中から七字でぬき出して答えなさい。

問十　——線⑨「いつかぼくも騎士になって」とあるが、ここでいう「騎士」の説明として最も適切なものを次の中から一つ選び、記号で答えなさい。

ア　勇気を出して、自分より強い相手にも勝とうとする人。

イ　正義感があり、悪いことは許さない信念を持っている人。

ウ　困難なことにも怯まず、立ち向かっていこうとする人。

エ　嫌われることを恐れず、他人の間違いを正すことができる人。

問十一　登場人物について説明した次の文の中で、適切なものを一つ選び、記号で答えなさい。

ア　健太の名字は高頭である。「忠誠の宣言」で自信がつき、どもらなくなってきている。

イ　陽介の名字は遠藤である。人前でも堂々とした態度をとることができる人物である。

ウ　有村さんの下の名前は由布子である。とても気が強い人物で、クラスの中心的存在である。

エ　「ぼく」はヒロと呼ばれている。友人の良い点を素直に認めることができる人物である。

の呼び名だ。以前なら耐《た》えられなかったかもしれないが、いったん大恥《おおはじ》をかいてしまうと、開き直りというのか、何と呼ばれようと全然気にならなかった。

（百田尚樹著『夏の騎士』新潮社）

問一　――線①「□にかけた」とは、「他よりも優れていることを人に見せびらかす」という意味の慣用句ですが、□に入る語を漢字一字で答えなさい。

問二　――線②「小さく深呼吸した」のはどうしてですか。くわしく説明しなさい。

問三　――線③「ぼくはますます焦ってしまった」とありますが、その理由として適切でないものを次の中から一つ選び、記号で答えなさい。

ア　動揺して、棒読みみたいなセリフを言ってしまったから。

イ　クラス中に聞こえるような大声を出してしまったから。

ウ　有村さんだけでなく、クラスメイト全員に注目されたから。

エ　言いたいことが相手にうまく伝えられるか不安になったから。

問四　――線④「道化」の意味を解答らんに合うように文中から四字でぬき出して答えなさい。

問五　[A] に入る言葉として適切なものを文中から七字でぬき出して答えなさい。

問六　――線⑤「穴があったら…続いてほしい」と思った時の「ぼく」の気持ちとして適切なものを次の中から一つ選び、記号で答えなさい。

ア　ぼくの「帰ろう」という指示が健太に無視されたため、クラスメイトに騎士団のリーダー失格だと思われて、恥ずかしさを感じた。

イ　健太の言葉でクラス中が爆笑し、一緒にいる自分まで笑われ恥をかいたため、余計なことを言った健太へのいらだちを感じた。

ウ　自分が動揺して言えなかったことを健太が言ったことで、言えなかった自分を恥じる気持ちが生まれた。

エ　自分の言葉と、それに続く健太の言葉がクラスメイトに笑われ、こんな恥をかくなら消えてしまいたいと思った。

村さんが崇拝《すうはい》するレディで、有村さんを守りたいという気持ちを持っていることを伝えたいだけや」
　男子たちはまだ笑っていたが、突然《とつぜん》、有村さんが立ち上がって、ぼくの前に右手を差し出した。
「ありがとう。嬉《うれ》しいわ」
　そして、微笑《ほほえ》みながら目を閉じゆっくりうなずいた。それは有村さんがときたま見せる最高の表情だ――ぼくらはそれを密《ひそ》かに「天使の笑み」と呼んでいた。ぼくは予期せぬことにどうしていいかわからなかった。健太が肘《ひじ》でぼくの脇《わき》腹をつついた。
　ぼくは右手を伸《の》ばして有村さんと握手《あくしゅ》した。本当は鎧《よろい》をまとった騎士のように、跪《ひざまず》いてその手の甲《こう》にキスをしたかったが、さすがにそれをする度胸はなかった。彼女はぼくよりも大きな手で、柔《やわ》らかく包むようにぼくの手を握《にぎ》った。ぼくは生まれて初めて有村さんの手に触《ふ》れた緊張で、指に力が入らなかった。
　そのとき、始業のベルが鳴って、皆《みんな》、それぞれの席に戻《もど》った。席に着いても、右手はまだ自分の手ではないようだった。何度も自分の掌《てのひら》を見た。喜びが遅《おく》れてやってきた。ぼくは有村由布子の手を握ったのだ――。
　あれから三十一年の月日が流れたが、あのときの握手の感触《かんしょく》は今でも思い出せる。ぼくの指には今も、有村由布子の指の柔らかさの記憶《きおく》が残っている。
　放課後、陽介と健太はぼくの堂々とした「宣言」を褒《ほ》めた。
「ヒロの宣言、格好よかったで」
「あ、有村さんも、か、感動していたもんな」
　それは違《ちが》うと言いたかった。
　ぼくなんかよりもずっと格好よかったのは陽介と健太だ。あのとき、クラス中の生徒に笑われて怯《ひる》んでしまったぼくに代わって、二人は臆《おく》せず立ち向かった。ぼくには二人が男に見えた。あの瞬間《しゅんかん》、陽介と健太は騎士になったのかもしれない。
　ぼくはその後に有村さんの前で忠誠の宣言をしたかもしれないが、あれは陽介と健太が道を切り拓《ひら》いたからだ。最初に⑧茨《いばら》に剣《けん》を入れたのは二人だ。ぼくは二人の騎士に付いていた従者のようなものだ。
　でもそのことは陽介と健太には恥《は》ずかしくて言えなかった。⑨いつかぼくも騎士になってから、打ち明けようと思った。
　その日以来、ぼくらはクラスで「騎士団」と呼ばれるようになった。ぼく個人は「リーダー」と言われるときもあった。もちろん尊敬の念を込《こ》めたものではなく、からかいは爆笑《ばくしょう》した。

もうだめだと思った。騎士どころか、完全に④道化《どうけ》だ。こんな状況《じょうきょう》で有村さんに向かって「A」なんて言おうものなら、百年は笑いものにされる。ここは無様でも引き返すしかない。

ぼくは陽介と健太に、「帰ろう」と言って、その場を離《はな》れかけたが、二人は動かなかった。それどころか、いきなり健太が口を開いた。

「き、き、騎士団のリーダーは遠藤や。そ、それで、俺《おれ》たち騎士は、レディに愛と忠誠を誓《ちか》うことを、あ、有村さんに言いに来たんや」

クラスはもう爆笑の渦《うず》だった。机を叩《たた》いて笑っている男子もいた。ぼくはもう⑤穴があったら、頭からダイビングしたい気持ちだった。その穴は地球の裏側まで続いてほしい――。

「な、なんで、笑うんや！」健太は言った。「お、俺たちは、し、真剣《しんけん》なんや」

健太の顔は真っ赤だった。ぼくは健太がぼくらの前以外でこんなに喋《しゃべ》っているのを初めて見た。

「そうや。人の真面目な話を笑うな！」

陽介が大きな声で言った。ぼくはさっきまでその場を一刻も早く離れたいと思っていたのも忘れ、二人をぽかんと見つめていた。

⑥陽介と健太が偉大《いだい》な男に見えた。とくにすごいのは健太だ。ぼくは穴があったら飛び込みたいと考えていた自分がこの上なく小さな男に思えた。二人がここまで言ったなら、ぼくも腹《はら》を括《くく》るしかない。というか、二人だけを戦わせるわけにはいかない。

ぼくは一歩前に出て、周囲の者に言った。

「たしかに、ぼくらはクラスの落ちこぼれや。勉強も運動もでけへん。そやけど、いつかはちゃんとした男になりたいと思てる。そやから、騎士団を結成したんや。それを笑いたかったら、笑《わろ》たらええ」

クラスの何人かはまだ笑っていたが、⑦もう気にならなかった。

ひとり有村さんだけは、まったく笑っていなかった。

「有村さんに愛と忠誠を誓うというのは、どういうことなんだ？」

大橋一也が訊いた。こいつは天羽市生まれのくせに有村さんの真似《まね》をして標準語を使う、鼻持ちならない奴だ。

「騎士の生き方一つや。多分――立派な男になるための道なんやと思う」

ぼくの隣《となり》で陽介が「そうなのか？」と小さな声で訊いた。

「有村さんには何の迷惑《めいわく》もかけへん。ぼくらにとって有

二 次の①～⑤の――線部をカタカナは漢字に直し、漢字は読みをひらがなで答えなさい。（ただし、送りがなを含《ふく》む場合は、送りがなをつけて答えなさい。）

① コキョウに帰る。
② 政界にクンリンする。
③ 成功をオサメル。
④ 日本縦断の旅をする。
⑤ 大切な仕事を担う。

三 次の文章を読み、あとの問いに答えなさい。

翌日の火曜日、一時間目の終わった休み時間に、ぼくらは三人揃《そろ》って有村《ありむら》由布子《ゆうこ》の席の前に行った。

有村さんの席は前から三列目の中央にあった。椅子《いす》に座っている有村さんの周囲には、いつものように何人かの取り巻きの女子と男子がいた。まさに教室の中の女王という感じだ。取り巻きの中には、クラス一の優等生の大橋《おおはし》一也《かずや》の顔もあった。こいつは勉強ができることを①□にかけた嫌《いや》な奴だ。有村さんのことが好きらしく、いつも彼女のそばにいる。

白いブラウスを着て椅子に座っていた有村さんはぼくらに気付いた。ぼくは②小さく深呼吸した。

「有村さん、話があります」

「何なの？」

有村さんはにっこりと笑った。その途端《とたん》、ぼくの全身は緊張《きんちょう》でかちんこちんになった。頭が真っ白になり、あれだけ考えていたセリフも、いっぺんに吹《ふ》き飛んでしまった。

「どうしたの？」

有村さんは重ねて訊《き》いた。その周りにいた子たちもぼくを凝視《ぎょうし》したので、緊張はさらに増した。

「あ、あ、有村さん――」

「どうした？　高頭《たかとう》のどもりがうつったのか」

大橋一也の言葉に何人かが笑い、クラスの他の生徒たちもぼくらに注目した。ぼくは完全にパニックになった。

「ぼくらは騎士《きし》団です！」

動揺《どうよう》していたのか、自分でもびっくりするくらいの大声になってしまった。それでクラス中の注目がぼくらに集まった。有村さんの周囲の子たちは、何のことかわからなかったらしく、ポカンとした顔をした。③ぼくはますます焦《あせ》ってしまった。

「円卓《えんたく》の騎士は、正義と勇気を持った騎士の集まりです」

棒読みみたいなセリフに、有村さんの周囲にいた子たち

二〇二一年度
東海大学付属相模高等学校中等部

【国　語】〈A試験〉（五〇分）〈満点：一〇〇点〉

〈注意〉1. 問題文にある「字数」には、句読点や記号を含《ふく》みます。
2. 作問の都合上、文章の一部や図表などを変更している場合があります。

一

聞き取りメモ

※問いは全部で五つあります。

※〈リスニング問題放送原稿〉を国語の問題のおわりに掲載しています。

2021年度

東海大学付属相模高等学校中等部 ▶解説と解答

算　数 ＜Ａ試験＞（50分）＜満点：100点＞

解　答

1 (1) 5　(2) 2021　(3) 11.08　(4) $\frac{1}{12}$　(5) 1　(6) $\frac{2}{3}$　(7) 151　(8) 56
2 (1) 31分　(2) 112人　(3) 2年後　(4) 64度　(5) 8枚　(6) 8日間　(7) 4.56cm²　**3** (1) 12cm　(2) 60cm³　(3) 12　(4) 17秒後　**4** 解説の図3を参照のこと。

解　説

1 **四則計算，逆算，数列，約束記号，約数**

(1) $30-15\div3\times5=30-5\times5=30-25=5$

(2) $\{12+(3+4)\times5\}\times(6\times7-8+9)=(12+7\times5)\times(42-8+9)=(12+35)\times43=47\times43=2021$

(3) $6.4+3.6\times(7.2-5.9)=6.4+3.6\times1.3=6.4+4.68=11.08$

(4) $168\times\left(\square+\frac{1}{24}\right)=21$ より，$\square+\frac{1}{24}=21\div168=\frac{21}{168}=\frac{1}{8}$　よって，$\square=\frac{1}{8}-\frac{1}{24}=\frac{3}{24}-\frac{1}{24}=\frac{2}{24}=\frac{1}{12}$

(5) $\left(1\frac{2}{3}-0.75+\frac{1}{6}-1\right)\times12=\left(\frac{5}{3}-\frac{3}{4}+\frac{1}{6}-1\right)\times12=\left(\frac{20}{12}-\frac{9}{12}+\frac{2}{12}-\frac{12}{12}\right)\times12=\frac{1}{12}\times12=1$

〔ほかの求め方〕 $\left(\frac{5}{3}-\frac{3}{4}+\frac{1}{6}-1\right)\times12=\frac{5}{3}\times12-\frac{3}{4}\times12+\frac{1}{6}\times12-1\times12=20-9+2-12=1$ と求めることもできる。

(6) $\left(1.25\div\frac{15}{28}-1\frac{5}{6}\right)\div\frac{3}{4}=\left(1\frac{1}{4}\div\frac{15}{28}-1\frac{5}{6}\right)\div\frac{3}{4}=\left(\frac{5}{4}\times\frac{28}{15}-1\frac{5}{6}\right)\div\frac{3}{4}=\left(\frac{7}{3}-1\frac{5}{6}\right)\div\frac{3}{4}=\left(\frac{14}{6}-\frac{11}{6}\right)\div\frac{3}{4}=\frac{3}{6}\div\frac{3}{4}=\frac{1}{2}\times\frac{4}{3}=\frac{2}{3}$

(7) この数列は，先頭が3，差が4の等差数列だから，38番目の数は，$3+4\times(38-1)=151$である。

(8) 8の約数は1，2，4，8なので，$\{8\}=1+2+4+8=15$である。また，9の約数は1，3，9なので，$\{9\}=1+3+9=13$である。よって，$\{8\}+\{9\}=15+13=28$となる。さらに，28の約数は1，2，4，7，14，28だから，$\{\{8\}+\{9\}\}=\{28\}=1+2+4+7+14+28=56$と求められる。

2 **速さ，割合，年齢《ねんれい》算，角度，つるかめ算，仕事算，面積**

(1) 家から駅までの道のりは，1.2km＝(1.2×1000)m＝1200mである。家と駅を往復するのに，行きは，1200÷75＝16(分)，帰りは，1200÷80＝15(分)かかるから，往復では，16＋15＝31(分)かかる。

(2) 生徒全体の人数は，7÷0.05＝140(人)である。電車を利用しないで通学する生徒は，生徒全体の，10－2＝8(割)だから，その人数は，140×0.8＝112(人)となる。

(3)　５年前の子の年齢を①とすると，５年前の母の年齢は⑤になるから，⑤－①＝④が28才にあたる。よって，①＝28÷４＝７(才)より，現在の子の年齢は，７＋５＝12(才)とわかる。また，母の年齢が子の年齢の３倍になるとき，子の年齢を$\boxed{1}$とすると，このときの母の年齢は$\boxed{3}$になるから，$\boxed{3}$－$\boxed{1}$＝$\boxed{2}$が28才にあたる。したがって，$\boxed{1}$＝28÷２＝14(才)より，母の年齢が子の年齢の３倍になるのは，現在から，14－12＝２(年後)と求められる。

(4)　右の図１で，三角形ABEと三角形FBEは合同だから，角イの大きさは71度である。すると，角ウの大きさは，180－(90＋71)＝19(度)となり，角エの大きさも19度なので，角オの大きさは，90－19×２＝52(度)とわかる。さらに，四角形ABCDは正方形なので，ABとBCの長さは等しく，FBとABの長さも等しいから，FBとBCの長さは等しくなる。よって，三角形FBCは，FB＝BCの二等辺三角形だから，角アの大きさは，(180－52)÷２＝64(度)と求められる。

図１

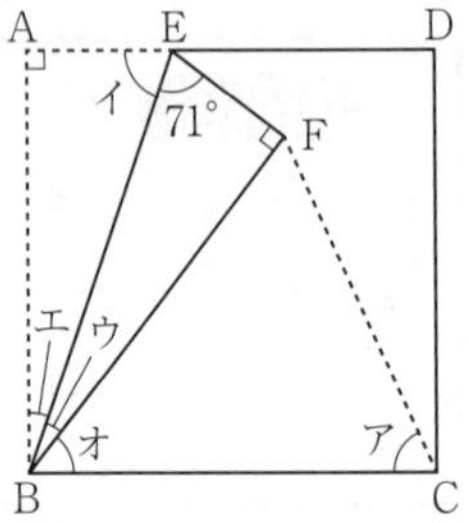

(5)　シールを30枚とカードを０枚買ったとすると，シールの代金はカードの代金よりも，50×30－130×０＝1500(円)高くなる。ここから，シールをカードに１枚かえるごとに，シールの代金は50円減り，カードの代金は130円増えるので，シールとカードの代金の差は，50＋130＝180(円)ずつ縮まっていく。シールの代金をカードの代金より60円だけ高くするには，代金の差を，1500－60＝1440(円)縮めればよいから，買ったカードの枚数は，1440÷180＝８(枚)とわかる。

(6)　１人が１時間働いてできる仕事量を１とすると，仕事全体の仕事量は，４×８×６＝192である。よって，この仕事を８人が１日３時間すると，192÷(８×３)＝８(日間)で終わる。

(7)　右の図２のように，色のぬられた部分の一部を移動すると，太線で囲んだ図形に変形できる。太線で囲んだ図形は，半径４cm，中心角90度のおうぎ形から，直角二等辺三角形を除いたものだから，色のぬられた部分の面積は，$4\times4\times3.14\times\frac{1}{4}-4\times4\div2=12.56-8=4.56$(cm^2)となる。

図２

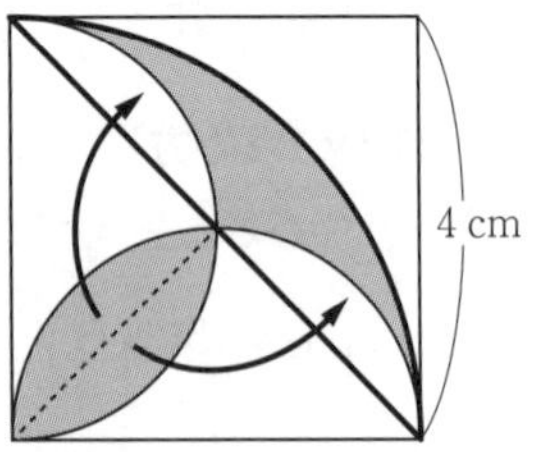

3　グラフ—図形上の点の移動

(1)　右のグラフから，点Ｐは辺EF上を８秒で移動するとわかる。点Ｐの速さは秒速1.5cmだから，辺EFの長さは，1.5×８＝12(cm)である。

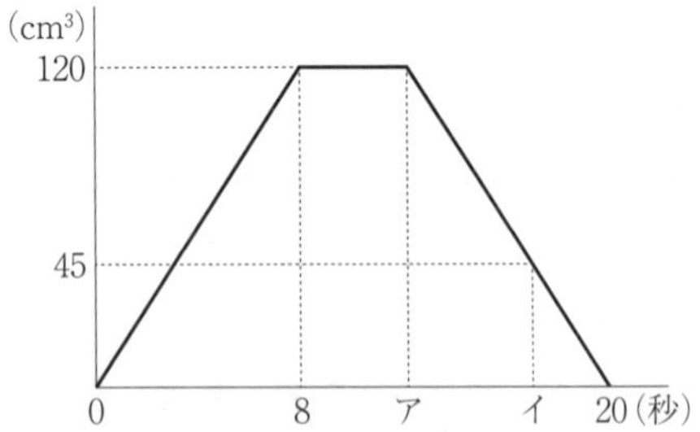

(2)　立体AEPHの体積は，点Ｐが出発して０秒後から８秒後までの８秒間で，０cm^{3}から120cm^{3}まで，120cm^{3}だけ増えている。よって，毎秒，120÷８＝15(cm^3)だけ体積が増えるから，４秒後の体積は，15×４＝60(cm^3)となる。

(3)　点Ｐは，点Ｅを出発してから点Ｆ，Ｇを通って点Ｈに着くまでに20秒かかる。また，辺EFと辺GHの長さは等しいから，辺EFを移動するのに８秒かかるとき，辺GHを移動するのにも８秒かかる。すると，辺FGを移動するのに，20－８×２＝４(秒)かかることになる。グラフのアは，点Ｐが点Ｇに着いたときだから，８＋４＝12(秒後)とわかる。

⑷　立体AEPHの体積が２回目に45cm^{3}になるのは，グラフのイのときである。立体AEPHの体積は，点Ｐが出発して12秒後(ア)から20秒後までの，20－12＝８(秒間)で，120cm^{3}から０cm^{3}まで，120cm^{3}だけ減っている。よって，毎秒，120÷８＝15(cm^3)だけ体積が減るから，２回目に45cm^{3}になるのは，点Ｐが出発してから，12＋(120－45)÷15＝17(秒後)となる。

4　*N*進数

問題文中の図の左の列だけを使うと，下の図１のように，０，１，２，３，４，５を表すことができ，６になると真ん中の列に移る。真ん中の列でも図１と同じようにして，６×１＝６，６×２＝12，６×３＝18，６×４＝24，６×５＝30を表すことができ，６×６＝36になると，右の列に移る。右の列でも同じように考えると，各マスは下の図２のような数を表していることがわかり，ぬられたマスの数の和が，その図の表す数となる。よって，29＝18＋６＋３＋１＋１より，29は下の図３のように表される。

図１
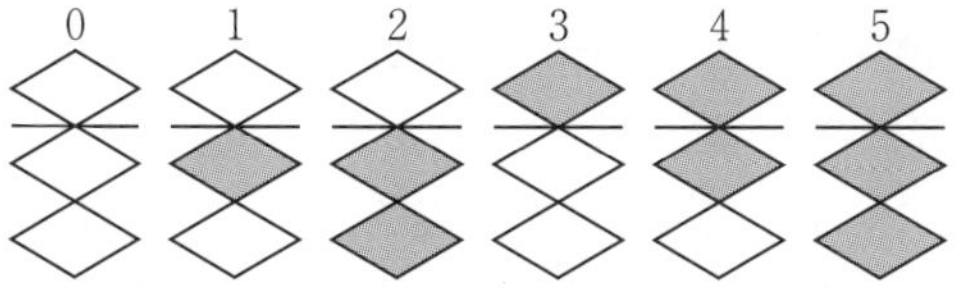

図２
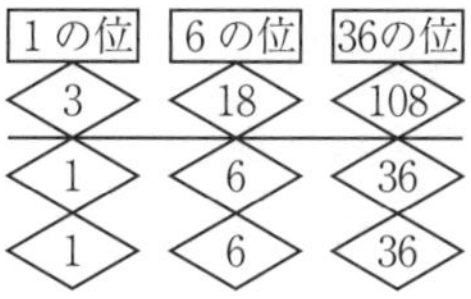

図３
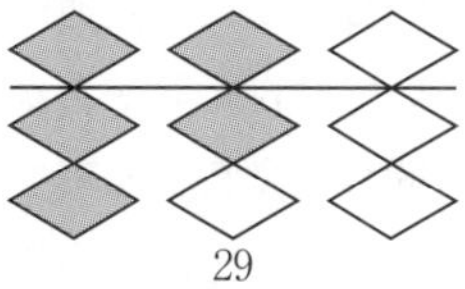

社　会　＜Ａ試験＞（理科と合わせて50分）＜満点：50点＞

解　答

1　**問１**　⑴　米　⑵　ウ　⑶　ウ　**問２**　⑴　①　太平　②　高い　⑵　りんご　**問３**　⑴　札幌(市)　⑵　ア　**問４**　エ　**問５**　ウ　**問６**　(例)　農業に対する支援制度や国産品への減税，関税の増税。　**2**　**問１**　イ　**問２**　大仙陵古墳　**問３**　(例)　大和朝廷の影響が，関東地方から九州地方までおよんでいたこと。　**問４**　奈良県　**問５**　冠位十二階　**問６**　エ　**問７**　藤原道長　**問８**　ア　**問９**　ウ　**問10**　刀狩令　**問11**　徳川家光　**問12**　イ　**問13**　エ　**3**　**問１**　ア　**問２**　⑴　行政　⑵　内閣総理(大臣)　**問３**　象徴　**問４**　エ　**問５**　与　**問６**　エ　**問７**　ウ　**問８**　エ　**問９**　国民主権

解　説

1　食料自給率を題材とした問題

問１　⑴　米は国内で自給できる数少ない穀物で，1990年代に一定量を輸入することが決められたため自給率(カロリーベース，以下同じ)は100％にならないが，95％程度を維持している。　⑵　日本の小麦と大豆の最大の輸入相手国はアメリカで，小麦はカナダとオーストラリア，大豆はブラジルとカナダからの輸入量も多い。統計資料は『日本国勢図会』2020／21年版による。　⑶　いけすや池などで，卵や稚魚，稚貝の状態から出荷するまで人工的に飼育する漁業は，養殖漁業とよばれる。養殖漁業は，イの栽培漁業とともに「育てる漁業」として重要性が増している。

問２　⑴　①　静岡県・鹿児島県・三重県は，いずれも南側で太平洋に面している。　②　静岡

県・鹿児島県・三重県は太平洋側の気候に属しており，沖合を流れる暖流の黒潮（日本海流）や季節風などの影響を受けることから，年間を通して比較《ひかく》的気温が高く，梅雨どきから，台風の来る秋にかけての降水量が多い。　(2)　りんごは青森県が全国生産量の半分以上を占《し》めて最も多く，長野県がこれに次ぐ。また，東北各県の生産量も多い。

問３　(1)　資料〈う〉の上位５道県のうち，道県の名前と道県庁所在地の名前が異なっているのは北海道で，道庁所在地は札幌市である。　(2)　大都市のある都府県は農地が少ないため食料自給率が特に低く，東京都や大阪府は１％となっている。

問４　ア　魚介《ぎょかい》類と果実の食料自給率は減少し続けているが，米・大豆・小麦の食料自給率は増加している年も見られる。　イ，ウ　2018～19年にかけて，品目別輸出額は牛肉・清酒・青果の順に増加しているが，緑茶は減少している。　エ　都道府県別食料自給率の上位５道県には，東北地方にある秋田県・山形県・青森県がふくまれている。よって，資料から読み取れる内容として適する。

問５　広大な排他的経済水域を持っていると自由に漁業を行える範囲《はんい》が広くなるので，魚介類については自給率があがると考えられる。よって，ウが誤っている。

問６　食料自給率をあげるための政策として，農業に対する支援制度を充実させることがあげられる。また，国産品にかかる税を減らしたり輸入品にかかる関税をあげたりすることによって，国産の農産物の競争力を高め，海外から輸入される農産物の競争力を弱めることも考えられる。

２　各時代の歴史的なことがらについての問題

問１　古墳時代には，百済《くだら》などの朝鮮半島や中国大陸から多くの人々が日本に移り住んだ。彼らは渡来人とよばれ，日本に金属加工・機織《はたお》り・須恵器《すえき》づくりなどの高度な技術や漢字・仏教・儒教《じゅきょう》などの文化を伝えた。なお，アは弥生時代，ウは奈良時代以降，エは飛鳥時代に関する文。

問２　大仙陵《だいせんりょう》古墳（大山古墳）は，大阪府堺市にある百舌鳥《もず》古墳群の中心となる日本最大の前方後円墳（墳丘の全長486m）で，仁徳《にんとく》天皇の墓と伝えられている。2019年，百舌鳥古墳群は，堺市に隣《りん》接《せつ》する羽曳野《はびきの》市と藤井寺市にまたがる古市古墳群とともに，「百舌鳥・古市古墳群」としてユネスコ（国連教育科学文化機関）の世界文化遺産に登録された。

問３　埼玉県の稲荷山《いなりやま》古墳から出土した鉄剣と，熊本県の江田船山古墳から出土した鉄刀には，ともに「ワカタケル」の名がきざまれていた。ワカタケルは５世紀中ごろの大和朝廷の大王《おおきみ》であった雄略《ゆうりゃく》天皇のことと推定されることから，このころには大和朝廷の影響力が関東地方から九州地方まで広くおよんでいたと考えることができる。

問４　現存する世界最古の木造建築として知られる法隆寺は，聖徳太子が奈良県北西部の斑鳩《いかるが》の地に建てた寺で，1993年にユネスコの世界文化遺産に登録された。

問５　聖徳太子は603年に冠位十二階の制度を定め，家がらにとらわれず，個人の能力や功績に応じて豪族を役人に取り立てるようにした。役人の位は，「徳・仁・礼・信・義・智」を大・小に分けた12階とされ，それぞれの位に応じた色の冠《かんむり》が与えられた。

問６　飛鳥時代の645年，中大兄《なかのおおえの》皇子（のちの天智天皇）は中臣鎌足《なかとみのかまたり》らの協力を得て，皇室をしのぐほどの権力をふるっていた蘇我入鹿《そがのいるか》を飛鳥板蓋《いたぶき》宮で暗殺し，入鹿の父である蘇我蝦夷《えみし》も自害に追いこんだ。この乙巳《いっし》の変ののち，中大兄皇子と中臣鎌足は天皇を中心とする中央集権国家体制の確立を目指して，大化の改新という一連の政治改革を進めた。なお，アについて，東大寺が建立《こんりゅう》されたのは奈良時代のことである。イについて，平安時代に真言宗を開いたのは空海で，最澄は天台宗を開いた。ウについて，小野妹子は唐(中国)ではなく隋(中国)へ派遣された。

問７　11世紀初め，藤原道長は４人の娘を天皇の妃《きさき》として皇室との関係を強め，藤原氏による摂《せっ》関《かん》政治の全盛期を築いた。「この世をば」で始まる和歌(「望月《もちづき》の歌」)は，三女の威子《いし》を後一条天皇の妃とした祝いの席で，道長がその得意・絶頂の気持ちをよんだものである。

問８　菅原道真の進言によって894年に遣唐使が廃止され，大陸の文化が入ってこなくなると，それまでの唐の文化を基礎としながら，日本の風土に合った日本独特の文化が生まれた。この文化を国風文化といい，十二単《ひとえ》などの女性の服装や寝殿《しんでん》造とよばれる建築様式のほか，紫式部が著した『源氏物語』や清少納言が著した『枕草子』などが，この文化を代表するものとして知られる。なお，アの水墨《すいぼく》画は室町時代に雪舟が大成した。

問９　ア，イ　織田信長は比叡《ひえい》山延暦《えんりゃく》寺や一向宗などの仏教勢力と激しく対立した一方で，キリスト教を保護し，教会などを建てて布教することを許していた。　ウ　織田信長の政策について正しく説明している。　エ　織田信長は関所を廃止したほか，市場の税を免除するとともに座(商工業者の同業組合)を廃止し，だれでも自由に取り引きできるようにした。

問10　1588年，豊臣秀吉は刀狩令を出し，方広寺の大仏をつくるさいの釘《くぎ》などに使うと説明して，百姓から刀や鉄砲，その他の武器類を取り上げた。この刀狩は，農民が武器を持つことを禁止して一揆《いっき》の防止をはかり，また，武士と農民の身分をはっきりと区別する兵農分離を進めて，農民を耕作に専念させることが本当の目的であった。

問11　徳川家光は江戸幕府の第３代将軍で，参勤交代を制度化するなど幕府の諸制度を整備し，幕府による支配体制を確立した。また，1637年にキリスト教徒らが島原・天草一揆(島原の乱)を起こすと，これをきっかけとしてキリスト教に対する弾圧を強化し，1639年にはポルトガル船の来航を禁止して鎖国体制を強化した。

問12　横浜は1858年に結ばれた日米修好通商条約により，函館・新潟・神戸(兵庫)・長崎とともに開港された。なお，江戸時代の鎖国下において，アの対馬《つしま》は朝鮮と，エの薩摩は琉球《りゅうきゅう》王国との窓口の役割をはたし，ウの長崎ではオランダ・清(中国)との貿易が行われた。

問13　江戸時代の中ごろ，伊勢国(三重県)松阪の医者であった本居宣長《もとおりのりなが》は，儒教や仏教の影響を受ける前の日本人のものの考え方を研究して国学を大成し，『古事記』の注釈《ちゅうしゃく》書である『古事記伝』を著した。なお，アの杉田玄白は医者・蘭学《らんがく》者で，前野良沢《りょうたく》らとともに医学書の『解体新書』を著した人物，イの松尾芭蕉《ばしょう》は俳人で，俳諧《はいかい》紀行文の『おくのほそ道』を著した人物，ウの平賀源内は発明家として知られる人物で，いずれも江戸時代に活躍《かつやく》した。

3　憲法改正と基本的人権についての問題

問１　WHO(世界保健機関)は，人々の健康の維持や向上，伝染病対策のための研究や医薬品の普《ふ》及《きゅう》を目的として1948年に設立された国際連合(国連)の専門機関で，本部はスイスのジュネーブに置かれている。なお，イは政府開発援助，ウは国連平和維持活動，エは国連児童基金の略称。

問２　(1)　日本では，国の重要な３つの役割のうち，法律をつくる権限である立法権を国会に，法律に従って政治を行う権限である行政権を内閣に，裁判を行う権限である司法権を裁判所に担当させている。このしくみは三権分立とよばれ，たがいに監視《かんし》して行き過ぎのないようにおさえ合うことで，権力が１つに集中しないようにしている。　(2)　内閣の首長は内閣総理大臣とよばれ，国会議員の中から国会の指名によって選ばれる。

問３　日本国憲法第１条は天皇の地位について，「日本国の象徴であり日本国民統合の象徴」と定めている。

問４　日本国憲法改正の発議(国民に提案すること)には，衆参各議院の総議員の３分の２以上の賛成が必要である。その後，国民の承認を得るための国民投票において，有効投票の過半数の賛成があれば憲法改正が決定し，天皇が国民の名で公布する。

問５　内閣を組織して政権を担当する政党を与党といい，与党以外の政党を野党という。

問６　参議院議員に立候補できる年齢は30歳以上である。なお，衆議院議員や市区町村長，地方議会議員に立候補できる年齢は25歳以上，都道府県知事に立候補できる年齢は30歳以上となっている。

問７　日本国憲法第25条は１項で「すべて国民は，健康で文化的な最低限度の生活を営む権利を有する」として，国民の生存権を保障している。この権利を保障するため，２項で国に社会保障の向上や増進を義務づけている。

問８　日本国憲法では，保護する子女に普通教育を受けさせる義務(第26条)，勤労の義務(第27条)，納税の義務(第30条)を国民の三大義務として定めている。

問９　国の政治をどのように進めていくのかを最終的に決める権限を主権といい，日本国憲法では主権が国民にあることが定められている。これを国民主権といい，基本的人権の尊重，平和主義とともに，日本国憲法の三大原則の１つに位置づけられている。

理　科　＜Ａ試験＞（社会と合わせて50分）＜満点：50点＞

解　答

4 **問１**　(1)　カ　(2)　５個／**理由**…(例)　重い分銅から順にのせなかったため。　(3)　7.9ｇ　**問２**　(1)　カ　(2)　**太朗**…エ　**弟**…イ　5 **問１**　(1)　青色　(2)　エ　(3)　イ　(4)　(例)　液体を加熱し，水を蒸発させる。　**問２**　(1)　$220cm^3$　(2)　$440cm^3$

6 **問１**　下の図①　**問２**　関節　**問３**　イ，ウ　**問４**　うら側　**問５**　(例)　細かい動きをしやすくするため。　**問６**　(例)　脳を守る。　**問７**　むね　7 **問１**　(例)　いん石がしょうとつしてできた。　**問２**　(例)　太陽の光を反射しているから。　**問３**　ウ，カ　**問４**　ウ　**問５**　下の図②　**問６**　下の図③

図①

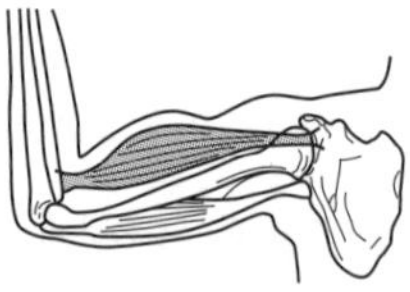

図②

図③

解　説

4 **てこのつり合いについての問題**

問１　(1)　てこには，回転の中心となる支点，力を加える力点，力がはたらく作用点の３点がある。上皿てんびんを用いて物体の重さをはかるとき，分銅をのせてｃに力が加わることで物体Ａをのせた側のａに力がはたらき，ａが動く。このとき，うでを中央で支えるｂが支点，分銅の重さがかか

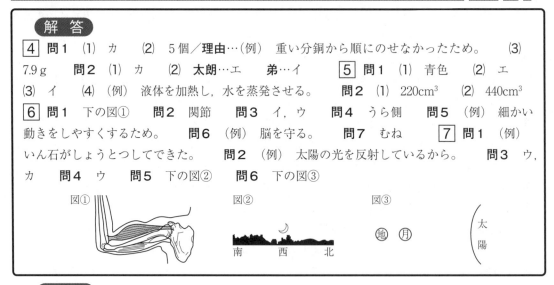

るｃが力点，ａが作用点となる。　(2)　上皿てんびんで重さをはかるときは，分銅を重いものから順にのせていく。正しいはかり方の手順は，100ｇの分銅をのせる→100ｇの分銅をおろす→50ｇの分銅をのせる→50ｇの分銅をおろす→20ｇの分銅をのせる→10ｇの分銅をのせる→10ｇの分銅をおろす→５ｇの分銅をのせる→５ｇの分銅をおろす→２ｇの分銅をのせる→２ｇの分銅をのせる→２ｇの分銅をおろす→１ｇの分銅をのせる→0.5ｇの分銅をのせる→0.2ｇの分銅をのせるとなる。このとき，最終的に下線部の分銅５個が皿にのっていて，合計の重さが，20＋２＋１＋0.5＋0.2＝23.7(ｇ)となる。太朗君の弟は重い分銅から順にのせず，20ｇの分銅１個のかわりに10ｇの分銅２個をのせたため，６個の分銅となったと考えられる。　(3)　この物体１cm^3あたりの重さは，23.7÷３＝7.9(ｇ)である。

問２　(1)　支点を中心として，右回りに回転させるはたらきと左回りに回転させるはたらきが等しくなったとき，シーソーは水平につり合う。支点から弟が座る位置までの目もりの数を□とすると，30×４＝20×□の関係が成り立ち，□＝120÷20＝６(目もり)より，弟はカの位置に座ればよいことになる。　(2)　父親がシーソーを左回りに回転させるはたらきは，60×６＝360，兄がシーソーを右回りに回転させるはたらきは，40×５＝200なので，太朗君と弟がシーソーを回転させるはたらきの合計が右回りに，360－200＝160のときにつり合う。体重30kgの太朗君がカに座る場合は，30×６＞160より不適当である。太朗くんがエに座るとすると，(160－30×４)÷20＝２より，体重20kgの弟がイに座るとつり合う。太朗くんがアやウに座る場合は，弟の20kgがア～カのどこに座ってもつり合わせることができない。また，太朗くんがイに座ると，(160－30×２)÷20＝５より，弟がオに座るとつり合うが，オにはすでに兄が座っているので，これもあてはまらない。

5　水溶《よう》液と金属についての問題

問１　(1)　酸性の水溶液を赤色のリトマス紙につけても色は変化しないが，青色のリトマス紙につけると赤色に変化する。したがって，青色のリトマス紙を用いる。ただし，水溶液が酸性，中性，アルカリ性のどれかわからないときは，赤色と青色の両方のリトマス紙を用いるとよい。　(2)　うすい塩酸にアルミニウムでできているアルミニウムはくや鉄でできているスチールウールを入れると，どちらも水素のあわを出してとける。　(3)　うすい塩酸に入れると，うすい塩酸と反応して，アルミニウムは塩化アルミニウム，スチールウールは酸化鉄という別の物質になる。これらの物質は水にとけるので，液の中にとけている。　(4)　③と④で金属がとけたあとの液体を，加熱して水を蒸発させると，新しくできた物質を固体としてとり出すことができる。これらの物質には，金属特有の光沢がない。

問２　(1)　グラフから，実験で用いた重さのマグネシウムと塩酸10cm^3が過不足なく反応し，440cm^3の気体が発生することがわかる。したがって，塩酸５cm^3を加えたときに発生する気体の体積は，$440\times\frac{5}{10}=220$($cm^3$)である。　(2)　グラフより，加えた塩酸の体積が10cm^3以上のとき，発生する気体の体積は440cm^3で変わらない。

6　体を動かすしくみについての問題

問１　図１にかかれているうでの骨の下側にある筋肉が縮むと，うでがのびる。うでを曲げるのに必要な筋肉は，これと反対側にあり，ひじと手首の間にある骨とかたの骨につながっている。

問２　図１のＡのように，２個以上の骨がたがいに動けるようにつながっている骨のつながりを，関節という。

問3　図２のように物をおすときは，うでが曲がらないようにするため，うでをのばすときに縮む筋肉を使う。この筋肉は，図１に示されている筋肉で，うでを曲げるときにはゆるむ。

問4　ひざを曲げるとき，ひざと足首までの間にある骨をももの骨へ引きつけるため，ひざのうら側にある筋肉が縮む。

問5　指は短い骨が多くの関節でつながっていて，さまざまな筋肉のはたらきによって細かい動きができるようになっている。

問6　頭は複数の骨がたがいにしっかりとかみ合うことで，外部から脳を守っている。

問7　空を飛ぶことができる鳥は，とくに，つばさを動かすむねの筋肉が発達している。

7　**月の見え方についての問題**

問1　クレーターは，いん石がしょうとつしてできたと考えられている。月のクレーターは，地球のように風や水などのはたらきで風化，しん食されないため，多くがそのままの形で残っている。

問2　月は星座をつくる星のように，みずから光を出していないが，太陽の光を反射することでかがやいて見える。

問3　正午に南中する月は新月で，夜中の０時に南中する月は満月である。新月から満月になるまでに，およそ15日かかる。

問4　満ち欠けの順に並べると，満月→下弦《げん》の月(ウ)→月れい約26日の月(エ)→新月→三日月(ア)→上弦の月(イ)→満月となる。したがって，満月の後，最初に見られる月の形は，ア～エのうちではウとわかる。

問5　太陽が西にしずんだ直後に，西の空に見える月は三日月のような形をした月である。まもなく西の空にしずむ月なので，解答の図②のようなかたむきになる。

問6　日食は，太陽が月にかくされるときに起こる。このとき，地球－月－太陽はこの順に一直線に並ぶ。

国　語　＜Ａ試験＞（50分）＜満点：100点＞

解　答

一　**問1**　25人　**問2**　(例)　冬は足が冷たいこと。　**問3**　放送室　**問4**　(例)　集中力があること。　**問5**　小川　**二**　①～③　下記を参照のこと。　④　じゅうだん　⑤　にな　**三**　**問1**　鼻　**問2**　(例)　有村さんに話しかける緊張をやわらげるため。　**問3**　ア　**問4**　笑いもの(にされる人)　**問5**　愛と忠誠を誓う　**問6**　エ　**問7**　クラス中の～ち向かった(から。)　**問8**　ウ　**問9**　道を切り拓いた　**問10**　ウ　**問11**　エ　**四**　**問1**　イ　**問2**　(例)　筆者が，できもしない将来の夢を書いたから。　**問3**　実現しそうなこと(ちゃんとした仕事)　**問4**　(例)　やりがいや達成感が得られないから。　**問5**　ウ　**問6**　自分で考えて，自分でやってみる(こと。)　**問7**　ア　**問8**　エ　**問9**　(例)　技術が発達したことによって，今まで難しかったことが簡単にできるようになった時代を生きているから。

●漢字の書き取り

二 ① 故郷　② 君臨　③ 収める

解説

一 リスニング問題

問１　サッカー部は「現在25人で活動しています」と言っていた。

問２　剣道部の「いいところは礼儀《れいぎ》を学べること」で，「嫌《いや》なところは冬は足が冷たいこと」と言っていた。

問３　放送部は「放送室でお昼の放送をしています」と言っていた。

問４　書道部は「一つだけ入部条件」として，「それは集中力があること」と言っていた。

問５　放送部の部長の名前は「小川」である。

二 漢字の書き取りと読み

①　自分が生まれ育った土地。　②　絶対的な力があり，ほかよりきわだっていること。　③　音読みは「シュウ」で「収入」などの熟語がある。　④　縦，または南北の方向に通りぬけること。　⑤　音読みは「タン」で「担当」などの熟語がある。

三 出典は百田尚樹《ひゃくたなおき》の『夏の騎士《きし》』による。

「ぼく」はクラスの有村《ありむら》さんに忠誠の宣言をしたときのことを振《ふ》り返り，クラス中の生徒に笑われて怯《ひる》んでしまったときに臆《おく》せず立ち向かった陽介と健太は，その瞬間《しゅんかん》，騎士になったのかもしれないと考えている。

問１　「鼻にかける」で，自慢《じまん》して得意気になっているようす。

問２　有村さんに話しかけた「ぼく」は，有村さんに笑いかけられた途端《とたん》に，全身が「緊張《きんちょう》でかちんこちんになった」。話しかける前に深呼吸したのは，緊張をやわらげようとしていたのだと考えられる。

問３　動揺《どうよう》した「ぼく」は，「自分でもびっくりするくらいの大声」でさけんでしまったために，クラス中の注目を集めてしまっている。また，そのことで有村さんの周囲の子たちがポカンとした顔をしている。それで，不安になってしまい，焦《あせ》ってしまったと考えられる。「棒読みみたいなセリフ」を言ったのは，この後である。

問４　「道化」とは，人を笑わせるようなこっけいな身ぶりをする人のこと。すぐ後で「百年は笑いものにされる」と書かれている。

問５　この後で，「ぼく」は陽介と健太に帰ろうとうながしたが，二人は動かず，健太が「俺《おれ》たち騎士」は，レディに「愛と忠誠を誓《ちか》う」ことを言いに来たと，口を開いている。

問６　ぼくは「棒読みみたいなセリフ」で有村さんの周囲にいた子たちに爆笑《ばくしょう》された後，問５でみたような健太の発言でクラスが「爆笑の渦《うず》」になったので，消えてしまいたいくらい恥《は》ずかしい気持ちになったのだと考えられる。

問７　物語の後半で，「ぼくなんかよりもずっと格好《かっこう》よかったのは陽介と健太だ」とした上で，「クラス中の生徒に笑われて怯んでしまったぼくに代わって，二人は臆せず立ち向かった」と考えている。

問８　問７でみたように，ぼくは陽介と健太に「偉大《いだい》」さを感じている。「ぼく」は「穴があったら飛び込《こ》みたい」と考えていた自分を「この上なく小さな男」だと感じ，「二人がここまで言ったのなら，ぼくも腹《はら》を括《くく》るしかない」，「二人だけを戦わせるわけにはいかない」と決意したのである。

問９　「茨《いばら》」はとげがある木で，苦難などのたとえにも使われる。「剣《けん》を入れ」るということは，困難を切り拓《ひら》くということになるので，直前の「道を切り拓いた」が同じ内容である。

問10　問７でみたように，陽介と健太が自分より格好よかったのは，二人が「臆せず立ち向かった」からである。よって，ウが合う。

問11　放課後に陽介と健太は「ぼく」の堂々とした宣言について，「ヒロの宣言，格好よかったで」とほめている。また，「ぼく」は有村さんの前で忠誠の宣言をしたが，それは陽介と健太が道を切り拓いたからだと，素直《すなお》に認めている。よって，エがふさわしい。

四　**出典は植松《うえまつ》 努《つとむ》の『好奇《こうき》心を“天職”に変える　空想教室』による。**技術が発達したことにより，今までは難しいと思われていたことでもできるような時代になったと述べている。

問１　筆者が作りたかった潜水艦《せんすいかん》は，エンジンもモーターもなく，手でスクリューを回すと前に進むという，「いたって単純な作り」のもので，「真っ黒くて大きないわゆる潜水艦」を作る気はなかったと述べている。

問２　将来の夢を書くという題の作文だったので，「潜水艦を作りたい」と書いたら，職員室に呼び出され，「どうしてこんな“できもしない夢みたいなこと”を書くんだ」といわれたと述べている。

問３　筆者は先生に，ほかの子はみんな「ちゃんとした仕事」のことを書いているといわれており，「できもしない夢みたいなこと」を書いたことを怒《おこ》られたので，「“実現しそうなこと”しか，夢だといってはいけないのか」と疑問を投げかけている。

問４　直後で，「やりがいとか達成感は，その仕事が困難だからこそ得られるものじゃないですか」と述べている。

問５　直前で，すばらしい服や車が手に入ったり，すばらしい料理を食べられたりするのは「“お金があるから”だろう」という意見を受けた筆者は，「勘違《かんちが》い」だと打ち消している。

問６　直前に注目すると，いきなり「してもらおう」と思わないで，まずは「自分で考えて，自分でやってみる」とある。そうすることが「人が生きていく上でとっても大事なこと」だと述べている。

問７　自分が「できない」ままでは，誰《だれ》かに「してもらう」しかなく，その人にいつまでもお金を払《はら》わなければならないが，自分が「できる」ようになれば，誰かに「してあげられる」ようになるし，お金の支出が減るだけでなく，仕事になるかもしれないと述べている。よって，アが合う。

問８　直後で，政府や企業《きぎょう》から開発費をもらうのではなく，「自分たちで稼《かせ》いだお金だけで勝手に」宇宙開発をやっていると述べられていることに着目すると，エの「自由に」が選べる。

問９　直前に，「そんなすばらしい時代」とあるので，どんな「時代」なのかをその前の部分から読み取る。「技術」は「気づかないうちに発達している」ので，昔の常識で難しいと思われていたようなことも，「誰にでもできる時代」になったのである。

Memo

Memo

2025年度用
中学スーパー過去問

■編集人 声の教育社・編集部
■発行所 株式会社 声の教育社
〒162-0814 東京都新宿区新小川町8-15
☎03-5261-5061(代) FAX03-5261-5062
https://www.koenokyoikusha.co.jp

※本書の内容についての一切の責任は当社にあります。内容・解説・解答・その他は当社ホームページよりお問い合わせ下さい。

ストリーミング配信による入試問題の解説動画

2025年度用web過去問　ラインナップ

■ 男子・女子・共学（全動画）見放題
36,080円（税込）

■ 男子・共学　見放題
29,480円（税込）

■ 女子・共学　見放題
28,490円（税込）

● 中学受験「声教web過去問（過去問プラス・過去問ライブ）」（算数・社会・理科・国語）

3〜5年間 24校

過去問プラス

麻布中学校	桜蔭中学校	開成中学校	慶應義塾中等部	渋谷教育学園渋谷中学校
女子学院中学校	筑波大学附属駒場中学校	豊島岡女子学園中学校	広尾学園中学校	三田国際学園中学校
早稲田中学校	浅野中学校	慶應義塾普通部	聖光学院中学校	市川中学校
渋谷教育学園幕張中学校	栄東中学校			

過去問ライブ

栄光学園中学校	サレジオ学院中学校	中央大学附属横浜中学校	桐蔭学園中等教育学校	東京都市大学付属中学校
フェリス女学院中学校	法政大学第二中学校			

● 中学受験「オンライン過去問塾」（算数・社会・理科）

3〜5年間 50校以上

東京	青山学院中等部	東京	国学院大学久我山中学校	東京	明治大学付属明治中学校	千葉	芝浦工業大学柏中学校	埼玉	栄東中学校
	麻布中学校		渋谷教育学園渋谷中学校		早稲田中学校		渋谷教育学園幕張中学校		淑徳与野中学校
	跡見学園中学校		城北中学校		都立中高一貫校 共同作成問題		昭和学院秀英中学校		西武学園文理中学校
	江戸川女子中学校		女子学院中学校		都立大泉高校附属中学校		専修大学松戸中学校		獨協埼玉中学校
	桜蔭中学校		巣鴨中学校		都立白鷗高校附属中学校		東邦大学付属東邦中学校		立教新座中学校
	鷗友学園女子中学校		桐朋中学校		都立両国高校附属中学校		千葉日本大学第一中学校	茨城	江戸川学園取手中学校
	大妻中学校		豊島岡女子学園中学校	神奈川	神奈川大学附属中学校		東海大学付属浦安中等部		土浦日本大学中等教育学校
	海城中学校		日本大学第三中学校		桐光学園中学校		麗澤中学校		茗渓学園中学校
	開成中学校		雙葉中学校		県立相模原・平塚中等教育学校		県立千葉・東葛飾中学校		
	開智日本橋中学校		本郷中学校		市立南高校附属中学校		市立稲毛国際中等教育学校		
	吉祥女子中学校		三輪田学園中学校	千葉	市川中学校	埼玉	浦和明の星女子中学校		
	共立女子中学校		武蔵中学校		国府台女子学院中学部		開智中学校		

web過去問 Q&A

過去問が動画化！
声の教育社の編集者や中高受験のプロ講師など、
過去問を知りつくしたスタッフが動画で解説します。

Q　どこで購入できますか？
A　声の教育社のHPでお買い求めいただけます。

Q　受講にあたり、テキストは必要ですか？
A　基本的には過去問題集がお手元にあることを前提としたコンテンツとなっております。

Q　全問解説ですか？
A　「オンライン過去問塾」シリーズは基本的に全問解説ですが、国語の解説はございません。「声教web過去問」シリーズは合格のカギとなる問題をピックアップして解説するもので、全問解説ではございません。なお、「声教web過去問」と「オンライン過去問塾」のいずれでも取り上げられている学校がありますが、授業は別の講師によるもので、同一のコンテンツではございません。

Q　動画はいつまで視聴できますか？
A　ご購入年度２月末までご視聴いただけます。
複数年視聴するためには年度が変わるたびに購入が必要となります。

よくある解答用紙のご質問

01

実物のサイズにできない

拡大率にしたがってコピーすると，「解答欄」が実物大になります。配点などを含むため，用紙は実物よりも大きくなることがあります。

02

A3用紙に収まらない

拡大率164％以上の解答用紙は実物のサイズ（「出題傾向＆対策」をご覧ください）が大きいために，Ａ３に収まらない場合があります。

03

拡大率が書かれていない

複数ページにわたる解答用紙は，いずれかのページに拡大率を記載しています。どこにも表記がない場合は，正確な拡大率が不明です。

04

１ページに２つある

１ページに２つ解答用紙が掲載されている場合は，正確な拡大率が不明です。ほかの試験回の同じ教科をご参考になさってください。

東海大学付属相模高等学校中等部

つかいやすい書きこみ式

入試問題解答用紙編

最近４年間収録

＊解答用紙は本体と一緒にとじてありますから、ていねいに抜きとってご使用ください。

■注意

●一部の科目の解答用紙は小社で作成しましたので、無断で転載することを禁じます。

●収録のつごうにより、一部縮小したものもあります。

※ 実際の解答欄の大きさで練習するには、指定の倍率で拡大コピーしてください。なお、ページの上下に小社作成の見出しや配点を記載しているため、コピー後の用紙サイズが実物の解答用紙と異なる場合があります。

声の教育社

２０２４年度　東海大学付属相模高等学校中等部

算数解答用紙　Ａ試験

番号		氏名		評点	／100

1

(1)	(2)	(3)	(4)
(5)	(6)	(7)	(8)

2

(1) 分　秒	(2) 回	(3) 日間	(4) 才
(5) g	(6) 円	(7) 度	(8) cm^3

3

(1)

(2)

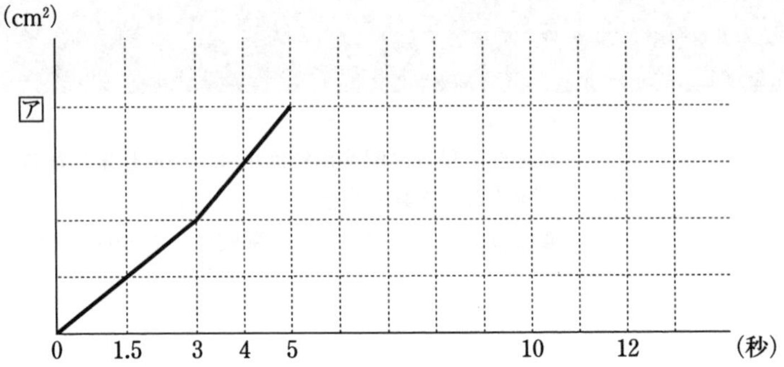

(3) 秒後

4

A =　　，B =　　，C =　　，D =

（注）この解答用紙は実物を縮小してあります。Ｂ５→Ｂ４（141％）に拡大コピーすると、ほぼ実物大の解答欄になります。

〔算　数〕100点（学校配点）

1～4　各５点×20

２０２４年度　東海大学付属相模高等学校中等部

社会解答用紙　Ａ試験

番号		氏名		評点	／50

1

問1　問2
問3　問4
問5　(1)　(2)
問6　問7
問8　問9

2

問1　問2　問3
問4　問5　問6
問7　問8
問9　問10　問11
問12
問13

3

問1　問2
問3
問4　問5
問6　問7　問8　年
問9　問10

（注）この解答用紙は実物を縮小してあります。Ｂ５→Ｂ４（141%）に拡大コピーすると、ほぼ実物大の解答欄になります。

〔社　会〕50点(学校配点)

1　問1　1点　問2, 問3　各2点×2　問4　1点　問5　(1)　1点　(2)　2点　問6, 問7　各2点×2　問8, 問9　各1点×2　2　問1～問3　各1点×3　問4　2点　問5　1点　問6～問8　各2点×3　問9, 問10　各1点×2　問11～問13　各2点×3　3　問1　1点　問2, 問3　各2点×2　問4　1点　問5, 問6　各2点×2　問7　1点　問8　2点　問9, 問10　各1点×2

2024年度　東海大学付属相模高等学校中等部

理科解答用紙　A試験

番号		氏名		評点	／50

4

問1		問2	

問3 (1)

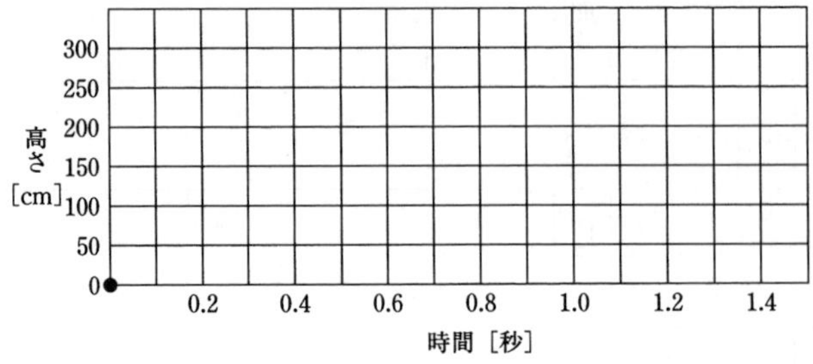

問3 (2)		(3)		問4	cm

5

問1	(1)			
	(2)	名前	変化	
問2	(1)		(2)	%
問3				
問4				

6

問1				
問2		問3	記号	部分
問4				
問5	記号	理由		

7

問1		問2	
問3		問4	
問5	①	②	
問6			

（注）この解答用紙は実物を縮小してあります。B５→B４(141%)に拡大コピーすると、ほぼ実物大の解答欄になります。

〔理　科〕50点(学校配点)

4～7　各２点×25＜5の問３，6の問３，問５，7の問６は完答＞

２０２４年度　東海大学付属相模高等学校中等部

国語解答用紙　A試験

番号		氏名		評点	/100

一

問一		問二		問三	
問四					
問五					
問六					

二

問一	①	②	③	④	問二	

三

問一	
問二	
問三	
問四	
問五	
問六	
問七	
問八	
問九	
問十	

四

問一	
問二	1　2　3　4
問三	
問四	はじめ　おわり
問五	
問六	
問七	
問八	
問九	

（注）この解答用紙は実物を縮小してあります。185%拡大コピーをすると、ほぼ実物大の解答欄になります。

〔国　語〕100点(学校配点)

一　問1～問5　各2点×5　問6　4点　二　各2点×5　三　問1　4点　問2～問7　各3点×6　問8，問9　各4点×2　問10　5点　四　問1～問5　各3点×8　問6　5点　問7～問9　各4点×3

2024年度　東海大学付属相模高等学校中等部

算数解答用紙　B試験

番号		氏名		評点	／100

1

(1)	(2)	(3)	(4)
(5)	(6)	(7) 番目	(8)

2

(1) km	(2) 分　秒	(3) 分後	(4) 点
(5) cm	(6) 度	(7) cm^2	

3

(1)	(2)	(3)

4

(1) km	(2) 歩

（注）この解答用紙は実物を縮小してあります。Ｂ５→Ｂ４（141%）に拡大コピーすると、ほぼ実物大の解答欄になります。

〔算　数〕100点(学校配点)

1～4　各５点×20＜3の(2)，(3)は完答＞

２０２４年度　東海大学付属相模高等学校中等部

社会解答用紙　B試験

番号		氏名	

評点　／50

1

問1　問2

問3　問4　問5

問6

問7　問8　問9

問10　日本の川は世界の川に比べて

2

問1　問2　問3　問4

問5　問6

問7　問8

問9

問10　問11

問12　問13　問14

3

問1　問2　問3

問4　問5　問6

問7　問8

問9

問10　問11

（注）この解答用紙は実物を縮小してあります。Ｂ５→Ｂ４（141％）に拡大コピーすると、ほぼ実物大の解答欄になります。

〔社　会〕50点（学校配点）

1　問1　1点　問2，問3　各2点×2　問4，問5　各1点×2　問6　2点　問7　1点　問8　2点　問9　1点　問10　2点　2　問1，問2　各1点×2　問3　2点　問4　1点　問5，問6　各2点×2　問7　1点　問8～問10　各2点×3　問11～問14　各1点×4　3　問1，問2　各1点×2　問3，問4　各2点×2＜問3は完答＞　問5～問7　各1点×3　問8，問9　各2点×2　問10，問11　各1点×2

２０２４年度　東海大学付属相模高等学校中等部

理科解答用紙　B試験

番号		氏名		評点	／50

4

問1	A	C	D
問2	A	D	
問3		問4	
問5	方法		
	結果		
問6	g	問7	色 → 色
問8			

5

問1		問2	
問3			
問4	(1)	(2)	
問5	(1)	(2)	
問6		問7	
問8	記号	理由	
問9			
問10			
問11			
問12	説明		
	移動する場所		

(注) この解答用紙は実物を縮小してあります。Ｂ５→Ｂ４(141%)に拡大コピーすると、ほぼ実物大の解答欄になります。

〔理　科〕50点(学校配点)

4 問１　各２点×３　問２～問４　各１点×４　問５～問８　各２点×５　5 各２点×15＜問１，問８は完答＞

２０２４年度　東海大学付属相模高等学校中等部

国語解答用紙　B試験

番号　　氏名　　評点　／100

一

問一

問二

問三　時　分

問四

問五

問六　班

二

問一　①　②　③　④　問二

三

問一

問二

問三

問四　多朗が　こと。

問五

問六

問七

問八

問九

四

問一

問二

問三

問四

問五　はじめ　おわり　から。

問六

問七

問八

問九　ア　イ　ウ　エ

（注）この解答用紙は実物を縮小してあります。185％拡大コピーをすると、ほぼ実物大の解答欄になります。

〔国　語〕100点（学校配点）

一　問１～問３　各２点×３　問４～問６　各３点×３　二　各２点×５　三　問１　４点　問２，問３　各３点×２　問４，問５　各４点×２　問６　５点　問７　４点　問８　３点　問９　５点　四　問１～問３　各３点×３　問４，問５　各４点×２　問６，問７　各３点×２　問８　５点　問９　各３点×４

2023年度　東海大学付属相模高等学校中等部

算数解答用紙　A試験

番号		氏名		評点	／100

1

(1)	(2)	(3) 5 ＋ 3 × 10 － 2 × 4 ＝11	
(4)	(5)	(6)	(7)

2

(1) 周	(2) 点	(3) 個	(4) 個
(5)	(6) g	(7) 人	(8) 度

3

(1) 分速 m	(2)	(3) m

4

(1) cm^2	(2)

〔算　数〕100点(学校配点)

1～4　各5点×20＜4の(2)は完答＞

(注) この解答用紙は実物を縮小してあります。B5→B4(141%)に拡大コピーすると、ほぼ実物大の解答欄になります。

２０２３年度　東海大学付属相模高等学校中等部

社会解答用紙　Ａ試験

番号		氏名		評点	／50

1

問1		問2							
問3	①			②			③		
問4									
問5		問6		問7					
問8	→	→	→						

2

問1		問2									
問3		問4									
問5		問6		問7		問8					
問9		問10	遺跡								
問11		問12		問13					問14		

3

問1	(1)		(2)					
問2		問3	院	問4				
問5		問6		問7				

4

問1			
問2		問3	

（注）この解答用紙は実物を縮小してあります。Ｂ５→Ｂ４(141%)に拡大コピーすると、ほぼ実物大の解答欄になります。

〔社　会〕50点(学校配点)

1　問１，問２　各１点×２　問３，問４　各２点×４　問５　１点　問６　２点　問７，問８　各１点×２＜問８は完答＞　2　問１　２点　問２　１点　問３，問４　各２点×２　問５～問８　各１点×４　問９，問10　各２点×２　問11，問12　各１点×２　問13　２点　問14　１点　3　問１　(1)　２点　(2)　１点　問２　１点　問３　２点　問４～問６　各１点×３　問７　２点　4　問１　２点　問２，問３　各１点×２

2023年度　東海大学付属相模高等学校中等部

理科解答用紙　A試験

番号		氏名		評点	／50

5

問1		問2	
問3			
問4			
問5			

6

問1			
問2	結果		
	理由		
問3	(1)　cm^3	(2)　g	(3)
	(4)		
問4			

7

問1		問2	
問3	→	→	→
問4			
問5			
問6	L		

8

問1		問2	
問3			
問4			
問5		問6	

(注) この解答用紙は実物を縮小してあります。B５→B４(141%)に拡大コピーすると、ほぼ実物大の解答欄になります。

〔理　科〕50点(学校配点)

5～8　各２点×25＜6の問１，7の問３は完答＞

二〇二三年度　東海大学付属相模高等学校中等部

国語解答用紙　A試験

番号		氏名		評点	/100

一

問一
問二
問三　年生
問四
問五

二

問一　①　②　③　④
問二

三

問一
問二
問三　問四
問五
問六　問七
問八
問九　(1)　(2)

四

問一
問二　カ
問三　問四　A　B
問五
問六
問七
問八　Ⅰ　Ⅱ　Ⅲ
問九　問十

（注）この解答用紙は実物を縮小してあります。192%拡大コピーをすると、ほぼ実物大の解答欄になります。

〔国　語〕100点(学校配点)

一　各３点×５　二　各２点×５　三　問１　３点　問２　４点　問３，問４　各３点×２　問５　４点　問６，問７　各３点×２　問８，問９　各４点×３　四　問１　４点　問２，問３　各３点×２　問４　各２点×２　問５　４点　問６～問８　各３点×５　問９　３点　問10　４点

2023年度　東海大学付属相模高等学校中等部

算数解答用紙　B試験

番号		氏名		評点	／100

1

(1)	(2)	(3)	(4)
(5) 倍	(6)	(7)	(8)

2

(1) 分	(2) 通り	(3) 円	(4) 才
(5) cm	(6) cm^3	(7) cm	

3

(1) 分　秒	(2) L	(3) ：

4

(1) ㋐　㋑	(2) 人

（注）この解答用紙は実物を縮小してあります。Ｂ５→Ｂ４(141%)に拡大コピーすると、ほぼ実物大の解答欄になります。

〔算　数〕100点(学校配点)

1〜4　各５点×20＜4の(1)は完答＞

２０２３年度　東海大学付属相模高等学校中等部

社会解答用紙　B試験

番号		氏名		評点	／50

1

問1		問2					
問3	市	問4					
問5		問6					
問7	あ		い		問8		

2

問1		問2	氏				
問3							
問4		問5		問6			
問7							
問8		問9		問10		問11	
問12		問13					

3

問1		問2			問3	年
問4		問5				
問6		問7				
問8		問9		問10		

（注）この解答用紙は実物を縮小してあります。Ｂ５→Ｂ４（141%）に拡大コピーすると、ほぼ実物大の解答欄になります。

〔社　会〕50点(学校配点)

1　問１　１点　問２～問６　各２点×５　問７，問８　各１点×４　2　問１～問３　各２点×３　問４　１点　問５～問７　各２点×３　問８～問10　各１点×３　問11　２点　問12，問13　各１点×２　3　問１　１点　問２～問４　各２点×３　問５　１点　問６　２点　問７　１点　問８　２点　問９，問10　各１点×２

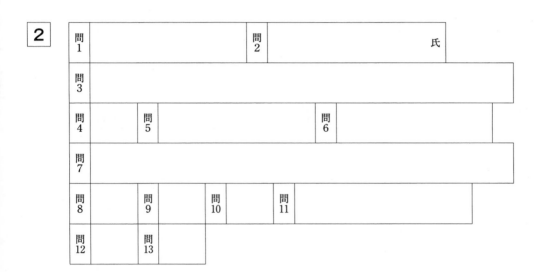

2023年度　東海大学付属相模高等学校中等部

理科解答用紙　B試験

番号		氏名		評点	／50

4

問1	(1)	
	(2)	
	(3)	
問2		
問3		
問4		

5

問1	→ →	問2	→ →
問3	〔実験２〕②	〔実験２〕③	
問4			
問5		問6	cm
問7			

6

問1			
問2			
問3			
問4	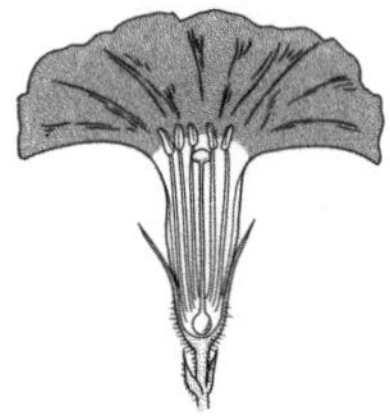	問5	

7

問1		問2	
問3		問4	現象
問5			
問6			

（注）この解答用紙は実物を縮小してあります。Ｂ５→Ｂ４（141％）に拡大コピーすると、ほぼ実物大の解答欄になります。

〔理　科〕50点(学校配点)

4～7　各２点×25＜5の問１，問２，問５は完答＞

二〇二三年度　東海大学付属相模高等学校中等部

国語解答用紙　B試験

番号		氏名		評点	/100

一

問一　月　日

問二　時　分

問三　曜日

問四

問五

問六　ア　イ　ウ　エ　オ

二

問一　①　②　③　④

問二

三

問一

問二

問三

問四

問五

問六　という自覚

問七

問八

四

問一

問二

問三

問四　から。

問五

問六

問七

（注）この解答用紙は実物を縮小してあります。182%拡大コピーをすると、ほぼ実物大の解答欄になります。

〔国　語〕100点(学校配点)

一　問1～問5　各2点×5　問6　各1点×5　二　各2点×5　三　問1～問3　各4点×3　問4　3点　問5～問8　各4点×5　四　問1～問4　各6点×4　問5，問6　各5点×2　問7　6点

２０２２年度　東海大学付属相模高等学校中等部

算数解答用紙　Ａ試験

番号		氏名		評点	／100

1

(1)	(2)	(3)	(4)
(5)	(6)	(7)	(8)

2

(1)	(2)	(3)	(4)
分　秒	円	度	日間
(5)	(6)	(7)	
秒	通り	cm^3	

3

(1)	(2)	(3)
秒速　cm	cm	cm^2

4

(1)

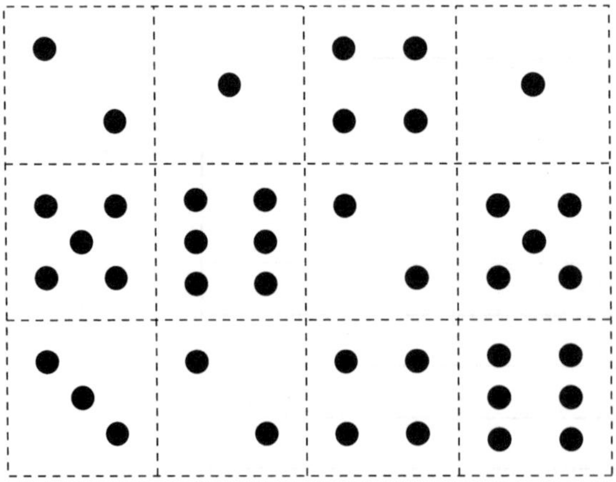

(2)

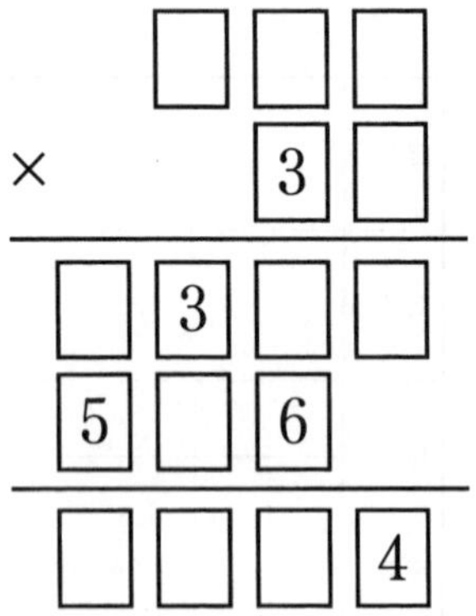

（注）この解答用紙は実物を縮小してあります。Ｂ５→Ｂ４（141％）に拡大コピーすると、ほぼ実物大の解答欄になります。

〔算　数〕100点(学校配点)

1〜4　各５点×20

２０２２年度　東海大学付属相模高等学校中等部

社会解答用紙　A試験

番号		氏名		評点	／50

1

問1		問2		問3	
問4	問5		問6		問7
問8		問9	→ → →		
問10					

2

問1		問2		問3	
問4		問5		問6	
問7					
問8		問9		問10	問11
問12		問13			

3

問1		問2		問3	
問4		問5		問6	
問7		問8	回		
問9	賛成　・　反対				

（注）この解答用紙は実物を縮小してあります。Ｂ５→Ａ３（163%）に拡大コピーすると，ほぼ実物大の解答欄になります。

〔社　会〕50点（学校配点）

1　問1　2点　問2　1点　問3　2点　問4～問6　各1点×3　問7　2点　問8　1点　問9，問10　各2点×2<問9は完答>　2　問1，問2　各2点×2　問3　1点　問4，問5　各2点×2　問6　1点　問7　2点　問8，問9　各1点×2　問10　2点　問11　1点　問12　2点　問13　1点　3　問1　1点　問2～問4　各2点×3　問5，問6　各1点×2　問7～問9　各2点×3

2022年度　東海大学付属相模高等学校中等部

理科解答用紙　A試験

番号		氏名		評点	／50

4

問1		問2	
問3			
問4	酸素	二酸化炭素	
問5	なくならない理由		
	できること		

5

問1	とけている気体	発生した気体	
問2			
問3			
問4			
問5	cm^3	問6	

6

問1	cm	問2	
問3	g	問4	g
問5		問6	

7

問1	北側	南側	
問2		問3	倍
問4		問5	
問6			

（注）この解答用紙は実物を縮小してあります。Ｂ５→Ｂ４（141％）に拡大コピーすると、ほぼ実物大の解答欄になります。

〔理　科〕50点(学校配点)

4　問1～問3　各2点×3　問4　各1点×2　問5　各2点×2　5, 6　各2点×13＜5の問2, 6の問6は完答＞　7　問1　各1点×2　問2～問6　各2点×5＜問2は完答＞

二〇二三年度　東海大学付属相模高等学校中等部

国語解答用紙　A試験

番号		氏名		評点	/100

一

問一	
問二	
問三	
問四	
問五	

二

①	②	③	④	⑤

三

問一	
問二	
問三	
問四	
問五	
問六	
問七	から。
問八	
問九	

四

問一	
問二	
問三	
問四	こと。
問五	
問六	
問七	
問八	と考えること。
問九	人物
問十	ア　イ　ウ　エ

（注）この解答用紙は実物を縮小してあります。192%拡大コピーをすると、ほぼ実物大の解答欄になります。

〔国　語〕100点(学校配点)

一　各3点×5<問1は完答>　二　各2点×5　三　問1～問3　各4点×3　問4　3点　問5～問9　各4点×5　四　問1，問2　各4点×2　問3　3点　問4　4点　問5～問7　各3点×3　問8，問9　各4点×2　問10　各2点×4

２０２２年度　東海大学付属相模高等学校中等部

算数解答用紙　B試験

番号		氏名		評点	／100

1

(1)	(2)	(3)	(4)
(5)	(6)	(7)	

2

(1) 倍	(2) 通り	(3) 分後	(4) %
(5) 回	(6) cm^2	(7) 曜日	

3

(1) cm^3	(2) 秒	(3) ：

4

(1)

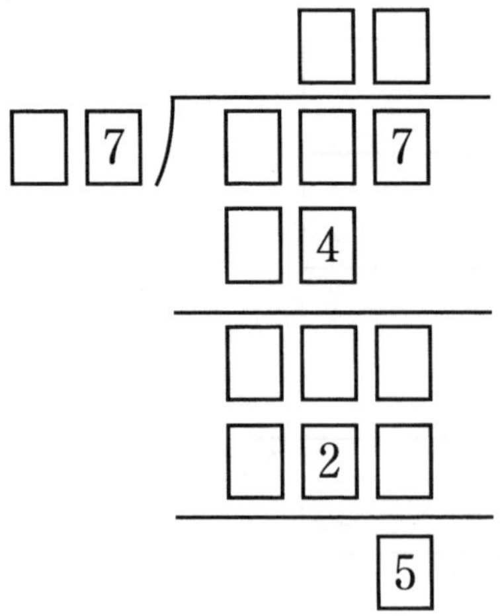

(2) 個

(3) 51＋74－63＋37＋76－25

理由

（注）この解答用紙は実物を縮小してあります。B５→B４（141%）に拡大コピーすると、ほぼ実物大の解答欄になります。

〔算　数〕100点（学校配点）

1～4　各５点×20＜4の(3)は完答＞

２０２２年度　東海大学付属相模高等学校中等部

社会解答用紙　Ｂ試験

番号		氏名		評点	／50

1

問1	長所					
問2	①		②		問3	
問4		問5		問6		
問7						
問8	〈あ〉		〈え〉			

2

問1							
問2	①		②				
	③		④				
問3		問4		問5		問6	
問7							
問8		問9		問10			

3

問1		問2			
問3		問4		問5	

4

問1		問2	歳	問3			
問4					大臣	問5	

（注）この解答用紙は実物を縮小してあります。Ｂ５→Ａ３(163%)に拡大コピーすると、ほぼ実物大の解答欄になります。

〔社　会〕50点(学校配点)

1　問1，問2　各2点×3　問3〜問5　各1点×3　問6，問7　各2点×2　問8　各1点×2　2　問1　1点　問2　各2点×4　問3〜問5　各1点×3　問6，問7　各2点×2　問8，問9　各1点×2　問10　2点　3　問1〜問3　各2点×3　問4，問5　各1点×2　4　問1　1点　問2　2点　問3　1点　問4　2点　問5　1点

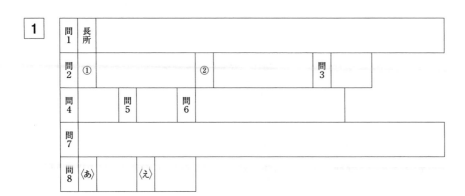

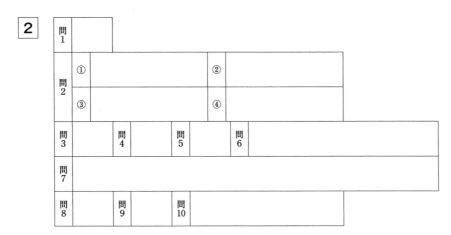

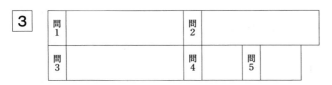

2022年度　東海大学付属相模高等学校中等部

理科解答用紙　B試験

番号		氏名		評点	／50

5

問1			
問2	と	問3	
問4		問5	
問6			

6

問1		問2	
問3	(1)		
	(2)		
問4		問5	

7

問1		問2	
問3			
問4	③	④	
問5	おしべ　めしべ		
問6	倍	はたらき	

8

問1	a　b　c　d	問2	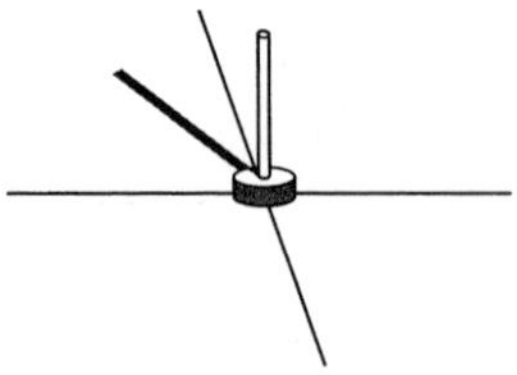
問3			
	理由		
問4		問5	
問6			

（注）この解答用紙は実物を縮小してあります。Ｂ５→Ｂ４（141%）に拡大コピーすると、ほぼ実物大の解答欄になります。

〔理　科〕50点（学校配点）

5, 6　各２点×12＜5の問３は完答＞　7　問１，問２　各１点×２　問３〜問６　各２点×７　8　問１〜問３　各２点×３＜問１，問３は完答＞　問４，問５　各１点×２　問６　２点＜完答＞

二〇二三年度　東海大学付属相模高等学校中等部

国語解答用紙　B試験

番号		氏名		評点	/100

一

問一		
問二		から。
問三		
問四		
問五		
問六	Ⅰ	Ⅱ

二

問一	①	②	③
問二	①	②	

三

問一		という語
問二		
問三	野木さんが	から。
問四		
問五		
問六		
問七		を言いたかった。
問八		
問九		

四

問一	はじめ	おわり		
問二				
問三				
問四				
問五	A	B	C	
問六	Ⅰ	Ⅱ	Ⅲ	Ⅳ
問七				
問八				
問九				

（注）この解答用紙は実物を縮小してあります。182%拡大コピーをすると、ほぼ実物大の解答欄になります。

〔国　語〕100点(学校配点)

一　問1　2点　問2　3点　問3，問4　各2点×2<問4は完答>　問5，問6　各3点×2<問6は完答>　二　各2点×5　三　問1　4点　問2　3点　問3　4点　問4　3点　問5，問6　各4点×2　問7　5点　問8，問9　各4点×2　四　問1～問3　各4点×3　問4　3点　問5，問6　各2点×7　問7，問8　各4点×2　問9　3点

２０２１年度　東海大学付属相模高等学校中等部

算数解答用紙　Ａ試験

番号		氏名	

評点	／100

1

(1)	(2)	(3)	(4)
(5)	(6)	(7)	(8)

2

(1) 分	(2) 人	(3) 年後	(4) 度
(5) 枚	(6) 日間	(7) cm^2	

3

(1) cm	(2) cm^3	(3)	(4) 秒後

4

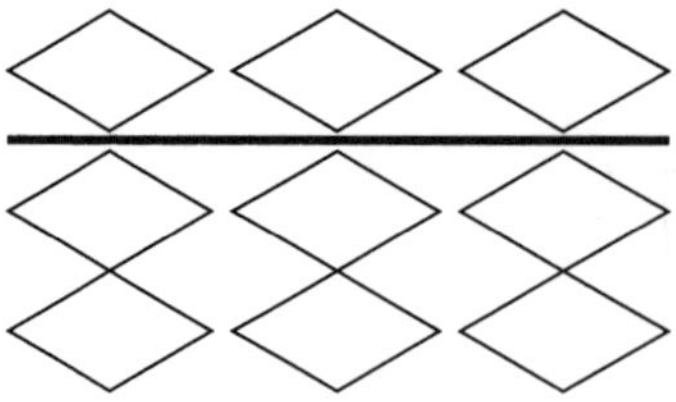

29

（注）この解答用紙は実物を縮小してあります。Ｂ５→Ｂ４（141%）に拡大コピーすると、ほぼ実物大の解答欄になります。

〔算　数〕100点（学校配点）

1～4　各５点×20

２０２１年度　東海大学付属相模高等学校中等部

社会解答用紙　Ａ試験

番号		氏名		評点	／50

1

問1	(1)		(2)		(3)
問2	(1) ①		②		(2)
問3	(1) 市	(2)	問4	問5	
問6					

2

問1		問2			
問3					
問4		問5		問6	
問7		問8		問9	
問10		問11			
問12		問13			

3

問1		問2	(1)	( )	大臣
問3		問4		問5	
問6		問7			
問8		問9			

〔社　会〕50点(学校配点)

1 問1 (1) 2点 (2), (3) 各1点×2 問2 ( ) 各1点×2 (2) 2点 問3 (1) 2点 (2) 1点 問4, 問5 各1点×2 問6 2点 2 問1 点 問2～問5 各2点×4 問6 1点 問7 2点 問8, 問9 各1点×2 問10, 問11 各2点×2 問12, 問13 各1点×2 3 問1 1点 問2, 問3 各2点×3 問4 1点 問5 2点 問6～問8 各1点×3 問9 2点

２０２１年度　東海大学付属相模高等学校中等部

理科解答用紙　Ａ試験

番号		氏名		評点	／50

4

問1	(1)			
	(2)	個	理由	
	(3)	g		
問2	(1)		(2)	太朗　弟

5

問1	(1)		(2)		(3)	
	(4)					
問2	(1)	cm³	(2)	cm³		

6

問1

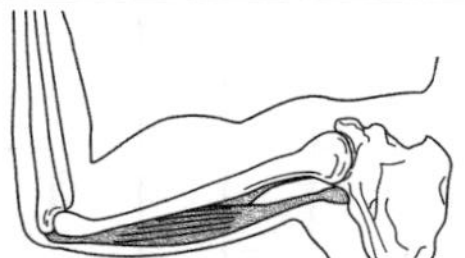

問2	
問3	
問4	
問5	
問6	問7

7

問1	
問2	
問3	問4

問5

問6

〔理　科〕50点(学校配点)

4～6 各2点×19＜4の問2の(2), 6の問3は完答＞ 7 問1, 問2 各2点×2 問3 各1点×2 問4～問6 各2点×3

二〇二一年度　東海大学付属相模高等学校中等部

国語解答用紙　A試験

番号　　氏名　　評点　/100

一

問一
問二
問三
問四
問五

二

① ② ③ ④ ⑤

三

問一
問二
問三
問四　にされる人
問五
問六
問七　はじめ　おわり　から。
問八
問九
問十
問十一

四

問一
問二
問三
問四
問五
問六　こと。
問七
問八
問九

（注）この解答用紙は実物を縮小してあります。192％拡大コピーをすると、ほぼ実物大の解答欄になります。

〔国　語〕100点(学校配点)

一, 二　各２点×10　三　問１　４点　問２　５点　問３～問６　各３点×４　問７　４点　問８　３点　問９～問11　各４点×３　四　問１　４点　問２, 問３　各５点×２　問４　４点　問５　５点　問６～問８　各４点×３　問９　５点

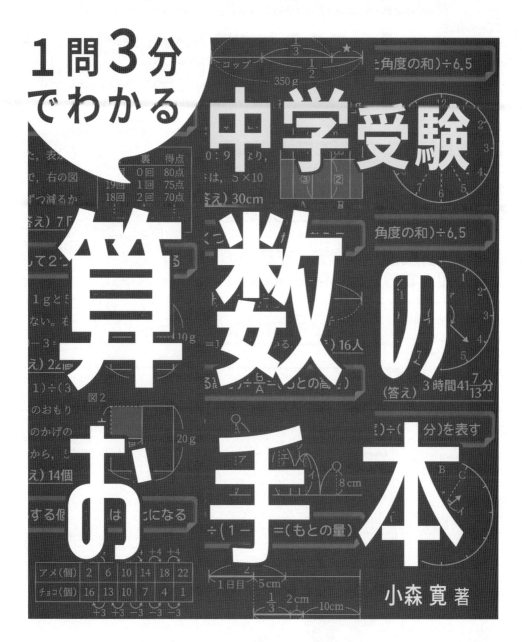

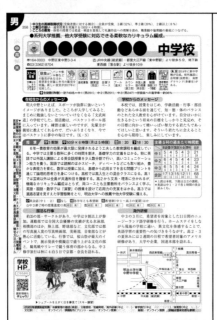